审协湖北中心专利审查丛书

电学领域
专利检索实践

ELECTRICAL

国家知识产权局专利局专利审查协作湖北中心

组织编写

知识产权出版社
全国百佳图书出版单位
—北京—

图书在版编目（CIP）数据

电学领域专利检索实践 / 国家知识产权局专利局专利审查协作湖北中心组织编写. —北京：知识产权出版社，2024. 12. —ISBN 978-7-5130-9548-8

Ⅰ. D923. 424

中国国家版本馆 CIP 数据核字第 2024RB7831 号

内容提要

本书从准确理解发明、充分利用分类体系、巧妙选取关键词、追踪检索、非专利资源检索、智能检索资源6个方面入手，以电学领域专利审查检索实际案例为依托，主要介绍了电学领域专利审查检索实践中的检索策略和检索案例，涉及元器件、电力、电子、计算机技术等领域。本书通过案情介绍、检索策略分析，总结分析电学领域检索策略，对于提升电学领域专利整体质量，服务于经济高质量发展能够起到较强的助力作用。

本书对于创新主体、专利代理师、科研人员等业界人士，能够起到非常好的借鉴和参考作用。

责任编辑：许　波　　　　**责任印制**：孙婷婷

电学领域专利检索实践

DIANXUE LINGYU ZHUANLI JIANSUO SHIJIAN

国家知识产权局专利局专利审查协作湖北中心　组织编写

出版发行：	知识产权出版社有限责任公司	网　　址：	http://www.ipph.cn
电　　话：	010-82004826		http://www.laichushu.com
社　　址：	北京市海淀区气象路50号院	邮　　编：	100081
责编电话：	010-82000860 转 8380	责编邮箱：	xubo@cnipr.com
发行电话：	010-82000860 转 8101	发行传真：	010-82000893
印　　刷：	北京建宏印刷有限公司	经　　销：	新华书店、各大网上书店及相关专业书店
开　　本：	720mm×1000mm　1/16	印　　张：	23.75
版　　次：	2024年12月第1版	印　　次：	2024年12月第1次印刷
字　　数：	346千字	定　　价：	118.00元

ISBN 978-7-5130-9548-8

本书编委会

主　　编　赵向阳

副 主 编　周庆成　钱紫娟

编　　委　宋　萍　王海涛　范晶晶　崔海涛　曲凤丽

前言

Foreword

党的十八大以来，党中央把知识产权保护工作摆在更加突出的位置，出台了《知识产权强国建设纲要（2021-2035年）》和《"十四五"国家知识产权保护和运用规划》。随着知识产权法规制度体系和保护体系不断健全、保护力度不断加强，全社会尊重和保护知识产权的意识也明显提升。专利检索是企业和研发人员在技术发展、市场竞争和知识产权保护中不可或缺的工具。专利检索可以为研发人员提供宝贵信息资源，帮助了解技术发展趋势、市场热点和竞争对手动态，对制定研发策略、优化资源配置和确定研发方向至关重要。专利检索可以帮助创新主体确保其创新成果的新颖性和创造性，避免重复他人的工作，确保发明具有获得专利保护的潜力，节省研发资源，加速创新成果的转化。在产品开发和商业化过程中，专利检索能够帮助创新主体识别潜在的专利侵权风险，减少法律诉讼的可能性和相关的经济损失。随着大数据、人工智能、物联网、半导体等技术的广泛应用，新产业、新业态、新模式加速更新迭代，为生产力的飞跃提供了技术支撑的同时，也对知识产权保护工作提出了新的要求和挑战。2021年国务院印发的《"十四五"国家知识产权保护和运用规划》中明确提出要健全大数据、人工智能等新领域新业态知识产权保护制度。本书正是为了满足电学领域新领域新业态技术的专利检索需求，以专利审查检索实际案例为依托，帮助创新主体和知识产权从业人员快速检索并提升检索质量。本书主编赵向阳，副主编周庆成、钱紫娟，本书编写人员排序及分工情况如下：赵向阳（撰写前言，第2章第2.1~2.3节，第4章第4.4.1节、第4.4.3~4.4.4节，合计5.13万字），周庆成（撰写第4章第4.1~4.3节，第5章第5.1~5.2节、第5.4.1~5.4.2节，合计5.12万字），钱紫娟（撰写第2章第2.4~2.5节，第4章第4.4.2节，合计5.17万字），宋萍（撰写第1章，第3章，第6章第6.1~6.2节，合计10.26万字），王海涛（撰写第4章第4.5节，第5章第5.4.3节、第5.5节，第7章，合计3.23万字），范晶晶（撰写第5章第5.3节，第6章第6.4.3~6.4.4节、第6.5节，合计3.13万字），崔海涛（撰写第6章第6.3节、第6.4.1节，合计1.08万字），曲凤丽（撰写第6章第6.4.2节，合计1.08万字）。本书所采用的案例主要来源于国家知识产权局专利局专利审查协作湖北中心的审查实践案例，在此对提供这些案例及参与过这些案例研讨和指导的所有人员表示衷心的感谢！由于编者水平有限，书中难免有不足之处，恳请广大读者批评指正。

目录

Contents

第 1 章 电学领域专利申请概述

近年来，电学领域科技创新活跃，大数据、云计算、人工智能等前沿技术发展日新月异，应用场景不断拓展，这些新领域新业态相关发明专利的申请量也在激增。下面以电学领域的人工智能（Artificial Intelligence，AI）技术为例进行阐述，人工智能技术作为计算机科学的一个重要分支，自诞生以来，其理论和技术日益成熟发展迅速。作为技术载体，人工智能促进了不同行业的智能化应用，其应用场景也在不断拓展：在移动互联网领域，人工智能技术既可以用于基于图像、语音、文字的智能搜索，也可以用于指纹识别、人脸识别、虹膜识别等生物识别技术中，还可以用来快速处理虚拟现实（VR）、增强现实（AR）、自动驾驶等系统中的复杂信息；在智能制造领域，人工智能技术与信息通信技术、制造技术及产品有关专业技术等相融合，进而实现智能生产、智能产品、智能服务、智能制造云及工业智联网；在电力领域，人工智能技术可通过对信息的量化和分析，有效提高电网企业的信息安全风险防控能力，保障电网安全、稳定、高效运行；在金融领域，人工智能与大数据技术相结合可应用于征信、金融风险防控、金融交易决策等方面，保证金融服务的个性化与智能化。

随着人工智能技术在各个领域的广泛应用，相关专利申请也出现了井喷式增长，人工智能关键技术在 2010 年之前处于技术储备期，2010—2016 年处于技术缓慢发展的阶段，从 2016 年开始进入了高速发展期，相应地从 2016 年开始人工智能领域的专利申请量也急剧增长，到 2021 年国内申请量和全球总申请量都达到了顶峰，并且这种高速增长的趋势还将保持较长的一段时间。

以人工智能技术为代表的电学领域新领域、新业态技术的快速发展趋势，使得相关领域的专利申请呈现创新水平高、技术更新快、覆盖范围广、检索难度大的特点。2021 年国务院印发的《“十四五”国家知识产权保护和运用规划》中提到，“完善知识产权保护政策。健全大数据、人工智能、基因技术等新领域新业态知识产权保护制度”，将我国新领域、新业态的创新发展上升至国家战略，这也对新领域、新业态的知识产权保护提出了更高要求。如何进一步提升电学领域相关专利申请、授权和确权质量已经成为知识产权从业者的重要任务之一，而高质高效的检索是提升专利申请、授权和确权质量的基本保障。

1.1 电学领域专利申请特点

1. 技术内容与非技术内容交叉融合

技术创新和模式创新并存是电学领域新领域、新业态创新成果的典型特点之一，这类发明专利申请的权利要求通常记载有具有算法特征或商业规则和方法特征的权利要求，其与技术特征在功能上彼此相互支持、存在相互作用。以商业模式相关专利申请为例，权利要求中既包括计算机、服务器、智能终端、POS、传感器等具有数据处理能力及信息交互作用的设备等技术特征，同时也涉及交易、支付、营销、核算等商业规则和方法特征。随着数据时代的到来，技术特征与非技术特征的结合依托于信息终端的交互行为，其表现形式更为多样化。

2. 算法逐渐成为主角

随着人工智能和大数据时代的到来，算法在解决方案中扮演着越来越重要的角色。从现实功能的角度来看，可以将算法理解为是为了解决某个特定问题或者达到某个特定目的所要采取的一系列步骤。与算法相关的发明专利申请往往包含数学方法、数学公式、模型变量等内容。

3. 商业模式创新具有颠覆性

对于商业模式相关专利申请，其解决方案的形成多是源于发现不易察觉的商业痛点，而解决这些商业痛点，往往能够获得无限的商业价值，进而取得商业上的成功。此外由于技术的发展改变了产品或服务的生产、提供过程，虽然向用户提供的产品和服务没有发生变化，但是产品或服务的生产、交付过程发生较大改变，因此会使相应的商业模式产生变化。例如，基于网约车的出现，人们可以依靠手机实时定位乘客和车辆、随时发送用车需求并对此进行响应。可以看到，在数字经济领域出现了大量前所未有的商业模式，而且新的颠覆性商业模式仍然在不断涌现。

4. 以改善用户体验为导向

随着移动互联网技术的发展，我国网民数量呈现爆发式增长，利用手机上网、进行人机交互愈加广泛而频繁，以改进用户体验为目的和效果的发明专利申请也越来越多，这类创新成果大多着眼于通过技术创新来改善用户的感官体验和交互体验，以解放大脑，辅助操作。

1.2　电学领域专利检索特点

1. 领域范围广

电学领域申请涉及多个交叉领域和世界各国多种语言体系。由于涉及领域之间的渗透和交叉，检索人员需要掌握多个技术领域中的技术知识，这无疑增加了检索的难度。检索人员在面对这样的专利申请时，难以区分现有技术和发明点，进而无法准确表达发明点。检索人员难以在短期内积累足够的背景技术知识，且常常无法从以前积累的知识中获得有效帮助，这对准确提取发明点造成了障碍。

2. 检索范围广

电学领域科技创新活跃，文献存量大，且呈现爆发式增长，文献种类非常多，包括世界各国专利文献、学术文献、技术标准、图书、互联网信息公开等。针对不同细分技术领域特点，相关文献分布存在较大差异。有些技术领域高校、科研院所类申请人占相当大的比重，相关的非专利文献较为集中。此时，若仅在专利数据库中进行检索，往往无法检索到满意的结果，还可能漏检。同时电学领域涵盖学科广，需要通过图书、行业标准来达到本领域技术人员的水平，因此需要充分利用互联网资源来检索学习。

本书将从准确理解发明、利用分类体系、巧妙选取关键词、非专利资源检索、追踪检索和智能检索资源六个方面介绍电学领域专利检索的常见问题、一般方法及典型检索案例。

第2章 准确理解发明

2.1 理解发明的含义

理解发明是在专利授权、确权和侵权程序中进行专利性判断的基础问题之一，同时也是进行专利检索前必不可少的一项工作。为了保证判断者在专利授权、确权和侵权程序中对专利是否符合专利法各条款的相关规定作出正确判断，需要判断者正确站位本领域技术人员，准确理解发明创造，这样才能更准确且高效地进行专利检索。

理解发明包括理解本发明文件和理解现有技术两类。

理解本发明文件，通常会从权利要求的记载出发，结合权利要求及说明书中记载的背景技术、背景技术存在的技术问题、解决该问题所采用的技术手段、技术手段包括的技术特征及每个技术手段所能达到的技术效果，最终回到权利要求限定的保护范围，从而得出符合发明实质的准确理解。这个过程也是在理解和体会发明人作出本发明的起因、经过和结果。准确理解发明，既不能对权利要求的文字记载作出过于宽泛、含糊的理解，也不能受限于说明书中的具体实施方式，而是应结合权利要求的具体限定，从技术方案整体及技术特征之间的关联关系来全面考量本发明后，得出符合专利发明实质的权利要求理解，使专利的权利要求保护范围既清晰又较为合理。

理解现有技术，通常要从本发明出发，《专利审查指南（2023）》第二部分第七章第5.1节中指出，“说明书中引证了下面文件的，审查员在必要时应当找出并阅读这些文件：（1）作为申请主题的基础的文件；（2）与发明所要解决的技术问题相关的背景技术文件；（3）有助于正确理解申请的主题的文件。”“如果说明书中所引证的文件明显与申请的主题没有直接关系，那么审查员可以不予考虑。”通过对申请人所声称的技术问题、技术现状进行核实和确认，然后在海量的现有技术中筛选出可能作为本发明起点的现有技术及对本发明的形成有启示的现有技术，还原本发明的形成路径。

准确理解发明既有助于准确地进行事实认定，有助于高效、准确地进行检索，只有在正确站位本领域技术人员、准确理解发明的前提下，才能准确确定发明构思，确定发明解决其技术问题的关键技术特征，进而才能确定相应的检索要素，为全面检索做好铺垫。

2.2 理解发明常见问题

在理解发明的过程中，如果检索人不能正确站位本领域技术人员、准确理解发明，将会导致其在专利检索实践中对发明的理解不全面、不深入，从而导致其不能准确地确定检索要素，检索方向发生偏差，不能筛选出与本发明密切相关的现有技术，最终影响专利性判断的结论。

在电学领域专利检索时，导致不能准确理解发明的原因或者问题有哪些呢？通过分析，主要有以下几点。

1. 不能正确站位本领域技术人员

在理解发明的过程中，需要以本领域技术人员的身份来理解和判断。《专利审查指南（2023）》第二部分第四章第2.4节“所属技术领域的技术人员”中指出“所属技术领域的技术人员，也可称为本领域的技术人员，是指一种假设的‘人’，假定他知晓申请日或者优先权日之前发明所属技术领域所有的普通技术知识，能够获知该领域中所有的现有技术，并且具有应用该日期之前常规实验手段的能力，但他不具有创造能力。如果所要解决的技术问题能够促使本领域的技术人员在其他技术领域寻找技术手段，他也应具有从该其他技术领域中获知该申请日或者优先权日之前的相关现有技术、普通技术知识和常规实验手段的能力”。然而本领域的技术人员所具备的知识和能力是一种理想化状态，在专利检索实践中，由于检索人受限于现有技术知识的储备量，同时电学领域专利申请所涉及的技术呈现爆发式增长，与其他领域的技术交叉融合越发紧密，准确站位本领域技术人员来准确理解发明进而有效地开展检索是具有挑战性的。

2. 专利申请文件撰写不规范

撰写规范的专利申请文件，其说明书的背景技术和发明内容能够清楚地描述现有技术存在的技术问题，为了解决该技术问题采用了何种技术方案，哪些技术手段是发明必不可少的关键要素，可以使我们很容易归纳得到该发明的发明构思。但是电学领域近十年来出现的新技术、新热点、新应用场景非常多元化，可能存在在撰写申请文件时，没有按照专利申请的规范进行撰写的问题。例如，按照学术论文的方式撰写；文字表达口语化或者不符合中文表达习惯，使用自造词；背景技术存在的问题描述不清晰；不能准确地提炼出发明点；技术特征逻辑关联性不强；等等。

3. 技术方案复杂

一些电学领域发明申请可能存在涉及的技术比较复杂，撰写的说明书实施例比较多，并且逻辑关系复杂的情况，检索人初看时并不能快速地厘清实施例之间的关联关系，在理解发明上存在困难。

针对以上问题，可采取以下措施来避免：

首先，要正确站位本领域技术人员，除了平时注重对电学领域现有技术知识的积累之外，还可以借助于检索来使我们无限趋近于本领域技术人员。理解现有技术时要侧重于了解背景技术提及的现有技术发展现状、存在的技术缺陷，以及有助于理解技术方案的某些技术特征，可以借助电学领域相关技术论坛或博客、相关学术论文、工具书或是基础专利等资源来学习和了解现有技术，同时也可以针对某些不熟悉的技术术语进行检索和查证。

其次，对于撰写不规范的专利申请，可以借助说明书中的实施例和说明书附图，把握实施例中描绘的应用场景，从而推断出可能涉及的背景技术及现有技术中存在的技术问题；如果涉及多个实施例，还要注意比较不同实施例之间的关联性和差异性，从而发现撰写可能存在的问题；通过深入透彻地理解每一个实施例，从整体上去理解申请人的自造词或是口语化表述背后真实的含义。

最后，对于申请文件技术方案复杂且说明书中实施例多的情形，必须理解透彻每一个实施例，并且找到最主要的能体现发明构思的实施例，还可以借助说明书附图进行理解，厘清各个实施例之间的关联性和差异性，从而做到正确理解发明。

2.3 理解发明在检索过程中的作用

《专利审查指南（2023）》第二部分第八章第4.2节“阅读申请文件并理解发明”指出“审查员在开始实质审查后，首先要仔细阅读申请文件，并充分了解背景技术整体状况，力求准确地理解发明。重点在于了解发明所要解决的技术问题，理解解决所述技术问题的技术方案和该技术方案所能带来的技术效果，并且明确该技术方案的全部必要技术特征，特别是其中区别于背景技术的特征，进而明确发明相对于背景技术所作出的改进”。根据上述规定，通常可按照以下步骤来进行检索：①阅读申请文件，准确认定事实；②还原发明创造，提炼发明构思；③分析保护范围，确定检索要素；④表达检索要素，构建检索式；⑤浏览检索结果，调整检索思路。下面将结合以上五个步骤来阐述理解发明在检索过程中的作用。

1. 阅读申请文件，准确认定事实

在正式检索之前，检索人应当详细阅读相关文件，充分理解待检索的技术方案。《专利审查指南（2023）》第二部分第一章第2节规定：“技术方案是对要解决的技术问题所采取的利用了自然规律的技术手段的集合，技术手段通常是由技术特征来体现的。”因此，在理解发明时，不但要关注技术领域、技术问题、技术方案和技术效果，还要关注技术问题与技术手段之间的关系、技术手段和技术特征之间的关系及技术手段与技术效果之间的关系等。

首先需要阅读该专利申请文件，了解待检索的发明所要解决的技术问题、采用的技术手段、预期的技术效果及主要的实施方式或实施例。同时还需要阅读初步检索了解到的现有技术状况及存在的技术问题。通过阅读文件，了解发明的背景技术、背景技术中存在的技术问题、为解决该问题发明提出的解决思路、解决思路所采用的技术手段、这些技术手段包括哪些技术特征、技术特征之间是否有关联、每个技术手段达到的技术效果。准确理解发明后再阅读权利要求，就会发现各个技术特征之间不再是孤立的、零散的，而是有机联系的。在理解发明时，还要注意抓住申请中的特殊的细节部分。例如，申请是否有特定的领域，是否在这种特定领域下才会产生申请中的技术方案，是否存在特定的技术问题、技术效果等。

在阅读上述文件后，检索人应当对技术方案整体、技术方案中技术特征的含义和技术特征之间的关系有了全面准确的把握，简单来说就是一个准确认定事实的过程。

2. 还原发明创造，提炼发明构思

发明创造的过程通常包括以下步骤：发现现有技术的缺陷、确定要解决的问题、提出构思、选取手段、实验或实践验证。从发明人进行发明创造的过程来看，是先有构思、后有具体方案的。发明构思是针对特定技术问题而采取的解决问题的思路与方向，那么其与发明所要解决的技术问题及技术方案相关性就比较大。但是，发明构思又不等同于技术方案，技术方案通常是明确、具体的技术手段的集合，是本领域技术人员可以实施并实现的。技术方案源于发明构思，是发明构思的具体体现。在理解发明的过程中，只有理解了技术方案，才能抽象提炼出发明构思。

在理解发明的过程中，还需要检索人站位本领域技术人员，通过分析所面临的问题、困难，对照本领域技术人员的知识能力水平，还原发明人如何运用现有技术、科学原理、经验法则去解决所面临的问题。在还原发明的过程中，思考本领域技术人员能否发现该技术问题，对于同样的技术问题会采取什么样的解决思路，进而会选取什么样的技术手段。通过还原发明创造的过程，体会发明的贡献作用在哪个环节，具体用了什么手段，产生了什么样的效果，对于本发明所作出的贡献的水平有一个初步的评价。

3. 分析保护范围，确定检索要素

准确理解发明之后，根据权利要求书的记载确定权利的范围，在确定权利要求的保护范围时要注意以下几个关键点：①权利要求中每一个特征在方案中的作用和效果；②对解决发明所要解决的技术问题作出贡献的技术特征，即关键技术特征；③技术特征之间的协同作用；④整体考量技术方案。

基本检索要素是检索时经常使用到的一个概念，所谓基本检索要素，是体现发明构思的可检索要素，基本检索要素的集合构成了可以评价检索技术方案的新颖性、创造性文献的最大集合。检索实践证明，在相同发明构思的指引下，发明具体的实现方案或许有细节和表达上的区别，但整体方向上是趋于一致的，这样使得相应的技术方案也比较类似。因此，如果能抓住发明构思，就能抓住检索的关键，后续的检索无非用具体的关键词和分类号去表达这一发明构思。

检索人通过具体分析待检索的技术方案，从发明中提取可用于进行检索的基本检索要素。检索人可以从以下两个方面提取基本检索要素，一是从发明所属的技术领域确定一个或多个基本检索要素，二是从发明对现有技术作出改进的技术特征中确定一个或者多个基本检索要素。因此准确理解发明，找到技术方案中体现发明点的关键技术手段，有助于正确确定基本检索要素。

对于目的在于判断待检索的技术方案是否具备新颖性和创造性的检索来说，可以借助于新颖性和创造性的判断来验证基本检索要素是否确定正确。在提取基本检索要素后，检验基本检索要素是否正确的判断标准为，若预期所检索到的对比文件，其能够单独影响待检索技术方案的新颖性或创造性，那么该对比文件应具备全部基本检索要素；如果缺少其中任一个基本检索要素，该对比文件不再能够单独影响其新颖性且不能单独影响其创造性。

在准确理解发明的基础上，针对提炼出的发明构思用简洁的语言概括成一两句话，然后在检索数据库中用机器能读懂的语言去表达这句话，就能执行有效的检索。

4. 表达检索要素，构建检索式

在计算机检索系统检索技术方案时，需要通过计算机检索系统可识别的单元来进行，因此针对每一个体现发明基本构思的基本检索要素需要用计算机检索系统可识别单元来表达。同时，计算机检索系统的数据库中同一技术含义可以有多种表达形式，因此针对同一基本检索要素，还需要考虑数据库中可能出现的表达形式。基本检索要素最重要的表达形式是关键词和分类号。对于关键词的表达除了从申请文件的技术方案中获取外，还可以对关键词进行扩展表达，通常可以从形式上、意义上、角度上进行关键词的扩展表达，还包括其同义词、近义词、反义词、上下位词等与检索有关的词，以保证文献的查全。对于分类号的表达，应尽量全面地找到相关 IPC 和 CPC 分类号，因为 IPC 分类体系仍是目前专利文献覆盖范围最广的分类体系，其覆盖了 100 多个国家和地区的专利文献，而 CPC 分类体系在某些技术领域分得更细，而条目细可提高检索效率和精准度。

在表达基本检索要素时，除了利用最为直接、准确的分类号和/或关键词以外，通常还需要考虑基本检索要素所表征的技术特征和/或技术特征的组合在技术方案中的功能、作用、效果或者其所要解决的技术问题，同时避免选择那些对检索来说没有任何实质意义的高度概括的词，如“装置”“方法”等。

确定并表达基本检索要素之后，就需要在检索系统和/或数据库中根据基本检索要素构造检索式。将同一个基本检索要素的不同表达方式构造成一个“块”，结合发明申请主题的特点和检索情况，运用逻辑运算符对块进行组合构建检索式。通常第一步的检索式组合思路是将全部基本检索要素组合在一起，也就是将全部基本要素“与”在一起。如果最后的检索结果为零或者全要素组合没有获得能够单篇影响待检索技术方案的新颖性或创造性文件，那么应当相应减少基本检索要素。通常是减少由主题名称以外的特征确定的其他基本检索要素进行部分要素组合，重新构造检索式，这样可以查找到未包括待检索技术方案所有基本检索要素，但是公开了待检索技术方案的大部分技术特征的对比文件，那么如果该对比文件与属于相同技术领域但缺少某些基本检索要素的对比文件进行结合，可能会影响权利要求的创造性。

5. 浏览检索结果，调整检索思路

在检索的过程中需要根据检索结果及对新颖性和创造性评价的预期方向调整检索策略。《专利审查指南（2023）》第二部分第七章第 6.3.4 节指出，可以通过以下几种方式调整检索思路："①调整基本检索要素的选择。根据掌握的现有技术和对发明的进一步理解，改变、增加或减少基本检索要素。②调整检索系统/数据库。当审查员在某一检索系统/数据库中没有获得预期对比文件时，需要根据可以使用的检索字段和功能，以及预期对比文件的特点重新选择检索系统/数据库。③调整基本检索要素的表达。审查员需要根据检索结果随时调整基本检索要素的表达，例如，调整分类号的表达时，通常首先使用最准确的下位组，再逐步调整到上位组，直至大组，甚至小类，也可以根据检索结果，或者利用分类表内部或之间的关联性发现新的适合的分类号；调整关键词的表达时，通常首先使用最基本、最准确的关键词，再逐步在形式、意义和角度三个层次调整表达。"

2.4 电学领域准确理解发明检索典型案例

本节将结合电学领域专利检索实践案例来说明如何通过准确理解发明来提高专利检索的效率。

2.4.1 电路结构的理解

当申请的技术方案涉及电路结构细节或排布细节时，在这类申请中，产品所包括的元器件数量较多，而各元器件在产品中的重要性是不同的。例如，有些元器件是该产品的重要组成部分，是解决技术问题的关键，而有些元器件只是起到了辅助作用。针对这类专利申请进行检索时，容易出现以下问题：①将所有元器件都作为关键词进行检索，极有可能会遗漏很多有用的文件；②在检索时只检索申请中提及的对解决技术问题起关键作用的元器件的关键词，而忽略了在该领域中有类似功能的其他元器件，这样也会导致遗漏有用的文件。因此对于这类申请的检索，关键在于准确理解该电路结构及其元器件所实现的功能，选择与该功能对应的关键词进行检索，或者选择能够实现类似功能的其他元器件的关键词进行检索。此外，对于相应功能所涉及的物理参数、性能参数及应用领域也应当进行检索。

2.4.1.1　深入分析电路原理

案例 2-1

【案情介绍】

现有技术中，对于用以调节温度的相关电子产品（如冷气机、电风扇、抽风机、吊扇等）而言，目前普遍采用变频方式，以达到省电效果。其中，所谓变频与定频是指供电功率的差异。以冷气机为例，由于变频冷气机的压缩机持续运转能够因应温度的变化调整转速，不像定频冷气机只维持在最大功率下运转，因此变频冷气机比定频冷气机更加节省能源，此种情况，亦使采用变频方式的电子产品，更为受到使用者的青睐。

目前变频的电子产品多半使用直流无刷马达的结构，然而，直流无刷马达的成本较高，且在使用上更需额外搭配驱动器，因此，对于售价较低的民生用品（如电风扇）来说，显然不符合经济效益。目前生产者仍是以感应马达（如鼠笼式马达）为主，但是，感应马达却无法完美地达成变频效果。

如图 2-1 所示，该案例提供一种以电功率调整马达转速的控制电路，该控制电路包括一个马达开关组与一个控制开关组，通过马达开关组在正负半周的开关动作，使该马达开关组能形成与交流电的电压反方向的单向导通形式，该控制开关组在交流电处于正半周或负半周的情况下，能接收处理单元传来的控制信号，根据该控制信号的占空比，调整该转子的转速。通过简单的开关组电路设计，配合交流电正负半周作出对应的开关动作驱动马达运转，并通过占空比的控制，实现电机转子转速的控制。

该案例涉及的权利要求如下：

1. 一种以电功率调整马达转速的控制电路，应用至一感应马达上，该感应马达的一马达定子线圈在接收到外部传来的交流电后能形成旋转磁场，以使一转子旋转，令该转轴能驱动一装置运作，该控制电路包括：

一马达开关组，与该马达定子线圈相并联，且能接收外部传来的交流电，该马达开关组至少由一第一马达开关与一第二马达开关所构成，在交流电处于正半周的情况下，该第一马达开关会呈开路状态，该第二马达开关则呈短路状态，在交流电处于负半周的情况下，该第一马达开关会呈短路状态，该第二马达开关则呈开路状态，以使该马达开关组能形成与交流电的电压反方向的单向导通形式；及

一控制开关组，与该马达定子线圈及该马达开关组相串联，且能接收外部传来的交流电，该控制开关组至少由一第一控制开关所构成，在交流电处于正半周或负半周的情况下，该第一控制开关能接收一处理单元传来的控制信号，以根据该控制信号的占空比，调整该转子的转速。

【检索策略分析】

首先，该案例理解发明存在难度，必须结合说明书具体实施例和附图进行分析才能理解技术方案的实现过程，结合图 2-1（a）（b）（c）分析如下。

开关组 11 为马达开关组，开关组 12 为控制开关组。如图 2-1（a）所示，在交流电处于正半周的情况下，开关 111 和开关 122 断开，在二极管单向导通作用下，此时控制电路的电流方向如图中箭头所示，电机线圈 10 流过正向电流，其中开关 121 交替导通和断开，实现对电机线圈 10 进行脉冲占空比控制，从而调节其转速；如图 2-1（b）所示，在交流电处于负半周的情况下，开关 112 和开关 121 断开，在二极管单向导通作用下，此时控制电路的电流方向如图中箭头所示，电机线圈 10 流过反向电流，其中开关 122 交替导通和断开，实现对电机线圈 10 进行脉冲占空比控制，从而调节其转速。在该案例的技术方案中，占空比与转速呈正相关关系，在 AC 源不变的情况下，占空比越大，转速越大；同时如图 2-1（c）所示，基于其马达开关的操作可以实现所需的电机绕组续流功能。

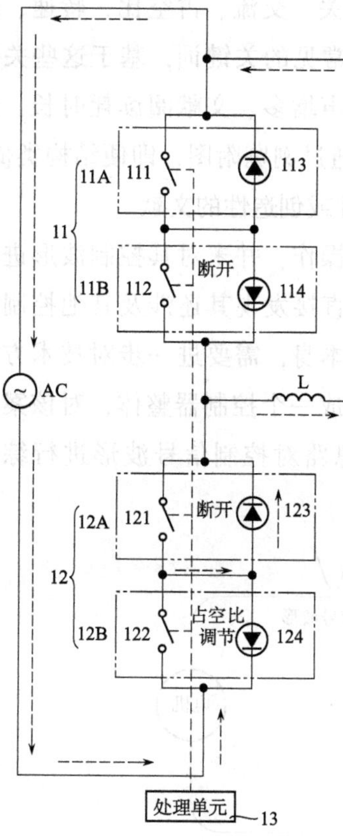

（a）正半周情况

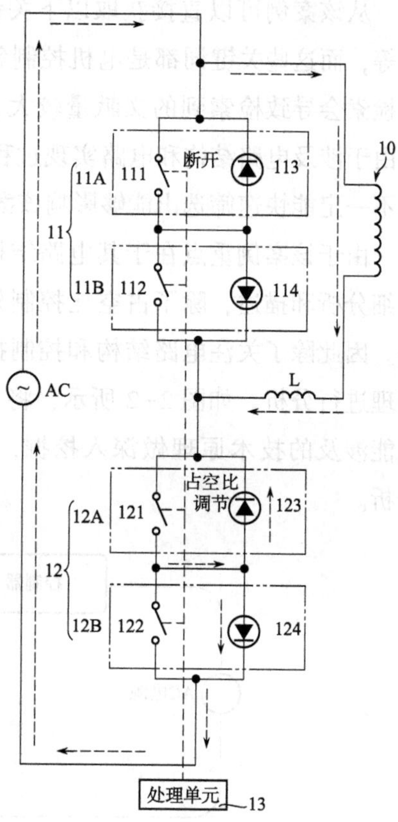

（b）负半周情况

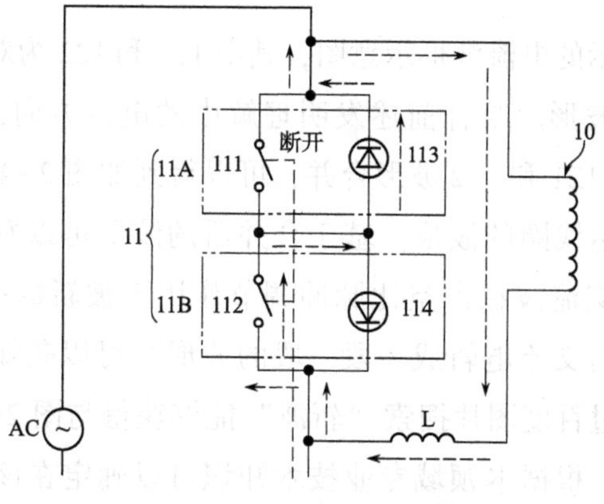

（c）续流过程（以正半周为例）

图 2-1　以电功率调整马达转速的控制电路

从该案例可以直接获取以下关键词：开关、交流、占空比、转速、短路等，而这些关键词都是电机控制领域中很常见的关键词，基于这些关键词检索会导致检索到的文献量较大、检索噪声增多、文献阅读耗时长，此外由于涉及电路结构和电路实现过程，仅仅通过浏览附图，即便结构类似，也不一定能快速筛选出能够影响该案例新颖性或创造性的文献。

由于该案例重点在于其电路结构和开关操作，并未对其控制波形进行详细分析和描述，除了占空比控制外，难以直接发现其还涉及其他控制方法。因此除了关注电路结构和控制操作步骤本身，需要进一步对技术方案原理进行分析。如图 2-2 所示，将该电路看成一个控制器整体，对该案例可能涉及的技术原理做深入挖掘，基于此思路对控制信号波形进行综合分析。

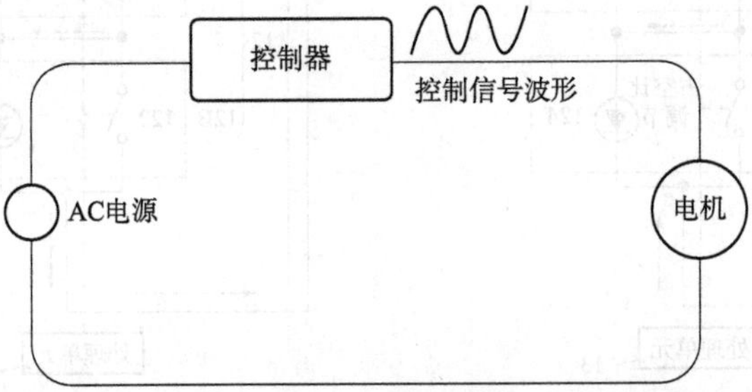

图 2-2　案例 2-1 控制电路抽象示意图

如图 2-3 所示的电流波形示意图，其中 121 和 122 为对应开关进行占空比调节时的脉冲波形。结合前述发明理解中的电流方向，以正半波为例，将图 2-3 中 AC、121 和 122 波形合并，可以得到如图 2-4 所示的经波形整合后实际流过马达线圈的波形。基于合并后的波形可以看出，实际上流过电机线圈的正弦交流波在占空比脉冲调节作用下被斩成一段一段的波形。通过百度搜索“将交流电斩成一段一段的波形”可以获知这就是斩波电路的原理，此外通过百度图片搜索“斩波”能够获得与图 2-4 中相似的正弦斩波波形。因此，根据本领域专业技术知识可以确定在该案例的控制操作下，电机线圈中的电流波形为正弦斩波波形，由此可以确定该案例控制电路实质上实现了对交流电机的斩波控制。

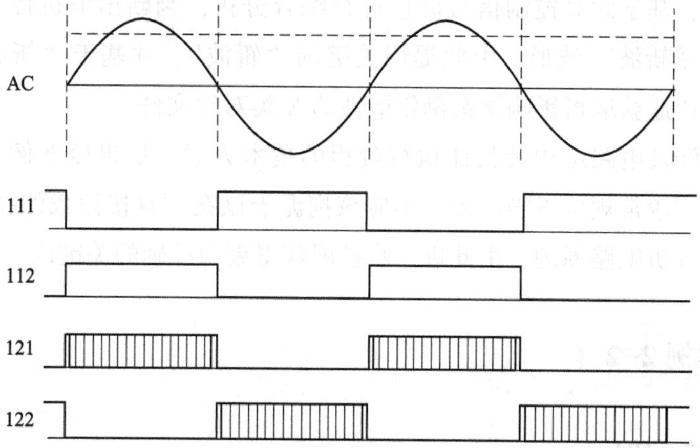

图 2-3　马达开关组与控制开关组随交流电的状态变化图

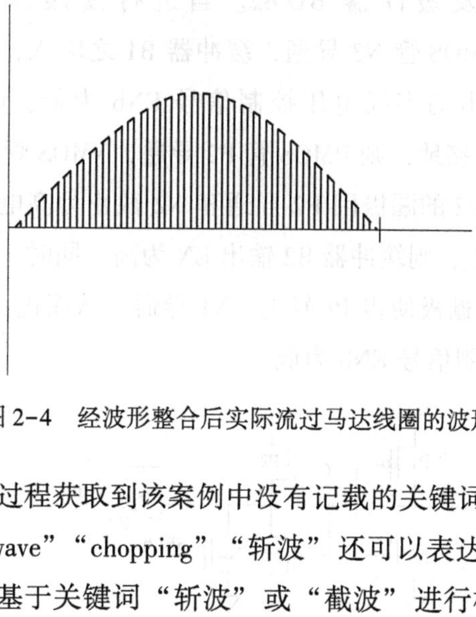

图 2-4　经波形整合后实际流过马达线圈的波形

基于上述分析过程获取到该案例中没有记载的关键词“斩波”，其英文表达为“chopped wave”“chopping”“斩波”还可以表达成“截波”，在中文专利摘要库中，基于关键词“斩波”或“截波”进行检索能够快速获取高相关度的对比文件，在英文专利摘要库中利用常规关键词结合“chopped wave”或“chopping”进行检索，也能缩小检索范围快速获得同样的文件。

【案例小结】

该案例涉及由常规元器件构成的电子控制电路及该电路的具体开关操作步骤，基于该案例记载的关键词和分类号进行检索文献量较大、检索噪声增多，通过对技术方案中控制电路的原理进行分析，将电路看成一个控制器整体，基于此对控制信号波形进行综合分析，判断出电机控制波形实际为“正弦斩波”波形，由此提炼关键词“斩波”，并基于“斩波”一词进行扩展快速获取可影响该案例创造性的 X 类对比文件。

对于涉及电路结构及具体执行过程的技术方案，如果该案例所能提炼出的关键词较常规检索噪声大，不应该拘泥于该案例直接记载的技术特征，通过深入分析电路原理，由此进一步扩展获得更为准确的关键词。

案例 2-2

【案情介绍】

如图 2-5 所示，现有技术的字线偏置电路包括 PMOS 管 P1/P2、NMOS 管 N1/N2/N3/N4 及缓冲器 B1/B2。当进行读操作时，SEL =“1”，SELb =“0”，则 NMOS 管 N3 导通，缓冲器 B1 之输入，即 N3 之漏极接到地，缓冲器 B1 输出的字线电压控制信号 ENb 为低，而 N3 导通接地使 PMOS 管 P2 之栅极接地，则 PMOS 管 P2 导通，NMOS 管 N2 栅极接地则 N2 截止，从而 P2 和 N2 的漏极因 P2 导通和 N2 截止为高电平，同时 SELb = 0 使 NMOS 管 N4 截止，则缓冲器 B2 输出 EN 为高，同时，P2 和 N2 栅极的高电平送到 P1/N1 之栅极使得 Pl 截止，N1 导通，从而进一步保证缓冲器 B1 输出的字线电压控制信号 ENb 为低。

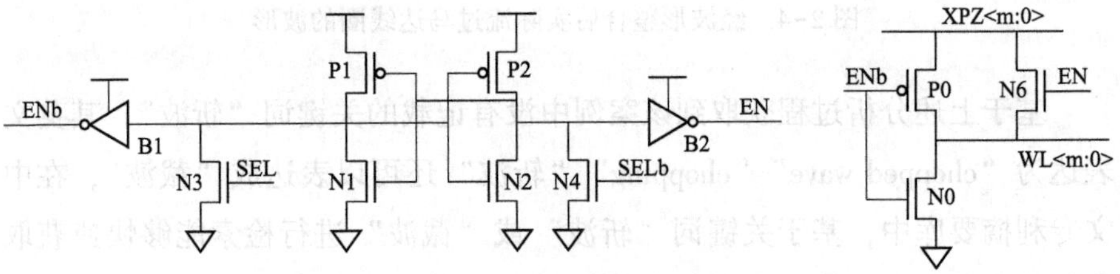

图 2-5　现有技术中一种字线偏置电路的电路示意图

然而，由于 N1/N2/N3/N4 的源极接地，则于读操作时缓冲器 B1 输出的字线电压控制信号 ENb 为 0，由于驱动管 P0 是靠栅极低压导通，控制其导通的字线电压控制信号 ENb 低则容易导通，而字线电压控制信号 ENb 仅为 0 则导致驱动管 P0 驱动能力小，管子大，芯片面积大。

如图 2-6 所示，该案例提供了一种字线电压偏置电路，其通过将字线电压控制信号产生电路的电源负端接一负压产生电路，使得读操作时字线电压控制信号产生电路产生一负压的字线电压控制信号，以更好地驱动驱动管，减小管子尺寸及芯片面积。

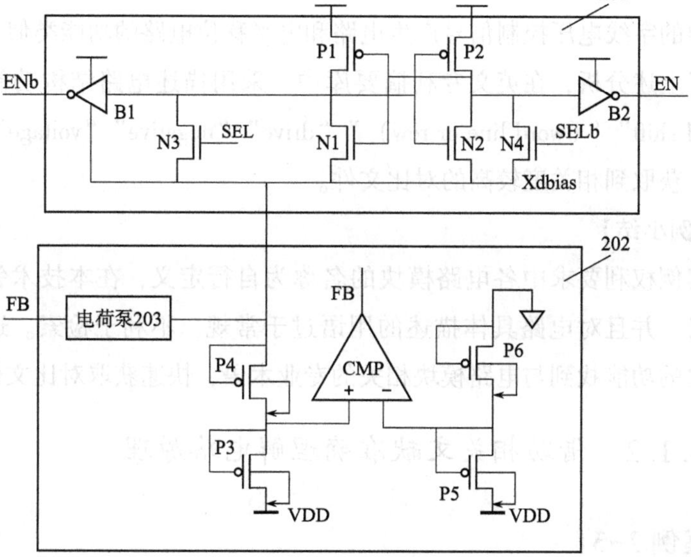

图 2-6　字线电压偏置电路的电路示意图

该案例涉及的权利要求如下：

1. 一种字线电压偏置电路，至少包括：

字线电压控制信号产生电路，用于产生连接驱动管的第一字线电压控制信号及第二字线电压控制信号，其电源负端接负压产生电路，以便于读控制信号控制存储器读操作时，该字线电压控制信号产生电路产生负压的该第一字线电压控制信号；以及负压产生电路，连接于该字线电压控制信号产生电路，以于读操作时提供负压至该第一字线电压控制信号。

【检索策略分析】

权利要求 1 要求保护的字线电压偏置电路包括字线电压控制信号产生电路和负压产生电路两个电路模块。采用主题名称和电路模块名称进行检索，得到的都是不太相关的文献。若使用对描述电路模块的关键词检索，表达比较常规，且连接关系难以表达。

通过对该案例电路的各部分功能进行深入分析，以及对背景技术进行充分了解可知，该案例的字线电压偏置电路用于控制字线驱动电路，而字线电压偏置电路和字线驱动电路是行译码电路的一部分，并且字线电压偏置电路中的字线电压控制信号产生电路和电平移位电路的功能类似。

基于上述分析，在英文专利摘要库中，采用描述电路结构功能的关键词“level shift”“（word line or row）”“drive”“negative”“voltage”进行相与检索，获取到相关度较高的对比文件。

【案例小结】

该案例权利要求中各电路模块的名称为自行定义，在本技术领域没有公知含义，并且对电路具体描述的用语过于常规，不利于检索。通过分析电路模块的功能找到与电路模块相关的专业术语，快速获取对比文件。

2.4.1.2 借助相关文献准确理解电路原理

案例 2-3

【案情介绍】

现有射频识别系统的安全问题解决方案都是从协议认证的角度来设计，都需要基于无线的、非接触式信道进行射频通信，而由于 RFID 技术广泛应用于开放的系统环境，其收发端标签与阅读器之间的信息交互所受到的各种干扰与攻击日益增多且增强，通过协议认证来提高系统数据传输安全性的方案存在局限性，不能抵抗有效的攻击或者只能抵抗部分攻击，且协议执行成本太高，不利于应用生产。因此，该案例想要解决如何能够不通过射频通信信道反馈卡片端的数据，从而彻底避免通过对射频通信信道的电磁嗅探来破解卡片端反馈的数据进而造成安全隐患的问题。

如图 2-7 所示，该案例提供一种短距离通信系统及方法，其在卡片端无须射频芯片，读卡器端与卡片端之间通过场感应传输数据，解决了通过对射频通信信道的电磁嗅探来破解卡片端反馈的数据进而造成安全隐患的问题。

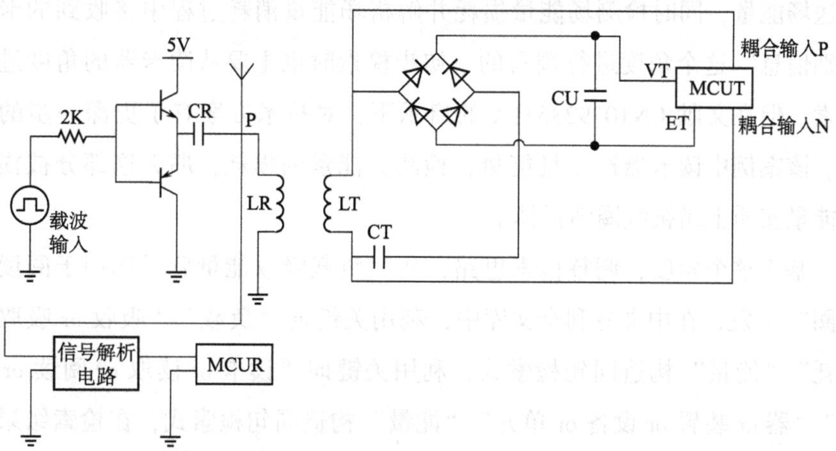

图 2-7　案例 2-3 的短距离通信系统

该案例涉及的权利要求如下：

1. 一种短距离通信系统，包括读卡器端和卡片端，其特征在于，所述读卡器端与卡片端之间通过场感应传输数据；其中，所述读卡器端，用于产生并发送场能量，同时检测场能量损耗并解析场能量消耗过程中接收到的卡片识别信息；所述卡片端，用于耦合读卡器端的场能量，同时依据需要传送的卡片识别信息控制卡片端的线圈吸合来实现场能量消耗。

【检索策略分析】

从技术手段和技术效果方面进行试探性检索，用关键词“场能量”“消耗”“线圈”“吸合”“读卡”进行布尔检索，并未获得有效对比文件。

在试探性检索中，获得一篇相关现有技术 CN101923631A，其中记载了“应答器负载对能量的吸取将反作用于阅读器天线线圈，这个反作用可以造成阅读器天线的电压变化；若通过数据来控制负载的接通和断开，就需要将这些数据从应答器传输到 ID 卡识别阅读器”，这一过程与该案例中通过“依据需要传送的卡片识别信息控制卡片端的线圈吸合”比较类似。但由于该现有技术公开的内容有限，同时申请日较早，初步判断应该存在更优的对比文件。

在最初检索时，鉴于权利要求记载的技术手段是从“读卡器端产生并发送场能量，同时检测场能量损耗并解析场能量消耗过程中接收到的卡片识别信息”这个角度进行撰写的，初步检索时也主要从读卡器的角度进行检索。但在文献 CN101923631A 的启示下，对技术方案有了更深一步的理解。该案例中读卡器产生场能量，检测到能量的损耗，那么这部分被损耗的能量实质上是被线圈消耗掉了。

基于这个角度，调整检索思路，从“负载吸取能量后反作用于阅读器线圈”出发，在中文专利全文库中，利用关键词“负载”“吸收 or 吸取 or 消耗”“能量”构造同句检索式，利用关键词“读卡 or 读取 or 阅读 or 读写”“器 or 装置 or 设备 or 单元”“能量”构造同句检索式，在检索结果中发现另外一篇现有技术 US2011133894A1，其记载了“负载调制浪费应答器内的能量，因为在调制阶段期间，调制电阻器连接到谐振电路，并且存储在谐振电路内的能量在调制阶段期间被转换成热量”，这与该案例中控制开关进行线圈吸合，线圈吸合导致能量被消耗是一致的，而这一效果是由“负载调制”引起的。“负载调制”是一个专业技术名词，进一步在中国开发者网络（CSDN）中搜索“负载调制”学习相关技术，找到一篇《RFID 天线数据传输原理：负载调制》的博客文章，其中记载了“在电阻负载调制中，负载 R_L 并联一个电阻 R_{mod}，R_{mod} 称为负载调制电阻，该电阻按数据流的时钟接通和断开，开关 S 的通断由二进制数据编码控制”。通过其中的电阻负载调制工作原理分析可知，该案例其本质上就是属于一种负载调制，利用需要传输的数据控制负载的变化进行编码，负载的变化引起阅读器端接收到的电磁波能量的变化，最后阅读器端通过接收的电磁波能量的变化解码出数据。

由于该案例权利要求的技术方案涉及较多的电路结构，期刊中可能会披露更多的电路结构细节特征，因此优先选择在中国知网进行检索，通过检索式“负载调制/摘要 and 标签/摘要”快速命中对比文件。

【案例小结】

通过不断地检索现有技术，从中获取相关文件。通过结合专利数据库、非专利检索资源等检索资源循序渐进充分理解发明实质，逐步站位本领域技术人员。充分解读相关文件中的技术细节，利用与该案例相关的内容调整检索思路，获得专业词汇后再在专利库和非专利检索资源进行针对性检索，提高检索效率。

2.4.2　数学公式的理解

电学领域的专利申请可能包含数学公式，尤其是一些高校或科研院所提交的申请，或是特定的领域（如人工智能领域）相关申请，权利要求中记载公式的比例相对较大。而数学公式由于其组成形式的特殊性，有着天然的检索难点，主要体现在参数多、表达形式多、定义杂、易变形。

因此对于这类申请的检索，关键在于要准确理解公式本身的含义，从公式名称、公式涉及的算法名称、公式中涉及的参数及参数定义提取关键词，此外还可以通过联想公式可能涉及的应用场景、具体应用到哪些步骤或环节来获取关键词。

2.4.2.1　深入分析公式含义

案例 2-4

【案情介绍】

光伏发电现有技术中，光伏固定支架的规划布置需要经过详细的设计和计算，目前主要参照《光伏发电站设计规范》（GB 50797-2012）中提供的方法进行确定，但是该规范中提供的方法不适用于前后排阵列高度不同或阵列方位角不为零的情况。

该案例提供了一种前后排阵列高度不同及阵列方位角不为零的情况下光伏固定支架的规划布置方法，为实际光伏发电工程设计施工提供依据，且操作简便快速。图 2-8 为太阳方位角与高度角的关系图，图 2-9 为阵列方位角不为零的分析示意图。

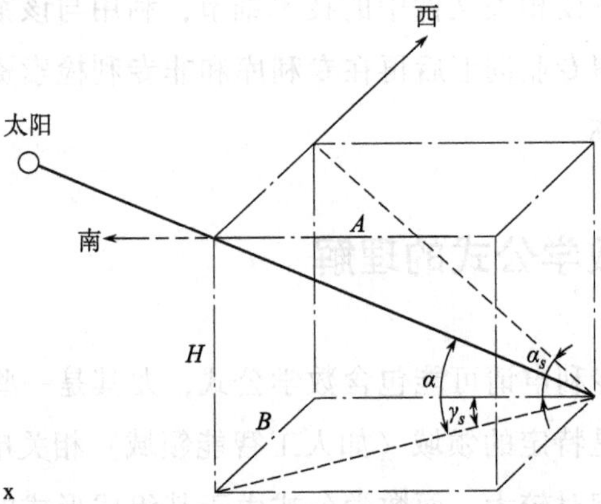

图 2-8　太阳方位角与高度角的关系图

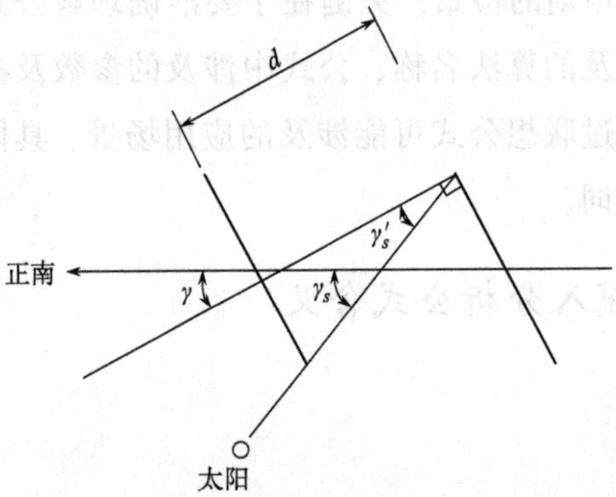

图 2-9　阵列方位角不为零的分析示意图

该案例涉及的权利要求如下：

1. 一种光伏方阵固定支架的规划布置方法，包括如下操作：

S1：采集光伏安装区域的地理信息和光伏板的数据信息；

S2：对采集的数据进行分析计算，得出光伏方阵的安装间距；

S3：按照步骤 S2 的分析计算结果规划布置光伏固定支架。

2. 根据权利要求 1 所述的光伏方阵固定支架的规划布置方法，其特征在于，采用如下方法对采集的数据进行分析计算：

前、后方阵等高的情形：

方阵间距：$D=L\times\cos\beta+d$

其中：$d=(L\times\sin\beta)\div\tan\alpha_s$，$r=H\div\tan\alpha$，$H=L\times\sin\beta$；

前排方阵比后排方阵高的情形：

方阵间距：$D=L\times\cos\beta+d$

其中：$d=(L\times\sin\beta+h)\div\tan\alpha_s$，$r=(L\times\sin\beta+h)\div\tan\alpha$；

前排方阵比后排方阵低的情形：

方阵间距：$D=L\times\cos\beta+d$

其中：$d=(L\times\sin\beta-h)\div\tan\alpha_s$，$r=(L\times\sin\beta-h)\div\tan\alpha$；

上述公式中：$\tan\alpha_s=\tan\alpha\sqrt{1+\tan^2\gamma_s}$

若光伏方阵方位角 $\gamma\neq0$ 时，则上述公式中 γ_s 应用如下公式中的 γ_s' 代替：

$$\gamma_s'=\gamma_s-\gamma$$

上述公式中：α 为太阳高度角，β 为方阵倾角，α_s 为太阳高度角向西的投影角，L 为光伏板斜面长度，h 为前后排光伏方阵高差绝对值，γ 为阵列方位角，γ_s 为太阳方位角。

【检索策略分析】

已检索到的最接近的现有技术基本公开了该案例的整体构思，并且也解决了“前后排阵列高度不同”情况下阵列间距的计算问题，但对于权利要求 2 中进一步限定的特征“若光伏方阵方位角 $\gamma\neq0$ 时，则上述公式中 γ_s 应用如下公式中的 γ_s' 代替：$\gamma_s'=\gamma_s-\gamma$；$\gamma$ 为阵列方位角，γ_s 为太阳方位角”没有检索到合适的对比文件。

在该案例的权利要求书和说明书中给出的表达均为“若光伏方阵方位角 $\gamma\neq0$ 时，则上述公式中 γ_s 应用如下公式中的 γ_s' 代替：$\gamma_s'=\gamma_s-\gamma$；$\gamma$ 为阵列方位角，γ_s 为太阳方位角”，但检索的关键点“光伏方阵方位角 $\gamma\neq0$”并不容易表达，首先在各类检索资源库中都无法直接检索 $\gamma\neq0$，而使用自然语言直接表达 $\gamma\neq0$ 则存在很多种方式。例如，方位角不为/小于/大于/不等于 0，且 0 还可以表达为“零”，并且还可能存在先使用肯定式的表达（如在方位角为 0 的情况下），再使用否定式表达情况（如否则、其他情况下等），检索时很难穷尽各种可能表达方式。在专利检索资源和非专利互联网资源库中尝试了诸如上述表达的多种表达方式后并未检索到合适的对比文件。

通过分析认为，应该抛开对数学表达式本身的表达，理解数学表达式代表的实质物理含义，才有助于提炼关键词。结合图 2-8 对太阳方位角的解释及结合百度、维基等对方位角的定义，可以得知太阳方位角指的是太阳光线在地面的投影与当地经线之间的夹角，可近似看作竖立在地面上的直线在阳光下的阴影与正南方的夹角。再结合该案例的整体方案的背景，光伏太阳能阵列在北半球通常都是布置朝向正南方向，这样通常有助于最大化接收到的太阳光线，该案例考虑光伏方阵方位角 $\gamma \neq 0$ 情况下间距的计算，实质上是考虑当光伏阵列太阳能板在坡面上的朝向不是朝向正南时，阵列间距应该如何计算。因此，从以上分析中重新提炼检索上述特征的关键词："偏西""偏东""南偏西""南偏东"进行检索，在中文专利全文库中采用关键词"光伏""阵列 or 方阵""坡""方位角""偏东""偏西"进行相与检索，可快速获得对比文件。

【案例小结】

对于涉及数学表达式的检索，存在表达方式多样化和不规范的问题，此时，应充分研读数学表达式的本质，理解其代表的物理含义，从表达其物理含义的自然语言中提炼出有助于表达检索要素的关键词。

2.4.2.2 分析物理参数相关计算公式准确理解发明构思

案例 2-5

【案情介绍】

现有触摸感测面板的第一（驱动）电极层、第二（感测）电极层交叠耦合会形成边缘节点、拐角节点、中心节点，其中边缘节点、拐角节点的面积小于中心节点的面积造成触摸屏总体性能不佳，处理噪声的能力不强，整个屏幕敏感度不均匀及边缘与拐角节点发信能力不强的问题。

该案例提供一种触摸位置感测面板，通过加宽驱动电极层、感测电极层边缘处电极中心区域宽度，使边缘处驱动电极、感测电极耦合形成的电容节点面积增大，来实现边缘、拐角、中心节点面积相等。如图 2-10 所示，现有技术 1 和 2 的电极层叠加得到现有技术 3 的感测面板，该感测面板在边缘、拐角、中心位置因为电极耦合形成的电容节点面积不同。

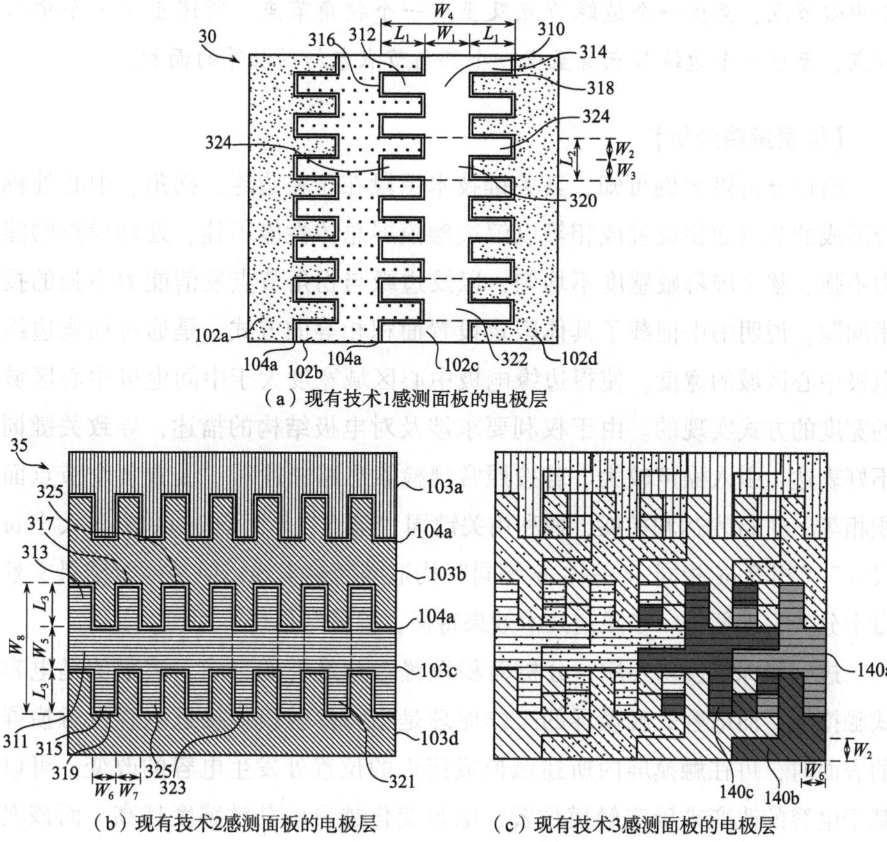

（a）现有技术1感测面板的电极层

（b）现有技术2感测面板的电极层　　（c）现有技术3感测面板的电极层

图 2-10　现有技术 1、2、3 感测面板的电极层

该案例涉及的权利要求如下：

1. 一种触摸位置感测面板，其包括：

感测区域，其包括：衬底；

第一层中的多个第一电极，所述多个第一电极包括导电网格且沿第一方向布置，所述第一层具有形成于其中的第一多个间隙；

第二层中的多个第二电极，所述多个第二电极包括导电网格且沿大体垂直于所述第一方向的第二方向布置，所述第二层具有形成于其中的第二多个间隙；及

多个电容性节点，其由所述第一层中的所述多个第一电极与第二层中

的所述多个第二电极的电容性耦合形成，所述多个电容性节点包括至少一个中心节点、至少一个边缘节点及至少一个拐角节点，所述至少一个中心节点、至少一个边缘节点及至少一个拐角节点包括约相等的面积。

【检索策略分析】

通过分析该案例可知，其关键技术手段在于将边缘、拐角、中心处耦合形成的节点面积设置成相等以解决触摸屏总体性能不佳、处理噪声的能力不强、整个屏幕敏感度不均匀，以及边缘与拐角节点发信能力不强的技术问题。说明书中记载了具体限定设置面积相等的方式，是通过加宽边缘电极中心区域的宽度，使得边缘电极中心区域宽度大于中间电极中心区域的宽度的方式实现的。由于权利要求涉及对电极结构的描述，导致关键词不好表达，引入噪声较大。若按照常规检索思路，针对“设置各个节点面积相等”进行表达和扩展，如利用关键词“节点”“面积 or 区域 or 大小 or 尺寸”“相等 or 相同 or 一样 or 等同”构造同句检索式，但是检索结果文献量十分大，即便进一步限定技术效果特征，检索结果仍不理想。

进一步深挖发明实质，分析面积设置对触摸屏的影响。该案例是电容式触摸屏，而电容式触摸屏的工作原理是当物体触摸或接近电容性触摸屏的表面时，可在触摸屏内所述触摸或接近的位置处发生电容的改变，可以基于电容的改变来确定触摸位置，电容变化越灵敏其敏感度越高。而该案例技术问题中提到现有的触摸屏因为边缘、拐角、中心节点的面积不相等会使得整个屏幕敏感度不均匀，也就是说，节点面积的不相等，导致不同的节点对电容感测灵敏性不均。基于上述分析大胆猜测，该案例将各个节点面积设置成相等，是不是就是为了使每个节点的电容相等，以使每个节点对电容感测灵敏性均衡呢？

为了证实上述猜测，对该案例的电极结构深入分析可知，关键在于驱动层的电极与感测层的电极相对设置，也就是相对设置的两个电极块耦合形成该案例所述的节点，而这种结构与物理基础课程中的电容器结构类似，两块极板相对设置形成电容器的结构。而公知的计算电容器电容公式为：$C=\varepsilon S/4\pi kd$，其中，ε 是介电常数、S 是极板间正对面积、d 是极板间距离、k 为静电力常量。由上可知，电容大小是由介电常数 ε、极板间正对面积 S 以及

极板间距离 d 决定的。在一般情况下，参数 ε、S、d 在触摸屏中是一定的，所以电容大小一般取决于面积大小。也就是说，该案例中采用的技术手段将各个节点的面积设置成相等，其实质上是为了使各个节点的电容相等，证实了前述分析过程。沿着这个思路，在英文专利摘要库中，利用关键词“node”“capacitive or capacitance”“equal or same”结合分类号“G06F3/04”构造同句检索式，快速命中对比文件。

【案例小结】

该案例通过深入分析电路结构原理，站位本领域技术人员，充分了解现有技术，抓住发明实质内容，及时调整检索思路得到有效对比文件。

2.4.3　借助互联网检索学习

当专利文件涉及新技术或是不太熟悉的技术领域时，通过检索现有技术，不断学习本领域相关知识，充分站位本领域技术人员。

如借助百度、必应、搜狗等搜索引擎获取背景技术，以申请人、发明人为入口检索非专利文献等手段来快速掌握现有技术，从而帮助理解发明，并提取和表达发明点。

百度百科是常用的科技大百科网站，收录了包括技术术语的解释、技术手段的原理、技术发展的历程等非常丰富的内容。通过在百度百科中查找科技词汇，有助于准确表达发明点。

论文中通常会由浅入深地介绍相关技术的发展历程和技术原理，通过检索发明相关技术的学位论文或者期刊论文，通过阅读技术主题相近的论文，帮助快速理解发明的本质。

2.4.3.1　借助百度问答准确理解发明

案例 2-6

【案情介绍】

现有技术中，当变电站在失去主电源供给网的情况下能够连接到备用辅助电源时，希望周期性地检查该辅助电源正确地开启和连接，以保证在需要时（如在主电网故障的情况下）主电网恰当地切换至辅助电源。取决于设备的需求，辅助电源可包括一个或多个辅助电源发电机，如发电单元或发电机组。一般来说，周期维护操作由操作者这样执行，首先断开主电网，然后再将负载连接至辅助发电机，然后开启辅助发电机以保证其正确地操作。维护结束后也要先将负载从辅助发电机断开后，负载切回至主电网，该过程会导致负载两次掉电。

如图 2-11 所示，该案例提出一种用于从远程场所控制电气设备的方法，通过主电网（10）向辅助发电机（20）切换时，首先令辅助发电机（20）与负载（7，8）连接，当辅助发电机（20）与主电网（10）电源在幅值、相位与相角一致时，断开主电网（10）由辅助发电机（20）独立供电。这种先闭合辅助开关（23），后断开主开关（13）的切换方法可以实现无缝切换，负载防掉电的效果。

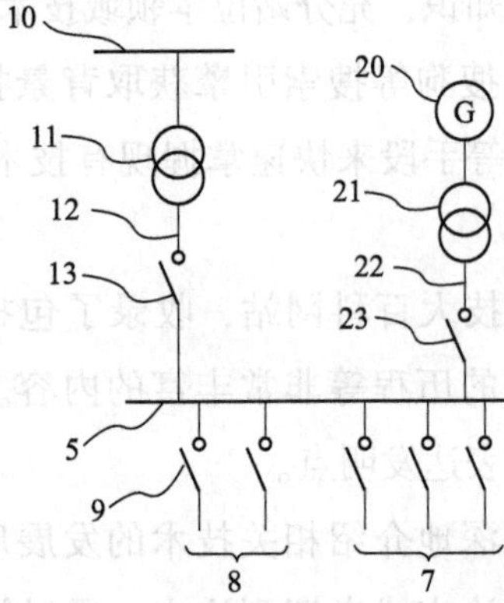

图 2-11　具有连接网络的供电系统简化图

该案例涉及的权利要求如下：

1. 一种用于从远程控制站控制电气设备的方法，所述电气设备包括给一个或多个电负载（7，8）供应电力的电联接网络（5）、将主电源（10）连接到联接网络（5）的主开关（13）以及将辅助电源（20）连接到联接网络（5）的辅助开关（23），控制方法包括：

同步辅助电源（20）与主电源（10），包括相对于主电源和辅助电源测量电数据的阶段以及从远程控制站的验证阶段，以保证主电源和辅助电源的测量的电数据是兼容的；

从远程控制站发送命令以闭合辅助开关（23）的步骤；

从远程控制站发送命令以打开主开关（13）的步骤；

从远程控制站检查负载（7，8）由辅助电源（20）供应动力的步骤。

【检索策略分析】

该案例的检索难点在于，在检索与发明点相关的技术特征“在主电源向辅助电源切换时，先导通辅助电源，后断开主电源实现负载不掉电的效果”时，由于“主电源”与“辅助电源”都是本领域的常规表达词，检索时噪声太大。而直接采用“先”“后”进行限定检索结果很少，而且无法进一步扩展。采用技术效果“防掉电”进行检索噪声也很大，因为现有技术中也存在很多利用 UPS 等实现不掉电的文献。

通过站位本领域技术人员，考虑到现有技术中变电站一定会存在类似的技术问题，于是通过在百度问答中检索问题“变电站在倒闸操作中怎么保证不掉电?”，经过浏览和阅读相关文献，发现关键词“合环”能准确地表达该案例发明点。于是在中文专利摘要库中，通过将关键词“合环”与 IPC 分类号“H02J9/06”相与检索，快速命中公开了该案例发明构思的对比文件。

【案例小结】

在充分理解发明的基础上，从该案例解决的技术问题及技术效果出发，将技术领域扩展到变电站领域，借助搜索引擎检索学习获取体现该案例发明点的关键词“合环”，可以在检索较少关键词的情况下快速命中对比文件，不仅可以减少检索噪声，而且不会因关键词表达不全而漏检，有利于提高检索效率。

2.4.3.2　借助知名企业技术论坛准确理解发明

案例 2-7

【案情介绍】

在业务系统中可以包括多个应用，每一个应用中可以运行一个或多个业务，如淘宝交易业务、余额交易业务、线下支付交易业务等。每个应用可对应一个部署单元，每个部署单元中通过启动容器来提供各项业务对应的服务。多个部署单元构成一个集群单元，集群单元相当于一个逻辑业务中心，用于执行对应应用的各项业务。在上述集群化的业务模式中，所有业务都走向一个集群单元，该集群负责了非常纷繁复杂的支付业务。一个业务的变更容易导致一个集群不可用，导致支付相关的业务整体不可用。另外，所有业务都在一个集群单元，在业务量较大的时候（如双十一促销），某个或某些业务可能会占用整个集群的所有资源，容易导致其他业务不可用。

该案例提出的一种业务执行系统，各个业务单元之间互相隔离，同一个业务单元内的各个部署单元具有相同的标识信息，标识信息相同的各个部署单元才可进行数据交互，从而使业务单元执行相应的业务，标识信息不同的各个部署单元之间不进行数据交互，由于从属于不同业务单元的部署单元具有不同的标识信息，从而使得不同业务单元相互隔离，互不影响。

该案例涉及的权利要求如下：

1. 一种业务执行系统，所述业务执行系统包括多个互相隔离的业务单元；

所述业务单元均包括至少一个用于提供服务的部署单元，不同业务单元的部署单元具有不同的标识信息；

标识信息相同的各个部署单元通过数据交互，以使所述业务单元执行相应的业务。

【检索策略分析】

该案例技术方案相关的关键词是本领域比较常见的“业务”“部署”“隔离”等，检索噪声较大，且无法进行扩展。在专利库中检索时，相关的文献大部分为该案例同一申请人的申请，并且应用场景也不相同。

由于该案例申请人为知名互联网公司，可能会在技术论坛上分享公司的相关技术，因此首先考虑在非专利检索资源中进行检索。通过在百度搜索“业务单元部署单元隔离”获得一篇相关文献《蚂蚁金服蓝绿发布实践》，其中披露的技术内容“单元与单元之间隔离，业务引发的调用链路只存在单元内部”与该案例的发明点较相似，并且文中还提及了另外一篇文章《素描单元化》，继续追踪《素描单元化》获知该案例的应用场景即为“单元化架构”中的部署场景。因此确定检索关键词“单元化”。最终在中国知网中通过检索关键词“单元化，部署单元，容器，调用”，获得一篇能够单独影响该案例创造性的硕士论文。

【案例小结】

对于专业性较强的申请，在专利库中检索不到合适的对比文件时，可以尝试在技术论坛上检索学习，充分理解发明，以期能获取到能表达核心发明点的专业技术词汇，提高检索效率。

2.4.4　借助中间文献准确理解发明

在检索中如果浏览到与技术方案相关度较高的文献时，应当深入挖掘有用信息获得检索线索。也可以在获取到能表达发明点的专业技术名词后，通过互联网资源学习相关技术知识，在获得比较专业的技术词汇后再在专利库中检索，通过这种专利库检索和非专利检索结合的手段，在检索、学习、再检索的过程中循序渐进，充分理解发明实质。

案例 2-8

【案情介绍】

现有技术中在进行图像颜色抠除时，通常是选定要抠除的颜色，然后将图像中与选定的颜色在一定容差范围内的部分全部抠除。这样一方面抠图不精细，另一方面会导致想要保留的主体中具有与选定颜色相同的部分也被抠除，进而导致图像不可用。

该案例提供的图像处理方法可以将从起始像素点开始具有第一颜色的连续区域替换为第二颜色，避免了将要保留的主体中具有第一颜色的部分进行颜色替换的问题，从而至少部分地实现了更为精细的抠图。

该案例涉及的权利要求如下：

1. 一种图像处理方法，包括：获取待处理的图像；确定第一颜色和第二颜色，其中所述第一颜色为所述图像中需要被替换的颜色，所述第二颜色为将所述第一颜色替换后所得的颜色；将起始像素点的颜色替换为所述第二颜色，其中所述起始像素点为所述图像中颜色为所述第一颜色的像素点；

设置查找队列，其中所述起始像素点为所述查找队列初始时的唯一元素；

循环执行如下替换颜色和更新所述查找队列的操作，直到所述查找队列为空时停止所述循环，包括在每一轮循环中：

将候选像素点的颜色替换为所述第二颜色，其中所述候选像素点为本轮循环的中心像素点周围的像素点中颜色为所述第一颜色的像素点，其中所述中心像素点为从所述查找队列的元素中选择确定的；以及

通过从所述查找队列中移除作为所述中心像素点的元素，以及将所述候选像素点添加到所述查找队列中，来更新所述查找队列。

【检索策略分析】

该案例权利要求书和说明书中都在描述颜色替换方法流程，利用权利要求1中的关键词“颜色”“替”“换”“队列”在中文专利摘要库中进行检索，未找到有效的对比文件。将关键词“颜色”扩展为“RGB or 灰度 or 亮度”，并利用该案例IPC分类号进行检索，未找到有效的对比文件。又在中文专利全文库中进行检索，检索时根据该案例说明书中记载的技术效果“实现了更为精细的抠图”，提取了关键词“抠图”，也未找到有效的对比文件。进一步在英文专利摘要库中采用CPC分类号和关键词“color”“displace”“replace”进行相与检索，仍然未检索到有效的对比文件。

根据前述的检索策略虽然未检索到对比文件，但在浏览检索结果时获取到一篇专利文献，该文献披露了模糊图像→生成似然图→生成二值图→形态学操作→Flood fill→设置模板→在模板区域进行颜色替代的图像处理过程，如图2-12所示，其说明书中还披露了“对二值图930进行Flood fill，

从图像的中心或质心开始获得连续区域，然后进行区域的填充”，与该案例颜色替换的流程相似，但没有公开采用队列方式，以及权利要求 1 中具体操作步骤。

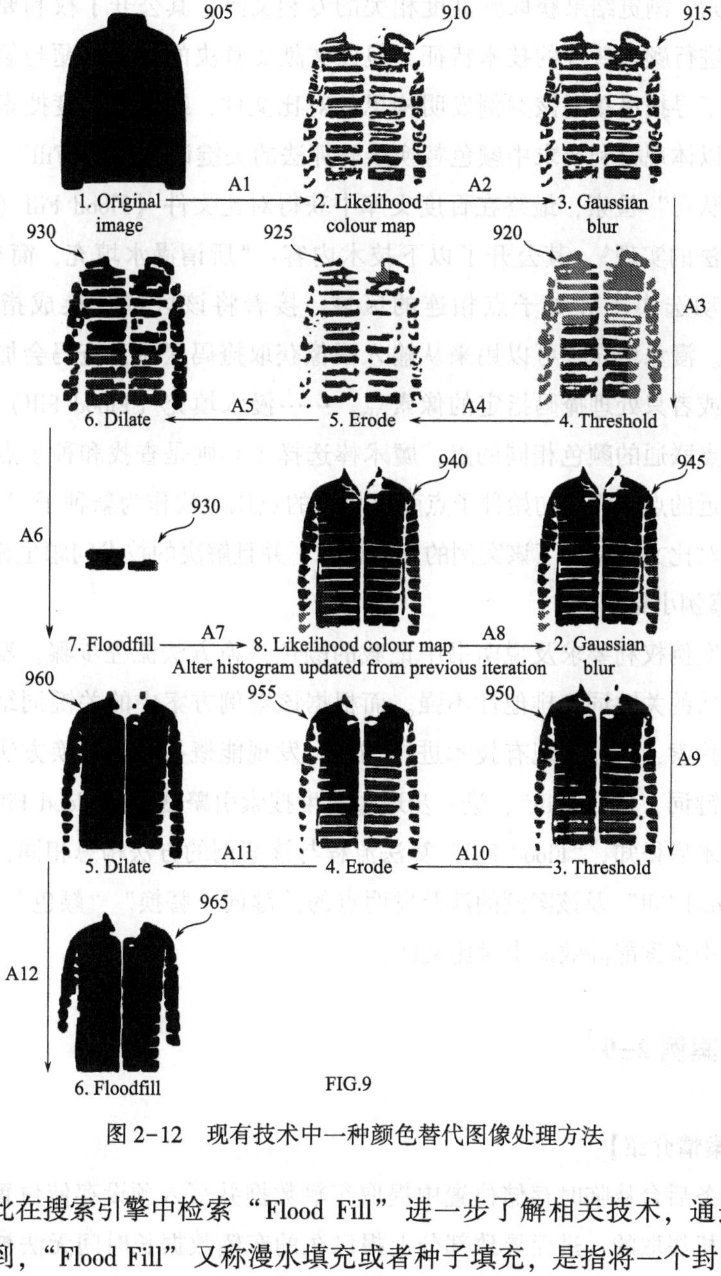

图 2-12　现有技术中一种颜色替代图像处理方法

因此在搜索引擎中检索 “Flood Fill” 进一步了解相关技术，通过学习相了解到，“Flood Fill” 又称漫水填充或者种子填充，是指将一个封闭的区域进行替换颜色填充，即将第一颜色的区域替换为第二颜色，与该案例颜色替换的构思相同。因此，在中文专利全文库中，采用“漫水填充 or 种子填充 or Flood Fill”“队列 or 堆栈”“颜色 or 色彩”“替 or 换 or 填充”进行相与检索，浏览结果获取到高度相关的专利文献，其公开了权利要求中利用队列进行颜色替换的技术特征，但该文献要解决的技术问题与该案例不同。为了寻找最接近该案例发明构思的对比文件，继续在百度搜索引擎中利用可以体现权利要求中颜色替换步骤算法的关键词“Flood Fill”“颜色、替换、队列”检索，最终在百度文库中获得对比文件《Flood Fill（漫水填充）算法的实现》，其公开了以下技术内容：“所谓漫水填充，简单来说，就是自动选中了和种子点相连的区域，接着将该区域替换成指定的颜色……。漫水填充也可以用来从输入图像获取掩码区域，掩码会加速处理过程，或者只处理掩码指定的像素点。……漫水填充（Flood Fill）是查找和种子点联通的颜色相同的点，魔术棒选择工具则是查找和种子点联通的颜色相近的点，将和初始种子点颜色相近的点压进栈作为新种子。”由此可见，该对比文件披露了该案例的发明构思，并且解决的技术问题也相同。

【案例小结】

该案例权利要求及说明书中记载的颜色替换方法流程步骤，没有特别准确有效的关键词，排他性不强。而根据该案例方案中的关键词结合分类号进行检索，通过对现有技术进行浏览，发现能概括颜色替换方法流程的算法关键词“Flood Fill”，进一步通过百度搜索引擎搜索“Flood Fill”了解相关技术后得知，“Flood Fill”算法流程与该案例的方法构思相同，最后利用“Flood Fill”及该案例的涉及发明点的关键词“替换”“颜色”“队列”在百度中检索能高效命中对比文件。

案例 2-9

【案情介绍】

服务后台从临时存储位置中提取车辆数据并写入预设存储位置时，往往是随机提取的，进而导致部分上报已久的车辆数据长时间无法被写入缓存服务器供其他处理模块调用，并据此向终端发出反馈信息。这导致该车辆数据对应的状态信息在终端始终得不到更新，影响用户体验和共享车辆提供商的企业形象。

该案例实施例提供一种读写控制、车联网数据处理方法及服务后台、车联网系统，其中，服务后台在对终端上报的车辆报文进行处理得到车辆数据之后，会将处理所得的车辆数据存入临时数据存储结构当前的写入部；另一方面，服务后台也会将临时数据存储结构当前的读取部中待读取的车辆数据读取写入到其他预设存储位置，服务后台在检测到临时数据存储结构中当前的读取部待读取的车辆数据读取完毕，且当前的写入部中有车辆数据时，会控制将临时数据存储结构当前的读取部和写入部进行切换，以将当前的读写部切换成写入部，将当前的写入部切换成读取部。在该案例实施例中，当某个车辆数据被写入到临时数据存储结构当前的写入部后，只要该写入部被切换成读取部，该车辆数据就有被读取写入预设存储位置的机会。当该读取部被切换成写入部时，该车辆数据必然已经被写入了预设存储位置。

该案例涉及的权利要求 1 如下：

一种读写控制方法，其特征在于，包括：

检测临时数据存储结构中当前的读取部待读取的数据是否读取完毕；

若是，则检测所述临时数据存储结构当前的写入部中是否存储有未读取的数据；

若是，则将所述临时数据存储结构当前的所述读取部和所述写入部进行切换，以将当前的读写部切换成写入部，将当前的所述写入部切换成读取部。

【检索策略分析】

该案例的检索难点在于相关检索关键词“读取”“写入”“切换 or 互换”较为常见，检索噪声太大，而进一步限定技术效果关键词检索范围又过载，容易遗漏文献。通过对该案例发明实质进行分析，提取关键词“临时存 or 缓存 or 缓冲”“读 or 写”“切换 or 转换”“随机读”“分区”在专利库中相与检索，获取到一篇专利文献CN1459939A，该文献公开了“一个缓存单元可以设置成分开读写的区域”，与该案例发明构思类似，并获取到关键词“乒乓切换”。

在搜索引擎中检索“乒乓切换”，发现该技术术语描述的是通信领域中一种手机信号切换方法，进一步在百度中用关键词“乒乓”“缓存”并限定在存储器领域进行检索，获取到一篇在中国开发者网络博客上发表的文章《乒乓结构缓冲存储》，该文章解释了存储器中涉及乒乓结构、乒乓操作、乒乓缓存等概念，与该案例存储结构非常类似，主要区别在于切换条件不同。因此进一步在中文专利全文库中利用关键词“乒乓”“缓存 or 操作 or 结构”构造邻近检索式，利用关键词“读”“完 or 结束”“切换 or 交换 or 转换”构造同句检索式，将上述两个检索式的结果进行相与，获得了公开了该案例发明构思的对比文件。

【案例小结】

对于不熟悉的新技术，不要盲目检索，通过检索现有技术，不断学习本领域相关知识，获取本领域专业词汇。还可以借用互联网检索对专业词汇进行学习，获得专业词汇的准确扩展后再在专利库针对性检索，通过这种结合专利库检索、非专利检索资源检索等检索手段循序渐进充分理解发明实质，可高效命中对比文件。

2.4.5 通过联想应用场景准确理解发明

在涉及生活应用相关发明时，由于申请文件中使用的词语宽泛常规、应用场景不明、内容晦涩难懂等情况会导致难以提取出体现发明构思的关键词。针对该类型的案件，可以在深入理解申请文件的基础上对技术方案的实现过程进行具体场景的推演，得到实施该技术方案产生的结果，根据该结果获取准确的关键词。

当通过申请文件难以提取关键词检索无效时，为待检索的技术方案在心中构建一应用场景，并在该应用场景中实施该技术方案的方法步骤，以推演出实现过程和技术效果，深度还原发明构思，有助于更准确地理解技术方案，从而扩展出更准确的关键词。

2.4.5.1　生活场景联想

案例 2-10

【案情介绍】

现在计算机办公越来越普遍存在于人们的日常工作中，而整日坐在办公室办公，身体很容易出现问题，其中最突出的一个问题便是长期使用鼠标带来的手关节疾病等问题，现有的鼠标需要人手操握，然后手臂还得放置在鼠标垫上，随着手掌不断推移鼠标进行操作，手臂会在鼠标垫上不断摩擦，久而久之手关节会受到一定程度的损伤，而且整体的操作使用也不灵活。

为了克服现有技术存在的不足，如图 2-13 所示，该案例提供了一种随动鼠标垫，它能够减轻手臂的负担，整体操控鼠标比较灵活方便。采用悬浮技术，运用鼠标垫与鼠标垫基座之间的磁力让载物凹盘可以悬浮起来，不会像普通的鼠标垫过于死板的移动体验，以提供更为灵活、方便的支撑体验，进而能够减轻手臂的负担。

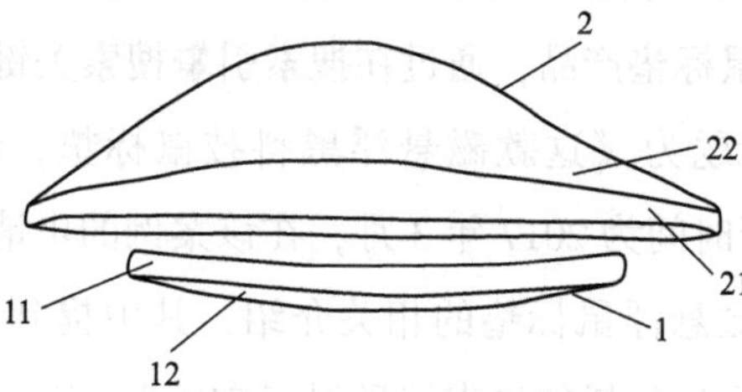

图 2-13　随动鼠标垫

该案例涉及的权利要求如下：

1. 一种随动鼠标垫，其特征在于，包括鼠标垫基座（1）和与鼠标垫基座（1）对应且位于其正上方的鼠标垫（2）；所述鼠标垫（2）包括与鼠标垫基座（1）对应的第一磁性底盘（21）和位于第一磁性底盘（21）上方且与其固接为一体的载物凹盘（22），所述载物凹盘（22）包括用于支撑且符合人体手腕部位工学的内凹柔性曲面；所述鼠标垫基座（1）包括与第一磁性底盘（21）对应的磁悬浮台（11）和位于磁悬浮台（11）下方且与其固接为一体的随动底盘（12）；所述磁悬浮台（11）内设有磁悬浮线圈、与磁悬浮线圈连接的线性霍尔传感器、与磁悬浮线圈和线性霍尔传感器连接的控制电路模块和为各硬件设备供电的供电装置，所述磁悬浮线圈通过线性霍尔传感器检测和控制电路模块控制下，在通电时产生与第一磁性底盘相反的反向磁场使所述第一磁性底盘磁悬浮。

【检索策略分析】

该案例可供扩展的关键词不多，关键词限定太多将导致可供浏览文献量过少，关键词限定较少浏览文献量又较多，不利于快速筛选出有效对比文件，检索效率过低。

通过对该案例的发明点进行分析可知，其是为了解决平时工作中常用的鼠标垫会导致手关节会受到一定程度的损伤，而且整体的操作使用也不灵活的问题而提出的，利用与发明点紧密相关的关键词“磁悬浮”“鼠标”并未检索到合适的对比文件，需要进一步扩展关键词。考虑到鼠标垫在生活中比较常见且手关节损伤问题在鼠标垫领域一直存在，应该会有相关的解决手关节损伤的鼠标垫产品，通过在搜索引擎搜索关键词“磁悬浮”“鼠标垫”，发现一篇标题为《这款磁悬浮黑科技鼠标垫，让你从此告别鼠标手!》的文章，公开时间为2017年3月，在该案例的申请日之前。浏览文章发现，在国外已有磁悬浮鼠标垫的相关介绍，其中提到“采用特殊悬浮技术，运用底座的磁力让腕托软垫直接悬浮于空中”，基于此找到与该案例发明点相关的关键词“腕托”，于是在英文专利摘要库中采用英文关键词“wrist support”和“magnetic levitate or magnetic suspend”相与进行检索，浏览结果获取到相关专利文献US2016296008A1，其公开了该案例的发明构思，IPC分类号为A47B21/03。通过查询IPC分类表，获取以下分类号信息。

A47B21/00 专门适用于个人计算机工作站的桌或台，如用于文字处理或其他手工数据的输入；专门适用于打字的桌或台；配属于此类桌或台的辅助设备（鼠标垫本身入 G06F3/039）；

A47B21/013 • 以可调节部件为特征的，如万能可调的活动桌板、靠手、手腕托或鼠标平台（A47B21/007 优先）；

A47B21/03 • • 部件仅能水平调节（如可展开）的（抽屉入 A47B88/00）；

而该案例的分类号为 G06F3/039，如果仅用该案例分类号进行检索和扩展限定会导致检索不到该对比文件。

进一步针对权利要求 1 中关于磁悬浮装置具体结构的限定特征，在中文专利摘要库中采用关键词“磁悬浮”“电磁”“线圈”“升 or 降”“磁场”“传感”进行相与检索，获取到了另一篇对比文件 CN105720862A，该文件公开了磁悬浮装置的具体结构特征。以上两篇专利文献结合可以影响该案例的创造性。

【案例小结】

当技术方案涉及在工作和生活中很容易发现的问题且一直没有解决的技术，检索过程中应及时转换思路，不局限于专利库检索，可以尝试通过搜索引擎了解该技术特点，获取专业术语和提炼关键词，再到专利库中进行检索。同时对于可能涉及交叉领域的技术方案，需要通过多种手段获取有效的关键词，避免采用分类号限定在某一技术领域而遗漏其他技术领域的相关文献。

2.4.5.2　游戏场景联想

案例 2-11

【案情介绍】

随着电子技术的发展，终端具有越来越多的功能，操作方式也越来越丰富。但是终端用户可能对终端的操作方式不够了解，导致用户无法正常操作终端，还可能因为操作失误带来其他负面影响。目前，在用户首次使用终端的某个功能时，在用户开始进行操作之前，终端在显示界面上显示指导箭头，该指导箭头用于指示用户应该进行的操作，用户即可根据该指导箭头学习终端的操作方式，后续即可根据学习的操作方式进行操作。但是，上述方案仅能在用户开始进行操作之前进行指导，不够灵活。

该案例提出的一种指导数据发送方法，通过获取终端当前的显示界面的界面信息和终端已绑定的智能指导设备当前的属性信息，来获取该界面信息匹配的目标指导数据。在用户的操作过程中，灵活地对用户进行指导；同时使获取的目标指导数据更加符合当前的情景，能够指导用户更好地操作。

该案例涉及的权利要求 1 如下：

1. 一种指导数据发送方法，其特征在于，所述方法包括：

获取终端当前的显示界面的界面信息；

获取所述终端已绑定的智能指导设备当前的属性信息；

根据第一对应关系和第二对应关系，获取与所述界面信息和所述属性信息匹配的目标指导数据；所述第一对应关系包括界面信息与指导数据集合之间的对应关系，所述第二对应关系包括所述指导数据集合中的每条指导数据与所适用的属性信息之间的对应关系；

向所述智能指导设备发送所述目标指导数据，所述智能指导设备用于播放所述目标指导数据，所述目标指导数据用于指导用户在所述显示界面上进行操作。

【检索策略分析】

该案例技术方案文字描述相对抽象，难以把握发明实质。基于常规检索思路，使用关键词“界面信息 or 事件 or 状态”“指导 or 引导 or 教程 or 演示 or 语音 or 动画 or 视频”等，以及相关分类号 G06F9/451、G06F8/38、G06F3/048 进行检索，均未检索到对比文件。

通过阅读说明书，发现说明书记载了“智能指导设备 102 可以为任一种具有语音播放功能的设备，如智能音箱等”，且公开了该案例技术方案的一个具体应用场景“例如，在用户使用 MOBA（Multiplayer Online Battle Arena，多人在线战术竞技）游戏的场景下，用户与其他用户进行对战”，也就是说，该案例是应用于游戏场景下，根据游戏界面的界面信息来获取相应的指导数据，并由智能音箱播放，从而指导用户在游戏中进行相应的操作。基于此，在中文专利全文库中，利用关键词“游戏”“指导”“音箱”构造同句检索式，检索到一篇相关文献 CN110119547A，其公开日在该案例的申请日之后。该文献公开了一种预测团战胜负的方法，通过阅读该文献说明书可以确定，其所公开的根据实时游戏界面信息向用户输出语音指导的技术手段与该案例的发明构思高度相似。通过分析该文献得知，其应用场景“是一款陪伴用户玩游戏的人工智能机器人，旨在为用户提供实时的游戏战况播报和融入游戏的策略指导”，同时其说明书附图示出了一种应用场景，其中标记 103 即为游戏陪玩机器人，如图 2-14 所示。

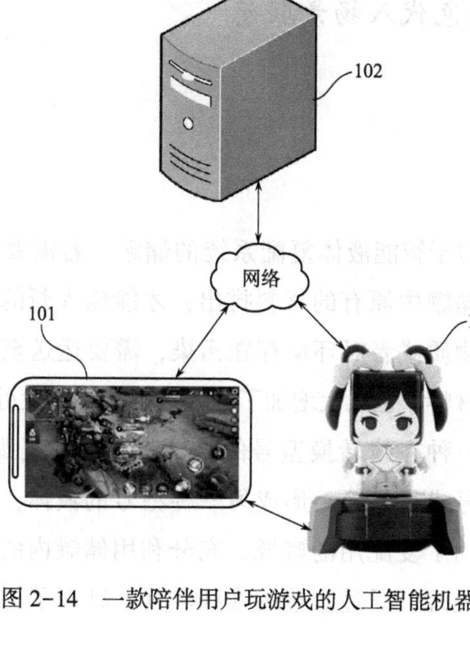

图 2-14　一款陪伴用户玩游戏的人工智能机器人

据此推测市面上极有可能已经存在该游戏陪玩机器人的产品，因此将检索方向调整为“游戏陪玩机器人”上。考虑到该案例及上述文献的申请人均为同一人，因而在搜索引擎中检索该申请人的“游戏陪玩机器人”，检索到该申请人官网关于多款游戏智能机器人的介绍，该智能机器人具备了根据用户终端上游戏界面的当前界面信息播放相应的游戏指导语音的功能；同时各个智能机器人赋予了不同的性别、性格等属性，使得其播放的游戏指导语音也不同，提高趣味性。上述智能机器人的功能与该案例的技术方案高度相关，最终获得两篇体验该智能机器人产品的新闻报道作为该案例的对比文件。

【案例小结】

在技术方案涉及应用程序用户界面的实现或执行机制时，应注意现有技术中使用公开的检索。该案例通过分析发明应用场景、紧扣发明实质检索到中间文献，再从中间文献中提取关键词，最终在互联网中检索发现该案例的技术方案已被申请人推出的产品所使用公开，检索针对性强，有效提高了检索效率。

2.4.5.3 角色代入场景联想

案例 2-12

【案情介绍】

现有技术中，对于智能液体复配系统的储罐，若需要改变储罐中原材料的型号，只有把储罐中原有的材料排出，才能输入新的材料。而排出的材料可能存在有害物质或者对环境存在污染，需要运送至较远的地方进行处理，这样既浪费材料，也大大增加了运输的成本，排放处理不方便。

该案例提出的一种在线转换型号的方法，用于在复配生产的工厂中，对储罐内的液体型号进行转换，形成另一种型号的液体，方便用于不同类型的复配系统，节约了复配用的资源，充分利用储罐内的原材料，避免需要过于烦琐的后期处理，通过直接的在线转换，减少了这样的浪费，节约资源。

该案例涉及的权利要求 1 如下：

1. 一种在线转换型号的方法，其特征在于，包括如下步骤：

S1、获取待转化的储罐中的材料的信息，该材料的信息称为型号 A；

S2、向计算机输入该储罐需要转换后的材料的信息，该材料的信息称为型号 B；

S3、计算机判断能否把型号 A 转化为型号 B，若能，则分析转化所需要添加的液体及计算添加的量，并进行步骤 S4；若否，则发出不能转化的提示并结束；

S4、打开阀门向储罐内输送需要添加的成分，当达到预设额要求时，则停止输送即可；

在所述的步骤 S3 中，计算机的判断方法具体为：根据型号 A 和型号 B 的信息获取对应的成分资料，若型号 A 的组分构成少于或等于型号 B 的组分构成，则判断为能转化；否则判断为不能转化。

【检索策略分析】

通过分析权利要求可知，该技术方案重点在于计算机怎么判断转换能否实现，以及自动给出实现转换所需要的材料和量。而该案例的技术问题和技术效果则侧重于将储罐中的材料进行转换，避免污染环境，并未提及利用计算机实现的效果。因此，就权利要求记载的方案和该案例所要解决技术问题呈现了两种不同检索思路：一是从权利要求出发：检索计算机自动判断材料能否转换，自动给出转换所需的材料和量；二是从技术问题和技术效果出发：检索避免污染环境和节约资源，将储罐中的材料进行转换。

在中文专利摘要库中对申请人和发明人进行追踪，根据该案例的技术主题及该案例所给的分类号进行检索，没有检索得到可用对比文件。根据该案例的技术效果和存在的技术问题进行关键词扩展，在中文专利全文库中检索，获得的文献大多只是涉及实验或者化工过程中物质的转化，并没有从防止污染环境或者计算机自动判断转化所需材料出发。

通过在中国知网中采用技术问题和技术效果相关的关键词进行检索，获取 1 篇与该案例要解决的技术问题相同的对比文件《我厂的三废治理及其综合利用》，该文献中记载了“采用软水循环法吸收液氨贮罐气中的氨，软水吸收氨达到 15% 的浓度，作为农氨水出售”。虽然检索到的对比文件能够解决该案例的技术问题，但是权利要求 1 与该对比文件存在较多的区别技术特征，即如何用计算机取代人的经验判断，实现转化所需材料的自动判断成为检索的另一个重点。

通过再次阅读权利要求，材料A转化为材料B，计算机自动判断转化所需的材料，就像是一个化学方程式软件，输入反应物A和生成物B，软件会自动告诉你化学反应所需的其他材料，因此转向相关软件的检索。在搜索引擎中检索“化学方程式软件”，检索结果大多是方便绘制分子结构，以及化学方程式自动配平的软件，没有补充化学方程式的软件。“配平”一词可扩展为“完善、补全、补充”，进而在搜索引擎中继续检索“化学方程式补全 软件”，在软件下载网站华军软件园获得一款软件“化学方程式工具箱”，该软件包括以下功能：自动补全不完整的化学方程式；在输入的过程中自动配平；方程式配平后，可计算各反应物的量等。通过下载安装验证了该软件实际功能与介绍一致，证实该软件可以自动补全化学方程式，以及提示反应材料所需的量，与该案例的发明构思一致。

【案例小结】

该案例的技术问题和技术效果重点在于材料转化，而权利要求重点侧重于计算机的实现，当两者有区别时，通过准确理解申请文件，提取发明构思，先从技术问题出发，找到最接近的现有技术，然后进一步检索权利要求中其他的技术特征，在通过充分理解发明构思，准确提取关键词并挑选适合的检索数据库基础上，精准高效地检索到具备不同发明构思侧重点的对比文件，检索效率高。

2.4.6 特定技术术语的理解

由于信息文献采用不同语言编写，不同语言对于同一关键词的表达往往是关键词表达的难点所在。在计算机领域，一个重要的特点是翻译外来的英文名词较多，往往一个英文词可能有多种中文翻译方式。因此在这种情况下，英文关键词是比较好的关键词表达方式。另外，英文缩写相对比较规范统一，而且中文申请中也会出现英文缩写，可采用英文缩写同时检索中英文文献，并且还要了解各种语种的表达习惯。

此外，有些申请文件的撰写风格较为口语化，或者使用了一些自造词，背景技术的可读性及可理解性不足，这样都会对理解发明和检索造成困难。对于这类申请，需要充分阅读说明书，理解并掌握相关现有技术，在准确站位本领域技术人员的基础上进行检索，对有关技术特征在本领域的含义类别、作用原理、达到的效果等进行针对性的检索，为准确站位本领域技术人员和检索目标对比文件做准备。

2.4.6.1　准确把握非专业表述的发明实质

案例 2-13

【案情介绍】

在智能装置中触摸屏越来越普及，并且在一些智能装置中已经实现了多任务系统。现有的多任务系统通常采用分屏布局来显示多个应用的界面。在显示智能装置的屏幕截图中，多个应用的界面被同时显示。四个应用的界面分别占据了屏幕的 1/4。这种分屏布局是预定义的并且初始显示的每个个体应用的界面的位置和尺寸是固定的，无法由用户自定义，因此缺少灵活性。各个应用界面的显示位置和尺寸是预定义的并且是固定的，无法由用户指定。此外，这种触发多个任务的同屏显示方式需要执行很多个步骤的操作，从而使得用户的操作过于复杂。

如图 2-15 所示，该案例提供了一种用于触发应用的显示的方法，包括以下步骤：响应于接收到在显示屏幕上表示近似闭合区域或闭合区域的手势，在显示屏幕上确定与所述手势对应的非全屏显示区域；在所述非全屏显示区域中显示至少一个应用的快捷方式；响应于用户选择所述快捷方式中的一个，启动与所选择的快捷方式对应的第一应用并在所述非全屏显示区域中显示该第一应用的界面。通过采用该案例的技术方案，能够实现使用户自由地确定启动的应用的显示区域的灵活性，此外还能够更简单地触发多个应用的同屏显示。

该案例涉及的权利要求如下：

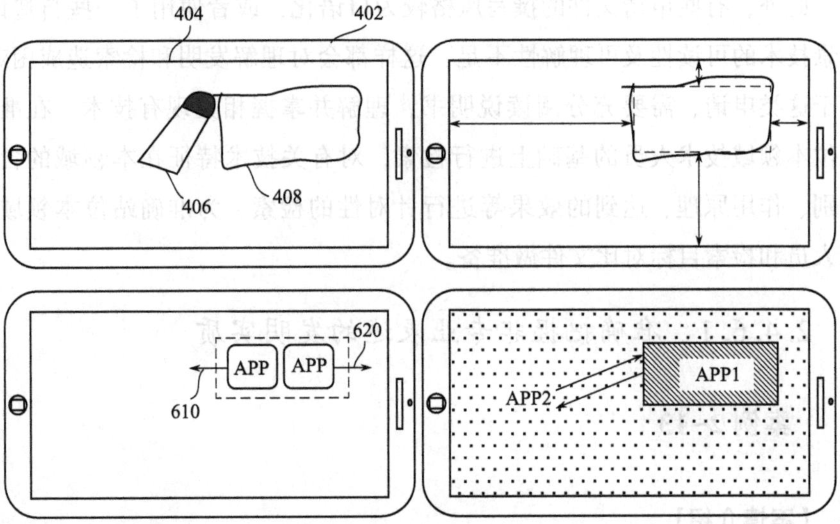

图 2-15　一种用于触发应用的显示的方法的示意图

1. 一种用于触发应用的显示的方法，包括：

响应于接收到在显示屏幕上表示近似闭合区域或闭合区域的手势，在显示屏幕上确定与所述手势对应的非全屏显示区域；

在所述非全屏显示区域中显示至少一个应用的快捷方式；以及

响应于用户选择所述快捷方式中的一个，启动与所选择的快捷方式对应的第一应用并在所述非全屏显示区域中显示该第一应用的界面。

【检索策略分析】

该案例能够提取的关键词比较常规，可扩展的关键词较少，也没有准确的分类号体现方案构思，检索时噪声较大。针对应用的快捷启动进行检索，没有检索到对比文件。

通过阅读说明书和附图，进一步理解该案例，该案例实际上是在桌面上开窗或者开口，可以显示界面，也可以显示快捷图标。通过联想，如果是在界面上开窗或者开口显示快捷图标，是不是类似于透视效果呢？换句话说就是相当于桌面上显示了多层界面，通过在上面一层界面开口看到下一层界面的内容，类似于在一张纸上开一个洞，通过打开的洞看到纸挡住的东西，也就类似于透视了。

基于上述思考过程，尝试调整检索方向，检索手势开窗透视桌面的对比文件。最后经过尝试调整，在中文专利全文库中，采用关键词“手势 or 轨迹”“框 or 区域”“透视”相与检索，获得对比文件 CN103324436A，其公开了该案例的发明构思，且解决的技术问题相同，可作为该案例最接近的现有技术。

【案例小结】

说明书或者权利要求中提炼的关键词，有时候并不能准确地表达发明点，要反复阅读说明书，把握技术方案实质和中文表达习惯，从申请人的角度思考还原发明创造的改进过程，进而联想更为贴切和形象的表达方式，从而提炼出能体现发明构思的关键词。

2.5　总　结

本章介绍了理解发明的含义、理解发明的常见问题、理解发明在检索过程中的作用，以及电学领域准确理解发明检索典型案例。从以上内容可以看出，在审查实践中，检索与理解发明之间并不存在机械的先后关系，而是一种动态关系，通过检索不断获得现有技术，将现有技术与发明进行对比，在这种对比过程中不断加深对发明的理解，进而调整检索策略，获得更为准确的现有技术，再与发明进行对比，如此不断反复。这种检索和理解发明的过程，有助于更好地站位本领域技术人员，快速获得更优的相关文件。

第3章 利用分类体系检索

专利文献数据库中收录了来自全球多个国家和地区、数量庞大、所涉技术领域众多的专利文献，为了更加方便快捷地对专利文献进行组织、管理、检索，专利分类应运而生。世界上对于发明和实用新型专利文献的分类体系主要有国际专利分类体系（International Patent Classification，IPC）、联合专利分类体系（CPC）、美国专利分类体系（USPC）、欧洲专利分类体系（ECLA/ICO）及日本专利分类体系（FI/FT）。除IPC分类体系覆盖了范围最广的全球一百多个国家的专利文献外，其余四个分类体系均只覆盖部分专利文献数量较大的主要国家，或者仅覆盖本国的专利文献。其中，CPC分类是欧洲专利局与美国专利商标局于2010年签署合作的分类项目，它是以ECLA分类体系为基础，并吸纳了USPC分类体系中的部分类别和点组而创建的分类体系，欧洲专利局和美国专利商标局分别于2013年和2015年停用了ECLA和USPC分类。

各分类体系均是根据相同或类似技术内容的文献给予同一个标签，即给予一个分类号，所有分类号按照层次排列组成集合，从而形成分类体系，再将相同技术主题的专利文献归于同一分类条目，以此对文献进行有序的管理。随着技术发展进步，分类体系也在为适应技术发展而变革，一方面是各个分类体系均按照固定时间段或者非固定时间段对分类表进行增补、删改等修订，另一方面是各个分类体系向统一体系和标准的方向发展，如结合两种现有分类体系而开发出的新的分类体系（CPC分类）。这些变革的最终目的是使得专利文献按技术领域准确分类，确保相同技术主题的发明或实用新型的专利文献分类在同一个分类位置，且各分类号下的文献数量均衡适中。

《专利审查指南（2023）》第一部分第四章介绍了专利分类体系，其中在引言部分明确提出了专利分类的目的：

（1）建立有利于检索的专利申请文档；

（2）将发明专利申请和实用新型专利申请分配给相应的审查部门；

（3）按照分类号编排发明专利申请和实用新型专利申请，系统地向公众公布或者公告。

在检索过程中，如何快速准确地找到最接近的现有技术一直是个难题。如果只是单纯地使用关键词进行检索，由于同义词、缩略词、自造词等原因，会影响检索结果的准确性。为了克服上述问题，通常通过关键词的扩展，尽量弥补上述关键词检索带来的缺陷，但关键词扩展不充分带来的可能漏检问题及关键词扩展太多带来的检索噪声过大问题，使得单纯关键词检索的局限性比较明显。而分类号的使用可以将文献检索范围圈定在某个具体的技术领域，可以对检索结果更精准地锁定，不仅可以减少检索时间，还有效地提高了检索的准确性，达到事半功倍的效果。

3.1　国际专利分类体系及典型检索案例

3.1.1　国际专利分类体系概述

3.1.1.1　国际专利分类体系简介

国际专利分类体系是一种国际通用的管理和利用专利文献的工具，被一百多个国家和地区所使用，覆盖了全球 95% 以上的专利文献。IPC 分类体系作为使专利文献获得统一国际分类的重要工具，是各国专利局和其他使用者获取专利文献的通用检索助手。

IPC 分类表是根据 1971 年签订的《国家专利分类斯特拉斯堡协定》编

制的，在它出现后的40年里，IPC分类表为全球海量专利文献的管理、组织和检索提供了重要的辅助作用。

IPC分类表对技术主题的分类采用树状层级结构，分别从功能和应用的角度给出了不同的分类条目。它将全部技术领域按部、大类、小类、大组、小组五个层级进行分类，每个层级都给出对应的分类号及分类名，下一层级的内容被涵盖在上一层级中，下一层级继承上一层级的类名，组成完整的分类系统。2022.01版的IPC分类表共分8个部、131个分部、647个大类、7545个小类，大组和小组的分类条目共计77 736个。

以涉及OLED显示的技术主题为例，其相关的各层级分类条目如下：

部：H电学

大类：H01基本电气元件

小类：H01L半导体器件；其他类目中不包括的电固体器件

大组：H01L27/00由在一个共用衬底内或其上形成的多个半导体或其他固态组件组成的器件

小组：H01L27/32具有专门适用于光发射的组件，例如使用有机发光二极管的平板显示器

另外，IPC分类表的大组内还存在用圆点形式表示的层级结构，圆点的个数越多表示对应的小组层级越低，每一小组的内容也涵盖在圆点数更少的上一层级的小组中，仍以涉及OLED显示的技术主题为例，其大组内的各层级分类条目如下：

大组：H01L27/00由在一个共用衬底内或其上形成的多个半导体或其他固态组件组成的器件

一点组：H01L27/28•包括使用有机材料作为有源部分，或使用有机材料与其他材料的组合作为有源部分的组件

二点组：H01L27/32••具有专门适用于光发射的组件，例如使用有机发光二极管的平板显示器

在IPC分类表中，除了小组、大组、小类等的类名影响分类位置外，还需要尤其关注附注和参见，它们往往对准确地找到分类位置起到至关重要的作用。

附注通常以“附注”的字样出现在分类表中，用于解释或定义一些技

术术语的含义或分类位置的规则。以小类 H01L 为例，其附注表明“本小类包括任何其他小类不包括的电固体器件及其零部件，并且包括适用于整流、放大、振荡或切换的半导体器件：对辐射敏感的半导体器件；应用热电、超导、压电、电致伸缩、磁致伸缩、电磁或体负阻效应的电固体器件以及集成电路器件”，同时还表明“在本小类中，仅当对用于制造或处理器件的方法或设备与器件本身都充分描述是有意义时，才对两者进行分类”。

参见通常以“()”的形式出现在小组、大组、小类等的类名后，指出相关的技术主题包含在分类表的另外一个或几个位置。以大组 H01L27/00 为例，其类号（）中的参见表明“零部件入 H01L23/00，H01L29/00 至 H01L51/00；由多个单个固态器件组成的组装件入 H01L25/00”，通过参见对分类位置作出更准确的指引。

3.1.1.2　国际专利分类体系的修订

IPC 分类表是用于对专利文献进行技术标引、归类、整理的分类工具，它需要随着技术的演化不断地修订。根据世界知识产权组织（WIPO）发布的《IPC 修订指南》，为了保持 IPC 分类作为专利文献检索和管理的有效工具，它必须是动态的，需要不断地修订，要通过 IPC 的修订提供最新的技术进展。自 1968 年 9 月发布 IPC 分类表（第一版）起，保持每 5 年更新一版的频率，直到 2006 年发布 IPC 分类表（第八版），如表 3-1 所示。

表 3-1　IPC 分类表各版本的公布时间及更新频率

IPC 分类表版本	公布时间	更新频率
第一版	1968.9	5 年
第二版	1974.7	5 年
第三版	1980.1	5 年
第四版	1985.1	5 年
第五版	1990.1	5 年
第六版	1995.1	5 年
第七版	2000.1	5 年
第八版	2006.1	

IPC分类表（第八版）从2006年开始使用，后期也进行了多次修订。2006年的IPC分类表（第八版）开始使用基本版和高级版两个版本，基本版定位为适用于专利文献量较少的国家地区和社会公众的需求，高级版比基本版更详细、准确，适用于专业的国际专利文献检索，用来对专利文献量较大的国家和地区文献进行分类，基础版的修订频率为3年修订一次，高级版修订频率为3个月修订一次。2009年世界知识产权组织对IPC进行改革，又将两个版本进行合并，并于每年1月1日公布最新版的分类表。

IPC分类表的修订原因一般包括：①某些分类号下的文献量较大；②某些分类号下的专利文献增长率较高；③当前IPC分类表中未涵盖的新兴技术出现；④由于技术的演化导致原来的分类号检索效率较低，需要更新分类号的结构以提高检索效率；⑤提高分类的一致性或完善现有分类号的缺陷等。

IPC分类表的修订内容包括分类号、分类名、索引、附注和参见等部分。其中分类号和分类名是决定技术主题分类范围的信息；索引、附注和参见是在使用分类表时给使用者提供指引的指导性信息。索引、附注和参见的改变一般指示分类规则、分类位置的变化，不涉及分类号本身的改变。而对分类号本身的修订一般可以分为几种类型，分别是新增分类、删除分类、转移分类。新增分类是对原有的分类号进行细分，由于原有的分类号不够精细，当专利文献量较大且相关技术主题能够以更加精细的方式进行细分时，则需要对原有的分类号进行新增细分分类号。删除分类一般是当分类号需要迁移时，对迁移前的分类号进行的删除，迁移前的分类号便不再使用。转移分类则是根据技术的关联度对分类号进行的优化型的位置转移，使得相关的技术分类更清晰。

了解IPC分类表的修订对检索实践工作具有非常重要的影响，因为在现行的IPC分类修订机制下，已分类的专利文献的分类号并不会随着IPC分类表的修订而进行调整，这导致相关的专利文献会分散在原有分类号和新版分类号下。如果不熟悉分类号的变迁过程，当使用新版分类号进行专利检索时，使用旧版分类号的专利文献将无法涵盖在检索范围内，导致出现漏检的可能性，对专利检索的全面性产生不利影响。

3.1.1.3 国际专利分类体系的获取途径

IPC分类表由WIPO发布并管理的，在WIPO的官方网站上提供了查询获取方式。通过直接输入网址"http://www.wipo.int"可以进入WIPO的首页，如图3-1所示，点击Resources链接，进入资源子页面。

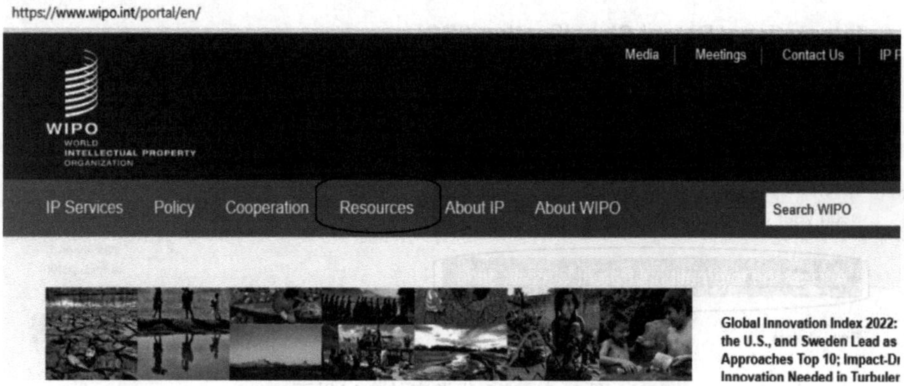

图3-1 WIPO网站的首页示意图

在页面中找到栏目"IP classifications and standards"，点击其下方的"International Patent Classification（IPC）"链接，如图3-2所示。

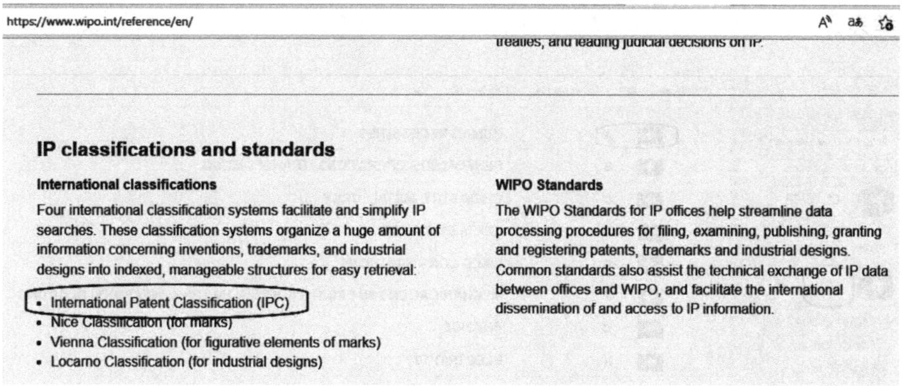

图3-2 WIPO网站的各类资源子页面

进入IPC分类表的入口界面，如图3-3所示，点击"Access the International Patent Classification"。

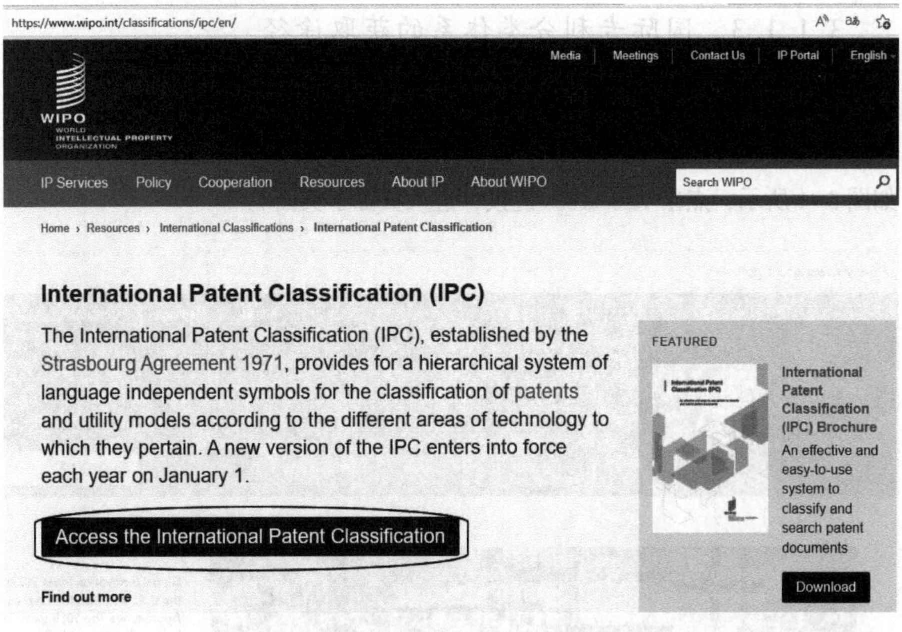

图 3-3　IPC 分类表的入口界面

然后进入 IPC 分类表的查询及获取界面，如图 3-4 所示，通过点击“+A”图标可以展开列表的形式，逐级打开 A 部下的各级分类表，实现在线查询的功能。还可以通过点击左下方的“PDF”图标以下载文档形式的分类表。

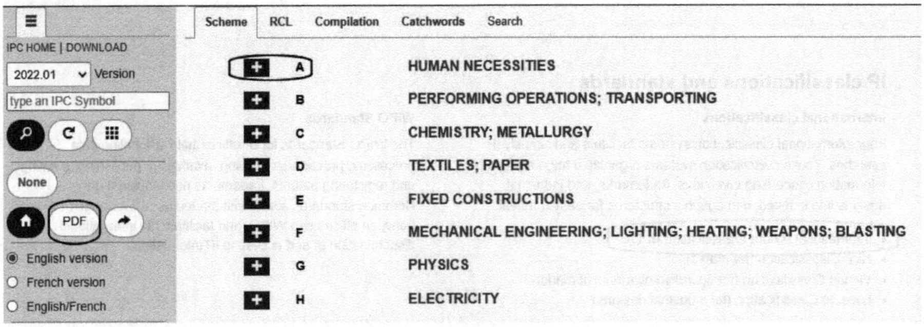

图 3-4　IPC 分类表的在线查询及下载界面

目前 WIPO 网站提供英文和法文两种文本的 IPC 分类表。为了方便用户查询使用，如果需要获取中文的 IPC 分类表文本，可以在国家知识产权局的官方网站上查询到最新版本的 IPC 分类表的中文版。直接输入国家知识产权局的官方网址“http://www.cnipa.gov.cn”，如图 3-5 所示，在首页上点击“文献服务”链接。

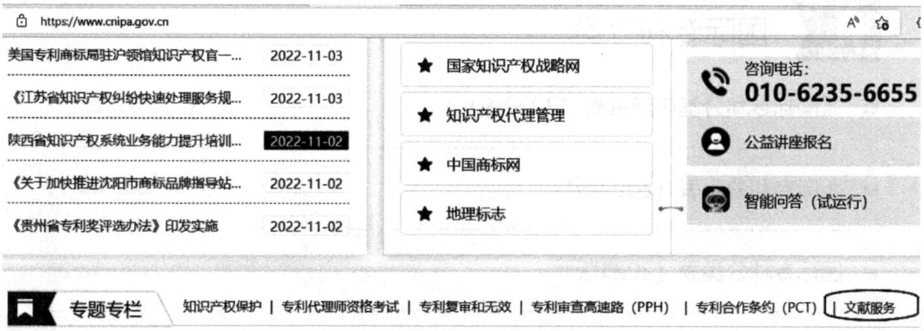

图 3-5　国家知识产权局的官方网页示意图

在文献服务的子页面中找到“标准与分类”，如图 3-6 所示。

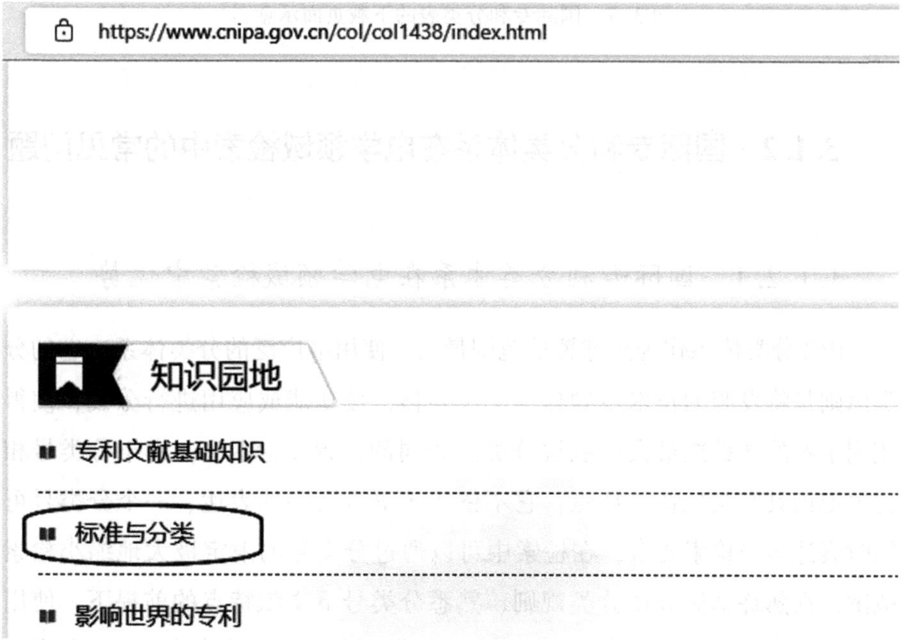

图 3-6　文献服务的页面示意图

然后在分类页面中可以看到“国际专利分类”的专栏，其提供了历年各版本的中文 IPC 分类表的下载链接，如图 3-7 所示。

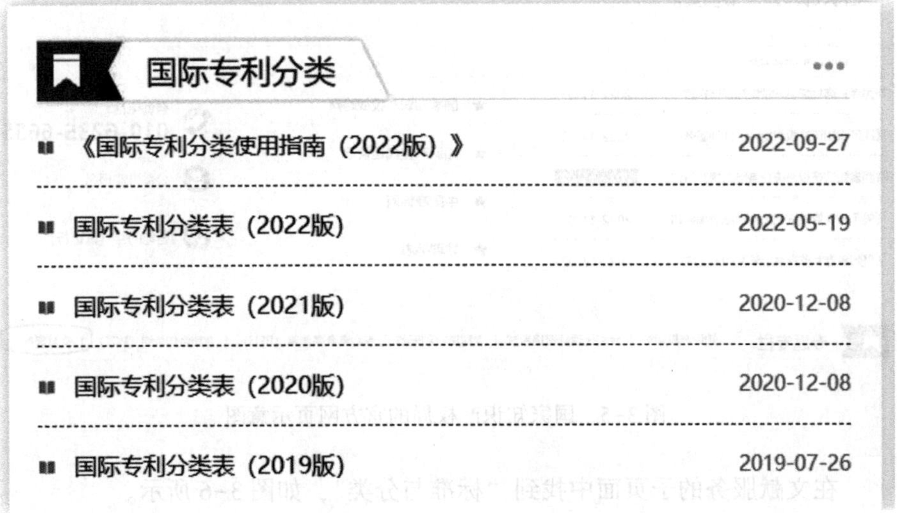
国际专利分类
《国际专利分类使用指南（2022版）》 2022-09-27
国际专利分类表（2022版） 2022-05-19
国际专利分类表（2021版） 2020-12-08
国际专利分类表（2020版） 2020-12-08
国际专利分类表（2019版） 2019-07-26

图 3-7　国际专利分类表的下载页面示意图

3.1.2　国际专利分类体系在电学领域检索中的常见问题

3.1.2.1　国际专利分类体系在电学领域检索中优势

IPC 分类体系作为全球覆盖范围最大、使用最广泛的分类体系，它的分类原则是将发明的技术主题作为一个整体，按功能或应用进行分类，使得相同主题的文献能最大可能被分类到相同的位置。检索中，由于分类号相比关键词具有其独特的特点，它不依赖于语言文字的表达、一个分类号可同时表达多个检索要素，在检索中可以通过分类号的限定极大地缩小检索范围，在熟练掌握 IPC 分类规则、熟悉分类号下文献特点的前提下，使用 IPC 分类号进行检索还可以兼顾查准的效果。在实际的检索中，IPC 分类表具有如下的优势。

（1）在分类号的获取方面，由于绝大多数国家公布的专利文献都需要在公布文本的首页注明该文献的IPC分类号，因此其分类号的获取与确定更容易。当需要对某一专利文献进行相关技术的查询时，只需要查看该专利文献的文本首页，即可获得其确定的分类号，然后通过查询分类表查看其含义、其他关联的分类位置，即可初步确定IPC分类号的检索范围。

（2）在分类号的使用难度方面，一是IPC分类的分类规则较其他分类体系更简单，更容易学习上手；二是IPC分类表的修订周期较长（一年一次），分类表结构整体上较稳定，在使用时不需要时时更新相应的分类表知识储备，也降低了学习使用难度。

（3）在检索的全面性方面，如前所述，IPC分类覆盖了全球一百多个主要国家和地区的专利文献范围，在检索时只需要用相关的IPC分类号进行一次检索，不必使用其他分类体系重复检索，就能最大可能地圈定相关的技术领域，实现查全的效果。

3.1.2.2　国际专利分类体系在电学领域检索中难点

随着新一轮工业革命的飞速发展，诸如人工智能、智能电网、大数据、半导体等重要和新兴产业不断涌现，带动电学相关的技术领域G06F、G11C、H02J、H01R、H01L、H01M等快速发展。电学领域的专利申请在近年来呈现出技术更新迭代快、专利申请量大、领域交叉融合的特点。同时，IPC分类表的修订是经济发展和科技创新的晴雨表。通过对2017—2023年的IPC分类修订进行统计分析，电学领域IPC分类修订占机械、电学和化学领域IPC分类修订总和的40%。客观上反映出电学领域专利检索面临的难题和挑战。

电学领域涵盖的技术领域非常广泛，对电学领域专利文献进行检索时，不同的技术领域有其各自的检索技巧及面临的检索难题。在利用IPC分类号进行检索时通常会面临以下难点。

（1）电学领域的专利申请普遍存在与其他领域交叉融合的状况。在检索实践中发现很多申请同时给出两方面的分类号，进一步说明两个分类号下的技术有非常多的交叉。以电致发光OLED显示主题为例，其对应的分类号在小类H01L下，但如果发明构思涉及OLED显示材料，必定要扩展到材料领域C部的分类号，如果发明构思涉及OLED的控制方式，则要扩展到G

部相关的分类号，如果发明主题涉及OLED的制造设备，则要扩展到B部相关的分类号。这要求检索人员对相关主题的分类规则非常熟悉，才能实现充分全面检索的效果。

（2）电学领域IPC分类表随着技术发展一直在持续的修订。基于IPC分类号的发展动态，在采用IPC分类号进行检索时有必要了解IPC分类表的修订情况，以避免仅采用最新版分类号进行检索可能会带来的漏检问题。因此，检索人员需要及时了解和掌握分类号修订的主要变化，相应地调整分类号修订的领域的检索策略，以提升检索效率和检索质量。

（3）即使IPC分类表的修订频率基本为1次/年，也难以满足检索人员对电学领域专利信息检索分析的需求。在电学领域中经常出现IPC分类号下文献量大，IPC分类号不准确，检索人员通常借助关键词来表达发明构思进行检索。而涉及计算机领域的关键词表达多样，难以提取，半导体、电连接器和元器件等领域中涉及细小零部件的关键词通常过于宽泛，难以穷尽，无疑为检索的快速性和准确性带来了很大困难。

3.1.3 国际专利分类体系在电学领域专利检索中一般方法

分类号的获取和确定将影响专利检索的全面性和准确性。常见的获取IPC分类号的途径，大致有以下三种方法：①直接查找IPC分类表。直接查询IPC分类表获取IPC分类号，通常适用于熟悉某一个技术领域分类号的技术人员。②根据统计分析获取IPC分类号。借助检索系统的统计分析功能，能够帮助非本领域技术人员快速精准定位IPC分类号。先使用与所检索技术方案的主题密切相关的关键词进行简单检索，再统计IPC分类号的分布情况，从而确定与该技术方案相关度较高的分类号。③追踪相关文献获取分类号。在检索的过程中，通过检索到的与技术方案相似度较高的中间文献、关联申请等相关文献，追踪获取到被检索主题相关的IPC分类号。

根据实际检索情况，通常使用IPC分类号的检索策略有以下三种策略。一是直接使用分类号的检索策略。确定出与检索主题最密切相关的分类号，无须其他扩展，快速准确地检索到相关的专利文献。通常适用于 IPC 分类号准确反映权利要求的发明构思的情况。二是基于扩展 IPC 分类号的检索策略。在直接使用分类号的检索策略没有检索到合适的专利文献时或者在利用 IPC 分类号进行比较全面的检索时，可采用上位组、同位组、下位组扩展的 IPC 分类号进行检索，特别注意对功能分类和应用分类扩展的 IPC 分类号均进行检索。三是检索人员需要分析对比 IPC 分类号修订前后分类方式的主要变化，掌握该领域的分类号的修订情况，及时用于检索实践，提出相应的检索策略。此外，由于 IPC 分类体系自身的局限性，对于 IPC 分类号不准确的情况，可以借助更细分的分类体系 CPC 分类、FI/FT 分类，使用准确细分的 CPC 分类号、FI/FT 分类号，提高检索效率。

3.1.4　国际专利分类体系在电学领域专利检索的典型案例

3.1.4.1　通过中间文献获取 IPC 分类号

在开始检索之前通常需要确定待检索专利申请相关的 IPC 分类号，如通过案例给出的分类号或者查询分类表来确定。由于 IPC 分类号属于既有功能分类又有应用分类的多重分类体系，同一技术主题可能被分入不同的分类位置，比如专利文献涉及的技术领域同时包含产品的功能与应用时，可能被分类到功能分类技术领域，也可能分类到应用分类的技术领域。当使用技术领域的分类号进行试探性检索，发现分类号不准确，检索结果与该案例不相关时，应及时、准确地调整分类号，考虑将检索范围扩展到功能相同或相近的各种“应用”分类位置的技术领域。

特别是面对技术领域交叉、分类号不准确的专利申请，检索时需要将分类号有效地扩展到合适的关联领域，如案例 3-1 中以感应线圈为主题的分类号是 H01F，而感应线圈应用在角度传感器中的分类号是 G 部。如何快速高效地获得关联领域的准确分类号，可以通过关注相关中间结果文献的著录项目信息获取合适的分类号。把握技术方案的准确应用领域，选取应用领域分类号中更细致的分类号，对于提高检索效率有很大的助益。

案例 3-1

【案情介绍】

为了打破国外厂商对感应耦合式角度传感领域的技术和价格垄断，增强我国在该领域的竞争力，开发国内潜在的传感器市场，研制具有自主知识产权的感应耦合式角度传感系统变得十分必要和迫切。有人提出了一种三扇叶形的电磁感应线圈结构，如图 3-8 所示，此结构包括激励线圈 1、次级线圈 3 和反馈线圈 2 三部分，其中反馈线圈 2 的形状如图 3-9 所示，通过反馈线圈 2 的转动致使感应线圈上的信号发生变化，而感应线圈的变化是与反馈线圈的转动角度相对应的，以此来反解角度。但是这种解角度的方法依赖于感应线圈上的信号变化。

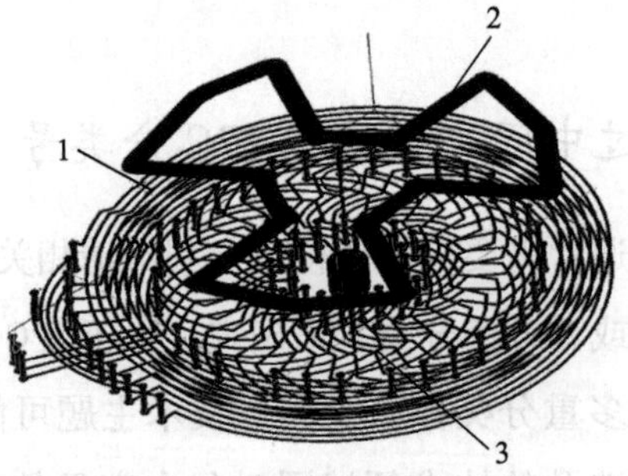

图 3-8　现有技术中一种电磁感应线圈的 3D 结构图

该案例提供一种基于电磁感应的角度传感器，当角度传感器工作时，该结构能够使得在同样激励条件下有效地增加感应信号的强度，减轻后面信号处理电路的设计压力。反馈线圈包括由三个扇叶形轮廓线所围成的闭合线圈，在每个扇叶形轮廓线内，自外周向中心依次布置有多条与扇叶形顶部轮廓等距的线，每条线的两端均连接至该扇叶形的两侧轮廓线上。采用如图 3-10 所示的反馈线圈的结构，可以有效地增强线圈间的磁感应强度，增大感生电动势，以利于后续电路的信号采集。

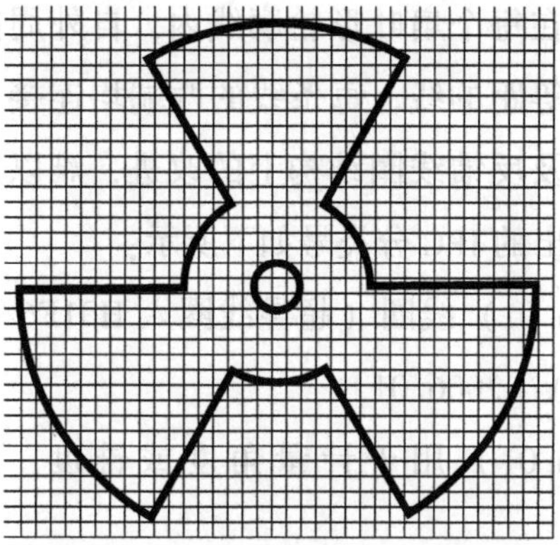

图 3-9　现有技术电磁感应线圈中反馈线圈的形状示意图

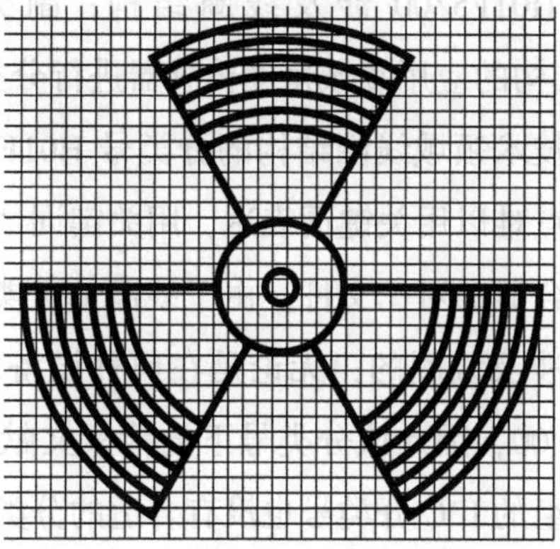

图 3-10　基于电磁感应的角度传感器的线圈结构中反馈线圈的形状示意图

该案例涉及的权利要求如下：

1. 一种基于电磁感应的角度传感器的线圈结构，包括激励线圈、次级线圈和反馈线圈，所述反馈线圈位于所述激励线圈和次级线圈的正上方，所述反馈线圈包括由三个扇叶形轮廓线所围成的闭合线圈，其特征在于，

在每个扇叶形轮廓线内，自外周向中心依次布置有多条与扇叶形顶部轮廓等距的线，每条线的两端均连接至该扇叶形的两侧轮廓线上。

【检索策略分析】

该案例的发明构思是角度传感器的反馈线圈包括由三个扇叶形轮廓线

所围成的闭合线圈，在每个扇叶形轮廓线内，自外周向中心依次布置有多条与扇叶形顶部轮廓等距的线，每条线的两端均连接至该扇叶形的两侧轮廓线上。改进之处涉及反馈线圈结构上的改进，难以用准确的关键词表述上述结构。该案例给出的 IPC 分类号如下所示：

H01F5/00（2006.01）线圈（超导线圈入 H01F6/06；信号类型的固定电感器入 H01F17/00）[2006.01]

G01B7/30（2006.01）用于计量角度或锥度；用于检测轴线准直 [2006.01]

G01C1/00（2006.01）测量角度 [2006.01]

其中主分类号 H01F5/00 涉及线圈结构，副分类号 G01B7/30 和 G01C1/00 是从线圈结构的应用领域角度传感器进行分类。

首先，尝试使用技术领域线圈结构的分类号 H01F5/00。该大组分类号下文献量较多，发明点难以用关键词表达，用关键词“角度”“传感器”进行限定，均未检索到合适的对比文件。由于线圈的分类号 H01F5/00 所限定的范围较大，只要是涉及线圈的，无论是在何种设备或者何种具体领域中都可能被分到 H01F5/00，因此该分类号下的检索文献量往往较多，阅读和筛选费时费力。下位组的 IPC 分类号也没有合适的分类，不能体现该案例的技术领域。

其次，理解该案例的技术方案，其实质是线圈在角度传感器中的应用，因此转入角度传感器领域 G 部进行检索。在中文专利摘要库中，使用该案例给出的应用领域的 IPC 分类号 G01B7/30、G01C1/00，和改进点线圈结构的关键词“线圈”“绕组”及关键词“传感器”，进行逻辑相与，构建检索式。浏览上述检索式检索到的结果，并未检索到有效的对比文件，但是获得中间文献 CN 106796118A。进一步追踪该文献，获得 IPC 分类号 G01D5/20（通过改变电感影响电流或电压的大小），与该案例要解决的技术问题相关度高。

最后，调整分类号继续结合关键词进行检索，在英文专利摘要库中，角度传感器英文表达“angle+”“sensor?”，线圈英文表达“coil”“wind+”

“induct+”，与IPC分类号G01D5/20，进行逻辑相与，检索到了关于权利要求1的Y类文献EP2533019A2，其公开了电磁感应的角度传感器，传感线圈包括三个扇叶形轮廓线所围成的闭合线圈。结合在英文专利摘要库中检索到的另一篇对比文件，其公开了每个扇叶形轮廓内自外周向中心依次布置多条与扇叶形状顶部轮廓等距的线，可影响权利要求1的创造性。

【案例小结】

当使用技术领域的分类号进行试探性检索，发现分类号不准确，检索结果不相关时，及时、准确地调整关联的跨部分类号，把握技术方案的准确应用领域，使用应用领域分类更细致的分类号，从而有效地提高检索效率。

3.1.4.2　通过查看历史版本分类表获取IPC分类号

为了使IPC分类号保持其检索效率，IPC分类需要不断地修订，以适应技术发展。检索人员需要及时了解和掌握分类号修订的主要变化，相应地调整IPC修订领域的检索策略，以提升检索效率和检索质量。以电池领域H01M为例，在2021年1月修订之前的IPC版本中，H01M2/00大组共包括7个一点小组、10个二点小组、2个三点小组及1个四点小组。该大组对应的下位点组大都涵盖了较多的文献量，特别是H01M2/10一点小组涵盖了大量的文献。2021年1月生效的IPC版本中，对H01M2/00大组进行了全面的修订，将H01M2/00大组及其小组进行了整体删除，重新设置了H01M50/00大组来替代H01M2/00大组，进行了大量的细分。

目前IPC分类表按照每年一次的方式进行修订。IPC分类表修订后，专利申请均会采用新版分类号进行标引。对于采用旧版IPC分类表标记的早期专利文献，各专利局虽然已经逐步进行重新、补充标引，但是进度缓慢、延时严重。因此，在检索实践中，采用修订后、新增加的更细分的分类号进行检索是高效的，但是仅用新增的IPC分类号进行检索可能会存在漏检的问题。为了解决上述过档文献造成的可能漏检问题，需要了解相关领域的IPC分类号的修订内容，适当补充历史版本的IPC分类号的检索过程，以保证检索的全面性和有效性，避免漏检。

案例 3-2

【案情介绍】

电池单体的壳体的侧壁厚度不同，较厚的侧壁相比于较薄的侧壁具有相对较高的强度和刚度，能够承受更差的受力工况，或者较厚的侧壁能够满足特定的工况需求。对于这种壳体来说，当将其与端盖进行焊接时，厚薄不同的侧壁分别与端盖的不同部位的焊接效果存在一定差异，有可能影响焊接质量，从而影响壳体与端盖之间的连接可靠性，进而降低电池单体的安全性。

该案例提供一种电池单体。对于厚度不同的第一侧板和第二侧板，通过在对应的厚度方向上，使侧板的外壁与对应的边沿部的外侧面基本平齐，能够满足侧板的外壁和边沿部的外侧面焊接时的质量要求，确保壳体与端盖之间连接可靠，提高电池单体的使用安全性，避免侧板的外壁与边沿部的外侧面间距较大而导致无法焊接或焊接质量不能满足要求的问题。电池单体 10 包括壳体 20、电极组件 30 和端盖 40。壳体 20 具有围成所述壳体 20 的端部开口 21 的多个侧板。电极组件 30 设置在所述壳体 20 内。端盖 40 设置在所述端部开口 21。端盖 40 具有与所述端部开口 21 的端面固定连接，且与多个侧板分别对应的多个边沿部。多个侧板包括厚度不同的第一侧板 231 和第二侧板 232。多个边沿部包括对应第一侧板 231 的第一边沿部 411 和对应第二侧板 232 的第二边沿部 412；在第一侧板 231 的厚度方向上，第一侧板 231 的外壁 231a 与第一边沿部 411 的外侧面 411a 基本平齐，在第二侧板 232 的厚度方向上，第二侧板 232 的外壁与所述第二边沿部 412 的外侧面基本平齐。如图 3-11 和 3-12 分别表示电池单体的分解示意图和端盖的结构示意图。

该案例涉及的权利要求如下：

1. 一种电池单体（10），包括：

壳体（20），具有围成所述壳体（20）的端部开口（21）的多个侧板；

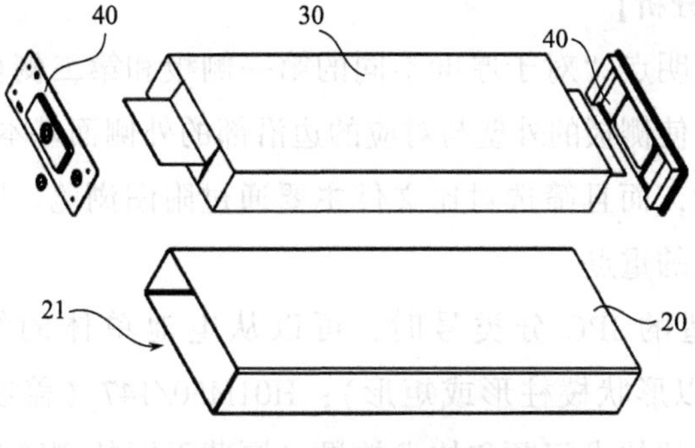

图 3-11　电池单体的分解示意图

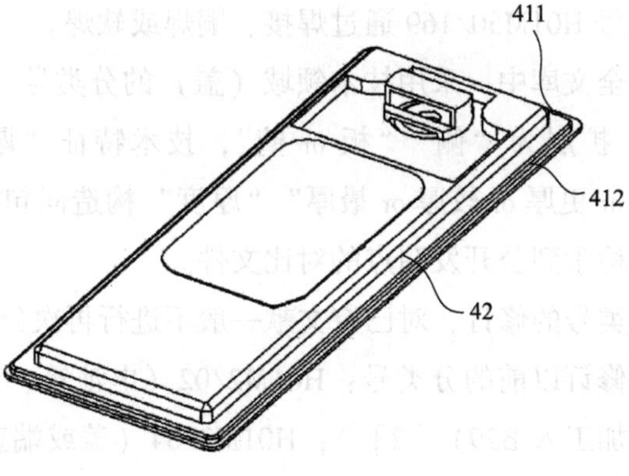

图 3-12　端盖的结构示意图

电极组件（30），设置在所述壳体（20）内；和端盖（40），设置在所述端部开口（21），所述端盖（40）具有与所述端部开口（21）的端面固定连接，且与所述多个侧板分别对应的多个边沿部，其中，所述多个侧板包括厚度不同的第一侧板（231）和第二侧板（232），所述多个边沿部包括对应所述第一侧板（231）的第一边沿部（411）和对应所述第二侧板（232）的第二边沿部（412）；在所述第一侧板（231）的厚度方向上，所述第一侧板（231）的外壁（231a）与所述第一边沿部（411）的外侧面（411a）基本平齐，在所述第二侧板（232）的厚度方向上，所述第二侧板（232）的外壁与所述第二边沿部（412）的外侧面基本平齐。

【检索策略分析】

该案例的发明点“对于厚度不同的第一侧板和第二侧板，通过在对应的厚度方向上，使侧板的外壁与对应的边沿部的外侧面基本平齐”，难以用关键词进行表达，而且筛选对比文件主要通过附图浏览。因此，获得准确的分类号是检索的重点。

在选择合适的 IPC 分类号时，可以从电池单体的结构进行分类，H01M50/103（以形状棱柱形或矩形）；H01M50/147（盖或端盖）。另外，还可以从要解决的技术问题和技术效果（厚薄不同的侧壁分别与端盖的不同部位的焊接效果存在一定差异，有可能影响焊接质量）进行分类，获取四点组 IPC 分类号 H01M50/169 通过焊接、铜焊或软焊。

在中文专利全文库中，采用技术领域（盖）的分类号“H01M50/147”，关键词“侧板”扩展为“侧”“板 or 壁”，技术特征“厚度不同”通过“不同 or 不一样 or 更厚 or 较厚 or 最厚”“厚度”构造同句检索式，最后进行逻辑相与，未检索到公开发明点的对比文件。

由于 IPC 分类号的修订，对已有文献一般不进行再次分类的特点。在检索时，还要考虑修订以前的分类号：H01M2/02（电池箱、套或罩（塑性加工或塑态物质的加工入 B29）［2］）；H01M2/04（盖或端盖［2］）。在英文专利摘要库中，采用 IPC 分类号“H01M2/02”“H01M2/04”，表示厚度的英文关键词“thick”，焊接的英文关键词“weld+ or solder”，进行逻辑相与，构造检索式。检索到对比文件 JP2011181215A，构成 X 类对比文件。

【案例小结】

对于结构类型的检索案例，关键词难以表达发明点，主要考虑分类号进行检索，而分类号的获取可以从技术领域，技术问题等角度进行选择。由于目前 IPC 分类号每年会修订一次，仅用新版的分类号进行检索是有局限性的，需要针对历史版本的分类号进行补充检索，避免漏检。

3.2 联合专利分类体系及典型检索案例

3.2.1 联合专利分类体系概述

3.2.1.1 联合专利分类体系简介

联合专利分类体系（Cooperative Patent Classification，CPC）是欧洲专利局和美国专利商标局于2010年10月25日签署合作文件，共同开发、维护和使用的一套基于ECLA的分类体系。CPC按照WIPO分类标准和IPC结构，以ECLA为基础，融入USPC的部分内容，从而比原有的ECLA和USPC更加详细和准确。因此，自签署CPC创建协议以来，CPC项目取得了飞速进展。欧洲专利局和美国专利商标局自从2013年1月1日正式启用CPC以后，逐步建立CPC质量保障体系，以此协调分类实践，并积极为其他局提供培训，为公众提供服务，快速推进了CPC在全球多个专利局的应用。韩国知识产权局、俄罗斯联邦知识产权局、巴西专利商标局、中国国家知识产权局等均已经与欧洲专利局签订合作备忘录或达成协议。CPC的出现改变了世界专利分类的原有格局，对专利分类的未来产生了深远影响。

CPC分类体系的等级结构和编排方式与IPC分类体系一致，其分类表依照等级递降顺序，依次包括部、大类、小类、大组和小组五个层级。CPC分类号的编排是参照IPC标准（WIPO ST.8），采用与IPC完全相同的数字化编排方式，类名解读、小组等级确定也均与IPC分类体系相同。小组是对所在大组的细分，属于分类表部类组结构的最低级，小组之间也具有不同的等级。与IPC一样，CPC也是通过小组类名前面的圆点数来决定小组之间的层级关系，圆点个数越多，等级越低，具有多个圆点的小组是其上最近，且比其少一个圆点的小组的细分。

与 IPC 分类体系不同的是，CPC 分类体系对技术的划分更加详细和准确。CPC 分类表有 9 个部，为 A～H 和 Y 部，共含约 25.5 万条细分条目，而 IPC 分类条目仅为 7 万条。CPC 的 A～H 部的类名与 IPC 相同，部的类名简要概括了该部所涵盖技术主题的范围。Y 部为新增的部，约 7300 个条目，用于容纳新技术和跨领域技术等，并加入了美国专利分类交叉索引（XR-SCs）和摘要内容。其具有与 A～H 部的主干类号相似的类号格式（如 Y02B10/00），但只用于标引附加信息。

CPC 分类表 A-H 部包含主干类号（Main trunk）和 2000 系列类号。主干类的 CPC 分类号由一串符合 IPC 标准的字母和数字组成，其中，小类类号后面依次接有 1～3 位数字、斜线，以及 2～6 位数字。在“主干”中，CPC 每个层级的类名通常都与相应的 IPC 层级相同，有些类名用大括号“{…}”表示，表示 CPC 相比 IPC 新增的内容。主干类号既可标引发明信息，也可标引附加信息。

仍以涉及 OLED 显示的技术主题为例，二点组 H01L27/32 在 IPC 分类体系中没有进一步细分，其对应的 CPC 分类号节选如下所示，可以看出 CPC 分类号对 IPC 分类号进行了更进一步的细分。

大组：H01L27/00 由在一个共用衬底内或其上形成的多个半导体或其他固态组件组成的器件

一点组：H01L27/28 • 包括使用有机材料作为有源部分，或使用有机材料与其他材料的组合作为有源部分的组件；

二点组：H01L27/32 • • 具有专门适用于光发射的组件，例如使用有机发光二极管（OLED）的平板显示器 {（有机光敏感元件和有机发光元件的组合，例如，光耦合器入 H01L 27/288）}；

三点组：H01L27/3202 • • • {并联电连接的有机发光二极管（OLED）}；

三点组：H01L27/3204 • • • {串联电连接的有机发光二极管（OLED）}；

三点组：H01L27/3206 • • • {多颜色光发射}；

四点组：H01L27/3209 • • • • {利用叠层式 OLED 的}；

四点组：H01L27/3211 • • • • {利用三原色（RGB）亚像素的}；

五点组：H01L27/3213 • • • • • {利用多于三原色（RGB）亚像素

的，例如，RGBW}。

与IPC分类号的编排方式存在明显不同，2000系列类号是4位以“2”开头的数字组成。在Y部无2000系列类号。2000系列类号只能标引附加信息，是针对技术主题系统多角度的细分。2000系列可以分为三种：“（更深层的）细分”引得码、“垂直”引得码和来源于IPC引得码的引得码。以涉及OLED显示的技术主题为例，H01L2227/00是对由多个半导体或形成在或在公共衬底上包括在组H01L27/00其他固态组分的器件的索引表。具体内容如下：

H01L2227/00对由多个半导体或形成在或在公共衬底上包括在组H01L27/00其他固态组分的器件的索引表；

H01L2227/32 • 器件包括有机发光器件［OLED］，例如，有机发光二极管显示器；

H01L2227/323 • • AMOLED的多步工艺；

H01L2227/326 • • 使用临时基板，例如用于制造具有无机驱动电路的OLED显示器。

在CPC分类表中，除了小组、大组、小类等的类名影响分类位置外，还需要尤其关注附注、参见和注意，它们往往对准确地找到分类位置起到至关重要的作用。

附注通常以“附注”的字样出现在分类表中，用于解释或定义一些技术术语的含义或分类位置的规则。以小类H01L为例，其附注表明“本小类包括任何其他小类不包括的电固体器件及其零部件，并且包括适用于整流、放大、振荡或切换的半导体器件：对辐射敏感的半导体器件；应用热电、超导、压电、电致伸缩、磁致伸缩、电磁或体负阻效应的电固体器件以及集成电路器件”，同时还表明“在本小类中，仅当对用于制造或处理器件的方法或设备与器件本身都充分描述是有意义时，才对两者进行分类”。

参见通常以“()”的形式出现在小组、大组、导引标题、小类、大类的类名或附注中，指出相关的技术主题包含在分类表的另外一个或几个位置。以大组H01L27/00为例，其类号“（）”中的参见表明“适用于该器件或其部件的制造或处理的方法或设备入H01L21/70，H01L31/00至H01L51/00；零部件入 H01L23/00，H01L29/00 至 H01L51/00；由多个单个固态器件组成的组装件入 H01L25/00”，通过参见对分类位置作出更准确的指引。

注意是 CPC 分类表的标记，IPC 在分类表中没有注意。注意出现在小组、大组或小类的类名、参见或附注中，用来引起对有矛盾或不完全之处的注意，并提醒文献分布位置的变化等。以小组 H01G9/038 为例，其注意表明“从 2021 年 1 月 1 日起，H01G9/038 不再用于对文档进行分类。该组内容被再分类入 H01G11/54-H01G11/64 小组中。为了检索的完整性，应考虑使用组 H01G9/038 和 H01G11/54-H01G11/64”。

3.2.1.2 联合专利分类体系的分类原则和规则

CPC 分类原则和规则与 IPC 的分类原则和规则基本相同，分类原则包括利于检索原则、整体分类原则、功能与应用分类原则、多重分类原则，分类规则包括通用规则、优先规则、特殊规则。利于检索原则是最根本的原则，高于其他原则，对重要的或对检索可能有用的信息都进行标引。分类过程中，权利要求只是参考，应以说明书和附图（尤其是机械领域）为主。并非权利要求请求保护的技术主题都得给出相应分类号，如果确定其属于现有技术且对检索用处不大，可以不给出。即使权利要求未要求保护，只要对检索可能有用，也应当给出相应分类号。为了利于检索，对说明书中的优选实施方式和非优选实施方式，都应当给出相应分类号。对于说明书中未提及的技术主题，如果依据经验或根据附图，可以给出对检索有用的分类号，也应当给出相应分类号。

从功能与应用分类角度，CPC 通常更倾向于给出应用位置，为了检索，有时会同时给出功能和应用分类。只要对检索可能有用，将相关的应用分类位置都予以给出。有时无须严格区分功能或应用位置的性质与优选，而是从细分位置的设置考虑，以利于检索为目的，给出功能或应用分类位置。

对于多重分类，分类的主要目的是检索，根据技术主题的内容，可以赋予多个分类号。当专利申请涉及不同类型的技术主题，并且这些技术主题构成发明信息时，应当对不同类型的技术主题分别给出分类号。例如，技术主题涉及产品及产品的制造方法，如果分类表中产品和方法的分类位置都存在，则对产品和方法分别进行分类。对检索有用的附加信息，也尽可能采用多重分类或与引得码组合的分类。

3.2.1.3　联合专利分类表的获取途径

CPC 官方网站，是提供 CPC 相关信息的最全面和权威的网站，不仅包括最新的 CPC 分类表和分类定义，还包括 CPC 介绍、CPC 新闻、CPC 历次修订版、在线培训课程、出版物下载等丰富资源，是全面了解和学习 CPC 分类体系的首选途径。其缺点是仅能查询 CPC 分类体系本身，而无法使用 CPC 进行专利检索。通过直接输入网址“https://www.cooperativepatentclassification.org/home”可以进入 CPC 官网，如图 3-13 所示，在页面中点击“CPC Scheme and Definitions”的下拉菜单“Table”。

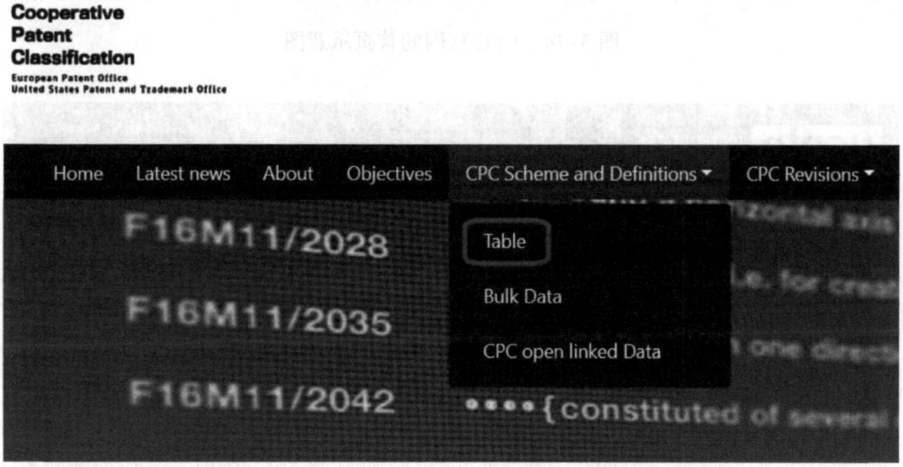

图 3-13　CPC 官网 CPC 分类表的在线查询界面

然后进入 CPC 分类表的查询及获取界面，如图 3-14 所示，通过点击相应的 CPC 小类可以获得该小类下的各级细分，实现在线查询的功能。

CPC 分类表是欧洲专利局和美国专利商标局发布并管理的，在欧洲专利局和美国专利商标局的官方网站上提供了查询获取方式。通过直接输入网址“https://www.uspto.gov”可以进入美国专利商标局官网的首页，如图 3-15 所示，在页面中找到“Learning and Resources”，点击下面的 Classification 链接，进入资源子页面。

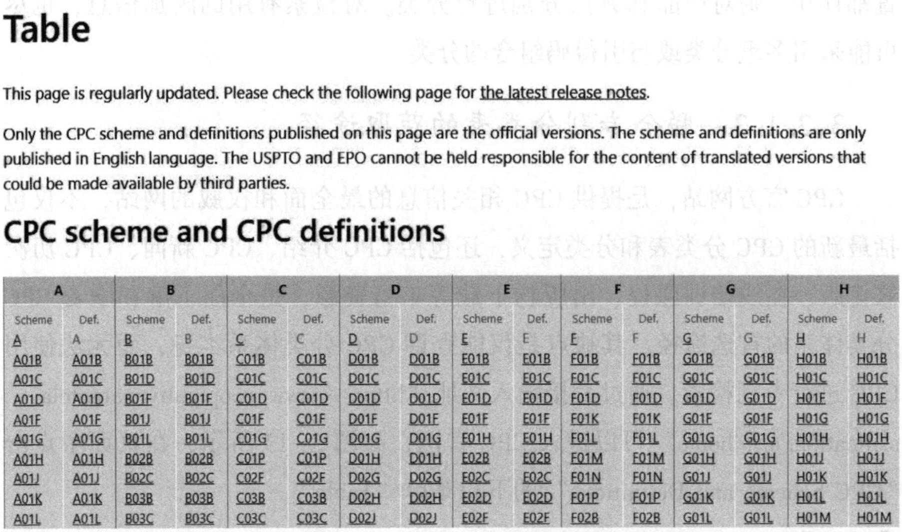

Table

This page is regularly updated. Please check the following page for the latest release notes.

Only the CPC scheme and definitions published on this page are the official versions. The scheme and definitions are only published in English language. The USPTO and EPO cannot be held responsible for the content of translated versions that could be made available by third parties.

CPC scheme and CPC definitions

A		B		C		D		E		F		G		H	
Scheme	Def.	Scheme	Def.	Scheme	Def.	Scheme	Def.	Scheme	Def.	Scheme	Def.	Scheme	Def.	Scheme	Def.
A	A	B	B	C	C	D	D	E	E	F	F	G	G	H	H
A01B	A01B	B01B	B01B	C01B	C01B	D01B	D01B	E01B	E01B	F01B	F01B	G01B	G01B	H01B	H01B
A01C	A01C	B01D	B01D	C01C	C01C	D01C	D01C	E01C	E01C	F01C	F01C	G01C	G01C	H01C	H01C
A01D	A01D	B01F	B01F	C01D	C01D	D01D	D01D	E01D	E01D	F01D	F01D	G01D	G01D	H01F	H01F
A01F	A01F	B01J	B01J	C01F	C01F	D01F	D01F	E01F	E01F	F01K	F01K	G01F	G01F	H01G	H01G
A01G	A01G	B01L	B01L	C01G	C01G	D01G	D01G	E01H	E01H	F01L	F01L	G01G	G01G	H01H	H01H
A01H	A01H	B02B	B02B	C01P	C01P	D01H	D01H	E02B	E02B	F01M	F01M	G01H	G01H	H01J	H01J
A01J	A01J	B02C	B02C	C02F	C02F	D02G	D02G	E02C	E02C	F01N	F01N	G01J	G01J	H01K	H01K
A01K	A01K	B03B	B03B	C03B	C03B	D02H	D02H	E02D	E02D	F01P	F01P	G01K	G01K	H01L	H01L
A01L	A01L	B03C	B03C	C03C	C03C	D02J	D02J	E02F	E02F	F02B	F02B	G01L	G01L	H01M	H01M

图 3-14　CPC 官网的首页示意图

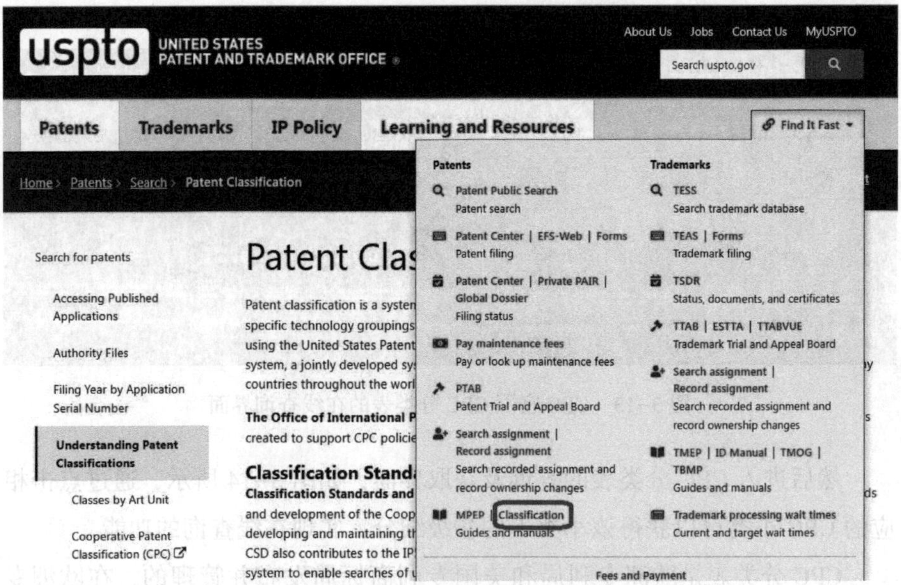

图 3-15　美国专利商标局官网的首页示意图

在页面中找到“Additional Resources”，点击“CPC”子菜单下的“Scheme”，如图 3-16 所示。

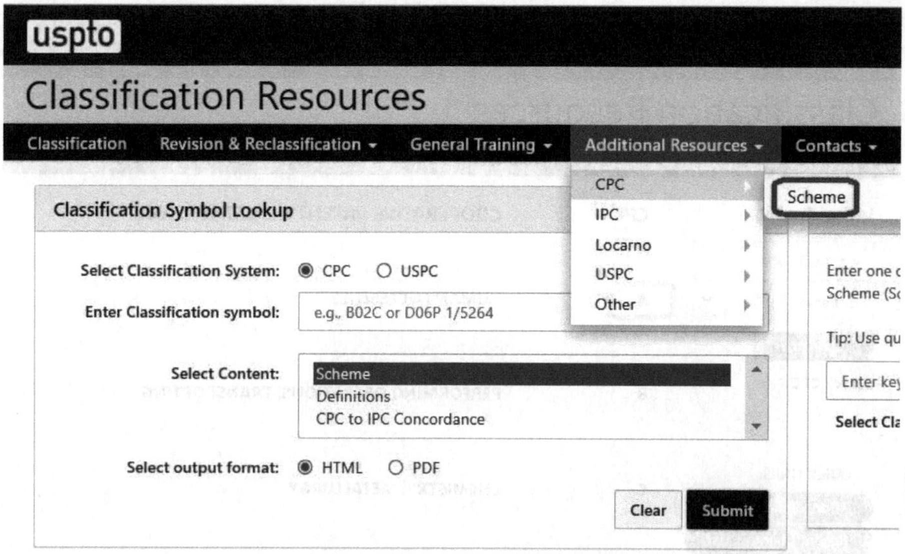

图 3-16　美国专利商标局官网的各类资源子页面

然后进入 CPC 分类表的查询及获取界面，如图 3-17 所示，通过点击 "A" 图标可以展开列表的形式逐级打开 A 部下的各级分类表，实现在线查询的功能。

通过直接输入网址 "https://worldwide.espacenet.com" 可以进入欧洲专利局官网的首页，如图 3-18 所示，在页面中点击 "Classification search" 链接。

然后进入 CPC 分类表的查询及获取界面，如图 3-19 所示，通过点击 "A" 图标可以展开列表的形式逐级打开 A 部下的各级分类表，实现在线查询的功能。

3.2.2　联合专利分类在电学领域检索中的常见问题

CPC 分类体系在覆盖范围和使用广泛性上仅次于 IPC 分类体系，它采用多重分类原则，把由各种点构成的发明信息作为一个整体看待，当一个技术方案涉及很多点的时候，给出多个分类号，可通过组合的 CPC 分类号就能得到整个发明的内容。由于 CPC 相较于 IPC 具有更多的细分，在检索

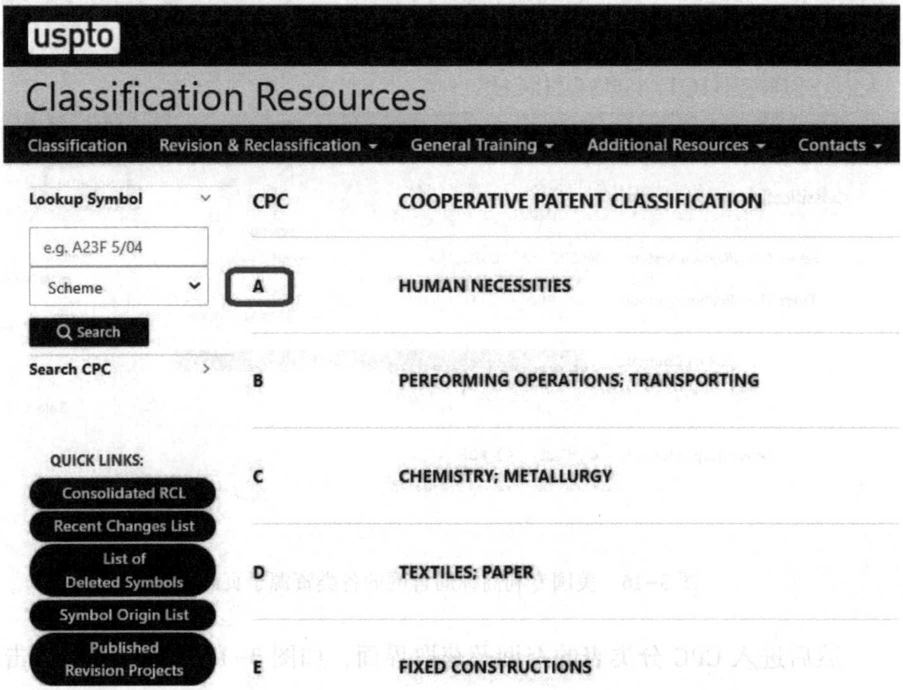

图 3-17　美国专利商标局官网 CPC 分类表的在线查询界面

图 3-18　欧洲专利局官网的首页示意图

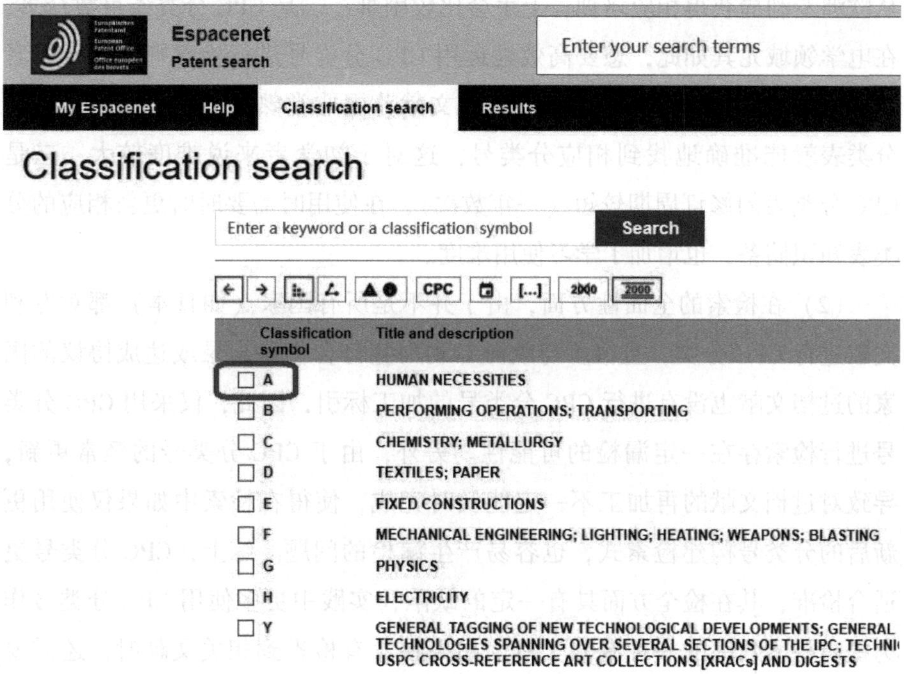

图 3-19　欧洲专利局官网 CPC 分类表的在线查询界面

时可以通过分类号极大地缩小检索范围。在实际的检索中，CPC 分类具有如下的优势。

(1) 在检索的精度方面，由于 CPC 采用的是整体分类思想和多重分类原则，当一个技术方案涉及很多点的时候，通常会给出多个分类号，在检索中如果善用 CPC 分类号，通过“与”的方式组合 CPC 分类号就能精确命中对比文件，避免了因为使用关键词构造检索式带来的漏检风险。

(2) 在检索的效率方面，由于 CPC 分类体系的分类条目数超过 25 万条，远大于 IPC 分类体系的 7 万条，检索者能在更短时间内将文献量限定在一个更小的范围，使得检索效率大大提高。

同时，在电学领域运用 CPC 分类体系进行检索也存在着一些常见问题。

(1) 在分类号的使用难度方面，一是 CPC 分类相对 IPC 分类的分类规则更加复杂，如 CPC 新增了 Y 部和 2000 系列分类号，这主要跟欧洲专利局的组织结构调整、继承 IPC 和 ECLA 的分类体系等历史原因有关，如果没有从欧洲专利局获得相应培训，上手会比较困难；二是 CPC 分类条目数众多，在电学领域尤其如此，想要高效地运用 CPC 分类号进行检索则要求检索者对所属领域各个分类号的定义及覆盖文献范围非常熟悉，而希望通过查询分类表就能准确地找到相应分类号，这对于初学者来说难度较大；三是 CPC 分类表的修订周期较短（一年数次），在使用时需要时时更新相应的分类表知识储备，也增加了学习使用难度。

（2）在检索的全面性方面，由于并不是所有国家（如日本）都对专利文献进行 CPC 分类，且很多与欧洲专利局签订合作备忘录或达成协议的国家的过档文献也没有进行 CPC 分类号的加工标引，因此，仅采用 CPC 分类号进行检索存在一定漏检的可能性。另外，由于 CPC 分类号的经常更新，导致对过档文献的再加工不一定能及时完成，使得在检索中如果仅使用更新后的分类号构建检索式，也容易产生漏检的问题。综上，CPC 分类号更适合检准，其在检全方面具有一定的缺陷，实践中更多使用 CPC 分类号作为提高检索效率的一种有效工具，如果在没有检索到相关文献时，还需要采用其他的检索方式以尽量实现全面检索的目的。

3.2.3　联合专利分类在电学领域专利检索的一般方法

CPC 分类体系对电学很多领域的 IPC 分类号进行了大量的增补、细分和调整，分类条目更细，文献覆盖范围更广，修订更新更快。由于电学领域技术发展更新迭代快的特点恰好与 CPC 分类号的技术主题精细、分类号动态更新的优势相匹配，准确运用 CPC 分类号能够极好地提升检索效能。同时，电学领域的专利申请具有外文同族多、技术方案复杂、技术专业性强、跨领域交叉等特点，基于 CPC 分类体系在检索方面的优势，结合电学领域专利申请的特点，一般可采用以下几种 CPC 检索策略。

1. 巧用“分类号相与”进行缩限

一般来讲，专利文献会至少基于技术改进点给出 CPC 分类号，同时根据 CPC 多重分类和利于检索的原则，即使某个特征不是发明的主要技术改进点，只要其有利于检索，也会根据其特点进行多重分类。所以在电学领域的检索中，可以从结构、性能、效果等角度表达分类号，然后对其相与。这样在试探检索阶段即可快速合理地缩限文献量，甚至实现高效、精准的检索，大大提高检索效率。

2. 发挥 CPC 细分优势，取代关键词表达

由于关键词存在表达多样、难以扩展全面或者扩展过度而导致漏检或者检索噪声过大的问题，CPC 分类号则可以很好地发挥替代关键词的优势，能更为准确地表达检索要素，是对关键词检索的有益补充。

3. 利用 2000 系列分类号快速去噪

电学领域的 CPC 分类体系引入了大量的 2000 系列分类号，从多个维度为专利文献提供了大量的分类信息，可以考虑优先使用 2000 系列分类号进行去噪，避免关键词扩展不恰当造成的漏检问题。

3.2.4 联合专利分类在电学领域专利检索的典型案例

3.2.4.1 查找 CPC 分类表获取细分分类号进行检索

相较于 IPC 分类体系，CPC 分类体系具有分类条目更细、更新迅速等特点。使用 CPC 分类能更精确地对技术主题进行分类，细分分类号可以更准确地表达更细粒度的技术分支。确定出较为准确的 CPC 分类号，采用分类号为主、关键词为辅的检索方式，可以实现准确命中对比文件的效果。

在检索电学领域案件时，可以根据该技术的全球发展状况，如该技术在国外发展得比较成熟，则可以考虑优先使用 CPC 分类号进行检索。获取 CPC 分类号的最常见方法是根据申请文件给出的 IPC 分类号，直接查找对应的 CPC 分类表，找到准确的细分位置进行针对性的检索，高效、快速命中对比文件。在申请文件给出的 IPC 分类号不能准确体现发明构思时，需要重新理解技术方案，梳理发明构思，借助 IPC 分类表和 CPC 分类表查找更准确更优选的 CPC 分类号，并结合少量关键词进行限定，可以在一定程度上避免由于 IPC 分类号标引不准确造成的漏检风险。

案例 3-3

【案情介绍】

计算机的读写操作也称为IO操作，具体的，一个IO操作可以是读IO操作（将数据从磁盘读取到内存），也可以是写IO操作（将数据写入磁盘中）。写IO操作是计算机中一种常见的操作，计算机中常用的存储设备包括固态硬盘及机械磁盘。但是当机械磁盘需要写入多个写地址不连续的写IO操作时，由于写入地址的不连续造成磁盘的磁头需要多次换磁道，这样就会造成写入时间大大增加。因此如何提高写操作效率，缩短用户等待时间，提高用户体验，是该案例需要解决的技术问题。

该案例通过接收待写入IO流；判断所述待写入IO流的待写入主存是否为预设主存，以及所述待写入IO流的待写入缓存是否为预设缓存；若所述待写入主存为预设主存并且所述待写入缓存为预设缓存，则判断所述待写入IO流是否包含连续写IO操作；若所述待写入IO流包含连续写IO操作，则获取所述连续写IO操作，将所述连续写IO操作的操作数据写入到所述待写入主存中。在写数据时，根据待写入主存和待写入缓存对连续写IO操作的操作数据进行写处理，而不是将待写入IO流的操作数据都直接先写入主存再写入缓存，由于不同的主存和缓存处理数据的能力不同，对于连续的写IO操作，有些主存的处理能力强于缓存。因此，该案例通过待写入主存、待写入缓存及待写入IO流的判断选择合适的方式进行写操作，可以提高写操作的效率。

该案例涉及的权利要求如下：

1. 一种写数据方法，其特征在于，所述方法包括：接收待写入IO流；判断所述待写入IO流的待写入主存是否为预设主存，以及所述待写入IO流的待写入缓存是否为预设缓存；若所述待写入主存为预设主存并且所述待写入缓存为预设缓存，判断所述待写入IO流是否包含连续写IO操作；若所述待写入IO流包含连续写IO操作，获取所述连续写IO操作，将所述连续写IO操作的操作数据写入到所述待写入主存。

【检索策略分析】

该案例给出的分类号为 G06F3/06，其含义为来自记录载体的数字输入，或者到记录载体上去的数字输出。因此任何涉及对存储器的 IO 操作均可以分到此分类号下，且该分类号下文献量大，IPC 分类号没有具体细分。同时该领域的申请文件普遍存在技术性强，技术方案难理解，对比文件不易筛选的问题。另外对于存储类的操作文件还可能的分类位置有 G06F12/00 和 G06F17/30，其分类号下的文献量也非常大。

在关键词的选取方面，常规检索思路一般从技术领域、技术手段、技术效果角度提取关键词。该案例的发明构思可以概括为：连续的写 IO 操作写入磁盘，非连续的写 IO 操作写入缓存，再从缓存写入主存，从而提高写 IO 操作效率。因此从技术手段能提取到的关键词有连续、写 IO 操作、磁盘、缓存。而这些词语在存储领域属于非常常见的检索词，且其表达还存在多种形式，因此在中文专利库检索将存在阅读文献量大、检索效率低的问题。

由于数据存储技术在国外发展较为成熟，因此在外文专利库检索到有效对比文件的可能性较高，此时优先考虑使用 CPC 分类号进行检索。查询 G06F3/06 的下的点组，发现与案例技术问题很贴合的 CPC 分类号，即 G06F3/0611（在存储系统中改善 I/O 的响应时间）和 G06F3/061（存储系统中改善 I/O 的性能）。

接下来考虑如何获取准确的英文关键词，即“连续的写 IO 操作写入磁盘”中的“连续”，这里的“连续”应当理解为“写入地址连续”。常规的英文关键词获取方式包括金山词霸、TI 字段获取、CPC 查表获取、转库获取等，但这些获取方式均存在准而不全或者全而不准的问题。那么应该如何在兼顾效率的同时获取准而全的英文表达呢？通常认为英文专利申请文件中对于术语的表达应当是比较准确的，如美国专利申请文件。所以此时如果能把包含所需“检索要素”且存在中国同族的美国专利文献挖掘出来，就能通过阅读该美国专利文献而快速获取到全面而准确的关键词表达。

通过浏览文献，发现在该领域中表达“写入地址连续”中“连续”的准确英文表达为：“consecut+”“contigous+”“sequen+”“continuous+”“successiv+”。

于是，在英文专利摘要库中，采用 CPC 分类号“G06F3/0604 or G06F3/061 or G06F3/0611”，准确的关键词“consecut+ or contigous+ or sequen+ or continuous+ or successiv”，以及其他关键词“disk”“write”，进行逻辑相与，浏览检索结果可以获得有效对比文件 US2017168731A1，构成 X 类对比文件能够单篇影响该案例的创造性。

【案例小结】

当技术方案涉及国外发展技术较为成熟的领域时，应优先考虑外文专利库进行检索。在外文专利库检索时优先查找准确的 CPC 分类号。如存在英语系国家的同族专利文献时，可以通过浏览同族专利文献中的英文表达，从而获取该中文关键词在本领域中较为准确的英文关键词。在提炼出准确关键词和 CPC 分类号的基础上，结合数据库的特点进行针对性的检索，高效、快速命中对比文件。

案例 3-4

【案情介绍】

移动装置的兴起，触控式手机和平板电脑的日新月异，改变了使用者存取信息的习惯。由于触控式手机和平板电脑的屏幕大小有所局限，如果使用者想要在有限的显示空间内找寻特定一条信息或图形对象，则必须通过手势拖拉的方式不断滑动屏幕，直到这条信息滑动到屏幕中为止。举例来说，若使用者想要在相簿中找寻一张照片，如果一个屏幕最多只能呈现 20 张照片，而使用者要找的相片可能在第 115 张，则使用者至少必须滑动 6 次页面才能找到那张照片。因此，为了方便使用者更快速寻找到所要的信息，可以向使用者提供一种更便捷的浏览信息方式，让使用者能更有效率地找到想要的信息，将是个重要的课题。

该案例提供了一种信息浏览技术，可经由检测使用者于一段时间的滑动次数，来调整所显示的图形对象尺寸和数目的信息浏览技术。电子装置 100，包括一触控单元 110、一显示单元 120、一储存单元 130、一处理单元 140，如图 3-20 所示。触控单元 110 用以检测使用者在显示单元 120 上的一滑动动作，并输出对应于滑动动作的一检测信号 S1。对本领域技术人员来说，滑动动作是指经由手指在显示单元 120 上做一平移的动作。

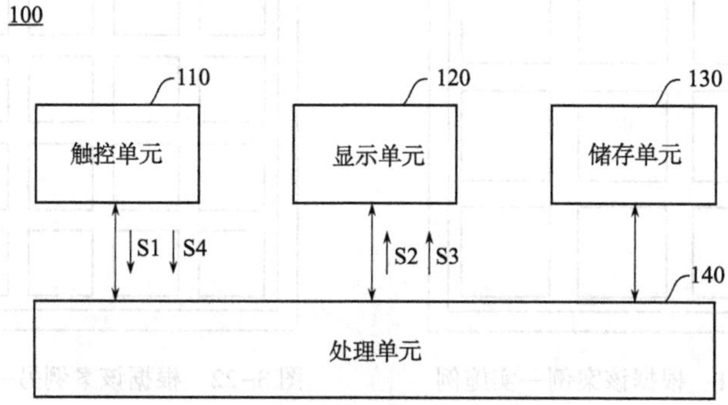

图 3-20　电子装置 100 的架构图

储存单元 130 用以储存多个图形对象，如多张相片。图 3-21 是显示根据该案例一实施例所述的显示单元 120 的示意图。如图 3-21 所示，显示单元 120 在一显示区域 121 显示部分图形对象，在此所述的显示区域 121 是一设定好的显示区域，举例来说，当使用者要浏览储存在储存单元 130 的相片时，由于显示区域 121 的显示范围有限，因此仅能显示部分的相片，并无法显示所有相片，所以需要依靠使用者的滑动动作来显示其他部分的相片。

处理单元 140 用于根据检测信号 S1，判断在一第一预设时间内，使用者滑动动作的次数是否超过一预设次数，其中第一预定时间和预设次数，可由使用者任意设定，举例来说，使用者可设定判断在 3 秒内是否滑动超过 5 次，或是 2 秒内滑动 3 次。当超过预设次数时，处理单元 140 就会产生一调整信号 S2 至显示单元 120，以调整显示区域 121 中显示的图形对象的数目和尺寸。图 3-22 是显示根据该案例另一实施例所述的显示单元 120 的示意图。如图 3-22 所示，当使用者在第一预设时间，滑动动作的次数超过预设次数，处理单元 140 就会产生一调整信号 S2 至显示单元 120 来缩小显示区域 121 中所显示的图形对象的尺寸，由于图形对象的尺寸缩小，因此，显示区域 121 中也能显示更多数目的图形对象。

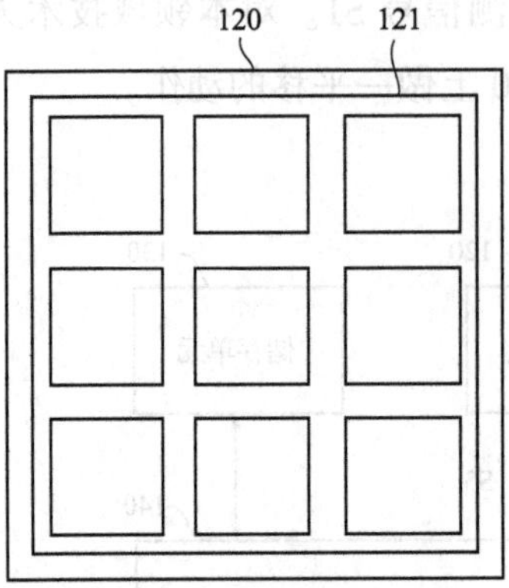

图 3-21　根据该案例一实施例所述的显示单元 120 的示意图

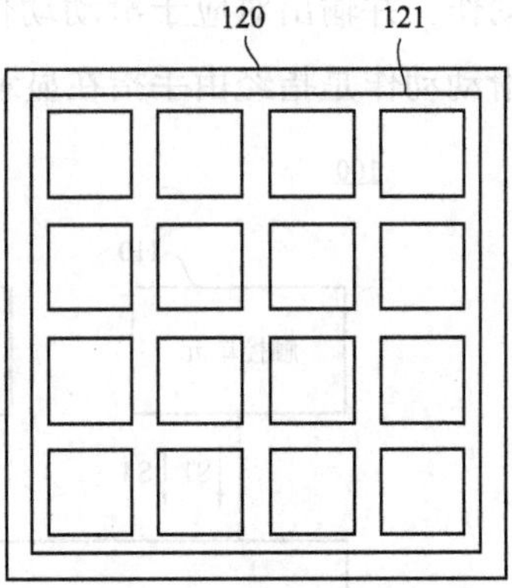

图 3-22　根据该案例另一实施例所述的显示单元 120 的示意图

该案例涉及的权利要求如下：

1. 一种电子装置，包括：

一触控单元，用于检测一使用者的一滑动动作，并输出对应于上述滑动动作的一检测信号；

一储存单元，用于储存多个图形对象；

一显示单元，在一显示区域显示部分上述图形对象；以及

一处理单元，用以根据上述检测信号，判断在一第一预设时间内，上述滑动动作的一次数是否超过一预设次数，当超过上述预设次数时，产生一调整信号至上述显示单元，以调整上述显示区域中显示上述图形对象的数目和尺寸。

【检索策略分析】

该案例的发明构思是根据滑动手势，缩小图片的大小尺寸，能够让使用者可以在同样屏幕大小下看到更多的内容，减少滑动的次数，减少查找信息的时间，因而达成更有效率的浏览方式。该案例的 IPC 分类号是 G06F 3/0488（使用触摸屏或数字转换器，例如通过跟踪手势输入命令的）。仔细分析，IPC 分类号 G06F 3/0488 是侧重于手势交互，但是该案例的发明构思是针对图片浏览中调整图片大小来实现的。可见该 IPC 分类号没有准确地表达技术主题。采用“技术领域 IPC 分类号”+“发明点关键词”的检索策略

时存在漏检的风险。因此，重新确定与该案例发明构思最相关的分类号。

基于 CPC 分类体系的优势，通过 IPC 分类号进一步查询更准确的 CPC 分类号。考虑到该案例的发明构思，定位二点组 G06F3/048（基于图形用户界面的交互技术）。最后该技术方案涉及针对图片浏览中滑动手势调整图片大小，确定 CPC 分类号为四点组 G06F3/04845（用于图像处理，例如拖动、旋转、扩展或更改颜色）。

该分类位置 G06F3/04845 具体信息如下所示：

G06F3/00 用于将所要处理的数据转变成为计算机能够处理的形式的输入装置；用于将数据从处理机传送到输出设备的输出装置，例如，接口装置（打字机入 B41J；物理变量的转换入 F15B 5/00，G01；图像捕获入 G06T 1/00，G06T 9/00；编码、译码或代码转换，一般入 H03M；数字信息的传输入 H04L）；在调节或控制系统入 G05B）；

G06F3/01 • 用于用户和计算机之间交互的输入装置或输入和输出组合装置（G06F3/16 优先）；

G06F3/048 • • 基于图形用户界面的交互技术［GUIs］；

G06F3/0484 • • • 用于特定功能或操作的控制，例如选择或操作一个对象或图像，设置一个参数值或选择一个范围；

G06F3/04845 • • • • 用于图像处理，例如拖动、旋转、扩展或更改颜色。

从技术效果缩小图片大小的角度，缩小表达并拓展关键词为“diminish+”“zoom out”“reduc+”，图片的英文关键词表达为“picture?”“image?”。在英文专利摘要库中，采用 CPC 分类号“G06F3/04845”，“缩小”的英文表达，“图片”的英文表达，“查找”的英文表达“search or find”，逻辑相与构建检索式。从检索结果中，快速命中对比文件（US2010125786A1）。从该对比文件的附图可以看出，如图 3-23 所示，通过手指的滑动速度来缩小显示界面图片大小，增加显示数目，提高了搜索图片的效率，与该案例技术方案一致，构成了该案例的 X 类对比文件。

【案例小结】

在正确理解技术方案的基础上，重新确定与该申请最相关的分类号，通过 IPC 查询找到体现发明点的准确的 CPC 分类号，并结合表达技术效果的关键词进行限定，在一定程度上避免了由于 IPC 分类号标引不准确造成的漏检风险。

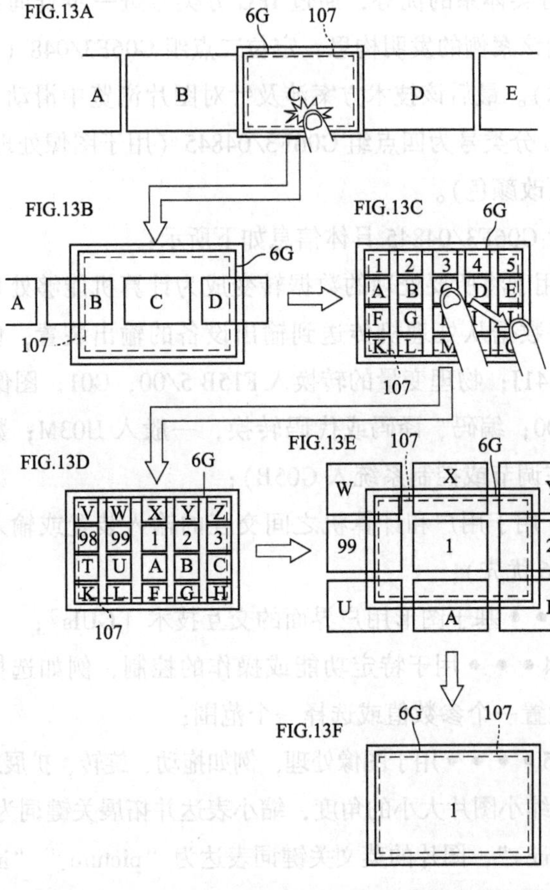

图 3-23　图像拾取装置中执行显示图像滚动时的图像显示模式的解释图

3.2.4.2　经过中间文献获取准确CPC分类号进行检索

在使用CPC分类号进行检索前，首要问题是如何有效获取准确的分类号，除了在检索前查询CPC分类表之外，还可以在检索中注意查看并寻找相关的分类号。根据一般检索策略，首先会进行常规试探检索，通常会发现一些线索，如与该案例具有一定相关性的中间文献（尤其是外文文献），可能会给出一些准确的CPC分类号，也是在检索实践中很有效地获取准确CPC分类号的方式。这些中间文献，由于其技术内容与该案例具有较大的相似性，其给出的分类号往往有很大的参考价值，其获取方式既可以是在浏览检索结果时查看数据库中对中间文献给出的CPC分类号，也可以是进一步追踪查看中间文献的引证文献所给出的CPC分类号。在检索中善于发现、捕捉关键的分类号，注意积累、收集可用的准确分类号，往往有事半功倍的效果，能有效提高检索效率。

案例3-5

【案情介绍】

通信行业风冷服务器的主流设计为通过多个风扇散热，当服务器风冷散热系统中某一个风扇停止工作时，因周边正常运行的风扇的风压影响，会导致失效风扇处产生回流，从而改变了系统风道，降低了其他风扇的工作效率，严重影响了系统正常的散热。因此，一般服务器系统中的风扇固定结构会增加防回流装置。

目前业内通用的风扇防回流措施是：在风扇出风口处加装一个百叶窗形式的防回流装置，防回流叶片采用百叶窗叶片的形式，系统风向正常工作时叶片旋转呈开启状态，风向回流时叶片是闭合的。采用这种设计时，防回流装置一般结构复杂，体积较大。随着当前服务器性能提升，器件密度越来越大，内部空间越来越紧张。因此，如何设计一种占用体积小、结构简单的防回流装置，是目前需要解决的技术问题。

该案例提供了一种风冷防回流装置，导风片固定在风扇出风口处，导风片上切割设置至少两个不封闭的切缝，每个切缝围成一个翻转叶片，在无气流吹动状态下，各个翻转叶片在自身弹力作用下大致位于同一平面；翻转叶片可在切缝处与其他部分不相连接，翻转叶片的切缝处能够翻转活动，翻转叶片以切缝两端的连线为翻转轴线，当风扇正常吹风时，翻转叶片向远离风扇的一侧翻转，保持气流正常流通；当对应的风扇停止工作，其他风扇正常工作产生负压时，气流沿相反方向流动，此时翻转叶片靠近风扇的一侧被风扇支架阻挡限位，气流无法反向流动，起到密封的效果，该装置结构简单，占用空间小，且能够有效地保证正常通风及反向阻流。

该案例提供的风冷防回流装置的一种具体结构示意图，如图 3-24 所示。

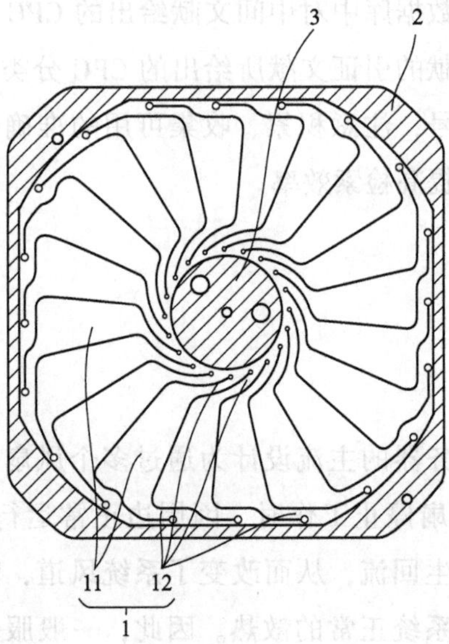

图 3-24　风冷防回流装置的一种具体结构示意图

该案例涉及的权利要求如下：

1. 一种风冷防回流装置，其特征在于，包括固定在风扇出风口处的导风片（1），所述导风片（1）上切割设置至少两个不封闭的切缝，每个切缝围成一个翻转叶片（11）；所述翻转叶片（11）以切缝两端的连线为翻转轴线，能够向远离风扇的一侧翻转，所述翻转叶片（11）靠近风扇的一侧被风扇支架阻挡限位。

【检索策略分析】

该案例的结构比较难用关键词完全表达出来，表达的形式可能有很多种。在中文专利摘要库中进行检索，技术效果关键词防回流表达并扩展"回流 or 倒流 or 阻流 or 反流"，关键词"翻转、叶片、切缝"表达，采用风冷相关的 IPC 分类号 H05K7/20（便于冷却、通风或加热的改进［2006.01］）、G06F1/20（冷却方法），进行逻辑相与，未检索到好用的对比文件。

在浏览时发现一篇相关文件 CN103857259A 的背景技术中提到：现有技术中有采用百叶窗型防回流装置和薄膜型防回流装置。而该案例认为百叶窗型防回流装置结构复杂，该案例采用的方案更接近于上述相关文件中提到的“薄膜型防回流装置”，由此获取到关键词“薄膜”。采用关键词“薄膜”结合分类号进行检索，浏览到相关文件（CN107869478A 和 CN102606541A），进一步分析这些相关文件，发现其均为“薄膜”式防回流装置，与该案例比较接近，但切缝形状、翻转方式与该案例不同。

考虑可以追踪该相关文件的引证和被引证文献以获取线索，发现其引证文献多为外文文献，其中有两篇引证文献的 CPC 分类号给出了 F04D 25/14，因此查看该分类号含义：

-F04D 25/02 • 包括泵及其驱动装置的机组（驱动装置的主要方面，参见这些装置的有关类）；

-F04D 25/08 • • 工作流体是空气，例如用于通风；

-F04D 25/12 • • • 机组适用于安装在开口中；

-F04D 25/14 • • • • 并有盖板，例如不用时自动关闭；

该分类号体现了该案例“当风扇正常吹风时，翻转叶片向远离风扇的一侧翻转，保持气流正常流通；当对应的风扇停止工作，其他风扇正常工作产生负压时，气流沿相反方向流动，此时翻转叶片靠近风扇的一侧被风扇支架阻挡限位，气流无法反向流动，起到密封效果”的构思。

因此，考虑到该案例关键词表达不准的问题，采用该 CPC 分类号“F04D25/14”、服务器通风散热领域的常用分类号“H05K7/20 or G06F1/20”及关键词“回流”的英文表达“backflow or（back flow）”，逻辑相与构建检索式。可命中对比文件 US6174232B1。通过查看全文，发现其说明书附图如图 3-25 所示。

该对比文件与该案例的切缝和翻转方向十分接近，进一步结合说明书文字部分描述，确认其为可用于影响该案例新颖性的对比文件。

【案例小结】

在检索中注意积累本领域的常见技术分类，关注与技术方案相关的技术术语，并且在检索到相关对比文件时注意查询其引证文献，从中收集可

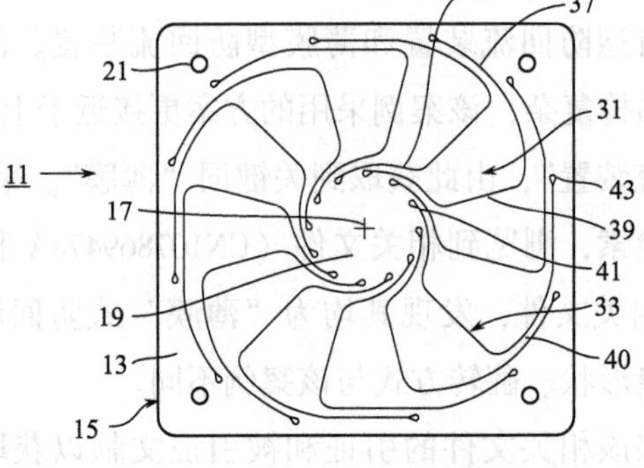

图 3-25　对比文件中的螺旋形轴流风机止回阀

用的准确分类号或者关键词表达。在外文专利库中表达技术方案的发明构思时，采用准确的分类号检索，往往有事半功倍的效果。

案例 3-6

【案情介绍】

随着电子技术的不断发展，人们使用的电路越来越大，电路构造也越来越复杂，基于大型电路的隐私问题，也受到人们较多的关注，人们将零知识证明与电路相结合，可以在不暴露所持有的秘密数据的同时，使对方确信自己持有该秘密数据。基于大型电路的零知识证明是指，验证方对整个电路生成密钥对，再将电路和密钥对发送给秘密持有方（即证明方），证明方将秘密数据输入到该电路中，通过电路计算得到数据及证明信息，将证明信息发送给验证方，验证方结合密钥及证明信息，可以验证证明方是否持有该秘密数据。但是，在上述处理过程中，由于整个电路较大，这样会生成数据量较大、内容较多且较为复杂的证明密钥对，从而消耗大量的内存资源，且该计算过程也较为复杂，导致双方进行零知识证明的时间较长，数据验证的效率低下。

该案例通过对目标电路进行拆分，可以将复杂的大型目标电路拆分为多个相互独立的功能模块，通过分别对功能模块的数据进行验证，以及生成各个功能模块的证明密钥和验证密钥，降低了对整体目标电路验证的复杂度，缩短了验证过程，节省了生成密钥的空间，提高了数据验证的整体效率。

该案例涉及的权利要求如下：

1. 一种基于电路的数据验证方法，其特征在于，所述方法应用于验证方，所述方法包括：

将目标电路拆分为多个相互独立的功能模块，并生成所述每个功能模块的证明密钥和验证密钥；

将所述功能模块和所述每个功能模块的证明密钥发送给证明方；

接收所述证明方基于目标数据、所述功能模块和所述每个功能模块的证明密钥得到的所述每个功能模块的子输出数据、子输入数据和证明信息，以及所述目标电路基于所述目标数据的输出数据；

根据所述每个功能模块的验证密钥，对所述每个功能模块的子输出数据、子输入数据和证明信息进行验证，并对所述输出数据进行验证，以确定所述证明方是否持有所述目标数据。

【检索策略分析】

该案例涉及对电路进行拆分后进行验证。在中文专利摘要库、中文专利全文库中进行常规检索，采用技术领域关键词“电路”，技术手段关键词“拆分”，关键词“密钥 or 密码”，关键词“验证 or 校验”，各种表达方式组合，逻辑相与构建检索式，没有发现可用对比文件。在英文专利摘要库中，采用子电路英文关键词表达“sub circuit”，密钥英文关键词表达“key”，通过同在算符，构建检索式，也没有检索到有效的对比文件。

由于关键词不便于描述“对电路进行拆分以及对子电路进行证明”，因此接下来尝试使用分类号进行检索，该案例给出的 CPC 分类号为：G06F21/602、G06F21/72、G06F2221/2107，查看这些分类号的含义：

G06F21/60 • {保护数据}；

G06F21/602 • • {提供加密设备或服务}；

G06F21/70 • {保护特定的内部或外部计算机组件，即保护一个组件从而保护整个计算机}；

G06F21/71 • • {确保信息的安全计算或处理}；

G06F21/72 • • • {在加密电路中}；

G06F2221/2107 • • 文件加密。

采用以上分类号进行检索，并没有发现可用的对比文件。继续分析该案例的技术方案，虽然权利要求 1 中只提到了对于电路的验证及证明，但是基于对说明书的理解，并通过学习零知识证明的相关背景技术知识，分析权利要求 1 中的证明密钥、验证密钥，以及证明方、证明信息及目标数据之间的具体关系，进而厘清其中和零知识证明流程的关联，得出该案例的整体流程如图 3-26、图 3-27 所示。

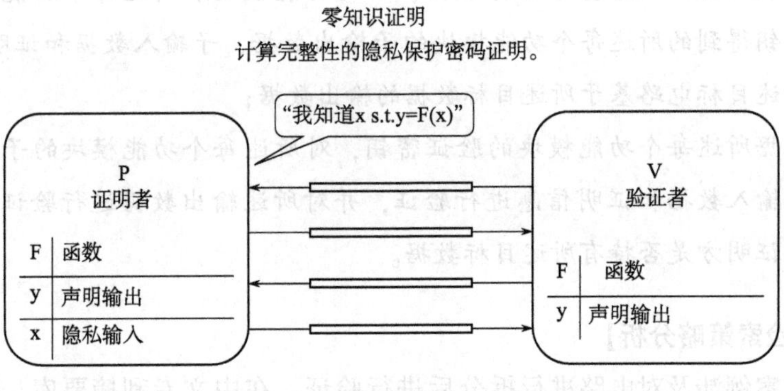

图 3-26　零知识证明的流程图

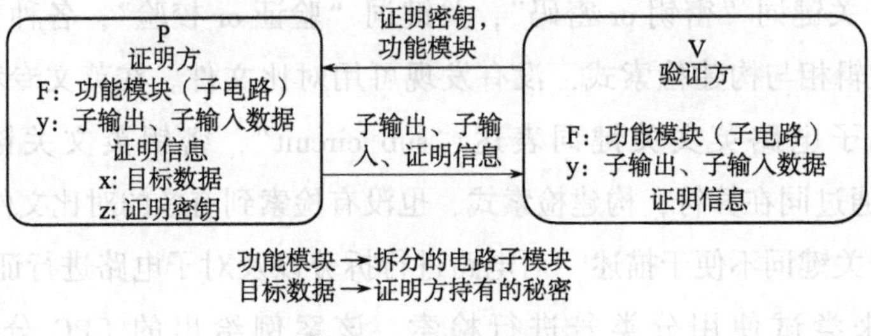

图 3-27　验证流程图

可见该案例的流程是针对零知识验证的过程，是验证方验证证明方是否持有目标数据的过程，代入零知识证明流程，可以正确理解证明密钥、验证密钥及证明信息、目标数据的作用，因此，重点针对电路的零知识证明进行检索，采用关键词“零知识证明”，技术手段关键词“拆分”，关键词“密钥 or 密码”，子电路关键词表达并扩展“子电路 or 子功能 or 子单元”，逻辑相与，也没有发现合适的对比文件。

但通过文献浏览获得了与零知识证明相关的 CPC 分类号：H04L9/3221、H04L9/3218，查看该分类号的含义：

H04L9/32 • 包括用于验证系统用户的身份或凭据的装置｛或者用于消息认证的装置（如授权、实体认证、数据完整性、数据验证、不可抵赖性、密钥认证或验证凭据）｝；

H04L9/3218 • • ｛使用知识验证，例如菲亚特-沙米尔，GQ，Schnorr 或非交互式零知识验证｝；

H04L9/3221 • • • ｛交互式零知识验证｝。

于是采用上述 CPC 分类号在英文专利摘要库中进行检索，采用 CPC 分类号“H04L9/3218”相与关键词“circuit”。浏览检索结果，可以获得能够影响该案例权利要求 1 创造性的 X 类对比文件：US2014040614A1。

【案例小结】

检索不能局限在对技术方案文字的理解和表达，要深入把握技术方案的实质内容，当涉及方法流程时，可以通过画图来确定技术方案实质，厘清技术要点，同时注重 CPC 分类号的检索，当关键词难以表达时，使用最相关的分类号和最准确的关键词进行检索，高效获取对比文件。

3.2.4.3 使用多个 CPC 分类号相与进行检索

基于 CPC 分类号的分类原则，CPC 分类对于检索有利的信息都会尽可能给出 CPC 分类号。因此检索时，可基于该分类原则的适用特点考虑，针对不同的检索要素确定各自的 CPC 分类号，通过多个 CPC 分类号相与的方式构建检索式。例如，在检索存在技术领域交叉的专利申请时，可以考虑就其中涉及的技术主题分别寻找合适的 CPC 分类号进行相与；或者当专利申请采用了多个关键技术手段时，可以就不同的技术手段分别寻找合适的 CPC 分类号进行相与。不仅能够减少文献浏览量，同时也减少了关键词表达的困难，是一种高效的检索方式，也是 CPC 分类体系的精髓所在。具体在进行分类号相与时可以根据检索式结果数量的大小来灵活适用，选择是否搭配少量典型关键词进行组合，以期将结果数限定在一个合适的可浏览范围内，实现快速检准。

案例 3–7

【案情介绍】

在姿态识别的技术领域中，姿态源自身体的运动或者状态，如来自用户的脸或手。以此方式，设备的人机接口（HMI）允许用户与设备自然地通信，而无须机械设备。例如，当用户利用他（她）的手指做出一个手势时，设备识别该手势并且相应地进行动作。作为示例，响应于用户的挥动手势，光标或者其他对象可以在设备的显示屏上移动。一般而言，姿态识别是借助于计算机视觉和图像处理的技术完成的。在姿态识别中，通常需要将手指等前景从背景中分离出来。这个基本过程对于某些相机而言是具有挑战性的，特别是当背景包含复杂的纹理时，如移动电话上的 RGB 相机。

该案例提供了用于姿态识别的辅助设备。该设备可以与主设备上的相机结合使用。该辅助设备至少部分地包括第一滤光层和第二滤光层。第一滤光层将环境光中的可见光过滤掉，以获得不可见光。不可见光继而到达第二滤光层，在此不可见光的光谱被迁移到可见光谱的范围内。随后，经过迁移的不可见光由相机接收以用于姿态识别。也即，相机处的成像基于形式上为可见光但是包含不可见光谱信息的光。通过基于这样的图像识别姿态，可以显著降低或者消除背景噪声。

该案例涉及的权利要求如下：

1. 一种系统，包括：

滤光部分，包括：

第一滤光层，用于从环境光中过滤掉可见光以获得不可见光，以及

第二滤光层，用于将所述不可见光的光谱迁移到可见光谱范围；

相机，被配置为基于所述可见光谱范围内的经过迁移的不可见光生成图像；

显示器，被配置为向用户绘制内容；以及

处理器，被配置为基于生成的所述图像来识别所述用户执行的姿态，

并且基于识别的所述姿态来控制呈现的所述内容。

【检索策略分析】

该案例的独立权利要求 1 记载了核心发明构思，即“第一滤光层，用于从环境光中过滤掉可见光以获得不可见光，以及第二滤光层，用于将所述不可见光的光谱迁移到可见光谱范围”以及“相机，被配置为基于所述可见光谱范围内的经过迁移的不可见光生成图像”。而说明书还记载了辅助设备包括滤光部分，主设备包括相机部分，辅助设备可以被用户作为一个VR 头盔穿戴和使用。

虽然权利要求书并未记载该系统或者设备为可穿戴系统或设备，但是说明书中有进一步记载，因而检索时可从说明书的角度出发检索。

但是，该案例的 PCT 国际检索报告给出的 3 篇 X 类对比文件 US7312434B1、US2008048936A1、WO2015003721A1 均仅涉及滤光部分内容，并未涉及相机将滤光之后的图像转换为图像并进行姿态识别的内容，更未涉及系统或装置可以为可穿戴设备的内容。

准确理解发明之后，首先确定发明的核心构思：对环境光中的可见光进行过滤，然后进行光谱迁移。而光谱迁移，实质为波长的迁移。因而，在中文专利摘要库中，利用最准确的关键词并适当地扩展“波长 or 光谱”，“转换 or 变换 or 迁移 or 转变”，关键词“环境光 or 可见光”，关键词“过滤 or 滤过”，进行逻辑相与，构建检索式。浏览检索结果，获得文献 1（CN103631018A），公开了该案例的滤光部分，并且其作用与该案例的滤光部分作用相同，都是为了消除环境光的干扰。同时，文献 1 的系统为一种可穿戴显示系统，构成了 Y 类对比文件。

基于检索到的文献 1，针对相机实现手势识别的技术内容进行检索。手势识别所涉及的应用领域较多，因而围绕该案例实质仅对头戴式设备的手势识别进行检索。然而在头戴式显示设备中，中文关键词存在较多不同的表达，如头戴式显示、头盔显示器、智能眼镜、近眼显示器等，而英文关键词表达更为准确。并且在检索中发现，手势交互有一个比较准确的 CPC 分类号 G06F3/017。

G06F3/017 • • {基于手势的交互，例如，基于一系列可识别手势（基于数字转换器的手势轨迹交互 G06F 3/04883）｝。

因而，在英文专利摘要库中进行检索，利用准确的 CPC 分类号 G06F3/017，关键词“head or wear+ or eyeglass”，关键词“display”，逻辑相与，得到检索结果 1，发现文献量比较大。此时，考虑到权利要求书中限定了显示器显示的内容为虚拟现实（VR）内容，虚拟现实（VR）中用户的沉浸交互也存在一个比较准确的 CPC 分类号 G06F3/011。

G06F3/011 • • ｛与人体交互的输入/输出，例如，虚拟现实中的用户浸入（为残疾人的，一般入 A61F4/00；机器人控制入 B25J；触觉信号入 G08B；教授盲人的入 G09B21/00；用于电声音乐仪器的入 G10H1/34C；以控制信号产生方式为特征的电子开关入 H03K17/94）｝

采用此分类号进一步限定，将该 CPC 分类号与上述检索结果 1 逻辑相与，得到检索结果 2，文献量依然比较大。进一步考虑到，该案例的手势识别主要是对获取的图像进行手势识别，并且是需要将可见光转换为图像以进行手势识别，因而进一步增加图像关键词“image”，与检索结果 2 逻辑相与。浏览检索结果，检索到另一篇 Y 类对比文件文献 2（CN103814343A），公开了一种可穿戴计算设备的系统，并且该系统跟踪用户的姿势，用户可利用给定姿势（如手部运动）来输入操纵图像的命令。该文献 2 与文献 1 结合能够影响权利要求 1 的创造性。

【案例小结】

从说明书中所记载的实施方式中提炼代表发明构思的关键词，并准确理解发明构思，提炼准确的 CPC 分类号检索，针对关键词和数据库的特点进行针对性的检索，通过渐进式检索，从而快速命中对比文件。

案例 3-8

【案情介绍】

该案例涉及半导体封装领域，在其中半导体装置安置于引线框的裸片脚座上/中的一些嵌入式半导体装置封装中，需要解决将大量组件和/或输入/输出（I/O）端子（如导电线、通孔、迹线）集成到半导体装置封装中且同时防止或缓解寄生电容的技术问题。

该案例通过在导电基底的侧向表面上设置凸起的横向表面，以及在导电基底的两个表面侧分别覆盖不同的绝缘材料，以避免裸片的电极之间的干扰。该案例结构示意图如图 3-28 所示。

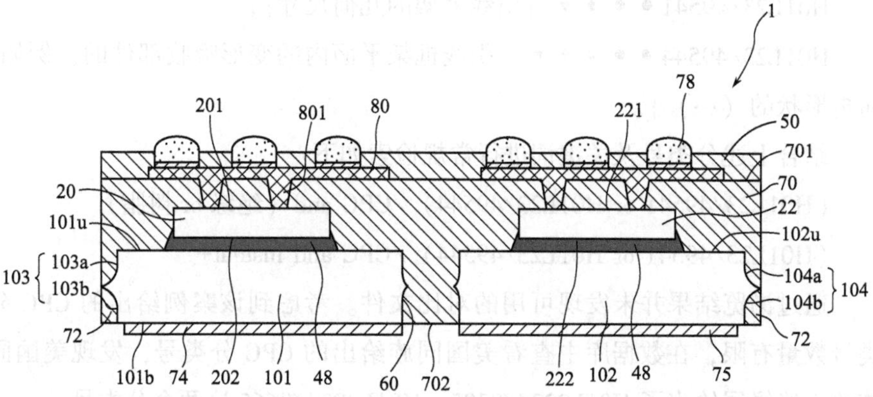

图 3-28　结构示意图

该案例涉及的权利要求如下：

1. 一种半导体装置封装，其包括：

第一导电基底，其具有第一表面、与所述第一表面相对的第二表面以及在所述第一表面与所述第二表面之间延伸的横向表面，其中所述横向表面包含邻近于所述第一导电基底的所述第一表面的第一部分以及邻近于所述第一导电基底的所述第二表面的第二部分；

第一绝缘层，其包括第一绝缘材料，所述第一绝缘层具有第一表面以及与所述第一表面相对的第二表面，其中所述第一绝缘层覆盖所述第一导电基底的所述横向表面的所述第一部分；以及

第二绝缘层，其包括第二绝缘材料且覆盖所述第一导电基底的所述横向表面的所述第二部分，其中所述第一绝缘材料不同于所述第二绝缘材料。

【检索策略分析】

权利要求中涉及发明点的技术特征为：第一导电基底的横向表面包含邻近于其第一表面的第一部分以及邻近于其第二表面的第二部分；第一绝缘层覆盖第一导电基底的横向表面的第一部分；第二绝缘层覆盖第一导电

基底的横向表面的第二部分。

通过查阅分类表获知与导电基底对应的 CPC 分类号及其含义如下：

H01L23/495 • • • 引线框架 ｛或者其他扁平引线（…）｝；

H01L23/49541 • • • • ｛引线框架的几何尺寸｝；

H01L23/49544 • • • • • ｛引线框架平面内的变形吸收部件的，例如，曲折形状的（…）｝。

结合上述分类号及关键词进行常规检索如下：

（H01L23/49541 or H01L23/49544）/CPC and（绝缘 or 树脂）

（H01L23/49541 or H01L23/49544）/CPC and insulat+

通过浏览结果并未发现可用的对比文件。考虑到该案例给出的 CPC 分类号数量有限，在数据库中查看美国同族给出的 CPC 分类号，发现美国同族关于绝缘层给出了 H01L2224/8385，H01L2924/0665 这两个分类号：

H01L2224/83 • • 采用层连接器；

H01L2224/838 • • • 接合技术；

H01L2224/8385 • • • • 使用聚合物黏合剂，例如基于硅树脂，环氧树脂，聚酰亚胺，聚酯黏合剂；

H01L2924/06 • 其他聚合物（…）；

H01L2924/0665 • • 环氧树脂。

该案例的发明构思涉及导电基底的结构及绝缘层的材料设置，于是基于 CPC 分类号多重分类的特点，在接下来的检索中将导电基底的 CPC 分类号与绝缘层的 CPC 分类号直接相与，就可以表达该案例的发明点。在英文专利摘要库中，采用导电基底 CPC 分类号 H01L23/49544 或 H01L23/49541，与绝缘层 CPC 分类号 H01L2224/8385 或 H01L2924/0665 逻辑相与，不需要任何关键词进行进一步缩限，就可以检索到两篇 X 类对比文件：US 2015332991A1、CN102446882A。

【案例小结】

面对如何获取准确的分类号，查看同族是一个有效的方式。同时在发明点不好用关键词表达的情况下，将表达发明点的多个 CPC 分类号相与，不加入任何关键词，防止因关键词表达不准确造成的漏检的同时，能够迅速命中对比文件。

3.2.4.4　通过统计分析或他局审查获取 CPC 分类号进行跨领域检索

由于大电学领域的快速发展，应用领域的不同而导致分类号的交叉，因此经常会存在跨领域检索。在面对跨领域检索的案件时，通常会遇到难以快速找到准确体现发明点的分类号、关键词扩展困难及技术术语表达不准的问题。为快速获取到分类号，除了前文提到的直接查找 CPC 分类表、通过中间文献获取外，还可以尝试通过统计分析的方法或者参考他局审查过程，获取准确的 CPC 分类号进行检索，从而提高检索效率。例如，可以借鉴他局的检索思路，挖掘同族相关信息，灵活高效地获取准确的 CPC 分类号。还可以通过领域主题进行简单的关键词表达，将检索结果进行分类号排名统计，从而获得相关的分类号。这尤其适用于在对技术主题或相关分类位置不熟悉的情形，通过上述方法能有利于快速定位准确的分类号。

案例 3-9

【案情介绍】

现有技术的纸再生装置，一般具有以下构造：干式解纤部，对纸进行粉碎并解纤；第一输送部，对通过干式解纤部而被解纤后的解纤物进行输送；分级部，对通过第一输送部而被输送来的解纤物进行气流分级从而进行脱墨；第二输送部，对通过分级部而被脱墨后的解纤物进行输送；纸成形部，利用由第二输送部输送来的解纤物而形成纸。然而，作为原料的纸进行解纤时纤维长度会变短，并且当对再生的纸再次进行解纤时纤维长度会进一步变短，在较多包含纤维长度较短的纤维的纸中存在有强度降低的趋势，但在目前的再生纸装置中，存在有无法确定被供给到装置中的作为原料的纸是否为已经再生的纸这样的问题。

该案例通过在装置上设置标记部，对生成的片材进行标记以记录其历史生产信息，并且另外设置相应的读取部对作为原料的材料进行标记读取，确定原料中是否存在相应标记，由此确定原料是否为再生纸。采用该案例的技术方案，能够确定再生纸装置中投递的原料是否为再生纸，通过对原料的筛选而生产出质量较好的片材。该案例所涉及的片材制造装置的结构示意图，如图 3-29 所示。

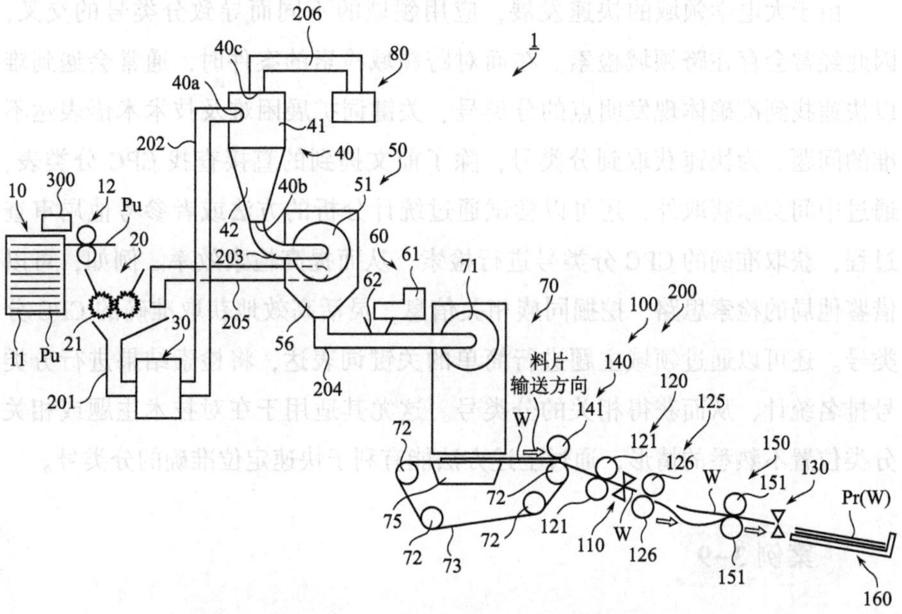

图 3-29　片材制造装置的结构示意图

该案例涉及的权利要求如下：

1. 一种片材制造装置，其特征在于，具备：

供给部，其供给原料；

解纤部，其对所述原料进行解纤；

堆积部，其供通过所述解纤部而实施解纤处理所得到的解纤物进行堆积；

成形部，其利用在所述堆积部堆积的料片来成形片材；

标注部，其在所述料片以及所述片材中的至少一方上标注标记；

读取部，其在标注有所述标记的所述片材作为所述原料而被供给时，对标注在所述原料上的标记进行读取。

【检索策略分析】

该案例涉及的造纸装置结构复杂，结构类关键词不好准确表达，导致检索存在难度。首先在中文专利摘要库进行检索，采用关键词“纸”“循环 or 再生 or 造”“标记 or 标注 or 标识 or 水印”进行逻辑相与。发现需要浏览的文献量巨大，并且通过这种方式获得的文献很多与该案例不相关，具体分析如下：①该案例所保护装置中的各种部件，关键词不好准确表达；②利用该案例提供的分类号进一步限定会过滤掉部分文献，但是筛选出的文献与该案例并不是密切相关的，由此可见该案例提供的分类号并不准确。

考虑到是跨领域审查，检索存在难度，通过中文专利摘要库进行检索，所获得的文献量巨大，无法快速获取与该案例相关的有效信息。于是通过互联网工具查询造纸领域国内外发展现状及本领域重要申请人，了解到目前日本在造纸、印刷领域非常领先，同时该案例申请人也是本领域的重要申请人。根据对该领域的现状了解，首先选择对申请人“SEIKO EPSON”进行追踪，因为结构类关键词不好表达，追踪过程中采用效果类关键词“sheet”“paper”“recycle”进行限定，逻辑相与，得到检索结果 1。可以发现申请人在造纸领域有大量专利申请，仅采用关键词进行简单的追踪并不能很好地找到相关对比文件，还需要更深入挖掘有用的检索信息。基于此，进一步调整检索思路，期望能找到与该案例密切相关的分类号进行检索。

考虑到同族审查过程虽然没有给出对比文件，但是同族的检索思路及检索过程是值得借鉴的，有利于帮助快速获取与该案例相关的信息。另外美国专利商标局审查过程中，会提供较为详细的检索策略。基于此，先参考美国专利商标局的检索策略以帮助快速获取有效信息，如图 3-30 所示美国专利商标局的检索过程参考图。

参考美国专利商标局的检索策略，发现了与该案例密切相关的分类号 D21C5/02（加工废纸）。鉴于此前在中文专利摘要库使用关键词检索的方式并不高效，而利用准确的分类号替代关键词的表达通常会使得检索更高效。基于此，继续对分类号 D21C5/02 进行扩展获得了其下位点组分类号。

D21C5/02 • 加工废纸（…）（机械部分入 D21B1/08，D21B1/32）；

D21C5/022 • • ｛及其化学药品｝；

L17	450	16 AND ((D21G9/0027 OR D21G9/0036 OR D21G9/0009 OR D21 G9/0045 OR D21G9/0063 ORD21 G1/02 OR D21G1/0233 ORD21 G9/0018 OR D21G1/0073 ORD21 G9/00 OR D21G9/0054 OR D21 G9/0072 OR D21B1/32 OR D21B1/08 OR D21C7/12 OR D21C9/08 OR D21C3/228 OR D21C5/02 OR D21C9/06 OR D21C9/1052 OR D21C3/22 OR D21C3/226 OR D21C3/24 OR D21C7/06 OR D21C7/08 OR D21C7/14 OR D21C9/002 OR D21C9/008 OR D21C9/02 OR D21C9/1036 OR D21C9/147 OR D21C9/163 OR D04H1/26 OR D04H1/425 OR D04H1/4274).CPC.)	US-PGPUB; USPAT	OR	OFF	2017/11/28 21:03

图 3-30　美国专利商标局的检索过程参考图

D21C5/025 • • ｛脱墨｝；

D21C5/027 • • • ｛及其化学药品｝。

通过之前利用互联网工具对现有技术的学习中，了解到再生纸造纸技术通常需要经过对再生纸进行切割、解纤、脱墨、添加相应的化学物品进行合成、加压加热、切片等过程，筛选出了上述相关的 CPC 分类号。使用 CPC 分类号“D21C5/022 or D21C5/025 or D21C5/027 or D21C5/02”，与上述检索结果 1 进行相与，得到检索结果 2。可以发现找到有效的 CPC 分类号后帮助过滤了大量的无关文献，最后获取到与该案例结构类似的对比文件 1（US2014027075A1），其公开该案例的基本结构框架，但是没有公开发明点。

进一步针对发明点进行检索，考虑到使用的 CPC 分类号有许多下位点组，有时候相关文献的分类位置可能不一定准确细致，于是先使用比较上位的与加工废纸直接相关的 CPC 分类号 D21C5/02，并且结合发明点相关的关键词表达为“mark or watermark or sign or symbol”，进行逻辑相与，命中了公开该案例发明点的对比文件 2：WO9726408A1。上述两篇对比文件结合能够影响该案例权利要求 1 的创造性。

【案例小结】

当技术方案属于不熟悉的技术领域时，可以借鉴同族的审查思路，挖掘同族信息，获取准确的 CPC 分类号，并利用互联网工具了解该领域的相关知识，站位本领域技术人员，灵活调整检索思路，高效获取到有效对比文件。

案例 3-10

【案情介绍】

目前充电插座主要采用交流插座作为车辆慢充的硬件接口，采用直流插座作为车辆快充的硬件接口。两种插座独立布置、独立制作模具，并且两种插座在布置时，对车辆空间占用大；两种插座出线角度不可调，增加两个插座与周边车身件的固定配合难度。

该案例提供了一种充电插座总成，以减少插座占用空间与插座的装配时间。如图 3-31 所示，充电插座总成的一种结构示意图，包括主基座（1）与前端模块（2）；所述主基座（1）包括端板（13）及与所述端板（13）一体成型的直流插座（11）与交流插座（12），所述直流插座（11）与所述交流插座（12）均具有插针端与出线端，直流插座的插针端与快速充电插头配合插接，交流插座的插针端与车载充电插头配合插接；所述前端模块（2）包括第一通孔（21）、第二通孔（22）及安装孔（23），所述直流插座的插针端穿过所述第一通孔（21），所述交流插座的插针端穿过所述第二通孔（22），所述前端模块（2）通过安装孔（23）与所述主基座（1）安装固定。

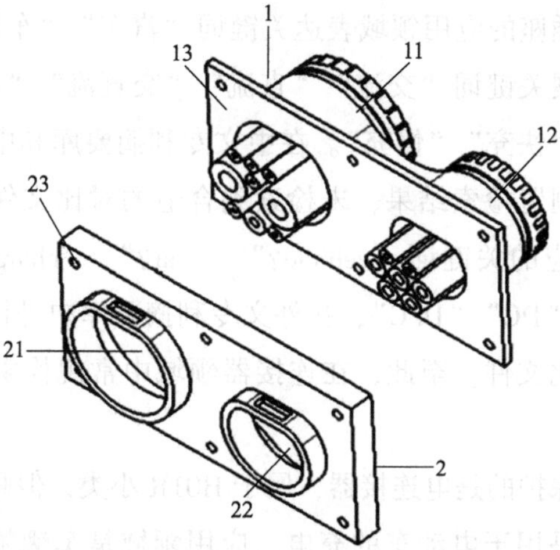

图 3-31　充电插座总成的一种结构示意图

该案例涉及的权利要求如下：

1. 一种充电插座总成，安装于整车车身，其特征在于，包括：主基座与前端模块；所述主基座包括：端板以及与所述端板一体成型的直流插座与交流插座，所述直流插座与所述交流插座均具有插针端与出线端，直流插座的插针端与快速充电插头配合插接，交流插座的插针端与车载充电插头配合插接；所述前端模块包括：第一通孔、第二通孔以及安装孔，所述直流插座的插针端穿过所述第一通孔，所述交流插座的插针端穿过所述第二通孔，所述前端模块通过安装孔与所述主基座安装固定。

【检索策略分析】

该案例的发明构思是将交流插座和直流插座与端板一体成型布置。对于常规检索思路，采用“IPC 分类号”和“关键词”的方式进行检索。该案例给出的三个 IPC 分类号如下：

H01R13/514 • • 构成模装块或组合件，即由彼此间具有连接构件或夹持连接构件的配合件组成的；

H01R13/72 • 在支座内调节可弯曲引线的装置；

H01R27/00 用于和两种以上不同配合件相连的连接部件。

其中，IPC 分类号 H01R13/514 和 H01R27/00 均与该案例的技术主题较为相关。从充电插座的应用领域表达关键词“汽车”“车辆”，从充电插座的类型表达并拓展关键词“交流”“直流”“交直流”“直交流”“充电”“插座”“母座”“快充”“慢充”。在中文专利摘要库和中文专利全文库中进行布尔检索，浏览检索结果，未检索到合适的对比文件。采用相同的检索策略，表达对应的关键词“vehicle?”“car?”“charg+”“alternat+”“AC”“direct+”“DC”“D. C”，在外文专利摘要库中进行布尔检索，也未检索到合适的对比文件。至此，在连接器领域中常规检索未检索到合适的对比文件。

虽然该案例保护的是电连接器，属于 H01R 小类，但是从背景技术中可以得知该连接器是用于电动车的充电，应用领域是车辆领域，因此有必要对检索的领域进行扩展，转入车辆领域进行跨领域检索。由于车辆领域

B60L 小类下的分类号较多，因而采用统计分类号的方法获取准确的 IPC 分类号。利用体现技术手段关键词“充电”“插座”“母座”，同在算符表达“充电 S（插座 or 母座）”，并与“B60L/ic”逻辑相与，在中文专利摘要库中进行检索并对检索出的专利文献进行 IPC 统计，排名前三位的 IPC 分类号如下所示：

B60L11/18（使用初级电池、二次电池或燃料电池供电的）；

H01R13/52（防尘、防溅、防滴、防水或防火外壳）；

H01R13/66（内装电组件的结构连结（具有同心或同轴布置的触点的联结装置入 H01R24/38））。

而 IPC 分类号 B60L11/18 下的文献量较大，没有进一步的细分。因此，查找对应的 CPC 分类号，根据充电插座总成用于电动汽车而定位 CPC 分类号到二点组 B60L11/1809（给电动汽车充电），最终确定 CPC 分类号为四点组 B60L11/1818（适用于电动车辆的充电插头或插座）。该分类位置 B60L11/1818 具体信息如下所示：

B60L11/18 • 使用来自一次电池、二次电池或燃料电池的电源；

B60L11/1809 • • 给电动汽车充电；

B60L11/1811 • • • 使用转换器；

B60L11/1816 • • • 通过传导能量转移，例如连接器；

B60L11/1818 • • • • 电动汽车充电插头或插座的适配。

接下来，采用上述 CPC 分类号 B60L11/1818，关键词“（alternat+ or AC）”“（direct+ or DC or D. C）”逻辑相与，在英文专利摘要库中进行检索，即可得到对比文件（DE102011004648A1）。

上述对比文件公开了与插座外壳 23 一体成型的直流插座 26 和交流插座 34，如图 3-32 所示。可见，对比文件公开了该案例的发明构思，构成该案例的 X 类对比文件。

【案例小结】

不拘泥于技术方案所属领域和给出的分类号，通过准确理解技术方案实质，从应用领域出发进行检索。利用分类号统计分析以获取准确的 CPC 分类号，快速检索到有效的对比文件。

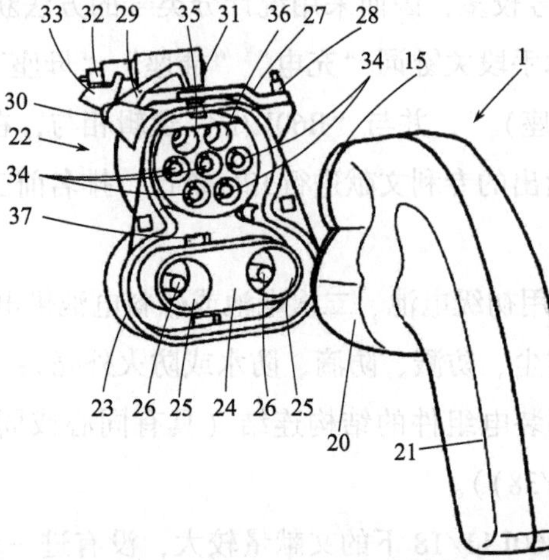

图 3-32 具有对应的充电装置的充电装置

3.2.4.5 CPC 分类中 2000 系列分类号的检索策略

2000 系列分类号仅用于对附加信息进行分类，用于标识除主干分类号标引的发明技术主题以外的其他要素。但是附加信息并不是微不足道的技术信息，而是可能对检索非常有用的信息。2000 系列针对技术主题具有多角度的细分，在降低关键词带来的漏检率及提升检索效率方面不可或缺。例如，随着电学领域半导体技术的发展，器件的结构或制造方法的发明点越来越精细化，有些涉及结构细节和位置关系的技术要素难以用关键词表达。尝试采用合适的 2000 系列分类号更容易准确地表达检索要素，避免关键词表达带来的缺陷，减小文献的阅读量，提高检索效率。

案例 3-11

【案情介绍】

现有技术中都是通过焊料焊接方式或者排插方式来将器件固定在电路板上，然而，焊料连接方式更换硬件需要专业设备对产品加热，同时操作人员需要专业技能培训操作设备，焊接过程温度控制不当会造成产品报废风险。排插连接方案中 SOC、SIP 封装器件贴装在印刷电路板上，背面贴装一个排插形成一个模组，产品硬件升级时，整个模组更换硬件成本高。socket 座子方案，拆卸安装方便，但 socket 座子模具开发成本高，并且 socket 座子不能适用不同类型尺寸封装。

该案例提供了一种印刷电路板，包括电路基板，电路基板上设置有多个焊盘（606），各焊盘（606）上均形成有柔性导电凸点（101），各所述柔性导电凸点（101）用于与外部核心板上的各焊盘电连接，通过柔性导电凸点（101）与实现焊盘（606）之间的电性连接，印刷版拆卸方便，且导电柔性材料价格低廉，降低了硬件更新成本。图 3-33 是印刷电路板的示意图。

图 3-33　印刷电路板的示意图

该案例涉及的权利要求如下：

1. 一种印刷电路板，其特征在于，包括：电路基板，所述电路基板上设置有多个焊盘，各所述焊盘上均形成有柔性导电凸点，各所述柔性导电凸点用于与外部核心板上的各焊盘电连接。

【检索策略分析】

该案例的发明构思是在焊盘上形成柔性导电凸点，通过柔性导电凸点以机械按压方式与外部核心板上的各焊盘电连接。首先，进行试探性检索，直接以申请号为语义基准，利用语义检索功能，浏览推送文献获取到相关文件 CN105451439A。该文献公开了在焊盘上形成凸点，但其导电凸点不是柔性的。目前的相关文件 CN105451439A 仅仅只能作为一篇 Y 类对比文件，还需要找到导电凸点是柔性的文献。

其次，分析语义检索所推送的文献特点，发现其推送的关于凸点的文献都是该案例背景技术中提到的采用焊接工艺的焊球，分析原因，发现如果是以该案例的申请号作为语义检索基准，系统会将从属权利要求中的技术特征也作为语义分词，这样所推送的文献就会多且杂，没有针对性。为了能够找到能体现该案例发明构思的文献，对语义排序基准进行了调整，以权利要求1的文本作为语义排序基准，同时，调整语义分词中的“凸点”和“柔性”这两个词的权重，进行语义检索。推送的第一篇文献CN101623955A也是公开了焊盘上通过凸点进行电连接，但是未公开凸点是柔性的。继续追踪该文献，通过引证文件获取到2000系列CPC分类号H05K2201/0367（不用作焊料凸块的金属凸块或凸起导体）。该分类位号H05K2201/0367具体定义如下所示：

H05K2201/00 与H05K1/00所涵盖的印刷电路有关的索引方案；

H05K2201/03 • 导电材料；

H05K2201/0332 • • 导体结构；

H05K2201/0364 • • • 导体形状；

H05K2201/0367 • • • • 不用作焊料凸块的金属凸块或凸起导体（焊料材料或组合物及其应用方法H05K3/3457）。

该四点组分类号H05K2201/0367准确地体现了该案例的发明构思，将该案例所采用的凸点与背景技术中提到的焊球区别开。采用该分类号在中文专利全文库中进行检索，凸点关键词表达并可扩展“凸块 or 凸点 or 凸起”，柔性关键词表达并扩展“软 or 柔 or 变形 or 挠”，逻辑相与，快速命中对比文件CN1477704A。该文献提到采用柔性凸点来作为电连接结构，且其在对比文件中所起的作用与其在该案例中为解决其技术问题所起的作用相同，都是减小共面度的误差，构成Y类对比文件。

【案例小结】

提供快速准确地CPC分类号获取方式，充分利用语义功能，调整语义基准，获得相关中间文献并追踪引证文件，更快更准地定位到精准的CPC的2000系列分类号。

案例3-12

【案情介绍】

该案例涉及一种新型飞机机体材料，具体是一种仿生复合航空机体结构。一直以来，飞机机体主要采用高比强度、高比模量、低比重的轻质、高强材料，从而提高飞机的结构效率，减轻飞机自身的结构重量。虽然复合材料在飞机机体上的已经有相关的研究，但是很少有人从仿生的角度来研究机体材料，因此，设计一种新型的仿生复合航空机体材料将为航空材料的发展提供指导意义。

该案例受甲虫角质层中微纳结构的启发，提出一种新型的轻质、高强、止裂的仿生复合航空机体结构。在机体结构中采用柱状结构层，整个结构呈中空结构，相比同样的实心结构，减小了密度，降低了比重，使机体结构更加轻盈；通过力学试验分析可知，该结构能够很大程度上的增加机体的强度、刚度与承载力；且该结构与材料的选择能有效地防止诸如鸟击、雷雨冰雹等给飞机蒙皮带来损伤后的裂纹的扩展，保证内外机舱的大气压相等，并有良好的吸能效果。该案例的航空机体结构的剖视图，如图3-34所示。

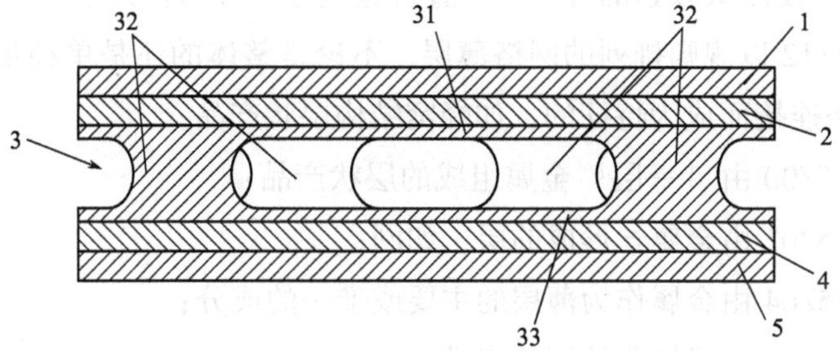

图3-34　航空机体结构的剖视图

该案例涉及的权利要求如下：

1. 一种仿生复合航空机体结构，其特征在于：包括有第一层面板（1）、第二层面板（2）、柱状结构层（3）、第四层面板（4）、第五层面板（5），第一层面板（1）、第二层面板（2）、柱状结构层（3）、第四层面板（4）和第五层面板（5）从上至下结合在一起；柱状结构层（3）由上层板（31）、支撑柱（32）以及下层板（33）构成，支撑柱（32）的上下端分别与上层板（31）和下层板（33）连接成一体结构，每100cm^{2}内支撑柱（32）设定数量为六个，六个支撑柱（32）的圆心顺次连接为正六边形。

【检索策略分析】

该案例的复合板包括五层结构，其中支撑柱（中间层）又包括三层结构，通过常规检索仅检索到包括五层结构的复合板，未见该案例记载的包括三层支撑结构的复合板。另外，该案例给出的IPC分类号为G06F17/50，属于计算机辅助设计领域，与该案例的发明构思关联不大，该案例给出的分类号并不准确。

该案例的说明书中记载了支撑柱为六边形，在检索中发现，该结构在本领域中通常称为蜂窝结构，因此使用了关键词“蜂窝”尝试进行检索。在中文专利摘要库中，采用块检索的检索策略，技术领域的关键词表达“航空 or 飞行 or 飞机”，以及关键词“复合板”“支撑”“蜂窝”，各种组合进行逻辑相与，构建检索式。浏览检索结果，未检索到有用的对比文件。

在对上述结果进行浏览时发现很多相关专利都给出了如下的分类号：B32B3/12、B32B15/00、B32B15/02、B32B15/04及B32B15/08，其中B32B3/12为使用最频繁的分类号，查看这些分类号的含义：

B32B3/12 以规则排列的网格薄层，不论是整体的还是单独形成的或由分离的薄条连接而成为特征的，如蜂窝结构层状产品；

B32B15/00 由｛一层｝金属组成的层状产品；

B32B15/02 由金属丝形成的层，如网；

B32B15/04 由金属作为薄层的主要或唯一的成分；

B32B15/08 合成树脂的层状产品。

可见上述分类号的含义都涉及层状结构，与该案例的主题有一定相关性，于是采用上述分类号继续进行检索。在使用分类号B32B3/12和B32B15进行检索的过程中发现，如果不使用“飞机”进行限定，检索的结果数比较多，检索噪声较大，没有办法进行浏览，但若使用“飞机”进行限定，又可能导致漏掉可用的对比文件。

然而，浏览检索结果时发现，很多相关专利都使用了2000系列的CPC分类号，包括B32B2250/05、B32B2305/024及B32B2260/021等，查看这些分类号的含义：

B32B2250/05 层状产品，即由扁平的或非扁平的薄层，如泡沫状的、蜂窝状的薄层构成的产品；五层或更多层；

B32B2305/024 层状产品，即由扁平的或非扁平的薄层，例如泡沫状的、蜂窝状的薄层构成的产品；蜂窝；

B32B2260/021 层状产品，即由扁平的或非扁平的薄层，如泡沫状的、蜂窝状的薄层构成的产品；纤维或细丝的层。

因此，使用 2000 系列的 CPC 分类号进行进一步检索，采用 CPC 分类号“B32B2250/05 or B32B2305/024 or B32B2260/021”，蜂窝的英文关键词“honeycomb”，复合板的英文关键词表达并扩展“panel or board”“composite”，在英文专利摘要库中进行逻辑相与。通过浏览检索结果，可获得有效的 Y 类对比文件：FR2686042A1，与常规检索得到另一篇 Y 类对比文件 CN105946298A 结合能够影响创造性。检索发现，在使用相同的关键词配合分类号进行检索时，2000 系列的 CPC 分类号限定出来的结果数要少得多，更有利于浏览，且能提高检索效率。

【案例小结】

准确理解技术方案是进行有效检索的关键步骤，要善于从浏览中发现更准确的关键词。当本申请所给出的分类号不能准确反映发明主题时，需通过查询分类表或检索来获得有效的分类号，同时注意善于运用 CPC2000 系列分类号，可以使得检索效率更高。

案例 3-13

【案情介绍】

当前用户拥有的电子设备的数量越来越多，用户使用单一电子设备（如手机）观看视频、文档时会受限于屏幕尺寸，导致用户的观看效果不佳。可以将多个电子设备互联形成一个整体，使得用户在更大的屏幕上观看。

该案例提供一种拼接显示的方法、电子设备和系统，可以将多个电子设备的屏幕进行拼接显示，并且电子设备可以根据应用程序的类型自适应选择合适的拼接显示方式，有助于提升电子设备的智能化程度，有助于提升用户的体验。图 3-35 是该案例实施例提供的一组图形用户界面。手机 A 显示视频应用的播放界面，该播放界面上显示视频播放画面 301，此时手机

B 显示手机 B 的桌面。当手机 B 靠近手机 A 后，手机 A 和手机 B 可以通过近场无线连接方式组网。当手机 B 检测到用户在桌面上向右滑动的操作后，手机 B 向手机 A 发送指示信息，该指示信息用于指示手机 B 希望进入全屏模式。手机 A 在接收到手机 B 发送的指示信息后，手机 A 可以对当前播放界面中的显示的画布尺寸扩大一倍。手机 A 可以对扩大一倍后的画布进行裁剪，从而获得大小相同的两个区域，区域 302 和区域 303。手机 A 可以通过显示屏显示区域 302 所示的画布并将区域 303 的画布投屏到手机 B 上，从而使得手机 B 通过显示屏显示区域 303 的画布。

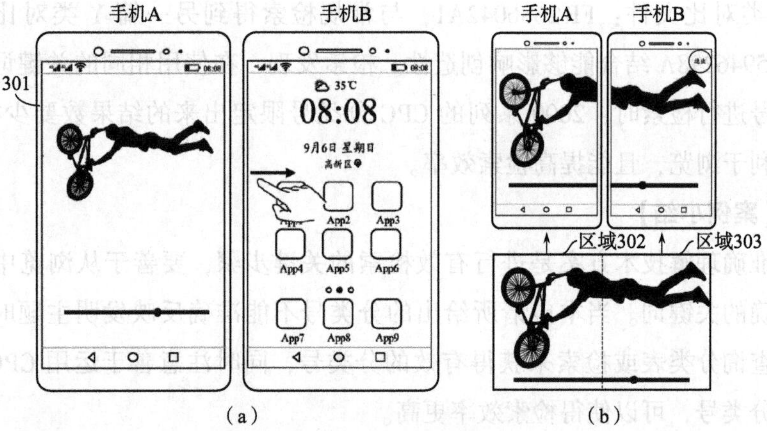

图 3-35　一组图形用户界面

该案例涉及的权利要求如下：

1. 一种系统，其特征在于，所述系统包括第一电子设备和第二电子设备，所述第一电子设备通过近距离无线连接与所述第二电子设备通信，

所述第一电子设备，用于显示第一应用程序的显示界面；

所述第二电子设备，还用于响应于检测到用户的第一输入，向所述第一电子设备发送第一指示信息，所述第一指示信息用于指示所述第一电子设备和所述第二电子设备进行拼接显示；

所述第一电子设备，还用于响应于接收到所述第一指示信息，根据所述第一应用程序的类型，显示第一部分图像信息且向所述第二电子设备发送第二部分图像信息，所述第一部分图像信息和所述第二部分图像信息与所述显示界面相关联；

所述第二电子设备，还用于响应于接收到所述第二部分图像信息，显示所述第二部分图像信息。

【检索策略分析】

该案例的发明构思是拼接屏幕，对画面的分割、分解。确定基本检索要素为技术领域"拼接显示"和技术改进点"对画面分割"。该案例给出的 IPC 分类号是 G06F3/14（到显示设备上去的数字输出）。该分类号虽然能体现该案例的技术主题拼接显示，但是分类号上位，仅能表达是采用数字输出进行图像显示，但没有强调用户和设备之间的交互，以及设备与设备之间的交互过程来实现屏幕的拼接显示。与此同时，该案例涉及的权利要求中大量采用第一电子设备、第二电子设备、用户第一输入、第一指示信息、第一部分图像信息和第二部分图像信息描述方案，而电子设备、输入、指示、图像等内容都是本领域中公知的技术术语，采用这种关键词进行检索势必会引入非常大的噪声。据此，期望能够找到一个更精确的分类号，表达技术改进点图像，画面，屏幕的分割、分解。

从对画面进行分割的角度进行 CPC 分类号查询，输入关键词"分割"，以及图像的关键词表达为"图像""屏幕""画面"，获得一个 2000 系列 CPC 分类号 G06F2203/04803，其含义为分割画面，即：细分显示区域或窗口区域为单独的子区域，能够准确地表达发明构思。该分类位置 G06F2203/04803 具体信息如下：

G06F 电子数字数据处理（基于特定计算模型的计算机系统 G06N）；

G06F2203/00 与 G06F3/00-G06F3/048 相关的分度方案；

G06F2203/048 • G06F3/048 相关的分度方案；

G06F2203/04803 • • 分屏，即将显示区域或窗口区域细分为单独的子区域。

接下来，使用体现发明点的准确分类号 G06F2203/04803，并用关键词"拼接""显示"限定，逻辑相与，在中文专利全文库中进行检索，命中对比文件 US2018004474A1，该对比文件构成能够影响权利要求 1 创造性的 X 类对比文件。

【案例小结】

在正确理解技术方案的基础上，提取该案例发明点的关键词，并通过中文关键词查询 CPC 分类表，快速获取准确地 2000 系列分类号，快速命中对比文件。

3.3 日本专利分类体系（FI、FT）及典型检索案例

3.3.1 FI 和 FT 分类体系概述

3.3.1.1 FI 和 FT 分类体系简介

为了弥补 IPC 分类不够详细，以及方便文献归类和检索，日本特许厅根据日本技术发展的特殊性，建立了日本专利分类体系。该分类体系包括 FI 分类体系（File Index，FI）和 FT（File Forming Terms，FT）分类体系。FI/FT 作为日本特许厅内部的分类系统，不被其他国家知识产权组织使用，以其独有的特色在世界专利分类体系中占有重要的地位。在 IPC 分类体系的 A 部、B 部、G 部和 H 部的众多领域中，使用 FI/FT 分类号进行检索具有强大的检索优势。目前，FI 分类已有超过 20 万个细分条目，FT 分类大约有 34 万个细分项目。

FI 分类体系是在 IPC 基础上的继续细分类，在某些技术领域对 IPC 分类进行扩展，是以目前最新第八版 IPC 分类表为基础编制的，但其中一部分内容也参考了第四版至第七版 IPC 分类表。日本特许厅在采用国际专利分类体系的同时也采用了国内分类体系，从 1996 年 7 月以来，在日本的专利文献出版物上除记载国际专利分类号 IPC 以外，还记载了以 FI 表示的国内分类号。FI 分类号每年修订 2 次，随着技术的发展和文献数目的增加，FI 分类体系会根据领域相应地追加、废止和更新分类号。

根据FI分类体系结构的不同，FI分类号大致可以分成以下4种情况。

（1）IPC分类号+IPC细分类号。在IPC小组下的细分类，称为细分类号，由三位数字组成，并且细分类号的等级表示沿用IPC分类表中的分级方式。在日本特许厅的专利检索平台上进行检索时，通常表达为“H01M10/44,101”。

（2）IPC分类号+文件识别符。将IPC的某些小组细分或对细分号的再次细分类号称为“文件识别符”，也称“文档细分号”。文件识别符用一个A~Z的英文字母表示（为了避免歧义，字母“I”和“O”除外），并且其中字母“Z”表示“其他”，即字母“Z”表示杂项分类。在日本特许厅的专利检索平台上进行检索时，通常表达为“H01M10/44@P”。

（3）IPC分类号+IPC细分类号+文件识别符。在FI分类号的结构中，IPC细分类号和文件识别符可以同时存在，但是“IPC细分类号”和“文件识别符”不是每一个FI分类号中必然包含的部分。在日本特许厅的专利检索平台上进行检索时，通常表达为H01M10/44,102@A。

（4）IPC分类号+方面分类号。从技术主题的不同技术特征，在IPC小组下以不同角度继续细分号，称为“方面分类号”，方面分类号由3个大写的英文字母和表示等级的圆点构成。

下面以涉及电池领域的FI分类号H01M10/44举例，截取的FI分类表如图3-36所示，其对应的FI分类表结构图见表3-2。可以看出FI对IPC分类号H01M10/44的扩展和细分情况。

FT分类体系是日本特许厅专为计算机检索而设计的技术术语索引。FT的含义是构成专利信息的技术术语和表示其相应的技术术语的符号组成的修正系统。FT分类体系从各种不同的技术角度，如目的、应用、结构、材料、制作过程、加工和操作方法等，在《国际专利分类表（ZPL）》和日本国内分类体系（FI）的基础上进行再分类或细分类。其目的是，将需要检索的反映现有技术文献量减小到大约50-70件。

FT标引主要是基于对权利要求的拆解来进行的，但同时还会根据说明书中的内容以及附图的内容进行分类。任何对检索和审查有用的技术信息都有可能进行分类。对于一篇专利文献，FT标引有可能会出现十几个甚至上百个FT分类号。在FI覆盖的全部领域中，约有70%的领域编写了FT，随着技术动态的变化和文献量的增加，每年会根据领域对FT表进行必要的修订。

• H01M10/44	..Methods for charging or discharging (circuits for charging H02J 7/00) [2]	HB CC 5H030
• H01M10/44@P	Charging and discharging circuits or circuit arrangements	HB CC 5H030
• H01M10/44@A	Charging methods	HB CC 5H030
• H01M10/44@Q	.Charging circuits or circuit arrangements	HB CC 5H030
• H01M10/44@Z	Others	HB CC 5H030
• H01M10/44,101	...by detecting non-electric amount	HB CC 5H030
• H01M10/44,102	...by mechanical or chemical methods	HB CC 5H030
• H01M10/44,102@A	with metal and halogen electrodes	HB CC 5H030
• H01M10/44,102@B	with metal and oxygen electrodes	HB CC 5H030
• H01M10/44,102@Z	Others	HB CC 5H030

图 3-36　FI 分类表

表 3-2　FI 分类表

FI 分类号	主题		FT 分类号
H01M10/44	● ● 充电或放电方法		5H030
	P	充电和放电电路或电路布置	5H030
	A	充电方法	5H030
	Q	● 充电电路或电路布置	5H030
	Z	其他	5H030
101	● ● ● 通过检测非电量		5H030
102	● ● ● 通过机械或化学方法		5H030
	A	带金属和卤素电极	5H030
	B	带金属和氧电极	5H030
	Z	其他	5H030

一个 FT 分类号由 5 位字符主题码（Theme code）和 2 位字母视点符（Viewpoint）及 2 位数字位符（Figure）构成。其中 5 位字符主题码表示技术领域，2 位字母视点符表征发明的材料、方法、结构等，2 位数字位符是对视点符表征的技术特征的进一步细分，数字位符由 00~99 的数字组成。例如，在 5H030/AA02 中，其中 5H030 就是字符主题码，表示技术领域维护二次电池（如充电和放电、检测条件）改进快速充电；AA 就是视点符，表示改进目的；02 是数字位符，表示有关的具体目的。以主题码为 5H030 的部分 FT 分类表，如图 3-37 所示，其中反映了主题码、技术主题、相关 FI 分类号、视点符、位符等信息。

5H030	二次電池の保守（充放電、状態検知）	送配電
	H01M10/42 -10/48,301	

H01M10/42-10/48,301	AA	AA00 目的⊜	AA01	AA02	AA03	AA04		AA06	AA07	AA08	AA09	AA10
			・充電・放電特性の改善	・・急速充電の向上	・・過充電の防止	・・過放電の防止		・安全性の向上	・・防爆、防水	・・誤挿入・誤使用の防止	・組立・製造の安易化	・非水成電解質電池の保守にかかわるもの
	AS	AS00 蓄電池の取付対象及び機器	AS01	AS02	AS03		AS05	AS06		AS08		
			・据置式、懸吊式、電池室	・・架台、台車	・・無停電電源、予備電源		・電池容器，電池箱自体	・・集合電池の容器、箱、パック		・車両、自動車、電気車		
			AS11	AS12	AS13	AS14	AS15	AS16		AS18		AS20
			・電気・電子・通信機器	・・電動工具、電動歯ブラシ	・・・シェーバー、ひげそり器	・・無線機器、ポケットベル（登録商標）、携帯電話	・・灯器具、携帯電灯	・・時計、腕時計		・充電器自体、チェッカ		・取付対象・機器等を明示していないもの
	BB	BB00 充電・放電の方法及び回路装置	BB01	BB02	BB03	BB04		BB06	BB07	BB08	BB09	BB10
			・充電の方法及び回路装置	・・定電圧充電	・・定電流充電	・・異種充電法の組合せ		・・交直重畳電源、パルス状電源による充電	・・太陽電池による充電	・・他の電池、バッテリによる充電	・・交流電源（トランス結合）による充電	・・・発電機による充電
				BB12	BB13	BB14	BB15			BB18		
				・・物理的・機械的手段の併用	・・・電解液の攪拌、振動の付加	・・・加熱、冷却、放熱	・・・充電用補助極、補助板			・・充電前、放電後の電気・化学的処理		
			BB21	BB22	BB23			BB26	BB27			
			・放電の方法及び回路装置	・・異種電池を組合せるもの	・・放電用電池の切換え			・充・放電回路を切換えるもの	・・充・放電時に放・充電回路をOFFするもの			

图 3-37　以主题码为 5H030 的部分 FT 分类表图

3.3.1.2 FI 和 FT 分类号的获取途径

FI 分类号每年会进行 2 次修订，FT 分类号每年会进行 1 次修订。目前各类资源检索平台在 FI 和 FT 分类号的更新上存在一定的滞后性，日本特许厅提供了可供公众查询下载专利文献的信息服务平台，即日本特许厅国家工业产权信息和培训中心（原日本特许厅工业产权图书馆），更新及时，推荐使用。具体使用步骤如下：在浏览器栏输入 http://www.jpo.go.jp，进入日本特许厅界面；点击该网页中右侧“J-PlatPat（External Link）”选项，进入 National Center for Industrial Property Information and Training（日本特许厅国家工业产权信息和培训中心）页面，如图 3-38 所示。

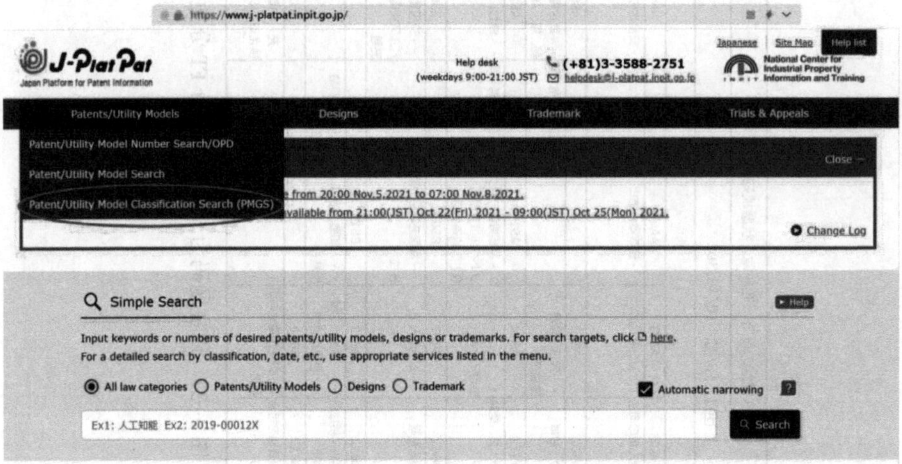

图 3-38 日本特许厅国家工业产权信息和培训中心页面

然后，点击“Patents/Utility Models”（专利/实用新型）下拉选项“Patents/Utility Model Classification Search”（专利/实用新型分类检索），即可进入 J-PlatPat 平台分类检索界面，如图 3-39 所示。点击页面中“FI/Facet Simple Display”获取 FI 分类表，点击页面中“F-term Simple Display”获取 FT 分类表，点击页面中“IPC（latest version）Simple Display”提供 IPC 分类表。

在 J-PlatPat 平台分类检索界面，还提供通过 IPC 查找对应的 FI 分类号和FT分类号。在界面中勾选“FI/Facet”，在搜索栏输入IPC分类号，点击搜索，然后下拉该界面，在Classification Display（分类显示）下方有相应的FI分类号详细信息。在界面中勾选“F-term”，在搜索栏输入FT分类号主题码，点击搜索，出现该主题码下详细信息。而且，也提供根据关键词，搜索FI、FT分类号的相关检索。

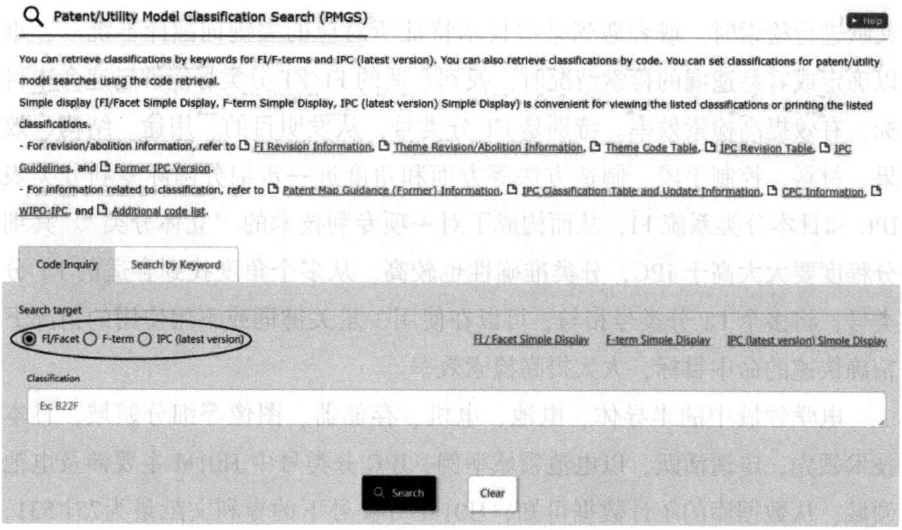

图3-39 J-PlatPat平台分类检索界面

另外，通过商业数据库如Himmpat等，也能获取FI和FT分类号，检索时通过页面上的工具箱中显示分类号工具箱，查找FI/FT分类号。

3.3.2 FI和FT分类在电学领域专利检索中的常见问题

FI/FT是日本国内检索索引-主体分类体系，是一种有效、实用、独特的文献组织方式，可精确地检索日本专利文献和具有日本同族的其他专利文献。由于FI/FT只用来标引日本文献，仅使用FI/FT容易漏检其他国家的专利文献。而且，FI/FT分类体系较为复杂、获取FI/FT分类表的渠道较少，以及语言限制等因素，因此，FI/FT分类号具有一定的局限性。

在1996年7月以前，日本专利文献没有FI分类号，而且一般检索人员对FI/FT分类体系了解程度不深，在实际的检索工作中，往往不会首先使用。通常利用IPC分类号结合关键词等常规检索手段进行初步检索，假如无法检索到关键的发明点，可以考虑利用FI/FT作进一步的针对性检索，即常规检索为主，FI/FT检索为辅的检索策略。

在对某些日本技术领先、申请活跃的领域，对申请量巨大的日本专利文献进行检索时，或者遇到某些技术特征所对应的关键词翻译不统一、难以确定或容易遗漏的检索情况时，找到合适的FI/FT分类号能够迅速命中目标，有效提高检索效率。特别是FT分类号，从发明目的、用途、结构、效果、材料、控制手段、制造方法等方面和角度进一步细分国际专利分类表IPC和日本分类系统FI，从而构成了对一项专利技术的“立体分类”。其细分程度要大大高于IPC，分类准确性也较高。从多个角度找到合适的FT分类号，将多个FT分类号相与，可以在使用少量关键词或不用使用的情况下精确快速的命中目标，大大提高检索效率。

电学领域中的半导体、电池、电机、存储器、图像等细分领域，日本技术领先、申请活跃，以电池领域举例，IPC分类号中H01M主要涉及电池领域，从数据库的统计数据可知，H01M分类号下的专利文献量为751 531，其中日本专利文献和具有日本同族的专利文献量为319 571，约占该领域总文献量的42.5%。在上述领域中，将日本专利文献作为对比文件的比例很高。因此，对于日本专利文献的准确、全面检索尤为重要。然而，在使用FI/FT分类进行实际检索的过程中，通常会遇到以下几种检索问题。

1. 难以快速获取最准确的FI/FT分类号

与IPC分类体系相比，FI/FT分类体系更加细致。FT分类体系还能够从不同的角度对同一个技术主题进行多维度、立体式地索引。通常需要对本领域分类表具体涉及的技术内容，或者相关的技术内容设计的分类号要做到尽可能的熟悉，检索时进行相应的扩展。但是，在实际检索中，从发明的各个角度都找到合适的FT分类号不现实，而且相关联的FT分类号过多，难以快速确定最为相关的FT分类号。

2. 具有哪些特点的申请更适用于使用FI/FT进行检索

如果该案例所属的技术领域中，来自某一国家或者地区的专利申请文献所占的比例比较高，意味着这个国家或地区的在这个领域的研究比较活跃，因此，理论上检索时重点关注这个国家或地区的文献，检索命中目标的概率会较大一些。也就是说，当检索领域为日该案例比较活跃的领域，或者是对申请量巨大的日本专利文献进行检索时，优先重点使用 FI/FT 进行检索。

对于熟悉检索领域的检索人员来说，如果要检索的技术领域符合上述条件，优先重点使用 FI/FT 进行检索。但是对于一般的检索人员，通常会首先利用 IPC 分类号结合关键词等常规检索手段进行初步检索，假如无法检索到关键的发明点，或者检索中发现日本专利文献大，才会考虑利用 FI/FT 作进一步的针对性检索。

3. 如何选取合适的 FI/FT 分类号的检索策略

根据检索的实际情况不同，使用 FI/FT 分类号构造检索式的方法也不同。FI/FT 分类号可以单个使用或多个相与进行检索，FI/FT 分类号和关键词也可以组合使用。使用 FI/FT 分类号进行检索时，有时能够达到同样的结果，有时需要相互补充，通常优先使用更加准确的分类。使用 FI/FT 分类号进行检索，需要在检索过程中不断地调整检索策略，构造合适的检索式实现精准检索。

3.3.3 FI 和 FT 分类在电学领域专利检索中的一般方法

对于 IPC、CPC、FI/FT 等分类体系，虽然分类原则和方式有所差异，但是分类号的获取途径大致相同。获取 FI/FT 分类号最直接地途径是查找 FI/FT 分类表。该方法通常适用于检索经验丰富、对 FI/FT 分类表熟悉地检索人员。在检索实践中，快速、准确地获取 FI/FT 分类号的方法通常有以下两种：一是根据检索结果统计分析的方法，使用与所检索技术方案的主题密切相关的关键词进行简单检索，利用检索系统的统计功能，统计 FI/FT 分类号的分布情况，从而确定该技术方案相关的分类号；二是追踪相关文献获取分类号，在检索的过程中，通过检索到的与技术方案相似度较高的专利文献，追踪获取到相关文献的 FI、FT 分类号。该案例有日本同族的情况，也可以直接参考日本同族申请给出的 FI、FT 分类号。

由于 FI/FT 分类号构造检索式的方法是丰富多样地，检索人员需要根据检索案例的特点，构造合适的检索式才能实现精准检索。对于技术改进点非常细节，单个 FI/FT 分类号就能表达，且该分类号下专利数量也不多时，可以直接尝试仅使用单个 FI/FT 分类号进行检索。仅使用单个 FI/FT 分类号进行检索获得有效的对比文件，属于少数的理想情况。大部分实际检索案例中，FI/FT 分类号构造检索式是以下两种方式：一是多个 FT 分类号进行检索，尽可能对技术方案从多个角度给出 FT 分类号，将多个 FT 分类号相与的方式进行多角度联合索引，避免了关键词表述不充分或不准确等带入的检索噪声，提升检索效率；二是 FI/FT 分类号结合关键词或者其他分类号进行检索，当仅使用 FI/FT 分类号并不能将检索要素表达完整，或者检索结果文献数量仍然较大，通过提取准确的关键词进一步限定，也能实现高效地检索。

3.3.4 FI 和 FT 分类在电学领域专利检索的典型案例

3.3.4.1 通过追踪文献查阅日本同族获取 FI 分类号进行检索

在使用 FI/FT 进行检索时，由于对分类体系结构并不完全了解，难以确定合适的 FI/FT 分类号。特别是，从发明的各个角度都找到合适的 FT 分类号不现实，而且相关联的 FT 分类号过多，难以确定最为相关的 FT 分类号。确认与案例最相关的 FI/FT 分类号，最简便的方式是查看日本同族给出了哪些 FI/FT 分类号，然后再查阅分类表以了解分类号的释义，并从中确定所要检索的技术模块的 FI/FT 分类号。而对于没有日本同族的专利申请，则可以在检索中通过不断地浏览相关日本文献，追踪并获取到准确的 FI 分类号，更准确地表达发明点，从而命中多篇公开发明构思的对比文件。

案例 3-14

【案情介绍】

在纸质单据转电子单据时，通常采用机器识别（OCR）来替代人工录入，但 OCR 技术并不能实现 100% 的识别率，需要人工对 OCR 识别结果进行检查。然而人工检查需要逐字校对，由于人工短期记忆能力有限，当待核对内容过长时，存在核对效率低的问题。

该案例提出了一种字符批量识别方法、装置和计算机设备，首先获取目标图像集合，所述目标图像集合中包括多个目标图像，所述目标图像中包括待识别的字符区域，所述字符区域中包括多个目标字符；然后对所述待识别的字符区域中的目标字符进行分割识别，得到每个目标字符的单字符图像和所述单字符图像对应的识别结果，显示所述单字符图像和所述单字符图像对应的识别结果；同时获取对所述识别结果进行校对得到的校对结果；最后根据所述校对结果，得到各个目标图像中待识别的字符区域的识别结果。通过在拥有相同字形的界面中，利用视觉落差快速发现识别错误的字符，提高校对精度和效率。如图 3-40 所示，展示了两种单字符图像和单字符对应的识别结果的显示方式。方式一：将相同识别结果的单字符图像按行显示；方式二：将相同识别结果的单字符图像按列显示。

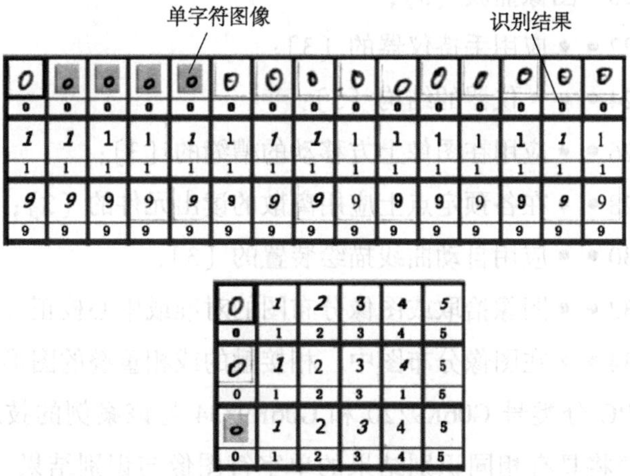

图 3-40　单字符图像和识别结果的显示方式的示意图

该案例涉及的权利要求如下：

1. 一种字符批量识别方法，其特征在于，包括：

获取目标图像集合，所述目标图像集合中包括多个目标图像，所述目标图像中包括待

识别的字符区域，所述字符区域中包括多个目标字符；

对所述待识别的字符区域中的目标字符进行分割识别，得到每个目标字符的单字符图像和所述单字符图像对应的识别结果，显示所述单字符图像和所述单字符图像对应的识别结果；

获取对所述识别结果进行校对得到的校对结果；

根据所述校对结果，得到各个目标图像中待识别的字符区域的识别结果。

【检索策略分析】

该案例的发明构思是获取包括多个目标图像的集合，对所有单字符进行分割识别，得到每个单字符的字符图像和对应的识别结果，将具有相同识别结果的单字符图像与识别结果一一对照且集中显示。对识别结果进行校对，根据校对结果得到各目标图像中待识别字符区域的识别结果。该案例中 IPC 分类号是 G06K9/20、G06K9/34。上述分类号的具体内容是：

G06K9/20 • 图像捕获〔3〕；

G06K9/22 • • 应用手持仪器的〔3〕；

G06K9/24 • • • 仪器的结构〔3〕；

G06K9/26 • • 应用在图像上方移动的槽缝的〔3〕；

G06K9/28 • • 在各预定点上应用离散的读出元件的〔3〕；

G06K9/30 • • 应用自动曲线描绘装置的〔3〕；

G06K9/32 • • 图像拾取或图像分布图的对准或中心校正〔3〕；

G06K9/34 • • 在图像分布图中，相接触的或相重叠的图形的分割〔3〕。

可见，IPC 分类号 G06K9/20 和 G06K9/34 与该案例的技术主题相关。针对发明点“将具有相同识别结果的单字符图像与识别结果一一对照且集中显示”，直接提取关键技术手段的关键词“同类”“相同”。尝试简单检

索，采用技术领域的 IPC 分类号和发明点的关键词逻辑相与进行初步检索，未检索到好用的对比文件。因此，该案例的检索难点是分类号相关但是不准确，直接用权利要求中的词汇表达发明点也不准确。

然后，利用智能检索系统中语义检索功能，以申请号和发明点文本分别为语义基准，浏览推送对比文件，获取关键词“聚类”“纵向校对”“集字校对”，更能契合该案例的发明点。与此同时，通过浏览推送文件，获取到较为准确的 CPC 分类号：G06K9/033。该分类号的具体内容是：

G06K9/03 • 错误的检测或校正，如通过重复扫描图形的方法 {（确认或性能评估入 G06K9/6261）}；

G06K9/033 • • 具有操作者参预干涉的。

利用准确的 CPC 分类号 G06K9/033 和扩展后的关键词“聚类”“纵向校对”“集字校对”，进行布尔检索。在浏览检索结果时，发现技术相关的文献大部分都是日本文献。因此考虑日本专利分类体系进行检索。从一篇相关文献中追踪并获取 FI 分类号 G06K9/03@ B，准确地体现该案例的发明点。该分类号具体内容是：

G06K9/03 • 检测或纠正错误，例如 通过重新扫描模式［3］；

G06K9/03，B 操作员输入或指定正确字符；

G06K9/03，C 多个识别结果的匹配（一次以上识别结果或多种方式识别结果的匹配）；

G06K9/03，D 读取备用区域（对应音标等）；

G06K9/03，J 以显示识别结果为特征；

G06K9/03，Z 其他。

采用上述 FI 分类号和体现发明点的关键词“similar+”“same”“classificat+”“cluster+”，在英文专利摘要库中进行逻辑相与，检索到多篇公开该案例发明构思的对比文件。

【案例小结】

利用语义功能，快速准确地扩展分类号和关键词，有助于提高检索效率。在检索中通过不断地浏览相关文献，追踪并获取到准确的 FI 分类号，更准确地表达发明点，从而命中多篇公开发明构思的对比文件。

3.3.4.2 通过统计分析获取FT分类号进行检索

在电学领域（如电感、电容等元器件领域），日本技术领先、申请活跃，对日本专利文献进行全面、准确的检索尤为重要。通过查阅分类表获取合适的FI/FT分类表，依赖于使用人员的专业背景知识及检索技能，查阅过程烦琐耗时，随机性强。通过常规检索再统计分析的方式是快速地获取和扩展FI/FT分类号的有效途径。该方法可以降低检索人员对专业背景、关键词的依赖，快速有效地确定准确的FI/FT分类号，提高检索效率。

统计分析获取FT分类号的方式同样适用于调整检索策略中，比如在浏览检索结果时，发现日本文献量比较多，或者日本相关企业在该领域研究较多，需要重点针对日本专利文献进行检索。通过统计FT分类号并挑选，准确找到体现发明点的FT细小分类中，在外文专利库中通过“分类号+英文关键词”构建检索式，能够快速检索到合适的对比文件，提高检索效率。当关键技术特征涉及技术细节时，可以根据情况恰当选用日本专利全文库，提取相关日文关键词，快速命中，提高查准率。

案例3-15

【案情介绍】

线圈部件通常在安装于安装基板上的状态下进行实用。通过将线圈部件的外部电极焊接于设置于安装基板侧的导体来实现线圈部件的安装结构。在上述的安装状态下，由于温度变化而产生的应力最容易集中在用于将线圈部件的外部电极与安装基板的导体连接的焊料部分，其结果是，容易在焊料产生裂纹。另外，在安装状态下，在安装基板产生挠曲的情况下，也会产生应力，并且也有由于该应力而在鼓芯产生裂缝的情况。图3-41表示线圈部件1安装在安装基板20上的状态的剖视图。

根据该案例所涉及的线圈部件（1），外部电极（3，4）中的底面电极部（9）与部件主体（2）的紧贴强度比外部电极（3，4）中的端面电极部（10）与部件主体（2）的紧贴强度低，所以若对外部电极施加外力，则首先作为外部电极的一部分的底面电极部能够相对于部件主体移动。因此，在线圈部件的安装状态下，能够有利于释放使焊料的裂纹、部件主体的裂缝产生的应力，能够实现针对温度变化、安装基板的挠曲的耐性较高的安装结构。

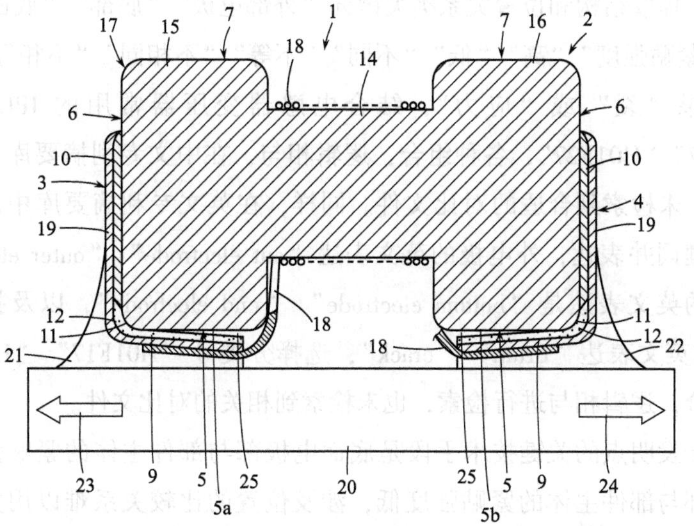

图3-41　线圈部件1安装在安装基板20上的状态的剖视图

该案例涉及的权利要求如下：

1. 一种线圈部件（1），具备：

部件主体（2）；以及外部电极（3），其形成在所述部件主体（2）的外表面上，所述部件主体（2）至少具有朝向安装面侧的底面（5）和沿从安装面上升的方向延伸的端面（6），所述外部电极（3，4）至少具有沿着所述部件主体（2）的所述底面（5）设置的底面电极部（9）和与所述底面电极部（9）相连且沿着所述部件主体（2）的所述端面（6）设置的端面电极部（10），所述底面电极部（9）与所述部件主体（2）的紧贴强度比所述端面电极部（10）与所述部件主体（2）的紧贴强度低。

【检索策略分析】

该案例的发明构思是在线圈部件中，底面电极部9与部件主体2的紧贴强度比端面电极部10与部件主体2的紧贴强度低。同时在说明书中给出几种实施方式，如底部电极和端面电极不同的形成工艺，或者底面电极和端面电极不同的材料组分，以达到不同的紧贴强度。

首先，针对发明构思“线圈部件中外部电极不同的紧贴强度”进行直接表达，提取结构和位置关系类关键词“外部电极”“底部”“底面”“端”“侧”“紧贴强度”“高”“低”“不同”“不等”“不相同”“不相等”，以及技术效果“裂”或“应力”，结合电感器变压器常用的IPC分类号“H01F17”“H01F27”，各种组合，逻辑相与，在中文专利摘要库中进行常规检索，未检索到合适的对比文件。同样，在英文专利摘要库中，提取对应的关键词并表达，外电极的英文表达“out electrode”“outer electrode”，底电极的英文表达是“bottom electrode”“end electrode”，以及技术效果“裂”的英文表达“drum”“crack”，选择分类号“H01F17”“H01F27”，各种组合，逻辑相与进行检索，也未检索到相关的对比文件。

由于发明点的关键技术手段是底面电极部与部件主体的紧贴强度比端面电极部与部件主体的紧贴强度低，涉及位置的比较关系难以用关键词表达。同时，在检索时采用IPC大组分类号，H01F17和H01F27分类号下文献量极大，检索效率低，用不准确的关键词限定后容易漏检。

而在浏览检索结果时，发现日本文献比较多，而且关注到在相近的电容器领域也存在解决同样的技术问题的文献，因此调整检索思路，跨领域在电容器领域进行检索。基于检索经验，发现日本相关企业在电容器领域研究较多。在英文专利摘要库中，采用电容器领域IPC分类号H01G，用关键词“out electrode”和“crack”进一步相与限定，对检索结果统计FT分类号并排序，排名前5名的FT分类号如下：

5E001/AB03、5E082/AB03、5E082/FG26、5E001/AF06、5E082/GG10。

针对上述FT分类号进行筛选，获得有效FT主题码：5E001（陶瓷电容器）、5E082（固定电容器以及电容器的安装装置）、5E082不太相关，因此重点关注5E001（陶瓷电容器）。进一步对5E001查询，发现准确的FT分类号5E001/AC00描述电极，具体细分如下：

5E001/AC00 电极；

5E001/AC01 • 结构；

5E001/AC09 • 材料。

首先，筛选出准确的 FT 分类号 5E001/AC00，其次，发现进一步细分 5E001/AC09 是描述电极材料，与申请中的通过不同的外部电极组分以实现不同的紧贴强度的发明构思很契合。最后，用准确的 FT 分类号“5E001/AC09”，结合关键词外部电极“out electrode”，以及技术效果关键词“crack”，逻辑相与构建检索式，在英文专利摘要库中进行检索，快速命中 X 类文件 JP H0582383A。

【案例小结】

对于发明点用关键词无法有效表达的情况时，注重浏览中间检索文献，及时调整检索方向，可以扩展到其他的相近领域以解决相同的技术问题。基于检索经验，发现日本相关企业在该领域研究较多时，统计 FT 分类号并挑选，准确找到体现发明点的 FT 细小分类中，构建检索式能够快速检索到合适的对比文件，提高检索效率。

案例 3-16

【案情介绍】

现有电感的裸导线通过电极或端子（引出导体）将线圈主体引出，电极与裸导线分体制造，这种连接方式易造成微型电感的电阻值及电性表现不稳定，且电极与裸导线的衔接处易因弯折而发生断裂，因此有必要对电极作进一步的改进。

该案例的目的在于提出一种一体成型的具有电感的元件，用于解决线圈和电极衔接处容易因为电极的弯折而断裂的问题，同时减少电感元件的厚度。该具有电感的元件包括金属结构，该金属结构包括裸导线（301）、第一电极（302）和第二电极（303），其中第一电极（302）和第二电极（303）一体地形成。裸导线（301），其中第一电极（302）的厚度（302T）大于裸导线（301）的厚度（301T），第二电极（303）的厚度（303T）大于裸导线（301）的厚度（301T），其中，从第一电极（302）的第一侧表面（302L）经由裸导线（301）到第二电极（303）的第二侧表面（303L）形成连续的金属路径。磁性体304，其包覆裸导线（301），第一电极（302）的至少一部分和第二电极（303）的至少一部分，其中，第一电极（302）的第一侧表面（302L）和第二侧表面（303L）第二电极（303）中的一个埋入磁性体（304）内部，也就是说，磁性体（304）的第一部分和第二部分位于第一电极（302）的第一侧表面（302L）的相对两侧，而磁性体（304）的第三部分和第四部分位于第二电极（303）的第二侧表面（303L）的相对两侧。图3-42示出了一具有电感的元件的俯视图，而图3-43示出了该具有电感的元件的侧视图。

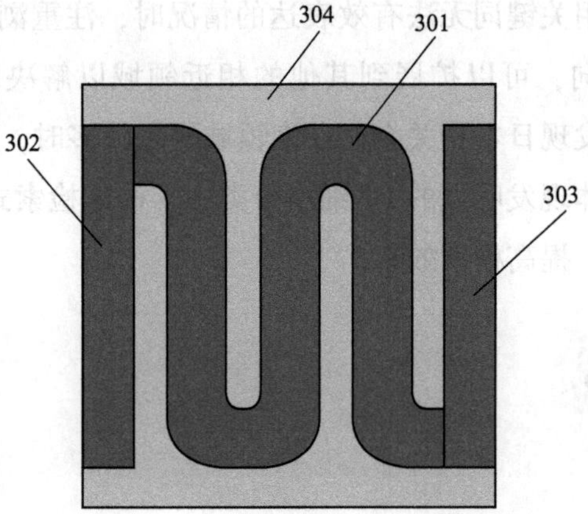

图3-42　具有电感的元件的俯视图

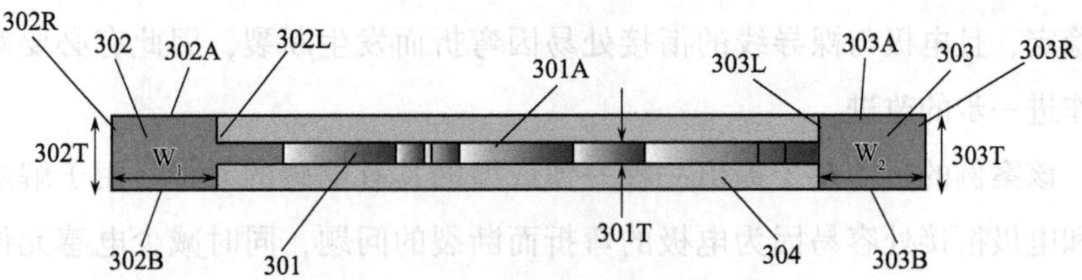

图3-43　具有电感的元件的侧视图

该案例涉及的权利要求如下：

1. 一种具有电感的元件，其特征在于，包括：

金属结构，该金属结构包含裸导线（301）以及第一电极（302）以及第二电极（303），其中裸导线（301）和第一电极（302）以及第二电极（303）一体成型，第一电极（302）的第一厚度（302T）大于裸导线（301）的厚度（301T），第二电极（303）的第二厚度（303T）大于裸导线（301）的厚度（301T），从第一电极（302）的第一侧表面（302L）经由裸导线（301）连接到第二电极（303）的第二侧表面（303L）而形成连续的金属路径；该金属结构还包含磁性体（304），磁性体（304）封装裸导线（301）、第一电极（302）的至少一部分和第二电极（303）的至少一部分，其中，第一电极（302）的第一侧表面（302L）和第二电极（303）的第二侧表面（303L）被嵌入于磁性体（304）的内部。

【检索策略分析】

该案例的发明构思是电感元件中电极与裸导线一体成型，形成一连续的金属路径，其中电极的厚度大于裸导线的厚度，电极的侧表面嵌入磁性体的内部。而现有技术中，电感元件的电极大多为单独制造。因此，该案例的检索重点在于“电极（或端子）和线圈主体（裸导线）一体成型”。

该案例给出的 IPC 分类号是 H01F27/28 线圈；绕组；导电连接，H01F27/29 接线柱，抽头装置，H01F27/24 磁芯。针对关键技术手段“电极和线圈主体一体成型”表达并扩展关键词“一体”“整体”“集成”，关键词“电极”，线圈的关键词表达为“导体”“线圈”“导线”。采用 IPC 分类号和关键词结合的方式进行初步检索。在中文专利全文库中，采用上位扩展的 IPC 分类号 H01F17（变压器或电感器的一般零部件）、H01F27（信号类型的固定电感器），上述表达关键技术手段的关键词各种组合，逻辑相与进行检索，没有检索到公开发明点的对比文件。同样，在英文专利摘要库中，IPC 分类号采用“H01F17 or H01F27”，一体成型的英文表达方式“integrate”，电极的英文表达为“electrode”“terminal”，线圈的英文表达并扩展“coil?”“pattern”“conductor”“foil”，逻辑相与，也没有检索到电极和线圈主体一体成型。

反思上述检索过程，浏览检索结果发现，电感领域与裸导线直接连接的电极通常是单独设置的，鲜有在摘要中表达技术特征“电极与导线一体成型”。因此，直接用一体成型的关键词表达不准确。再结合浏览的文献，电感成型过程多有镀覆工艺，其导体图案常直接采用“刻蚀”工艺，其形成的端部（电极）引出结构与线圈主体图案自然是“一体成型”，尝试直接检索“刻蚀”，而不表达“一体成型”。在英文专利摘要库中，调整并使用英文关键词蚀刻“etch”，进行检索，仍然没有检索到公开发明点的对比文件。

但是，在浏览过程中发现相关日本文献占比较高，通过分类号统计提取了电感线圈相关的 FT 分类号 5E070/CB17（线圈的连接）及 5E070/CB18（线圈的端子或引线），紧扣该案例的发明点“电极与导线一体成型”，FT 的细分分类号非常准确。考虑到电极与裸导线一体成型属于技术细节，在日本专利全文库中出现的概率较大，因此采用“刻蚀”工艺在日本专利全文库中检索。从浏览过程的中间文献中，扩展日文关键词，“电极”的日文表达为“電極”，“刻蚀”日文表达为“エッチング”，“线圈”日文表达为“コイル”。转入日本专利全文库检索，采用 FT 分类号“5E070/CB17 or 5E070/CB18”，上述“电极”“蚀刻”“线圈”的日文关键词，逻辑相与。发现公开发明点的 X 类对比文件 JP2014127717。该日文对比文件具有 US 同族，但是 US 同族在专利摘要库和专利全文库中并未出现“一体成型”相关表达。如果采用 IPC 分类号检索，需要浏览的文献量及筛查难度明显要更大，用 FT 分类号进行检索能够很快找到最相关的文献。

【案例小结】

充分利用 FT 分类号有较好的细分的特点，准确找到体现发明点 FT 分类号，由于关键技术特征涉及技术细节时，恰当选用日本专利全文库进行检索。对于技术方案中的产品结构特征，当常规直接表达无法检索到有效对比文件时，转换思路，提取产品成型过程中的工艺关键词进行表达，快速命中，提高查准率。

3.3.4.3 利用多个 FT 分类号相“与”联合进行检索

当一个 FT 分类号下面的文献量较多不适合浏览时，可以用表达其他角度的 FT 分类号进行联合检索。采用多个 FT 分类号逻辑相“与”进行多角度联合检索，是常见的 FT 分类号检索式构造方法，也是 FT 分类号检索式的亮点。

通常 FT 分类体系对技术进行了多维度的细分，申请文件中的发明点有时就体现在 FT 下的一个细小分类号中。从细分领域、技术效果、技术目的和结构特征等细分 FT 分类号相“与”联合检索，可以很快限定出发明构思，有利于快速筛选到合适的对比文件。构建检索式时，可以根据检索结果的文献量，进一步使用少量关键词进行限定文献，或者不使用关键词限定，精确迅速地命中目标。

特别是对于半导体、电机和电连接器等领域，常常涉及结构细节上的改进，IPC 分类号不够准确，通过 IPC 分类号检索很难进行高效地检索。与此同时，表征同一技术要素的关键词繁杂多样，或者关键词上位，无法通过有效的关键词来表达。通过多个分类号相与，用 FT 分类号替代了关键词，省去了关键词扩展和调整，避免了关键词表述不充分或不准确等带入的检索噪声，提升检索效率。

案例 3-17

【案情介绍】

在传统的低温离子注入设备中，如图 3-44 所示，机械手（201）和承片台（501）一起位于注入腔室（50）内，注入工艺完成后，再通过机械手（201）把硅片传送到制热腔（40），然后加热，使硅片的温度恢复到环境温度，如 20~25℃，最后把硅片传送到注入机的前置腔（10），这样整个注入工艺就结束了。然而在实际生产中，通过机械手把硅片从承片台传送到制热腔时，相当于把硅片从温度为-60~-150℃的地方取出，很容易发生结露现象，在机械手上会有水珠存在，这样在下次传送硅片时，就很容易发生粘片甚至碎片；而且，机械手上的残留水珠很容易升华，从而会降低注入机的真空，继而影响到注入工艺条件。当硅片被传送到制热腔后，对硅片进行加热升温，需要一段时间，这样也降低了注入效率，影响产能。

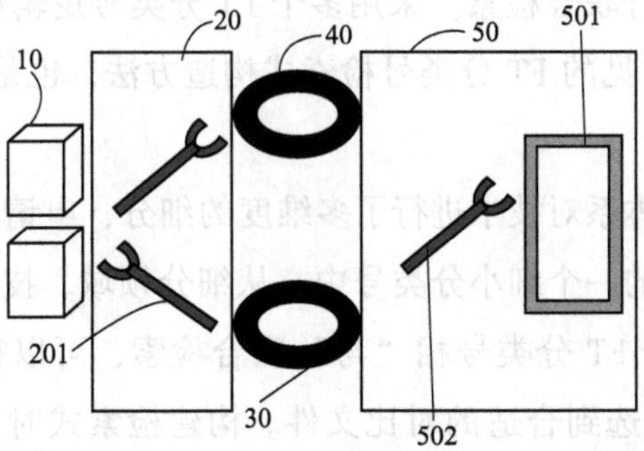

图 3-44　现有的一种低温离子注入设备结构示意图

该案例通过在传片机械手（5002）上设置加热模块，微波发射器（101），可以直接在传片机械手（5002）上对半导体衬底进行加热，当探测到半导体衬底的温度达到外界环境温度时，停止对半导体衬底进行加热，并将半导体衬底传送出离子注入机。避免了在将半导体衬底从离子注入机的工艺腔向外界环境传送过程中，出现结露现象的问题，减少了发生粘片及碎片的概率，提高了注入工艺的质量；同时，采用该案例的方法，可以省掉以往需把半导体衬底传送到制热腔加热的过程，节约时间，提高生产效率，降低工艺成本。图 3-45 为该案例的改善低温离子注入中结露现象的装置结构示意图。在离子注入机中可设有前置腔（1000）、缓冲腔（2000）、预冷腔（3000）和工艺腔（5000），并可取消离子注入机中原有的制热腔，替之为过渡腔（4000）。其中，用于对半导体衬底进行加热的第一传片机械手（5002）设于工艺腔（5000）中。图 3-46 是传片机械手结构示意图。

该案例涉及的权利要求如下：

1. 一种改善低温离子注入中结露现象的装置，其特征在于，包括：设于离子注入机中的传片机械手（5002），所述传片机械手（5002）上设有加热模块，用于在通过所述传片机械手（5002）将半导体衬底从离子注入机的工艺腔（5000）向外界环境传送过程中，对所述半导体衬底进行加热，设于所述传片机械手（5002）上的温度探测器（201）对所述半导体衬底的温度进行探测，所述温度探测器（201）探测到所述半导体衬底的温度达到外界环境温度时，所述加热模块停止加热所述半导体衬底。

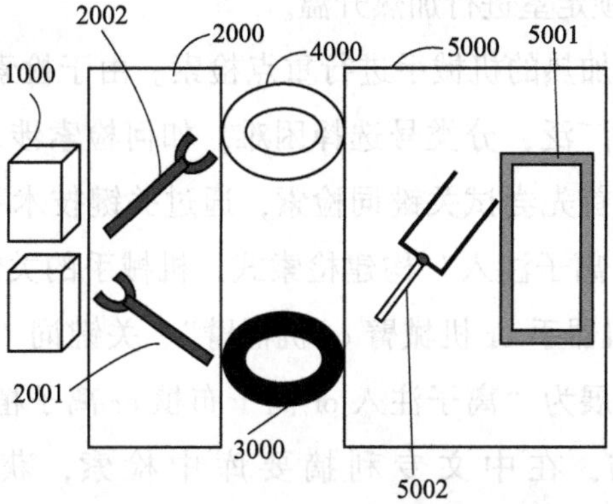

图 3-45　改善低温离子注入中结露现象的装置结构示意图

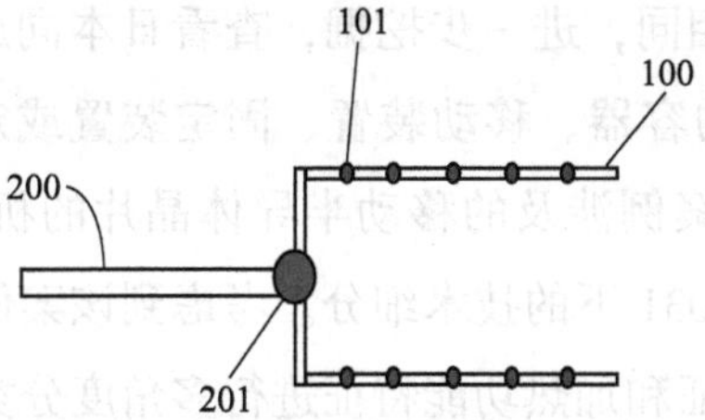

图 3-46　传片机械手结构示意图

【检索策略分析】

该案例的发明构思在于设置具有加热功能的传片机械手以改善低温离子注入中结露现象。该案例的 IPC 分类号为 H01L21/67（专门适用于在制造或处理过程中处理半导体或电固体器件的装置；专门适合于在半导体或电固体器件或部件的制造或处理过程中处理晶片的装置），该分类号上位，不能准确体现的具体技术领域低温离子注入技术。因此，首先从技术领域出发，采用关键词“低温离子”和关键词“（注入 or 植入 or 布植）”逻辑相与，在中文专利摘要库中进行常规检索。命中相关对比文件 D1（CN102918621A），其公开了将硅芯片的半导体工件传送至载荷锁定室进行加热升温，从而防止工件从低温环境移动到较高温度的外部环境时形成结露。可见，D1 公开了与该案例相同的技术问题，但是其解决问题的技术手段与该案例不同。该案例是传片机械手在传送半导体衬底过程中进行加热，而 D1 是设置载荷锁定室进行加热升温。

接下来针对能加热的机械手进行重点检索。由于检索的对象为机械手，机械手的应用领域广泛，分类号选择困难，如何检索涉及传送晶片的机械手是检索的难点。首先尝试关键词检索，通过关键技术手段“加热的机械手”和技术领域“离子注入”构建检索式，机械手的关键词表达进一步扩展为“机械手 or 机器手 or 机械臂 or 机器臂”、关键词“加热”、离子注入的关键词表达并扩展为“离子注入 or 离子布植 or 离子植入”，将上述关键词进行逻辑相与，在中文专利摘要库中检索，获得文献 Y1（CN 102099907A）。该文献 Y1 公开了自动传送系统中传送晶片的机械臂，与该案例的技术领域非常相关。因此对文献 Y1（CN102099907A）进行追踪，其 IPC 分类号与该案例相同，进一步挖掘，查看日本同族给出的 FT 主题码是 5F031（半导体晶片的容器、移动装置、固定装置或定位装置）。该主题码表征的技术领域与该案例涉及的移动半导体晶片的机械手比较相关，于是进一步查找主题码 5F031 下的技术细分。考虑到该案例的发明点是可加热的机械手，可从结构特征和加热功能特征进行多角度分类定位。

首先，从传送保持件的结构进行分类查询，5F031/GA00（移送装置或手段）下面的下位组均相关，采用“5F031/GA0?”进行分类号表达。上述分类位置的具体信息如下所示：

5F031/GA00 涉及传送保持件的结构，具体细分如下：

5F031/GA00 移送装置或手段；

5F031/GA01 • 保持部；

5F031/GA02 • • 叉形；

5F031/GA03 • • • 多个叉形的；

5F031/GA04 • • • • 能够独立运动各个叉形的；

5F031/GA05 • • • 以保持晶圆部分的形状为特征的；

5F031/GA06 • • • • 保持部为爪形，突出部（接触面的限定）；

5F031/GA07 • • • 叉形上的以固定晶圆的机构为特征；

5F031/GA08 • • • • 真空吸附；

5F031/GA09 • • • • 静电吸附。

其次，从保持件的功能的角度进行分类查询，快速定位到三点组 5F031/GA37（加热或冷却功能）。上述分类位置的具体信息如下所示：

5F031/GA35 • • 包含在附加机制中的传输设备；

5F031/GA36 • • • 传感器；

5F031/GA37 • • • 加热或冷却功能；

5F031/GA38 • • • 通过将转移物体压在模具上的定位机制。

最后，确定该案例的 FT 分类号是“5F031/GA37”和“5F031/GA0?”。根据上述分类号在英文专利摘要库中检索，FT 分类号“5F031/GA37”和“5F031/GA0?”，“加热”关键词英文表达“heat”，进行“与”操作。快速命中多篇具有加热模块的机械手，挑选获得文献 Y2（JPH08264618A）。文献 Y1 和 Y2 结合能够影响权利要求 1 的创造性。但是如果采用该案例给出的 IPC 分类号 H01L21/67，结合关键技术手段“（transfer+robot?）”“heat”相与进行检索，则检索不到上述对比文件。

【案例小结】

如果对技术方案所述领域的技术不太熟悉，在 IPC 分类号不准的情况下，可从中间文献中挖掘准确分类号，查询中国申请的日本同族获取准确的 FT 分类号，利用从功能特征、结构特征等多方面进行细分的 FT 分类号进行检索，快速命中对比文件。

案例 3-18

【案情介绍】

在电机制作时，槽绝缘无法做到与槽绝对贴合，导致绕线时在绕组拉力的影响下槽绝缘会被拉伸在槽身部分紧密贴合，在槽底部分会形成较大面积的长条形空腔，槽内可利用面积降低。

为了解决上述技术问题，该案例提供了一种定子冲片 100，包括：定子轭部 110；多个定子齿 120，设于定子轭部 110 的内圈，定子轭部 110 的内圈和相邻的两个定子齿 120 形成定子槽 130，定子槽 130 包括槽底 1320，定子轭部 110 的内圈位于定子槽 130 内的部分形成槽底 1320，其中，槽底

1320 设有凹槽段 1322。图 3-47 示出定子冲片的结构示意图。图 3-48 定子冲片中 A 处的局部放大图。

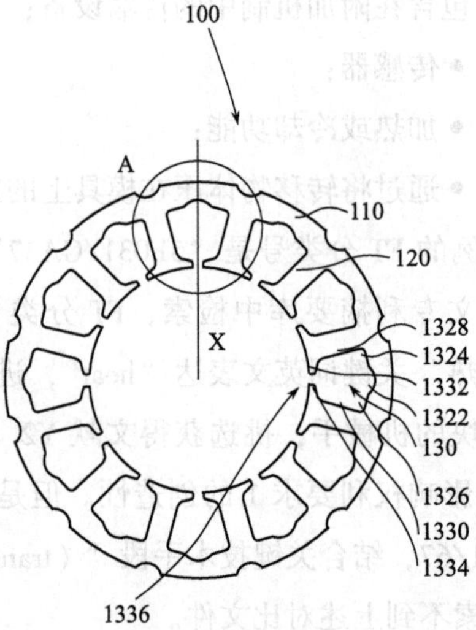

图 3-47　定子冲片的结构示意图

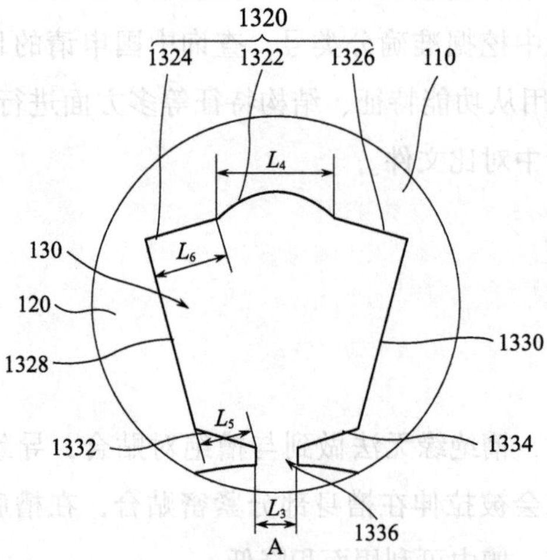

图 3-48　定子冲片中 A 处的局部放大图

定子槽 130 的槽底 1320，即定子轭部 110 形成定子槽 130 的部分上，设置有凹槽段 1322，进而在组装成电机，设置槽绝缘时，部分槽绝缘会处在凹槽段 1322 内，进而在对定子铁芯进行绕线时，槽绝缘受到向定子齿 120

的拉力，由于槽绝缘在凹槽段 1322 内留有余量，进而受到拉力后，槽绝缘会脱离或部分脱离凹槽段 1322，从而保证了槽绝缘和定子槽 130 的贴合性，避免槽绝缘与定子槽 130 产生较大的缝隙，进而增大了对定子槽 130 的利用空间，进而提升绕组的满槽率。

该案例涉及的权利要求如下：

1. 一种定子冲片（100），其特征在于，包括：

定子轭部（110）；多个定子齿（120），设于所述定子轭部（110）的内圈，所述定子轭部（110）的内圈和相邻的两个所述定子齿（120）形成定子槽（130），所述定子槽（130）包括槽底（1320），所述定子轭部（110）的内圈位于所述定子槽（130）内的部分形成所述槽底（1320），其中，所述槽底（1320）设有凹槽段（1322）。

【检索策略分析】

该案例的技术领域是电极中的定子，该案例的 IPC 分类号是 H02K 1/14 有凸极的定子铁心的，H02K1/16 有绕组槽的定子铁芯的。IPC 分类号较准确，确定为 H02K 1/14、H02K1/16。而该案例的发明构思在于在定子槽的槽底设置凹槽段，从结构上确定该案例的关键词为“凹”“槽”“槽底”，从技术效果确定该案例的关键词为“满槽”“槽满”。在中文专利摘要库中，采用上述分类号与关键词逻辑相与，进行初步检索，没有检索到可用的对比文件。

该案例的检索难点在于，发明点涉及技术细节，且表达发明点的关键词“槽”“凹”均是本领域中常见的技术术语，检索时文献量大，检索噪声多，而进行扩展更是造成浏览困难，导致检索效率低，还有可能存在漏检风险。

在检索过程中发现该案例较多，且日本在电机领域中技术较为成熟。而 FT 分类体系是从多个角度详尽的细分，如说明书的技术领域、发明点、技术效果，甚至对于不涉及发明改进但也包含技术信息的附图特征，也给出了相应的 FT 的分类号。因此 FT 分类号更适合检索技术细节。

查找 FT 分类表，字符主题码 5H601 表示技术领域为旋转电机的铁芯，5H601 分别从目的或效果、用途、电机的型式或种类、铁芯的磁极（凸极或槽）等角度进行了细分，其中 AA 是从目的或效果角度的细分。进一步在目的或效果细分 AA 中寻找准确的分类号，5H601/AA11 提高槽满率，体现该案例发明点的技术效果即提高槽满率。GB 从铁芯的磁极（凸极或槽）细分，5H601/GB36 一个槽的形状，具有特殊的形状，能很好地体现技术细节定子槽的结构特征。具体分类如下：

5H601/GB00 铁芯磁极（凸极或槽）；

5H601/GB01 • 齿数；

5H601/GB11 • 一个凸极形状；

5H601/GB19 • 凸极截面形状；

5H601/GB21 • 凸极或磁极顶端；

5H601/GB31 • 一个槽的形状；

5H601/GB32 • • 全封闭（孔）；

5H601/GB33 • • 半开（齿）；

5H601/GB34 • • 全开（槽）；

5H601/GB35 • • 大致圆形；

5H601/GB36 • • 有特殊形状。

使用上述 2 个 FT 分类号“5H601/AA11”和“5H601/GB36”进行逻辑相与，在英文专利摘要库中进行检索。通过简单的附图浏览就找到公开该案例发明点的 X 类文件 JP2006149071A。该日文文献没有同族，而且对于发明点槽底凹槽 6A 在摘要中并没有体现，因此在使用关键词表达槽底时容易漏掉对比文件。

为了验证采用 CPC 检索到相关文献的可能性，进行了试探性检索，CPC 分类号 H02K1/165 槽的形状，此分类号下文献量比较大，进一步采用技术效果“coil”和“density”相与限定，则没有检索到得到可用的文献。

【案例小结】

FT 分类体系对技术进行了多维度的细分，技术方案的发明点有时就体现在 FT 下的一个细小分类号中。利用技术效果和结构特征等细分 FT 分类号，可以很快地限定出发明构思，构建检索式能够准确找到最接近的相关文献，有利于快速筛选到合适的对比文件。

3.3.4.4　利用 FI/FT 分类号和关键词进行检索

在大电学领域中，特别是更新换代快速地领域中，由于 IPC 分类号条目过粗，不能详细地反映检索主题，导致采用分类号结合关键词进行检索效果不理想。根据技术领域的特点，如电机、元器件等领域结构类案件，或者调整检索策略需要重点检索日文文献，可以考虑 FI/FT 分类号来替代 IPC 分类号。另外，对于专利申请文件的发明点非常细节，涉及结构的局部改进等，在对于技术方案充分理解的前提下，可以尝试从 FI/FT 分类号中找到涉及申请发明点的准确分类号，之后利用 FI/FT 分类号进行检索。

当单纯使用 FI/FT 分类号并不能完整表达发明构思，或者，准确的 FI/FT 分类号下，检索结果的文献量仍然较多时，可以结合关键词进行进一步限定。这种检索方法，通常适用于 FI/FT 分类号能够体现发明技术领域，且涉及发明点的关键词容易提炼。根据检索的技术方案及检索人员的日文语言水平，提炼不同表达的关键词，如准确的英文、日文关键词。当提炼准确的英文关键词时，选择英文专利摘要库，构建检索式进行检索；当提炼准确的日文关键词时，关键词又涉及技术细节，采用准确的 FI 分类号和日文关键词在日本专利全文库中进行检索，快速定位可用的对比文件。

案例 3-19

【案情介绍】

半导体存储器装置可包括在更大规模集成电路或独立集成电路中的存储单元块。当传统存储器装置在二维阵列中构建单元时，一些装置可构建单元的三维阵列。在一些三维闪速存储器中，NAND 串可垂直地构建，在相互的顶部堆放串的单独场效应晶体管（FET），使得串从衬底延伸出。这种结构在闪速存储器装置中为非常高的位密度而提供。支持电路，如线驱动器、读出放大器、地址解码器和其他这种电路仍可利用使用不由存储器阵列所覆盖的衬底区域的更传统的布局技术进行构建。虽然支持电路可具有多个材料（如掺杂硅、多晶硅、金属、二氧化硅）或其他材料层，这种设计仍可称为具有二维设计，因为它们通常不具有在彼此顶部堆叠有源装置像三维存储器阵列。传统平面布置图经常具有直接在阵列旁边、在两个邻近边上的至少一些另外的电路，准许访问在“x 轴”方向和“y 轴”方向中通过阵列运行的控制线。这些控制线可通过各种名字来提及，但一些控制线在一些设计中通常被称为字线和位线，其中字线可垂直于位线。一些平面布置图在阵列的全部四个边上具有另外的电路，其中在一个边上的电路耦合到在阵列的其各自边上的可访问的一些控制线，以及在阵列相对边上的电路耦合到在那个方向中布线的剩余控制线。存储器的控制电路通常位于存储阵列的旁边，存储器的裸晶芯片尺寸大于阵列。

为了减小存储器芯片的尺寸，该案例提出了一种三维存储器控制电路，该电路将存储器的控制电路分成四个部分，并且放置在存储器阵列四个象限的下面，减小了存储器芯片的尺寸。图 3-49 描述具有与存储器阵列 150 重叠的控制电路 161-164 的存储器阵列 150 的顶视图的框图，其可为存储单元的三维阵列或存储单元的二维阵列。重叠可意味着在衬底上控制电路 161-164 的足迹可具有带有投射到衬底上的存储器阵列 150 的足迹的一些公共区域。位线电路分成至少两个子电路，位线子电路 161 和位线子电路 162，以控制存储器阵列。位线子电路 161 可驱动横跨存储器阵列 150 的位线的子集，包括位线 171，以及位线子电路 162 可驱动横跨存储器阵列 150 的其他位线，包括位线 172。字线电路分成至少两个子电路，字线子电路 163 和字线子电路 164 以控制存储器阵列。字线子电路 163 可驱动横跨存储器阵列 150 的字线子集，包括字线 173，以及字线子电路 164 可驱动横跨存储器阵列 150 的其他字线，包括字线 174。字线可基本上垂直于位线。

该案例涉及的权利要求如下：

1. 一种集成电路，包括：

存储器阵列；

字线电路，分成至少两个子电路，以控制所述存储器阵列；以及

位线电路，分成至少两个子电路，以控制所述存储器阵列；

其中所述字线子电路和所述位线子电路至少部分地重叠所述存储器阵列的单独的各自区域。

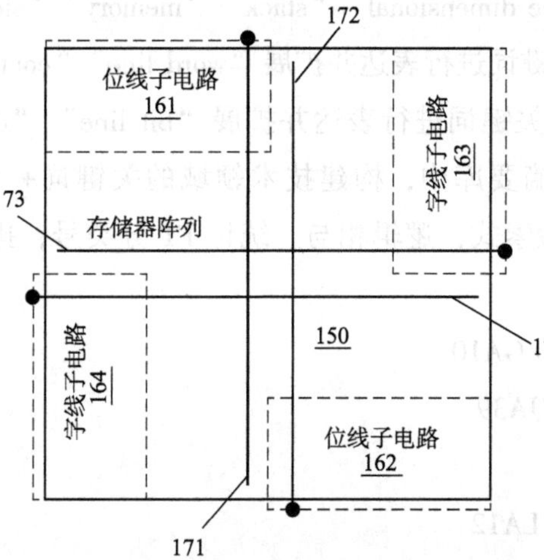

图3-49 具有在存储器阵列下面的控制电路的存储器阵列的顶视图的框图

【检索策略分析】

该案例提出了一种三维存储器控制电路，该电路将存储器的控制电路分成四个部分，并且放置在存储器阵列四个象限的下面，减小了存储器芯片的尺寸。该案例的技术领域是三维集成电路，涉及的电路细节是“字线电路”“位线电路”。对上述技术领域进行关键词表达，“三维”“3D”“存储器”，对电路细节特征进行关键词表达“字线”“位线”。首先，在中文专利摘要库中，进行试探性检索，采用上述关键词逻辑相与，未检索到合适的对比文件。浏览检索结果，发现很多相关文献具有日本同族，因此尝试使用FT分类号进行检索。

该案例给出了如下IPC分类号：

G11C7/10（2006.01）输入/输出〔I/O〕数据接口装置，例如：I/O数据控制电路、I/O数据缓冲器［2006.01］；

G11C7/18（2006.01）位线组织；位线布局［2006.01］；

G11C8/14（2006.01）字线组织；字线布局［2006.01］。

可见，上述IPC分类号均未体现该案例的技术领域三维集成电路，分类号不太准确，也无法使用关联查询扩展准确的FT分类号。接下来，通过统计分类号的方式获取FT分类号。对技术领域“三维存储器”进行英文表达并扩展“3D”“three dimensional”“stack”“memory”“storage”，对关键技术手段“字线”关键词进行表达并扩展“word line”“control gate”，对关键技术手段“位线”关键词进行表达并扩展“bit line”“data line”“digite line”。在英文专利摘要库中，构建技术领域的关键词+“字线”关键词+“位线”关键词的检索式，逻辑相与。统计 FT 分类号，排名前五的分类号如下：

1 117 5F083/GA10

2 97 5F083/JA39

3 96 5F083

4 74 5F083/LA12

5 71 5F083/KA05

进一步查找 FT 分类表核实，如图 3-50 是 FT 分类号含义，5F083/GA10 较为准确地概括了该案例的技术领域，因此接下来采用 FT 分类号 5F083/GA10 进行检索。

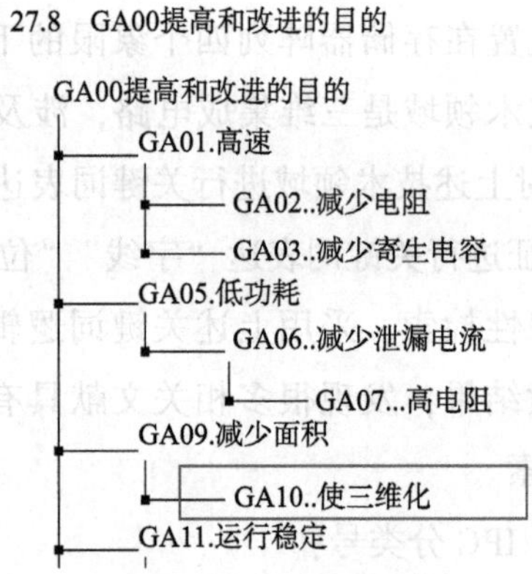

图 3-50 FT 分类号含义

在英文专利摘要库中，采用技术领域 FT 分类号“5F083/GA10”，结合关键词“driver circuit”，进行相与检索。浏览检索结果，快速获得 X 类对比文件 1（US2012/0063208A1）。该对比文件的电路结构与该案例的电路结构基本相同，如图 3-51 所示控制器电路的四个象限的分布。

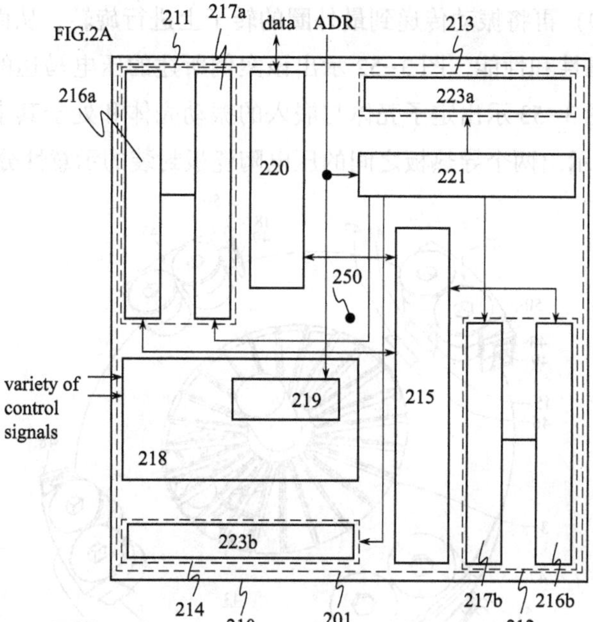

图 3-51　控制器电路的四个象限的分布

【案例小结】

充分理解技术方案，把握发明本质，在初步检索过程中总结关键词和技术领域的特点，及时调整检索方向。由于 IPC 分类号不准确，通过关键词构建检索式，精确统计出 FT 分类号，快速高效地命中对比文件。

案例 3-20

【案情介绍】

现有技术 WO2012/022443A1 揭示一种压电马达，其具有定子、绕旋转轴旋转的转子和由定子保持并驱动转子的至少一个压电元件。在该文献中，压电元件与驱动指形件相互作用，该驱动指形件以其由自由端使压在转子内圈表面上的驱动爪移动。

该案例通过外空心圆柱定子（1）、内空心圆柱振动壳体（8），呈扇形排布的压电元件放置在振动壳体内的定子（1）上，压电振动传递到振动壳体（8）上再通过力传递元件传递到驱动盘（43，44），驱动盘（43，44）通过驱动爪（48，49）再将振动传递到最外圈的转子上进行旋转，从而提高压电马达的机械可靠性和性能。图 3-52 示出该案例所述的压电马达的定子壳体的三维视图。图 3-53 示出定子壳体与嵌入的振动壳体和处于其中的压电致动器。图 3-54 示出两个导热板之间的压电陶瓷板封装的示意性分解图。

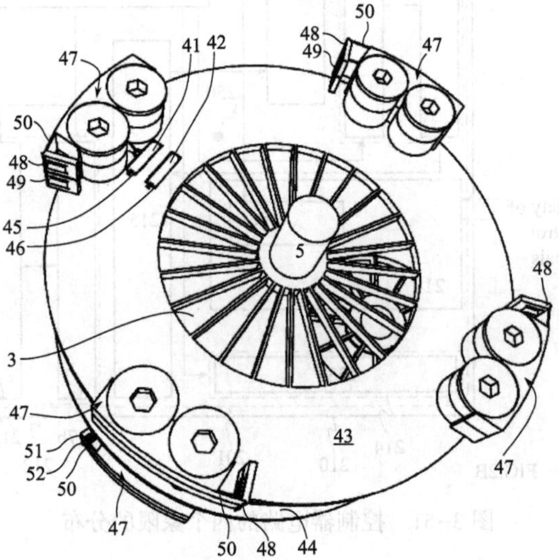

图 3-52　压电马达的定子壳体的三维视图

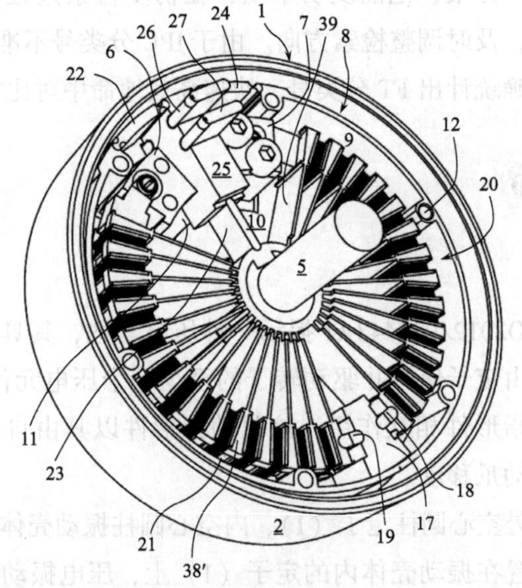

图 3-53　定子壳体与嵌入的振动壳体和处于其中的压电致动器

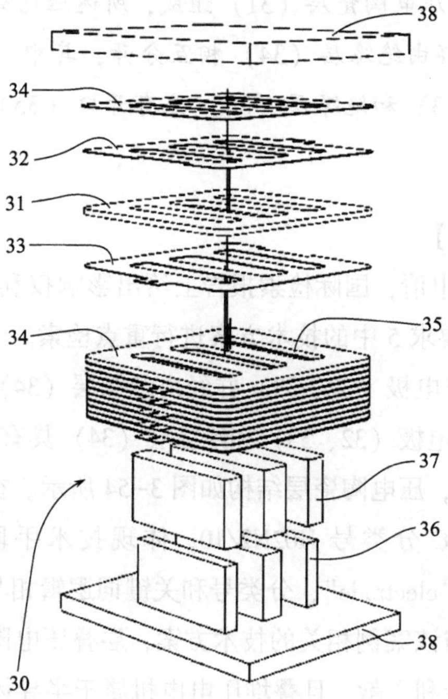

图 3-54　两个导热板之间的压电陶瓷板封装的示意性分解图

该案例涉及的权利要求如下：

1. 一种压电马达，具有：定子（1），绕旋转轴（5）旋转的转子（53），以及由所述定子（1）保持并驱动所述转子（53）的至少一个压电元件（20、21），其特征在于，所述压电元件（20、21）布置在振动壳体（8）中，所述振动壳体相对于所述定子（1）绕枢转轴（16）振动。

2. 根据权利要求 1 所述的压电马达，其特征在于，所述枢转轴（16）相对于所述转子的旋转轴（5）平行并径向偏置。

3. 根据权利要求 1 或 2 所述的压电马达，其特征在于，所述振动壳体（8）形成将所述压电元件（20、21）的驱动运动传递到所述转子（53）的力传递元件。

4. 根据前述权利要求中任一项所述的压电马达，其特征在于，所述压电元件是叠层致动器（20、21）。

5. 根据权利要求 4 所述的压电马达，其特征在于，所述叠层致动器

(20、21) 由堆叠的压电陶瓷层 (31) 组成，所述压电陶瓷层在两侧均具有电极 (32、33) 并经由绝缘层 (34) 相互分开，其中，堆叠的压电陶瓷层 (31)、电极 (32、33) 和绝缘层 (34) 具有开口 (35)，散热体 (36) 贯穿所述开口。

【检索策略分析】

该案例为 PCT 申请，国际检索报告上给出影响权利要求 1~4 的对比文件，针对从属权利要求 5 中的技术方案进行重点检索。关键技术手段是压电陶瓷层在两侧均具有电极 (32、33) 并经由绝缘层 (34) 相互分开，堆叠的压电陶瓷层 (31)、电极 (32、33) 和绝缘层 (34) 具有开口 (35)，散热体 (36) 贯穿所述开口，压电陶瓷层结构如图 3-54 所示。在英文专利摘要库中进行检索，采用 IPC 分类号 H02N2/10，体现技术手段的关键词 "hole" "open" "insulate" "electrode"，分类号和关键词逻辑相与进行常规检索。浏览检索结果，发现与该案例相关的技术方案，层叠压电陶瓷具有中间开孔的结构基本都是日本专利文献，且叠堆压电电机属于半导体领域，而日本在半导体领域技术比较先进和成熟，因此预判可能对比文件是日文文献。

接下来是获取准确的 FI 分类号和日文关键词在日本专利全文库中进行检索。在浏览过程中发现层叠压电结构具有中间开孔的中间文献，提取出与该案例分类号 H02N 不一致的，准确的 FI 分类号 H01L41/08、H03H9/15、H03H9/17、H03H9/58 进行分类号扩展。要检索的关键技术是堆叠的压电陶瓷层、电极和绝缘层具有开口，且散热体贯穿所述开口，提取关键词并扩展中文表达"孔""口""散热""冷却""降温"。尝试用百度翻译等翻译软件进行关键词日文翻译，发现翻译的词扩展不够和不准确，比如"孔""开口"翻译后为"穴""口"。为了获取准确的日文关键词，尝试在英文专利摘要库中进行检索，通过查找具有日文同族的英文或中文文献，扩展得到准确的日文关键词。在英文专利摘要库中，采用压电关键词英文表达"piezoelectric"，孔的英文表达"hole or opening"，散热的英文表达并扩展"heat dissipation""cool""low temperature"，进行逻辑相与。浏览检索结果，查找具有日文同族的英文或中文文献，扩展口、孔的日文关键词为"穴""ポート""孔""開口"，扩展散热、冷却、降温的日文关键词为

“放熱”“冷却”“ラジエータ”“シロッコ”。

在日本专利全文库中，采用上位的 FI 分类号“H01L41 or H03H9”，孔的日文关键词“穴 orポートor 孔 or 開口”、散热的日文关键词“放熱 or 冷却 orラジエータorシロッコ”，逻辑相与，快速得到公开了该案例从属权利要求 5 的对比文件 JPH10-233537A，构成了 Y 类对比文件。

【案例小结】

在常规检索浏览文献时，通过对与该案例技术方案关联性比较大的各个国家出现文献量的比重进行预判，推断对比文件可能的国别，明确检索方向。利用与该案例技术方案非常相关的中间文献，提取准确的 FI 分类号。由于翻译软件翻译的日文不够准确，可以在英文专利摘要库中采用英文关键词进行检索，查找具有日文同族的英文或中文文献，并查看附图标记对应的日文关键词进而扩展得到准确的日文关键词。最后，采用准确的 FI 分类号和日文关键词在日本专利全文库中进行检索，快速定位可用的对比文件。

案例 3-21

【案情介绍】

锂离子纽扣电池在组装过程中为了防止正负极片接触引起的短路，需保证正、负极片和隔膜严格对齐，因此人工劳动强度大，且耗时费力。此外由于人工对齐难度大，生产效率低，且电池一致性差，不良率较高。另外，高性能活性物质在锂离子纽扣电池的研究和应用较少，此外锡、硅基负极在充放电过程中存在巨大的体积变化和快速容量衰减。

该案例的目的是提供一种高性能的锂离子纽扣电池，提高锂离子纽扣电池的容量，改善纽扣电池的使用寿命；同时在纽扣电池的组装制造过程中降低操作难度和强度，提高生产效率和产品一致性。一种高性能蜂窝状锂离子纽扣电池，如图 3-55 所示，由 001 正极壳、002 正极片、003 隔膜、004 负极片、005 泡沫镍垫片和 006 负极壳组成。所述正、负极片具有蜂窝多孔结构，如图 3-56 所示，所述 002 正极片由 021 铝箔集流体、022 正极蜂窝孔和 023 正极涂层凸台组成，所述 004 负极片由 041 铜箔集流体、042

负极涂层凸台和043负极凹孔组成。所述002正极片和004负极片之间采用003隔膜进行分隔。正极片的蜂窝孔和对应的负极片凸台以矩形阵列的形式排布，负极片的凸台嵌入正极片的蜂窝孔中形成紧密联接。

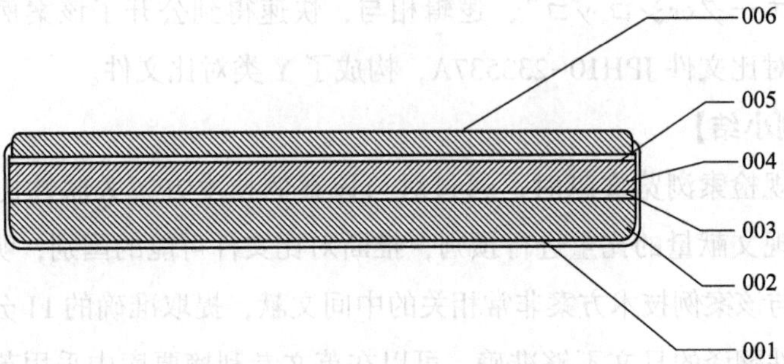

图3-55 锂离子纽扣电池结构示意图

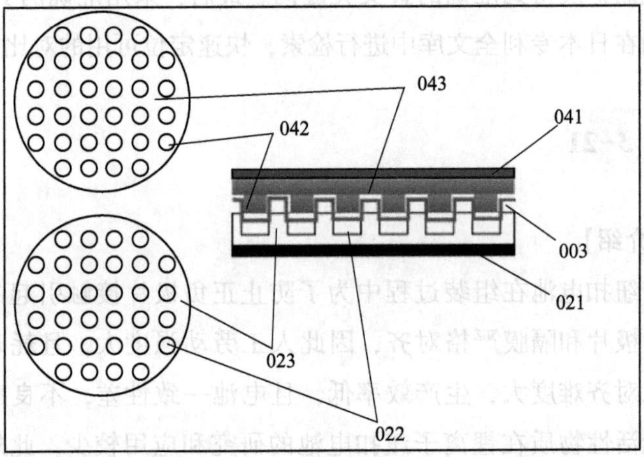

图3-56 蜂窝状锂离子纽扣电池正、负极片及装配示意图

该案例所述的蜂窝状锂离子纽扣电池具有以下优势：①采用高镍三元材料为正极，硅碳复合材料为负极，所制备的纽扣电池容量高、循环寿命长，易于实现轻薄化和微型化；②所述蜂窝状多孔结构提高电解液润湿性，从而提高锂离子传输速率，改善纽扣电池的充放电速率。③蜂窝状多孔结构有效缓和硅碳负极充放电过程中的体积膨胀应力，从而提高电池的循环性能。④蜂窝结构正负极片的孔配合具有自定位功能，避免了组装时的对齐难度和不均匀，从而防止纽扣电池装配短路，提高了产品一致性。⑤蜂窝状纽

扣电池过充、过放等隔膜的收缩率小，具有更好的安全性能。

该案例涉及的权利要求如下：

1. 一种高性能蜂窝状锂离子纽扣电池，它由正极壳、正极片、电解液、隔膜、负极片、泡沫镍垫片、负极壳组成，其特征在于：所述正极片具有蜂窝状多孔结构，负极片填充于正极片蜂窝孔隙中，正、负极间通过隔膜形成紧密接触。

【检索策略分析】

该案例的发明构思是正极片的蜂窝孔和对应的负极片凸台以矩形阵列的形式排布，负极片的凸台嵌入正极片的蜂窝孔中形成紧密联接。该案例给出的 IPC 分类号，如下所示：

H01M4/131 • • • 基于混合氧化物或氢氧化物、或氧化物或氢氧化物的混合物的电极，例如 LiCoOx 的；

H01M4/134 • • • 基于金属、硅或合金的电极；

H01M4/1391 • • • • 基于混合氧化物或氢氧化物、或氧化物或氢氧化物的混合物的电极的，例如 LiCoOx 的；

H01M4/1395 • • • • 基于金属、硅或合金的电极的；

H01M4/04 • • 一般制造方法；

H01M10/0525 • • • 摇椅式电池，即其两个电极均插入或嵌入有锂的电池；锂离子电池；

H01M10/058 • • 构造或制造。

上述 IPC 分类号分别从电极材料的种类、制造方法及电池的类型的角度，给出了多种 IPC 分类号，均与该案例的技术主题相关。采用常规思路进行检索，技术主题的 IPC 和发明点的关键词逻辑相与，未检索到好的对比文件。但是在浏览检索结果时，发现与该案例发明点相关的中间文献 CN 101689679A，进而追踪日本同族获取相关的 FT 分类号 5H017/DD01（集电体表面粗糙、龟裂、凹凸、突起、形成沟）。采用上述 FT 分类号进行检索，未检索相关对比文件。通过浏览发现 FT 分类号 5H017/DD01 下面的文献，大部分是表面粗糙的集流体。再次理解该案例的技术方案，该案例的发明点是将正极、负极活性材料涂覆在集流体上干燥后进行蜂窝孔、凸台构筑，其实质是对正负极表面活性物质进行凹凸构型。因此，需要重新确定准确的 FT 分类号。

通过查阅 FT 分类表，获得了二次电池（铅和碱性蓄电池）的 5H028，其下位组 5H0218CC/00 进一步对形状和构造进行了细分，最终获得 FT 分类号 5H028/CC07（具有压痕或突起、孔、切除部分、切除件的部分）。进一步在日本专利全文库中，采用上述 FT 分类号，表达发明点的简单关键词"凸""（正極 or 負極）"，逻辑相与，具体检索过程如下：通过浏览摘要附图，迅速获取对比文件 JP2005116248A。如图 3-57，该对比文件的摘要附图与该案例的发明构思相似，构成了 X 类对比文件。

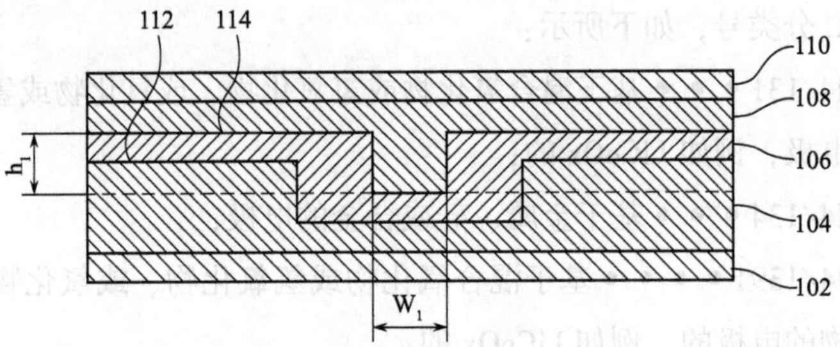

图 3-57　对比文件摘要附图

【案例小结】

准确理解技术方案，把握发明构思，找准核心发明点及其关键技术手段。通过查阅 FT 分类表，找到合适的 FT 细分号，可以在用少量关键词的情况下迅速命中目标对比文件。

3.4 总　结

本章介绍了 IPC 分类号、CPC 分类号和 FI/FT 分类号在实际案例中的检索应用。IPC 分类号是目前唯一的国际通用专利文献分类，世界各国均对其公开的专利文献给出 IPC 分类号。采用 IPC 分类号结合关键词的检索策略是最基本的检索模式。使用 IPC 分类号进行检索，通常适用于对现有技术贡献的技术特征与 IPC 分类号相对应的情况。由于 IPC 分类号存在分类不准确，各国 IPC 分类号分类标准不一致，IPC 一般不对已有文献进行再分类的缺陷，因此仅使用 IPC 分类号进行检索存在文献量大，不够准确，容易漏检，检索效率不高的问题。

与 IPC 分类号相比，CPC 分类融合了 EC 分类和 UC 的优点，分类位置更细、更新及时、各分类条目下的文献内容纯净度更高。电学领域技术发展更新迭代快的特点恰好与 CPC 分类号的技术主题精细、分类号动态更新的优势相匹配，准确运用 CPC 分类号能够极好的提升检索效能。使用准确的 CPC 分类号进行检索，主要有以下几种方式：一是通过 IPC 分类号查找 CPC 分类号进行检索；二是经过检索追踪到较为准确的细分 CPC 分类号进行检索；三是使用体现附加信息的 CPC2000 系列分类号进行检索；四是使用多个 CPC 分类号相与进行检索；五是利用智能检索系统获取准确的 CPC 分类号进行检索。

FI/FT 分类号是日本特许厅采用的分类体系，仅对日本专利及具有日本优先权或同族的文献，从目的、用途、功能、方法等多个方面进行详细细分。电学领域特别是电子器件中存在很多涉及具体结构和材料组成等改进发明，很难用关键词表达。而日本在半导体等具体电学领域处于领先地位。因此，根据具体案情，合理的选择更精细化的 FI/FT 分类号进行检索能够事半功倍。通过查表、同族、统计分析和中间文件的追踪利用等方式，快速找到合适的 FI/FT 细分号。充分利用 FI/FT 分类号更细、更准的特征，可以使用少量关键词或者不使用的情况下精确迅速地命中目标，避免了关键词表述不充分或不准确等带入的检索噪声，提升检索效率。

第4章

巧妙选取关键词

4.1 电学领域关键词检索的概述

《专利审查指南（2023）》第二部分第七章第 5.3.1 节中指出："可以用关键词、发明名称、发明人等检索入口在机检数据库中通过计算机检索来确定检索的技术领域。利用关键词检索入口来确定检索的技术领域是最主要的方式。"作为专利文件检索中最常规的检索方式之一，关键词检索是最基础的检索手段。但由于语言表达的多样性，想要准确、全面地用关键词进行检索较为困难。因此，在检索前准确理解权利要求的保护范围，检索时准确调整关键词的表达，对提高检索质量和效率至关重要。

检索前的准备工作主要是深入理解发明，结合专利文献撰写特点有针对性地使用关键词。检索前，对权利要求进行全面的分析。分析权利要求是在阅读权利要求书的基础上，找出并分析全部独立权利要求，以确定独立权利要求所请求保护的技术方案是否属于不必检索的情况。对于能够检索的权利要求，确定请求保护范围最宽的独立权利要求并分析该独立权利要求。一般首先针对保护范围最宽的独立权利要求进行检索。

分析独立权利要求最常用的做法是确定反映独立权利要求技术方案的基本检索要素。基本检索要素是体现技术方案的基本构思的可检索的要素。一般而言，确定基本检索要素时需要考虑技术领域、技术问题、技术手段、技术效果等方面。在选取关键词时，一般需要考虑相应检索要素的各种同义或近义表达形式，而且在必要时还需要考虑相关的上位概念、下位概念，以及其他相关概念及其各种同义或近义表达形式。

特别是可以在准确理解权利要求保护范围的基础上，结合说明书中描述的各种实施例和说明书中不明显排除的内容，通过联想的方式概括技术特征的等同特征进行扩展。

在使用关键词检索时，要根据检索结果的数量和文献内容判断是否需要调整检索策略和检索要素表。通常可以从检索到的相关文献中找到有利于调整检索策略的重要线索，进而对关键词进行变更和扩充，结合全要素、部分要素检索的检索手段，不同数据库检索字段的特点，进一步调整检索式。

在电学领域专利文件的检索实践中，如何将关键词的表达与数据库的选取、分类号的确定和连词符的使用等技巧相互配合使用，以进一步提高检索的质量和效率则是专利技术方案检索的难点。

本章首先对关键词检索进行简要概述，从关键词表达的常见问题和关键词表达的一般方法介绍关键词检索的基本方法。并在此基础上结合关键词检索的主要特点，通过具体案例介绍在专利文献检索中如何使用关键词快速、准确地制定检索策略。

4.2　电学领域关键词检索的常见问题

利用关键词准确表达发明点能够高效、快速地检索准确，在电学领域专利文献检索中，两个或三个准确的技术术语相与可能快速获得X类文件。然而过度依赖关键词的准确性或盲目扩展关键词，仍有很大概率存在漏检和检索噪声过大的风险隐患。在检索实践中，主要存在以下四种关键词检索的常见问题。

1. 未充分扩展关键词

一般情况下，专利文献撰写时会使用科技术语以体现其技术性和专业性，从专利文献中提取关键词进行初步检索是常用的检索手段。然而专利文献中仍存在不少非常规的表达方式，这也增加了关键词检索的难度。随着新领域、新业态技术的不断发展，电学领域的专利文献中跨领域的技术方案呈现不断增长的趋势。在专利申请文献中记载的技术术语更广泛的基础上，由于不同国家、年代和文化因素的影响，不同创新主体对同一技术术语有着多样化表达的特点，同一概念在不同专利文献中的表述大相径庭。例如，电学领域中常用的关键词存储器就存在不下二十种表达方式，包括RAM、ROM、Cache、存储体、贮存器、闪存、外存、主存等。

2. 盲目扩展关键词

选择关键词不仅需要考虑词语本身的含义和特性，还需要进一步结合技术领域的固有表达特点、各国各地区对同一技术的不同表达习惯，精确地将关键词和数据库进行匹配，从而避免检索噪声过大导致浪费检索时间。例如，当权利要求中限定的是“测试代码”这一技术术语，若使用各类编程语言对代码进行扩展，将偏离技术手段原本表达的含义，还将使检索式冗长，降低了检索效率。

3. 重复表达检索要素

检索要素可通过关键词或分类号进行表达。重复表达检索要素，即对同一检索要素对应关键词或分类号组合利用逻辑与的布尔检索式进行检索，这种方式同样存在漏检隐患。当然，在某些情况下，利用分类号限定技术领域后再通过准确的关键词进一步排除噪声文件，可以有效缩小阅读文献量，这种检索方式并非不可取，要根据实际情况慎重使用。

4. 检索要素过多

电学领域专利文献的权利要求通常有权项多、技术特征撰写较细的特点。因此，需要仔细分析哪些技术特征是对解决技术问题有贡献的技术特征，哪些是与发明要解决的技术问题无关的技术特征，区分权利要求的技术特征的重点和主次。此外，还应注意，权利要求的长短、技术特征的多少与创造性没有必然联系。尤其对于现有技术简单拼凑和叠加的发明，不能仅仅因为区别技术特征多而终止检索，而应该把握发明的总体构思，合理拆分和组合检索要素表中的关键词进行检索。重点关注和检索对解决技术问题有贡献的特征并构造检索要素，是避免因检索要素过多导致漏检的重要保障。

为了在检索时避免出现上述四种关键词检索的常见问题，需要熟悉各类检索手段的特点，有效选取最适合的检索方式进行检索，这才是制定检索策略的关键。在充分了解关键词检索的手段和优势后，还应理性看待其局限性，并进一步探索关键词检索与其他检索方式组合检索的可能性。

4.3　电学领域关键词检索的一般方法

在检索电学领域专利文献时，检索要素并不是越全面越好，在深入分析理解权利要求的基础上，将最能体现发明点的技术手段作为检索重点，有助于制定合理的基本检索要素表。用关键词表达技术手段，需要准确理解技术手段的实质。例如，对于人工智能领域中的算法类案件，通过前后步骤的整体分析准确找到该算法公知的技术名词，从而快速检准。此外，当公知的技术名词无法直接命中有效对比文件时，还需要注意对技术手段的上位、下位、同义词、近义词等多种类型的词汇进行扩展，避免漏检。

在分析权利要求和列出检索要素的基础上，通常可以通过案例的技术方案中记载的具体实施例进一步获取关键词，除了从案例的技术方案中扩展关键词外，还可以从以下五种主要途径扩展中文和外文关键词。

1. 利用技术辞典扩展关键词

电学领域的技术辞典通常会较为详尽地列举技术术语的同义词、近义词和其他关联词汇。为了准确扩展技术术语，查阅电子或纸质技术辞典的是获取关键词的传统方式之一。

2. 利用系列申请或引证文件扩展关键词

专利文献若属于系列申请，或者文献存在同族专利文献，那么从这两类文件中进一步扩展关键词也是可选方式之一。此外，若上述文件中引用了相关专利文献，如背景技术记载了相关文献的公开号，或同族专利文献的检索报告中引用了其他文件，则进一步扩展检索要素的中英文表达方式。

3. 利用国际分类体系扩展关键词

国际分类体系不仅对相应技术主题做出细分，还进一步规范了相关技术术语的中英文表达。因此，在WIPO网站上获取英文IPC和CPC分类表，利用分类号查询与之对应的关键词，将有效提高关键词表达的准确性。

4. 利用搜索引擎扩展关键词

电学领域技术更新迭代速度快，为了及时获取最新的技术知识，充分利用互联网强大的搜索引擎功能将有助加快对技术方案的理解。互联网上的百科类网站、学术类网站和技术论坛上有较为全面的技术信息，通过互联网检索不仅能够快速获知技术术语的具体定义，还可以进一步了解技术发展脉络、关键技术出现的时间节点以及技术行业巨头等其他相关信息。

5. 利用个人关键词库扩展关键词

在检索实践中注重关键词的积累和记录，供今后检索时做重要参考。经过实践的检验，能够淘汰不准确的关键词，扩充技术术语和领域知识，加强关键词表达的能力。通过构造个人关键词库，有助于其快速、准确扩展关键词。

上文总结了五种扩展关键词的途径，但一般情况下还不能直接利用扩展后的关键词进行检索。若要有效利用关键词实施检索，还需要结合检索式构造的特点和不同数据库的特点进行进一步的研究，即研究如何使用关键词进行检索。通常，关键词检索包括以下四种类型：

1. 关键词的语义检索

语义检索利用自然语言处理技术实现了基于语义相似度的语义排序检索。语义检索手段充分利用了计算机的算力优势，但其缺点在于缺乏理解发明和总结发明点的能力。因此，为了充分发挥语义检索优势，可通过一句话组合关键词检索要素以体现发明构思的方式进行语义检索，从而快速找到与案例发明构思相同的文献。

2. 关键词的布尔运算

布尔运算是各大检索数据库中最基础的检索方式。布尔检索时，要合理运用逻辑运算符，包括逻辑与、逻辑或和逻辑非。为了全面检索，还应结合全要素、半要素检索等手段制定检索策略。

3. 关键词和字符的组合

利用"?""#""*"等符号表示一个或多个字符，在大部分网站中都是常用的关键词表达手段。特别是英文单词的词根存在多种时态、形态的表达，使用通配符将不必列举词汇。利用句子检索、段落检索、同在算符等符号表达关键词的前后文关系，有助于聚焦关键技术手段，提高文献的命中精度。

4. 其他关键词检索方式

随着智能检索系统的不断发展，不同的数据库不断优化其检索功能，例如设置关键词权重、以关键词频率为检索基础等。因此，检索实践中还应不断熟悉和运用好各类检索入口的新功能。

4.4 电学领域关键词检索策略和典型案例

4.4.1 技术手段关键词

通过关键词准确表达技术手段是最直接、准确的检索方式，在检索时，检索要素并不是越全面越好，在深入分析理解发明的基础上，将最能体现发明点的技术手段作为检索重点，有助于制定合理的基本检索要素表。用关键词表达技术手段，需要准确理解技术手段的实质，例如，对于算法类案件，通过前后步骤的整体分析准确找到该算法公知的技术名词，从而快速检准。此外，当公知的技术名词无法直接命中有效对比文件时，还需要注意对技术手段的上位、下位、同义词、近义词等多种类型的词汇进行扩展，避免漏检。

电学领域案件主要分为计算机和非计算机两大类，计算机类案件涉及大数据、人工智能、商业方法、信息安全、云计算、外设、人机交互界面、计算机程序控制、软件工程、计算机应用等技术领域，非计算机类案件涉及存储器、集成电路、半导体器件、OLED、电机控制、变电站、变压器、电连接器、电缆或电线、电池、光电转换器件，以及制备方法等技术领域。不同技术领域均涉及特定的专业技术词汇。例如，OLED（有机发光二极管）主要涉及电致发光层、载流子运输层、载流子注入层、封装结构，以及光提取装置，技术方案较复杂，发明点涉及大量结构特征、具体数值或数值范围、原理、理论、公式等内容。当方案涉及有机电致发光器件时，涉及的关键词包括有机发光、有机显示、电致发光、电致显示、EL、OLED、LED、ELD；当方案涉及OLED的有机功能层时，涉及的关键词包括空穴、空洞、电洞、空位、电子；当方案涉及OLED的隔离层时，应注意将隔离层扩展至像素限定层检索，涉及的关键词包括阻、隔、壁、肋、坝、堤、围堰、像素限定、像素界定、像素划分。

利用技术手段关键词检索电学领域案件，一是要注重积累不同领域的专业技术词汇，构造领域关键词库，二是要深入理解各关键词的技术内涵及与关键词相关的技术方案，把握技术实质，三是要持续关注领域的技术发展动态和行业热点新闻，适应性更新迭代技术领域的专业词汇，扩充技术用语的多种表达方式。

4.4.1.1 程序控制领域的关键词检索

程序控制类领域案件具有跨度大、交叉学科多的特点，主要涉及软件升级、微件、烧写、脚本、工作流、Java、Shell、架构、MVC、备份、快照等专业词汇。除了程序控制领域本身的技术词汇外，还应关注交叉领域的常用关键词表达方式。如果方案涉及通信设备方面的应用，则应熟悉关于数据信息传输的技术词汇，如5G、基站、卫星、数据信号处理、量子通信、算力网络、云网融合、3GPP、IPv6、IDC等。

程序控制类技术方案可广泛适用于电子商务、金融经济、网游、页游等多种应用场景，例如使用C#语言开发的ERP系统为各行业提供定制化的解决方案，通常是在基础功能架构的基础上分析行业需求，在基础软件中进一步增加个性化功能。由此可见，尽管应用场景和对象不同，但软件的基础功能和底层逻辑相通，因此，检索程序控制类技术方案时需要注意将检索范围扩大到相同或相近的应用场景，以避免漏检。

近年来，通过程序控制让游戏效果更逼真、游戏操作更流畅，不断提高玩家的用户体验是常见的游戏软件优化手段。在游戏开发过程中，针对游戏角色的装备输出流程，通常采用手动式的保存方式，用户需要先在指定目录下新建文件夹，再复制该部位对应的装备名称以对该文件夹进行命名，并新建相应的结构文件夹对装备贴图进行保存（建立文件夹→命名文件夹→装备贴图保存在文件夹中），这种机械操作的方式比较烦琐，效率极低。因此，需要通过程序控制优化用户操作的流程，通过自动化执行程序减少用户操作，将游戏角色的时装输出流程自动化实现，解决浪费人力和时间的问题，提升用户体验。

对于此类通过程序控制优化游戏输出效果的案件，其检索难点常常在于没有准确的分类号能表达案件的发明点、方案要解决的技术问题较少见，权利要求中限定的技术特征较长或涉及发明点的方法流程难以表达。

针对上述检索面临的疑难问题，首先需要结合说明书进一步理解发明实质，并核实说明书中是否记载了和发明点相关联的专业技术词汇。其次使用权利要求和说明书中的关键词尝试初步检索，若未检索到相关文件，则调整检索思路，进一步分析梳理说明书的内容，将方法流程分解成多个子步骤，准确站位本领域技术人员，分析哪些步骤是该领域常见的处理方法步骤，哪些步骤和常见处理方法有较大差异或与案例要解决的技术问题密切相关，从而定位出方法流程中的关键技术手段。最后通过一句话表达方案的发明构思或者发明点，即用专业术语改写技术特征，从而更清晰、准确地表达出方案的技术实质。如上文提到的，检索程序控制类技术方案时，需要注意将检索范围扩大到相同或相近的应用场景。因此，发明虽应用于游戏类软件，但检索的对比文件范围不必拘泥于游戏主题的技术方案，可将检索范围扩大到领域相近的程序控制类技术方案。此外，由于程序控制类案件具备技术细节较多的特点，故在中文专利全文库中检索将更有利于找到相近的技术手段。

检索程序控制类案件时，初始检索过程中往往难以把握技术方案的关键技术手段，紧紧围绕权利要求中限定的词语进行表达，而程序控制类案件的权利要求中限定的关键词又较为常见，通常为“程序”“流程”“输入”“保存”“指令”“文件”“路径”等适用于电学各个领域的常用词汇。若仅从“游戏”“角色”“道具”这些下位概念表达技术领域，未适当扩展关键词，没有抓住和发明点关联的关键词，则缺乏关键词表达的针对性和有效性。因此，高效检索的前提是通过深入分析理解发明的技术方案，准确抓住关键技术手段，制定合理的基本检索要素表，对技术领域进行扩展，选取合适的数据库，检索思路清晰，才能避免大海捞针式检索，提高检索效率。

案例 4-1

【案情介绍】

该案例涉及的权利要求如下：

1. 一种游戏角色的时装输出处理方法，其特征在于，所述方法包括：

获取与虚拟部位模型对应的名称信息和指定的用于存储所述虚拟部位模型的路径；根据所述名称信息在所述路径指示的存储位置创建一存储文件夹，所述存储文件夹的文件名与所述名称信息一致；获取所述虚拟部位模型的图像信息，并将所述图像信息存储于所述存储文件夹中。

【检索策略分析】

该案例的检索难点在于发明点“通过获取与虚拟部位模型的名称信息和指定的存储位置，在存储位置创建与虚拟部位模型名称一致的存储文件夹，并存储虚拟部位模型的图像”较难表达。发明点在该案例的实施例中具体记载如下：例如，获取女性角色的躯干，根据躯干和路径创立一存储文件夹，其名称为female_body，然后将该躯干的早春装贴图（female_zaochunzhuang_torso）保存在该存储文件夹中。

经过初步检索，检索到比较相关的现有技术 CN106075909A，但不能作为最接近现有技术。初步检索的部分检索过程如下：

采用“游戏”“（角色 or 对象）”“（服装 or 服饰 or 道具 or 配件 or 鞋

or 服饰）”“（保存 or 存储）”“游戏”“腾讯”“创建 4w 文件夹”“（保存 or 存储 or 上传）”进行了尝试，再结合申请日期“20181210”，然后与关键词“换装”进行相与没有获取到相关文件。

利用外文关键词检索，采用“（clothing or decorate）”“save”“character”“clothing or decorate”“（change or replace or substitute）”进行了尝试，没有获取到相关文件。

在网站百度中，采用“贴图 and 路径”进行了尝试，也没有获取到相关文件。

调整检索思路，分析梳理该案例的说明书的内容。该案例所针对的技术问题在于手动操作烦琐，所采用的手段是将整个输出流程自动化，具体包括“建立文件夹　命名文件夹　时装贴图保存在文件夹中”三步。而说明书 44 段中提到了“可以通过点击操作面板上用于创建文件夹的控件，以产生创建文件夹的指令，系统根据该创建文件夹的指令在存储位置自动创建一个存储文件夹，并以获取到的名称信息命名该存储文件夹”，从中可以看出，建立文件夹的步骤依然需要用户手动触发，而命名文件夹的步骤则是自动实现的；而说明书 42 段提到“当需要对一虚拟部位模型对应的图像信息进行输出时”，站位本领域技术人员，整个输出流程一旦启动，自动存储数据是一种非常常见的手段。因此，该案例的关键技术手段在于“利用虚拟部位模型的名称对文件夹进行命名”。

权利要求 1 的主题名称为“游戏角色的时装输出处理方法”，而其他技术特征涉及的均为“虚拟部位模型”，与游戏本身关联性并不大，虚拟模型广泛存在于游戏及其他涉及虚拟模型的系统中，因此，预期对比文件的技术领域可以扩展到虚拟模型领域。

该案例的技术方案切入点很小，预期的对比文件很有可能只是在描述方案细节的时候提到了命名文件夹，但并不是其发明点所在。因此，选择中文专利全文库作为检索数据库。

该案例的分类号 G06F16/16 虽然相关，但是不如关键词表达准确，并且预期对比文件的发明点并不在文件夹操作本身，因此暂不考虑。首先采用全关键词进行检索：在中文专利全文库中，采用“文件夹”“（命名 or 名称 or

名字）”“（虚拟模型 or 虚拟部位 or 几何模型 or 3d 模型 or 三维模型）”相与，筛选得到 CN106600700A，公开了权利要求 1 的大部分技术特征。

同样的，在中文专利全文库中，采用分类号+关键词同样可以命中该文件，即“文件夹 and（命名 or 名称 or 名字）”、“G06T19/00/ic”进行相与，得到 CN106600700A。

【案例小结】

涉及程序控制领域的案件，应在充分理解该案例的基础上，从权利要求和说明书中提取准确的关键词，并结合本领域的知识对关键词进行进一步扩充和表达，以提高检索式的精度和对比文件的命中准确度。

4.4.1.2　融合领域的关键词检索

随着科学技术的发展，交叉学科、融合技术等新兴领域逐渐进入科技创新的主流舞台，电子电路领域和化学领域的融合技术方案便是其中之一。在检索此类跨领域案件时，检索人员可能存在缺乏本领域基础知识，不能准确站位本领域技术人员，无法在检索前仅通过理解发明就准确定位有效关键词等问题。

然而，融合领域案件虽有难度，也存在使用关键词检索的突破口。首先，电子电路领域和化学领域的案件中，权利要求和说明书中使用的技术词汇通常为较专业和确定的词语，例如，电子电路领域中的逻辑门、光耦合器、晶振、无源二端网络，化学领域的石墨烯、纳米簇生物领域的 DNA 等专业技术词语。其次，融合领域的研究和发展主要集中在近几十年间，技术的发展历史不长，与传统领域比相对小众，因此通过文献之间的引证关系较容易追溯到关键技术手段或获取更多与方案相关的信息。最后，大多数融合领域的申请人主要集中在高校、科研院所和部分中大型公司，因此，以该领域的重要申请人为关键词检索，同样能够有效提高检索的效率。

目前，基于 DNA 自组装的分子逻辑器件已经取得了一定的发展，然而要获得低成本和高效率的 DNA 分子逻辑门仍然是一个巨大的挑战。大部分现存的 DNA 荧光逻辑门都需要标记荧光染料，这种方法存在很大的缺陷，如成本高，耗费人力，染料耐光性能差等缺点，因此开发一种基于银纳米簇的免标记分子逻辑器件具有十分重要的意义。通过采用银纳米簇来替代传统的标记荧光染料，实现一种基于银纳米簇的免标记分子逻辑器件。从而避免标记荧光染料引起的成本高、耗费人力、染料耐光性能差等缺陷。

对于上述电子电路和化学领域融合的案件可采用以下检索策略。首先，在理解发明和初步检索阶段，识别复杂技术方案遵循的技术原理，准确把握核心发明点及其相关的关键词。若未能检索到有效对比文件，则可通过非专利库进一步检索相关技术知识，灵活结合百度百科、中国知网、web of science 等数据库特点，通过相关文献的检索和阅读，帮助深入理解技术方案的技术背景、技术路线、关键技术手段。当没有 X 文献时，结合已有的检索结合思考调整检索策略的方向和证据组合的方式，从而灵活调整检索思路。对于将化学原理应用到电子电路当中的案件，准确站位本领域技术人员的关键步骤在于“分析各个化学物质在电子电路当中如何实现多种功能”，将方案理解透彻，充分了解化学反应的原理。

因此，面对跨领域且技术难度较高的案件，检索的诀窍在于通过检索理解发明，在检索中不断接近本领域技术人员。当没有检索到 X 文献时，不要轻易认为方案具备创造性，而是要充分理解方案，预设可以结合的技术手段，检索可以结合的 Y 文献。当检索到公开时间在案例的申请日之后的文献时，一定不要放弃，要尝试多次追踪检索。

案例 4-2

【案情介绍】

该案例涉及的权利要求如下：

1. 一种用于判别十进制数字的奇偶性的分子逻辑器件的合成及应用，其特征在于，具体包括以下步骤：

a：根据构建分子逻辑器件的要求设定奇偶判别器中输入 DNA 的浓度，并将银纳米簇的模板 DNA（Ag-DNA）和 N_0，N_1，N_2，N_3，N_4 这四种输入 DNA 溶解于磷酸钠的缓冲溶液中（10mM Na_2HPO_4/NaH_2PO_4，100mM CH_3COONa，5mM $Mg(CH_3COO)_2$，pH 7.5），将这些 DNA 链加热退火，冷

却后备用。

b：先利用 Ag^+ 离子和富 C 链形成 C–Ag–C 配位，然后用 $NaBH_4$ 还原 Ag^+ 离子，得到银纳米簇溶液后组装通用型分子逻辑平台。分子逻辑平台由 100nM DNA 保护的银纳米簇，15μg/mL 的氧化石墨烯混合 15 分钟后组装完成。当我们把十进制数转换成计算机语言中通用的二进制数后，用 1 和 0 代表序列的输入和非输入，加入不同组合的输入 DNA（N_0–N_4），可以完成对 0 到 31 这些十进制数的奇偶性的判别。

【检索策略分析】

该案例的检测原理：由于奇数的十进制数字经过二进制转码后生成的二进制码中，末位为 1，因此，可以通过判断输入的末位是否为 1 来判别是否为奇数。该案例采用 DNA 自组装的分子逻辑器件来判断是否输出为 1，即用 N_0，N_1，N_2，N_3 和 N_4 五种 DNA 输入链代表这五位的二进制数。当体系中加入输入 DNA 链时，记为输入为“1”，否则为“0”。由于只有末位 N_0 可以和模板 DNA（Ag–DNA）进行互补杂交，所以只有当体系中加入 N_0 的时候，模板 DNA 和 N_0 才会形成双链，并且从氧化石墨烯表面脱附下来。由于氧化石墨烯是一种很好的荧光猝灭剂，它可以高效地猝灭银纳米簇的荧光信号。当体系中加入 N_0 时，模板 DNA 和 N_0 发生杂交，杂交后形成双链 DNA。由于氧化石墨烯只能吸附单链 DNA 而不能吸附双链 DNA，所以模板 DNA（Ag–DNA）和 N_0 的杂交体会从氧化石墨烯表面脱附。当这个杂交双链离开氧化石墨烯表面后，模板 DNA 保护的银纳米簇也离开了氧化石墨烯表面，荧光信号逐渐恢复，我们认为输出为“1”。当体系中不加入 N_0 时，整个分子逻辑平台的荧光信号很弱，我们认为其输出为“0”。

从检测原理提取关键词：纳米簇，石墨烯，DNA，奇，偶，荧光。采用关键词检索，没有找到专利文献中的对比文件和背景技术文献，且文献量很少。

采用关键词“石墨烯，纳米簇，DNA，荧光，奇，偶”在中国知网和 web of science 检索，均没有得到有效的对比文件，只在 web of science 中检索到申请人发表的文章，该文章的公开时间在该案例的申请日之后，追踪检索其参考文献，有两篇关于奇偶判定的文献，但是检测的逻辑与案例的末位检测不相同。

通过浏览文献发现：①在现有技术，采用案例的检测原理即采用银纳米簇来进行检测的很常见，但是基本上都是采用化学生物方面的检测，逻辑检测很少，即使有少量的涉及逻辑门，也是常见与门、非门这些简单的逻辑；②DNA 自组装的分子逻辑器件，奇偶判定的检测逻辑文献较少，没有检索到该案例的检测原理和奇偶末位检测逻辑。

经过前面的检索，预判出没有 X 文献，那么检索方向就应该是检索是否可以结合的文献。可以采用以下两种结合方案，方案 A：银纳米簇检测原理+奇偶末位检测逻辑；或者方案 B：奇偶末位检测逻辑+银纳米簇检测原理。但是方案 A 中存在结合启示不强的问题。因此，检索方向定为：方案 B：奇偶末位检测逻辑+银纳米簇检测原理。银纳米簇的检测原理在前面已经检索到一些，接下来的重点就是检索 DNA 自组装的分子逻辑器件中，奇偶末位检测逻辑，但是发光物质可以不是银纳米簇。

分析各个物质在这个检测系统里面的功能：银纳米簇是发光物质，DNA 可以作为保护配体保护发光物质，单链 DNA 可以跟石墨烯堆积结合到一起，DNA 上面纳米簇的发光就可以被石墨烯猝灭，石墨烯可以理解成一个灭光的物质，然后如果有跟这个 DNA 互补的 DNA 链存在的时候，DNA 形成双螺旋结构，这时候就不便于跟石墨烯结合，荧光就可以恢复输出，案例的末位 N_0 就携带了这个互补的 DNA 链。经过上面的分析，采用方案 B 结合，可以提取的要素有：石墨烯，DNA，荧光，奇偶。

在中国知网上，采用关键词“石墨烯、DNA、荧光、奇偶”进行检索，检索到一篇博士论文，“基于纳米材料的生物传感器和生物分子逻辑器件的研究”，周春阳，但是公开时间在案例的申请日之后，于是进一步追踪其文章，在 web of science 中找到对比文件 1：“Innovative Bimolecular-Based Advanced Logic Operations：A Prime Discriminator and An Odd Parity Checker”，其公开了基于 FAM 修饰的单链 DNA（F2-DNA）和氧化石墨烯 GO 相结合（GO/F2-DNA）为反应基底的奇偶校验器。

该案例采用银纳米簇作为系统中的输出信号及银纳米簇的制备方法，奇偶判别的范围是 0~31 之间的数，对比文件 1 采用 FAM 荧光染料作为展示奇偶校验器系统中的输出信号，奇偶判别的范围是0~9之间。

基于上述区别技术特征，该权利要求实际解决的技术问题为：如何实现高度灵敏且免标记的检测方法。因此，需要再结合一篇采用银纳米簇作为发光信号的光传感器的文献，且和该案例中银纳米簇的制备方法相同，作用就是免标记的检测。

考虑到这是高校申请，该方案在银纳米簇方面的研究应该公开的细节最多，于是，在 web of science 中继续追踪该方案，找到对比文件 2：“A DNA-stabilized silver nanoclusters/graphene oxide-based platform for the sensitive detection of DNA through hybridization chain reaction”，其公开了采用银纳米簇作为输出信号，单链 DNA 可以跟氧化石墨烯（GO）积结合到一起，DNA 上面纳米簇的发光就可以被 GO 猝灭，如果有跟这个 DNA 互补的 DNA 链存在的时候，DNA 形成双螺旋结构，这时候就不便于跟GO 结合，荧光就可以恢复输出，以提供如何实现一种高度灵敏免标记的检测方法，属于有效对比文件。

【案例小结】

涉及融合的案件，需要注意对跨领域技术知识和背景技术的了解和相关关键词的积累。在检索实践中，不仅要注重关键词的扩充，还要进一步结合案件特点，采用追踪检索等多种检索手段作为辅助，提高检索效率。

4.4.1.3 人工智能领域的关键词检索

人工智能领域主要涉及图像增强与复原、图像分析、数据识别、应用于生物信息学的数据处理设备和方法、通用数字计算机、基于特定计算机模型的计算机系统等技术，图像增强和复原可使得图像去除模糊或者增强来满足特定的应用需求。具体包括：降噪、平滑、去模糊、锐化、润饰、图像修复、划痕去除、几何校正、动态范围的修改，采用的技术手段主要有：局部地、全局地、利用非空间域滤波的、利用局部算子的、侵蚀或扩张、使用直方图技术的、通过使用多于一幅图像的。图像分析是对图像的特征进行分析，主要包括深度或形状恢复、分割或者边缘检测、物体位置或方向的判定、图像的检测、摄像机的标定等。数据识别领域多为指纹识别、人脸识别、车辆识别等数据识别，实质上为图像识别，涉及图像捕获、图像预处理、图像特征提取、图像分类等技术。数据处理设备和方法是专门适用于特定应用的数字计算或数据处理的设备或方法。生物信息学，即指计算分子生物学中的遗传或蛋白质相关的数据处理方法或系统。通用数字计算机主要涉及根据计算机本身在一个完整的运行期间内所取得的经验来改变程序的学习机器。涉及技术包括计算器，可重构系统，处理器，支持向量机等。基于特定计算机模型的计算机系统主要涉及神经网络模型、知识模型等各种数学模型的算法应用与改进的方法。

神经网络相关技术是目前的新兴技术，存在大量针对算法的改进，申请量也较大，在权利要求的撰写上比较抽象，在专利库中采用常规检索关键词和检索思路难以获取有效对比文件的条件下，考虑在非专利库中对算法的改进思路进行学习，获取更准确的关键词，可帮助更高效准确地获取对比文件。

在现有技术中，采用神经网络技术与聚类结合的技术对数据进行聚类的方法，需要预先确定用于聚类的中间层节点是哪些节点，增加了使用该方法的人工部分的复杂度，并且修改了神经网络模型的目标函数，从而改变了神经网络原来的行为和表现。由于对神经网络模型具有一定的限制条件，因此限定了聚类方法的使用范围。针对相关技术中结合神经网络模型的聚类方法使用复杂度较高的技术问题，目前尚未提出有效的解决方案。为了解决了相关技术中结合神经网络模型的聚类方法使用复杂度较高的技术问题，提出一种使用神经网络模型实现聚类的方法，实现无须人工选取相似度、无须在中间层中指定聚类的节点、自动根据中间层节点的激活程度在中间层节点中选取聚类节点的效果，并且适用于所有种类的神经网络模型，无须限制神经网络模型中节点类型是连续或离散，神经网络模型中的所有节点可以都是连续节点，具有更强的适用性的技术效果。

对于上述人工智能领域中涉及算法优化的方案，其难点在于权利要求通常撰写得较为细致，涉及神经网络模型的各个处理步骤和技术细节。初次检索不知如何提取关键词，构造哪些检索要素。

检索算法类案件可以尝试以下方法。在理解发明阶段，从大量的技术细节中识别关键技术特征，突破口在于准确识别算法步骤中的关键步骤，明白技术方案的核心是在于输入层、隐藏层还是输出层，抑或是神经网络模型与其他算法的结合是否才是发明点。在检索阶段，通过关键词组合检索本领域的公知词汇或论文中的专业词汇。例如，通过“生成模型”“判别模型”和“神经网络”相与，能够检索到“生成对抗神经网络”这一准确的技术名词，将该技术名词输入百科类网站或在专业期刊中检索，即能获知该算法的技术原理、追溯技术发展路线、定位相关对比文件。

在有关改进神经网络的方案中，有时不会具体写出算法名称，需根据其采用的核心技术，通过不断检索来准确站位本领域技术人员，不断挖掘发现技术发展脉络，从而找到技术方案采用的关键技术手段和专业技术词汇。

案例 4-3

【案情介绍】

该案例涉及的权利要求如下：

1. 一种聚类方法，其特征在于，包括：获取神经网络模型；将目标数据输入所述神经网络模型，确定所述目标数据对所述神经网络模型中至少一个中间层节点的激活程度；根据每个中间层节点的激活程度在所述至少一个中间层节点中选择所述目标数据的聚类节点；根据所述聚类节点确定所述目标数据的聚类结果；

其中，获取神经网络模型包括：接收输入的所述神经网络模型的结构参数以确定所述神经网络模型的结构；通过训练样本集对结构确定的神经网络模型进行训练，其中，所述训练样本集中的每个样本包括样本数据和样本类别标签，所述神经网络模型的训练目标为在输入所述样本数据之后的输出与所述样本数据对应的样本类别标签的差距最小。

【检索策略分析】

首先结合该案例背景技术，分析该方案将神经网络技术与聚类结合，技术方案的核心在于中间层节点，中间层节点对应的激励函数表示一个特征，激励函数的输出值为样本数据的特征值，中间层节点的组合与最终分类结果存在对应关系，因此，根据上述分析找到关键词神经网络、分类、聚类。

从该案例的技术方案中提取常规的关键词：神经网络、分类、聚类。确定关键词 1：分类、聚类。在 GOOGLE 中采用关键词：神经网络、分类、聚类，检索到自组织映射（Self-organizing Maps，SOM）算法。该网络主要用于完成的任务是"分类"和"聚类"，能够识别环境特性并自动聚类。获取到关键词 2：SOM。SOM 网，又称 Kohonen 网，该算法作为一种聚类和高维可视化无监督学习算法的人工神经网络。由输入层和竞争层（输出层）组成，是在胜者为王算法基础上改进而来。竞争学习规则从神经细胞的侧抑制现象获得。网络的输出神经元之间相互竞争以求被激活，在某一时刻只有一个输出神经元被激活，这个被激活的神经元称为竞争获胜神经元。进一步分析得到关键词 3：竞争层。在竞争网络结构的基础上，学习向量化（learning vector quantization，LVQ）网络被提出来，融合竞争学习思想和有监督学习算法的特定，通过教师信号对输入样本的分配类别进行规定，从而克服自组织网络采用无监督学习算法带来的缺乏分类信息的弱点。

根据 LVQ 算法名称，在中文专利库中检索到一篇有效对比文件 CN103278464A。

【案例小结】

涉及人工智能领域的案件，应注意本领域对方案中所使用算法的专业技术词汇，并在准确站位本领域技术人员的基础上，将复杂算法中涉及发明点的算法步骤识别和提取出来，从而在面对较长权利要求时，提高关键词表达的精度和把握检索的正确方向。

4.4.1.4　大数据领域的关键词检索

随着物联网、云计算等新领域新业态技术的发展，数据存储从人工存储模式逐渐转换到自动、海量存储模式，"大数据"应运而生。大数据的发展初期，数据挖掘理论和数据库技术催生了商业智能数据分析软件和知识管理系统，涉及数据仓库、专家系统、知识管理系统的技术为各行业提供信息化解决方案，提高了信息管理的容量上限和将数据处理从手工处理转向自动化；大数据的发展中期，以非结构化数据的增长为背景，并行计算技术与分布式技术进一步提高了数据管理的智能化，MapReduce、Hadoop 平台开始盛行。如今，大数据领域的信息检索和数据库技术已逐渐渗透各行各业，并与工业、商业、金融业等服务业全面融合，“互联网+”便是新一代信息技术的集中体现。大数据领域还涉及算法类的具体领域的应用，比如将协同过滤算法应用到电子商务的商品推荐方案中。大数据领域的常用专业技术词汇包括：数据仓库、数据挖掘、爬虫、Python、聚类、用户画像等。

大数据领域的案件通常要解决的问题如下：提高海量数据的查询效率、减少海量数据存储占用的空间、提高数据查询的精度和广度、解决数据碎片化问题、消除“信息孤岛”、构建数据共享机制，向提供用户更高效、便捷的个性化推荐和大数据分析等信息化服务。

大数据领域检索难点在于分类号下的文献数量庞大，分类号限定作用有限，同时，权利要求所涉及的细节较多，主要为具体的应用方法，从权利要求中提取的词语为领域内常见词，文件、检索、查询、索引等词汇属于计算机类案件中常见的关键词检索，噪声较大且不准确，无法有效缩小检索范围。因此，找准大数据领域案件中的关键词是一件比较困难的事。

检索大数据领域案件可考虑使用以下方法。在理解发明时，注意说明书当中对于涉及发明点特征的下位表达方式，优先选择下位、准确的关键词表达发明点，并在准确站位本领域技术人员的基础上，用一句话表达发明构思，在检索时，检索要素并不是越全面越好，对于细节较多的权利要求，若一味将每个步骤中的关键词全部进行组合，可能容易造成漏检，应当围绕关键技术手段进行检索。对应用类的专利要多考虑方案实际的应用场景，从使用角度去检索或许有意想不到的收获。此外，在检索时应积极采用联想的方法，将技术方案可能涉及的应用场景列举出来，并使用场景的关键词加以限定，以此为切入点找到可用的对比文件。

案例 4-4

【案情介绍】

该案例涉及的权利要求如下：

1. 一种录像文件检索方法，其特征在于，包括以下步骤：

显示时间标签和与时间标签对应的若干个录像文件；

以线型方式排列所述录像文件，所述线型方式包括直线方式、斜线方式、曲线方式；

接收沿所述录像文件排列的指定方向的滑动，时间标签固定不动，录像文件依滑动而移动，当显示完最后一个与所述时间标签对应的录像文件，显示下一时间标签和与下一时间标签对应的若干个录像文件。

【检索策略分析】

该案例对于现有技术的改进点主要在于数据的显示方式。因此，检索时重点围绕搜索图像、录像显示，在同标签下，图像录像的移动不会产生标签的变动。并对关键词进行全方位的扩展，从发明的实施例中提取有效的下位概念进行检索。

在中文专利库和外文专利库均未检索到对比文件后，考虑到该方案的申请人是一家科技公司，主要是基于计算机应用，开始进一步检索非专利文献。

在现有技术中手机自带的图库就是使用该方式进行图像显示，于是在百度上进行相关文档检索。但由于搜索引擎的相关功能没有相关的时间证据，于是进行非专利的检索，使用了搜索去重等噪声过大并未得到可用对比文件。考虑该方法为本质上在手机上进行运用，而手机固件版本是会不断更新的，可以找到一个在申请日前发布的手机版本作为对比文件。

采用华为手机 EMUI3.0 版本进行截图作为最接近的现有技术。权利要求 1 的方案基本被该手机功能所公开。由于是截图，不能确定华为 EMUI3.0 是否存在该功能，也针对时间是否可用存在争议。于是上网寻找华为 EMUI3.0 的刷机包，可以直观体现其功能。同时找到华为 EMUI4.0 的版本发布时间，其也在申请日之前，佐证该功能的可靠性。

【案例小结】

涉及大数据领域的案件，应注意分析方案的应用场景和方案所属领域的重要申请人，结合重要发明人的主要创新成果，结合创新主体名称、商标、版本号、商业产品等关键词在非专利库进行充分检索。

4.4.2 代码关键词

电学领域涉及代码的案件涉及机器语言、汇编语言、高级语言。机器语言是计算机问世时人们控制计算机执行指令的主要语言，机器语言所编写的指令是计算机的 CPU 能够直接解释与执行的指令，具有运算效率高的优势。机器语言的缺点在于使用门槛高、修改难度大、重复编写工作量大，其适用范围受到限制，不利于计算机的使用和推广。汇编语言相较机器语言更利用人们识别和使用，汇编语言使用更简短的英文字母或符号串来表达特定指令，不仅大大缩小了编程的篇幅，还有利于定位、识别和纠正特定指令的错误，提高了程序编写的效率。为了将汇编语言编译为计算机能够识别的程序，需要使用汇编程序将汇编语言翻译成二进制数的机器语言。汇编语言至今仍发挥其精炼、简洁的优势，质量高的汇编语言能充分与计算机硬件特有的功能特性相结合。高级语言主要分为面向过程和面向对象的语言，包括 BASIC、Pascal. C、C、C++、C#、java、Python、ruby 等。面向过程的高级语言基于计算机能够理解的逻辑，使用函数将各个步骤依次实现，面向对象的高级语言的基本程序结构单位是对象，定义了类、继承等概念，主要特点是封装性、继承性和多态性。高级语言更接近自然语言所以更便于学习和理解，可读性和可维护性好，便于团队协作编写，但其不足在于无法编写直接访问机器硬件资源的程序。高级语言主要通过编译和解释来执行。编译主要是讲源代码转化成机器语言的目标代码，解释则是将源代码逐条转化成目标代码并执行。

程序的编译编码、自动化脚本运行等涉及代码的方案中，权利要求常使用伪代码的方式撰写，理解发明时存在一定的技术门槛，需要有较好的代码基础知识和一定的程序开发经验。检索的难点主要在于充分站位本领域技术人员，理解代码所表达的含义，并且从代码中分析出来所要表达的深层次含义，具备解析源码的能力，理解并表达开发框架、技术架构、数据结构、程序开发语言等专业性知识。

代码类案件检索的突破口主要在非专利库的代码交流网站上，例如

CSDN、Github、OSChina。“开源”，即开放源代码，其目的在于构建一个自由开放、共享共建的平台，任何人均可共享软件的源代码，也可使用和修改他人共享的软件代码。企业、高校、科研院参与或主导国内外的开源项目，在开源社团、产业联盟、论坛会议等平台中共享，这些汇集公众智慧的创新成果，加强了开源技术的推广、产品的推陈出新和人才的培养。开源社区以博客、论坛、问答、资讯、软件库等功能，实现研发爱好者的互动交流。“开源”模式有助于软件开发者突破时间和地域的限制，通过协作不断创新，实现互利共赢。Linux 系统就是为人熟知的开源系统。

然而，将开源社区的代码作为个人或企业的创新成果，请求专利法的保护，违背了知识产权鼓励发明创造的初衷，损害了开源代码提供者、使用者及公众的利益。因此，对于代码类案件，应在代码交流网站等非专利网站中充分检索，以避免漏检。

4.4.2.1　数据结构的关键词检索

数据结构是用特定组织结构存放数据元素的容器，使用数据结构能够提高数据对象的操作效率，在编程时，数据结构的使用范围非常广泛，是作为各类数据库、操作系统、应用软件设计的基础。数组、链表、栈、队列、树、图、堆、散列表等都是数据结构的常见形式，他们描述一组性质相同的数据元素和元素之间的相互关系，定义数据结构时采用形式化方式表达。在计算机学科中，数据结构分为逻辑结构和物理结构两个种类。面向问题的是逻辑结构，而面向计算机的是物理结构。数据的逻辑结构分为集合结构、线性结构、树形结构和图形结构。物理结构分为顺序存储结构、链接存储结构、数据索引存储结构、数据散列存储结构。

一般使用抽象数据类型（ADT）描述数据结构，抽象数据类型包括数据元素、数据关系和数据操作方法。伪代码是描述数据运算的常用方式，对数据结构中节点进行的操作处理，即常见的运算方式包括在数据结构中插入新元素、将节点从数据结构中删除、更新数据结构中节点的值、在数据结构中检索出满足条件的节点以及将数据结构中的节点进行重排等。

针对数据结构的优化方案，要解决的常见问题包括但不限于以下几个方面。提高数据结构的通用性，提高程序编译的效率，提高数据查询的速度，提高程序代码的质量，加强程序开发的自动化和智能化。

现有技术中，在 Activity 页面切换时，静态内存中缓存的切换前 Activity 页面对应的数据不能及时被清除（即脏数据），导致切换后 Activity 页面可以共享切换前 Activity 页面的脏数据，从而将切换前 Activity 页面的脏数据显示在切换后 Activity 页面上，对切换后 Activity 页面造成影响。因此，需要利用程序编码避免在同一静态内存中存储多个活动窗口对象的共享数据，为各个活动窗口对象进行独立的数据共享提供数据存储基础。

检索此类数据结构相关的案件，在理解发明阶段，要准确理解代码含义和整体逻辑，实现对应功能的关键技术手段，准确定位涉及数据结构的特征。在检索过程中，通过伪代码、编程的专业词汇准确表达检索要素，并通过非专利库的检索、源代码、技术博客的阅读进一步加深对方案的理解，进一步扩充专业词汇，找到和数据结构相关的关键信息。

案例 4-5

【案情介绍】

该案例通过预先为每个活动窗口对象设置一个独立的数据缓存对象，以存储对应活动窗口对象作用域内的共享数据，避免了在同一静态内存中存储多个活动窗口对象的共享数据，为各个活动窗口对象进行独立的数据共享提供数据存储基础。通过预先建立每个活动窗口对象（Activity）与数据缓存对象之间的映射关系，所述数据缓存对象中具有预设字符串结构的目标共享数据，并将该映射关系存储至目标映射关系对象中，以使得数据缓存对象的生命周期与对应的活动窗口对象的生命周期一致，在切换 Activity 时，切换前的 Activity 关联的数据缓存对象与切换后 Activity 关联的数据缓存对象相互独立，保证了切换前的 Activity 生命周期结束后，其关联的数据缓存对象也被释放，即切换前的 Activity 页面的数据得到了及时的清除。

该案例涉及的权利要求如下：

1. 一种活动窗口的数据共享方法，其特征在于，包括：

依据至少一个待共享数据生成目标共享数据，所述目标共享数据包含目标键信息和目标值信息，所述目标值信息的数据结构为预设字符串结构；

以目标活动窗口对象对应的目标上下文对象为函数输入参数，通过数据缓存类调用对象获取函数，从目标映射关系对象中获取所述目标活动窗口对象对应的目标数据缓存对象，所述目标映射关系对象用于存储活动窗口对象与数据缓存对象之间的映射关系，且具有私有权限修饰符和静态类型修饰符；

调用所述目标数据缓存对象中的数据存储函数，将所述目标共享数据存储至所述目标数据缓存对象中的目标数据对象中，所述目标数据对象的数据结构为键值对数据结构，且键类型和值类型均为字符串类型。

【检索策略分析】

对发明人/申请人进行追踪检索，只检索到几篇相关的系列申请，且大部分系列申请并未开始审查，将发明人/申请人字段和“（ACTIVITY or 活动窗口）”“（数据 and 共享）”相与，追踪检索到系列申请，未获取有效对比文件。

随后，在中文专利库进行常规检索，运用 Android、activity、活动窗口、数据共享/传输/缓存类对象、目标映射关系对象等技术特征的相关关键词，将“ACTIVITY or（活动 and（组件 or 窗口））”“数据 and 缓存”和“数据 and 共享”相与，并未检索到合适的对比文件。基于上述检索思路，对关键词进行扩展，也并未检索到合适的对比文件。

分析该案例的特点，由于该案例所要保护的技术方案涉及的领域与代码实现息息相关，因此，考虑将检索重点放在互联网非专利库，尤其是技术论坛。

首先用体现案例应用领域和关键手段的词语“Android 数据共享”在百度网站进行检索得到如下结果（图 4-1），百度搜索“Android 数据共享”结果图。

查看第一篇文件，其公开了如下技术内容（图 4-2），百度搜索“Android 数据共享”公开内容图。

通过浏览上述文件，可以看出该文件主要公开了 Android 运用 ContentProvider 组件来对数据共享的技术方案，并非案例的运用具有目标键信息和

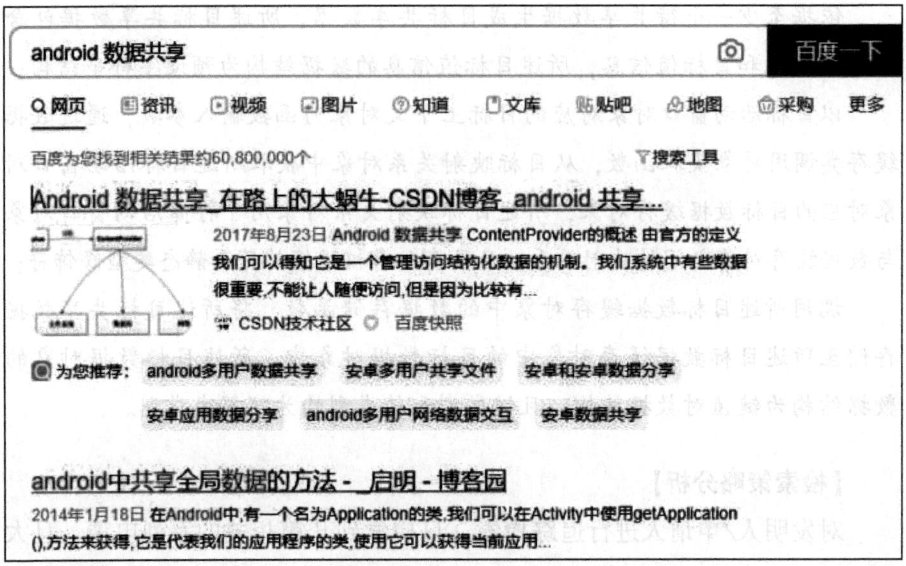

图 4-1　百度搜索“Android 数据共享”结果图

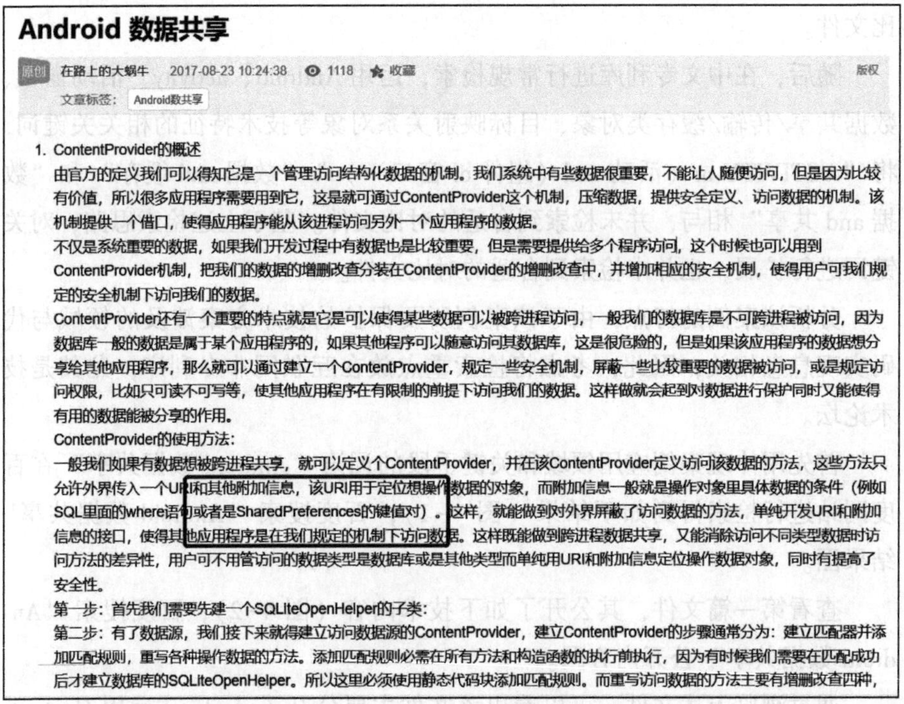

Android 数据共享

原创　在路上的大蜗牛　2017-08-23 10:24:38　1118　收藏　版权

文章标签：Android数据共享

1. ContentProvider的概述

由官方的定义我们可以得知它是一个管理访问结构化数据的机制。我们系统中有些数据很重要，不能让人随便访问，但是因为比较有价值，所以很多应用程序需要用到它，这是就可通过ContentProvider这个机制，压缩数据，提供安全定义、访问数据的机制。该机制提供一个借口，使得应用程序能从该进程访问另外一个应用程序的数据。

不仅是系统重要的数据，如果我们开发过程中有数据也是比较重要，但是需要提供给多个程序访问，这个时候也可以用到ContentProvider机制，把我们的数据的增删改查分装在ContentProvider的增删改查中，并增加相应的安全机制，使得用户可我们规定的安全机制下访问我们的数据。

ContentProvider还有一个重要的特点就是它是可以使得某些数据可以被跨进程访问，一般我们的数据库是不可跨进程被访问，因为数据库一般的数据是属于某个应用程序的，如果其他程序可以随意访问其数据库，这是很危险的，但是如果该应用程序的数据想分享给其他应用程序，那么就可以通过建立一个ContentProvider，规定一些安全机制，屏蔽一些比较重要的数据被访问，或是规定访问权限，比如只可读不可写等，使其他应用程序在有限制的前提下访问我们的数据。这样做就会起到对数据进行保护同时又能使得有用的数据能被分享的作用。

ContentProvider的使用方法：

一般我们如果有数据想被跨进程共享，就可以定义个ContentProvider，并在该ContentProvider定义访问该数据的方法，这些方法只允许外界传入一个URI和其他附加信息，该URI用于定位想操作数据的对象，而附加信息一般就是操作对象里具体数据的条件（例如SQL里面的where语句或者是SharedPreferences的键值对）。这样，就能做到对外界屏蔽了访问数据的方法，单纯开发URI和附加信息的接口，使得其他应用程序是在我们规定的机制下访问数据。这样既能做到跨进程数据共享，又能消除访问不同类型数据时访问方法的差异性，用户可不用管访问的数据类型是数据库或是其他类型而单纯用URI和附加信息定位操作数据对象，同时有提高了安全性。

第一步：首先我们需要先建一个SQLIteOpenHelper的子类：

第二步：有了数据源，我们接下来就得建立访问数据源的ContentProvider，建立ContentProvider的步骤通常分为：建立匹配器并添加匹配规则，重写各种操作数据的方法。添加匹配规则必需在所有方法和构造函数的执行前执行，因为有时候我们需要在匹配成功后才建立数据库的SQLiteOpenHelper。所以这里必须使用静态代码块添加匹配规则。而重写访问数据的方法主要有增删改查四种，

图 4-2　百度搜索“Android 数据共享”公开内容图

目标值信息的目标缓存对象在 Activity 活动窗口之间来进行共享数据的技术构思，但是，该文件中公开了运用 SharePreference 的键值对，所述 sharepreference 键值对是共享数据操作对象里具体数据的条件，其与该案例的共享数据中包含有键信息和值信息相对应。

基于此，调整检索关键词，继续在互联网上搜索 “Android SharePreference” 进行检索，得到如下检索结果（图 4-3），百度搜索 “Android SharePreference” 结果图。

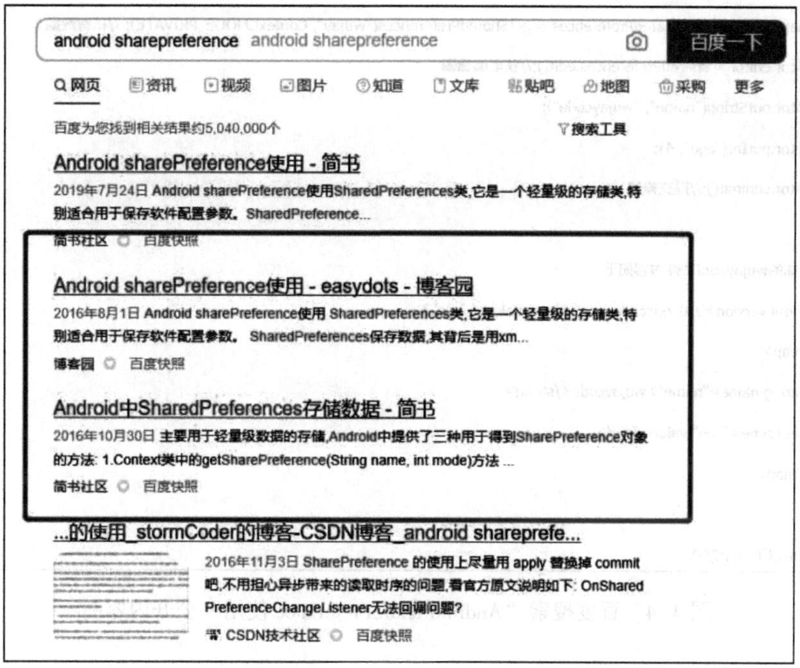

图 4-3　百度搜索 “Android SharePreference” 结果图

浏览第一篇公开时间在该案例申请日之后的文件，得到如下公开的技术内容（图 4-4），百度搜索 “Android SharePreference” 公开内容图。

通过浏览上述博客所公开的代码及注释可知，该文件运用 SharePreference 并且运用键值对信息来在 Activity 活动窗口之间进行共享数据，但是其共享的存储数据都是基本数据结构类型，而非该案例权利要求 1 中所要保护的基于键信息与值信息的数据缓存对象，而上述对比文件也并未给出运用

SharePreference 来存储数据缓存类对象的技术启示，那么，思考，是否在 Android 领域开发中有运用 SharePreference 保存类对象的方式呢？

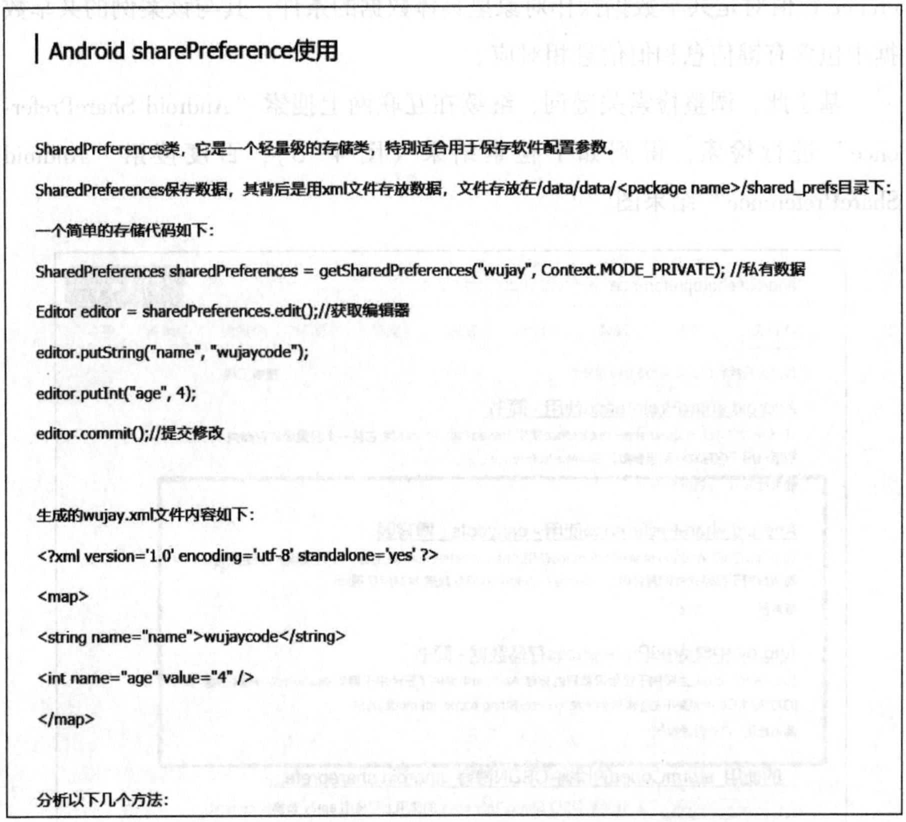

Android sharePreference使用

SharedPreferences类，它是一个轻量级的存储类，特别适合用于保存软件配置参数。

SharedPreferences保存数据，其背后是用xml文件存放数据，文件存放在/data/data/<package name>/shared_prefs目录下：

一个简单的存储代码如下：

```
SharedPreferences sharedPreferences = getSharedPreferences("wujay", Context.MODE_PRIVATE); //私有数据
Editor editor = sharedPreferences.edit();//获取编辑器
editor.putString("name", "wujaycode");
editor.putInt("age", 4);
editor.commit();//提交修改
```

生成的wujay.xml文件内容如下：

```
<?xml version='1.0' encoding='utf-8' standalone='yes' ?>
<map>
<string name="name">wujaycode</string>
<int name="age" value="4" />
</map>
```

分析以下几个方法：

图 4-4　百度搜索“Android sharePreference 使用”公开内容图

基于此，继续调整检索思路，运用关键词“Android SharePreference 对象”进行检索，得到如下检索结果（图 4-5），百度搜索“Android SharePreference 对象”结果图。

继续浏览上述第一篇文件，该对比文件公开了运用 BookBean 类来作为 SharedPreference 共享传输的类，BookBean 类定义中也公开了以键值对的数据结构来保存共享数据信息，以及通过 Activity 作为上下文对象参数来对共享类信息的读写操作，通过分析，该对比文件已经公开了该案例的发明构思，但是，还缺少一些技术细节，针对从属权利要求中的特征，继续进行检索。

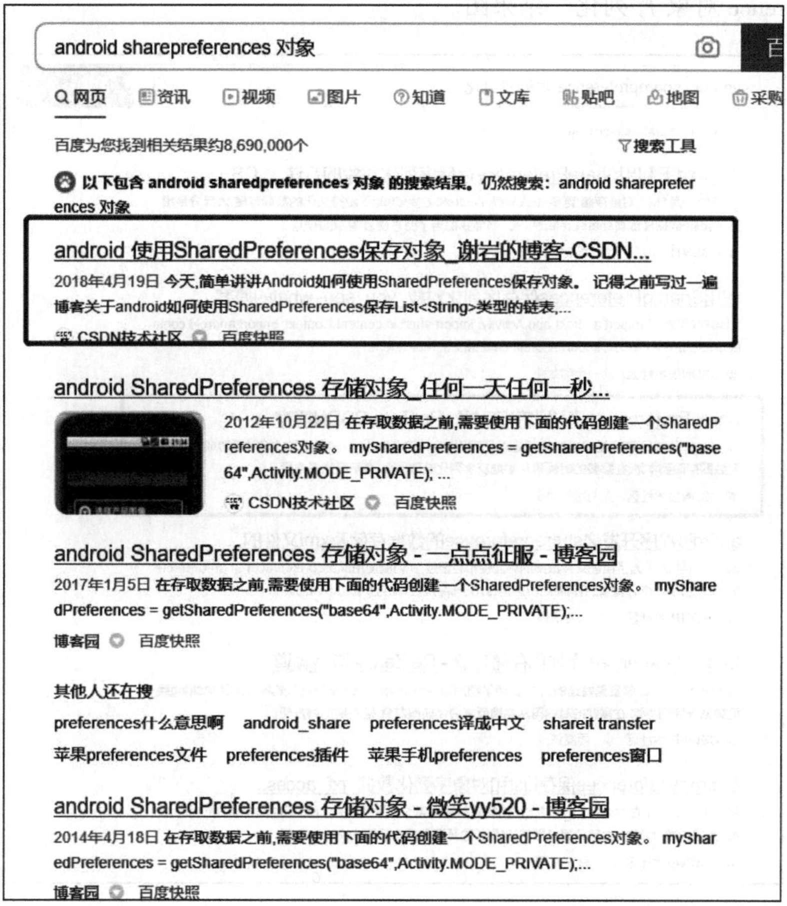

图 4-5　百度搜索“Android sharepreference 对象”结果图

从该案例的从属权利要求和说明书中公开的内容得出，存储共享数据的数据缓存对象是 javabean 对象，通过检索该词可知，javabean 是一种可重用的 java 组件，类必须是具体和公共的，且在 Android 领域中实现共享传输的类都是遵循 javabean 编码规则，其实现的对象也叫做序列化对象，那么，思考在互联网博客中公开的大多是代码实现，而 javabean 只是一种抽象的 java 类编码规则，因此，代码中可能并未对“javabean”进行公开，但是其实现的类必须实现序列化接口。

基于此，继续调整检索思路，运用“Android SharedPreference 对象 序列化”再次进行检索，得到如下结果（图 4-6），百度搜索“Android Shared-

Preference 对象 序列化”结果图。

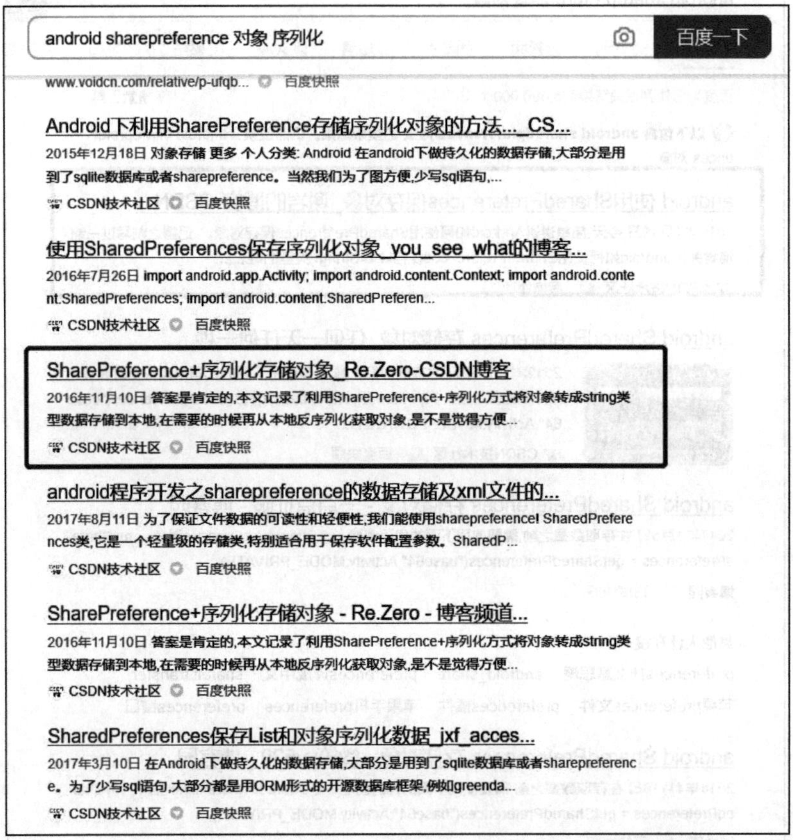

图 4-6 百度“Android SharedPreference 对象 序列化”结果图

其中，从上述多篇疑似对比文件中筛选出来下面的这篇对比文件：(“SharePreference+序列化存储对象”，JunaQian，《https://blog.csdn.net/junaqian/article/d etails/53112889》，第 1~4 页，20161110)，其中不仅公开了上述共享类的技术特征，也公开了有如下技术特征：

```
@Override
    public String toString() {
        return "Person{" +
                "name='" +name+'\''+
                ",age='" +age+'\''+
```

```
6.                   ", sex='" +sex+'\''+
7.                   '}';
8.        }
```

即公开了将目标对象的目标值信息作为字符串转换的过程，即案例的值信息为预设的字符串结构的数据结构形式。至此，可以将该对比文件作为最接近的现有技术。

【案例小结】

涉及代码相关的申请，在专利库中检索不到合适的对比文件时，需要在CSDN等代码交流网站上检索，并且在检索时，需要充分站位本领域技术人员，充分理解代码所表达的含义，并且从代码中分析出来所要表达的深层次含义。其次，在检索过程中，要不断地根据检索到的对比文件进行深入挖掘，不断的扩展、调整检索关键词和检索思路。

4.4.2.2　组件的关键词检索

在计算机领域中，组件的含义有多种。计算机组件一般表示计算机的硬件组成，比如计算机包括存储器、运算器、控制器、输入设备和输出设备。组件同样可以表示为对数据和方法的简单封装，在面向对象编程中，可定义组件的属性和方法，实现组件的对应功能。

目前的熔断机制一般都是基于数据库或者缓存的，将每次的服务调用状态都保存到数据库或者缓存，每次服务调用前都访问数据库或者缓存去统计过去某个时间段内的指标。这种方式统计精确，但存在统计效率低下，资源消耗过大的问题。

提出一种基于滑动时间窗的服务熔断方法，构建时间窗和滑动刻度，以及环形队列，时间窗按照时间刻度滑动，并通过环形队列中的调用次数来判断服务是否异常。

滑动时间窗的熔断机制，该机制定义了一个跨度较大的时间窗，同时将时间窗口拆分成可自定义的小刻度，窗口的滑动粒度则以这些小刻度为尺度。每当服务调用异常（失败或者超时），则将该服务统计到当前时间所对应的时间刻度内。而判断服务是否熔断的方式是统计整个时间窗内该服务调用异常总数量或者比率。通过这种方式，可以更精细的控制时间窗的滑动，同时也节省了资源，提升了实时性。

案例 4-6

【案情介绍】

该案例涉及的权利要求如下：

1. 一种基于滑动时间窗的服务熔断方法，其特征在于，包括如下步骤：

步骤 1：根据时间窗口大小 T 和时间滑动刻度 k 构建，构建包含 n 个元素的环形队列 queue，每个元素用于存放对应滑动刻度 k 内服务请求次数，即元素值 value；

根据时间窗口大小 T 和时间滑动刻度 k，配置一个与当前滑动刻度 k 对应的一个动态下标 index，动态下标 index 指向当前时间滑动刻度 k 对应的元素的位置；

步骤 2：按照步骤 1 分别得到服务异常调用次数登记环队列实例 q1、服务总调用次数登记环队列 q2；

步骤 3：当服务器接收服务请求时，通过是否需要熔断判断功能 shouldFuse，判断是否熔断，将结果保存至 a；

步骤 4：如果 a 等于 true，则直接将服务调用返回，不处理业务，这里返回的可以是一个服务熔断的提示；

步骤 5：如果 a 等于 false，则执行如下步骤

步骤 6：调用 serviceRecord 功能，登记服务总调用次数，如果调用业务逻辑服务异常或者超时，则调用 expServiceRecord 功能，登记异常服务调用总次数；

步骤 7：返回业务逻辑处理结果。

【检索策略分析】

在中文专利库进行常规检索，追踪检索申请人“武汉众邦”，将“熔断”和“队列 or queue”相与，或将“熔断”和“环形 and（队列 or queue）”相与。该案例权利要求1使用的伪代码的撰写形式，提炼关键词“服务”“熔断”“滑动”“时间窗”“刻度”“环形队列”，由于中文专利库中的文件的撰写方式为概括出的方法，而不适合做这类以伪代码形式撰写的权利要求的对比文件，因此在中文专利库中没有检索到可用对比文件。

该案例的检索难点，不在于技术方案，而在于技术方案的撰写形式。对于伪代码形式的权利要求，最好可以找到源代码或类似形式的对比文件，因此根据关键词的内容在百度网站上进行检索。

首先用体现该案例应用领域和关键手段的词语“Android数据共享”在百度网站上进行检索得到如下结果（图4-7），百度搜索“服务 熔断 滑动时间窗”结果图。

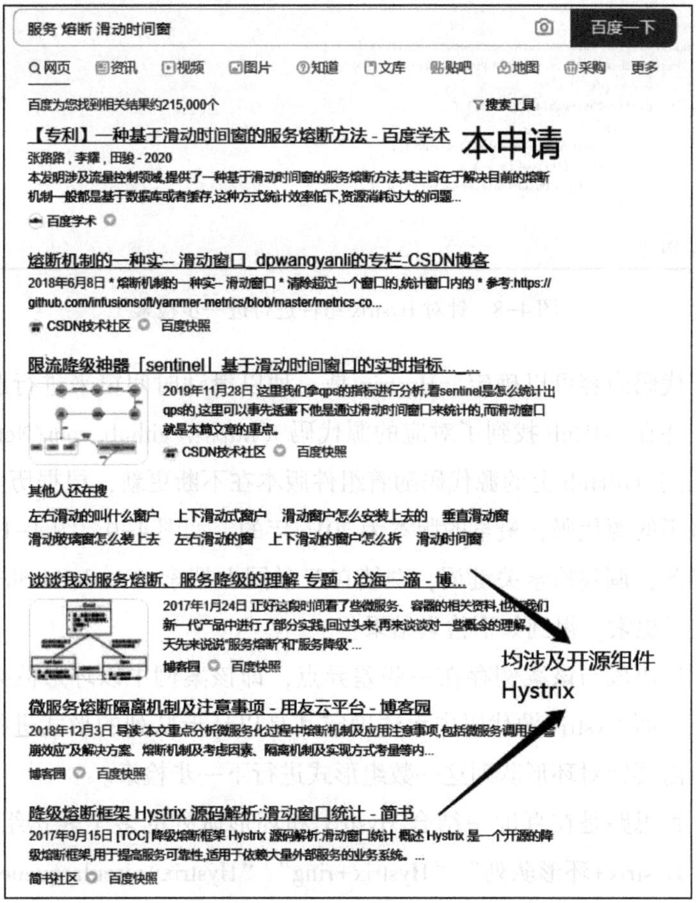

图4-7 百度搜索“服务 熔断 滑动时间窗”结果图

如图 4-7 所示，检索结果第一条是该案例，后续的几篇相关技术博客中涉及实现服务熔断的各种技术方案和框架，如 sentinel，在靠后的两篇中提到了 Hystrix 组件，如图 4-8 所示，于是针对 Hystrix 组件进行进一步检索。

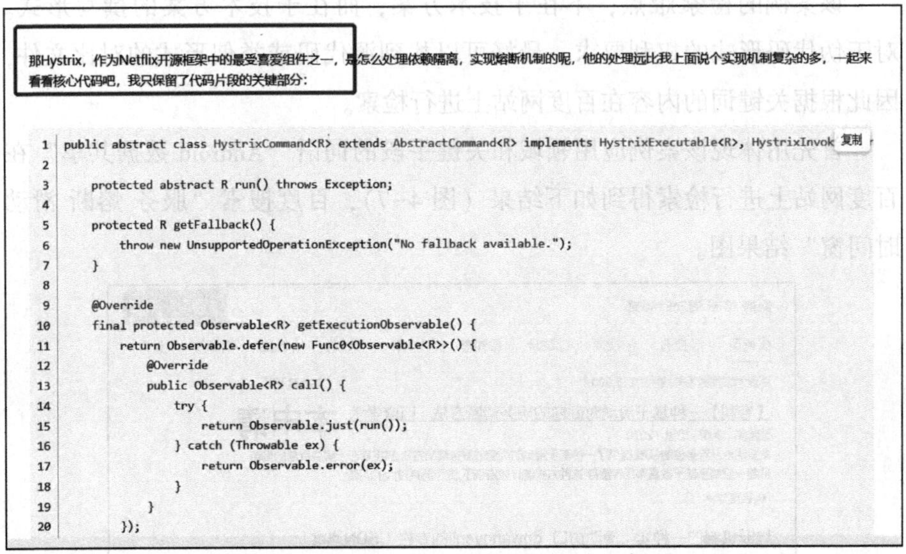
那Hystrix，作为Netflix开源框架中的最受喜爱组件之一，是怎么处理依赖隔离，实现熔断机制的呢，他的处理远比我上面说个实现机制复杂的多，一起来看看核心代码吧，我只保留了代码片段的关键部分：

```
public abstract class HystrixCommand<R> extends AbstractCommand<R> implements HystrixExecutable<R>, HystrixInvok 复制

    protected abstract R run() throws Exception;

    protected R getFallback() {
        throw new UnsupportedOperationException("No fallback available.");
    }

    @Override
    final protected Observable<R> getExecutionObservable() {
        return Observable.defer(new Func0<Observable<R>>() {
            @Override
            public Observable<R> call() {
                try {
                    return Observable.just(run());
                } catch (Throwable ex) {
                    return Observable.error(ex);
                }
            }
        });
```

图 4-8　针对 Hystrix 组件进行进一步检索

根据代码内容可以确定，Hystrix 是一种以滑动时间窗来进行服务熔断的框架，并在 GitHub 找到了对应的源代码（https://github.com/Netflix/Hystrix/），由于 GitHub 上的源代码随着组件版本在不断更新，根据历史版本选取时间可用的源代码，最早的版本为 2016 年的，如图 4-9、图 4-10 所示。

基于此，调整检索关键词，继续在互联网上搜索“Android SharePreference”进行检索，得到如下检索结果：

然而代码段与该案例存在一些差异点，即该案例中以环形队列的形式存储数据，而 Hystrix 源代码中无法确定其是以环形队列的形式进行数据滚动，此时需要针对环形队列这一数组形式进行下一步检索。

第一种思路是在百度中结合 Hystrix 和环形队列的多个表达组合检索，具体为“Hystrix+环形队列”“Hystrix+ring”“Hystrix+circularqueue”，检索结果分别如图 4-11～图 4-13 所示。

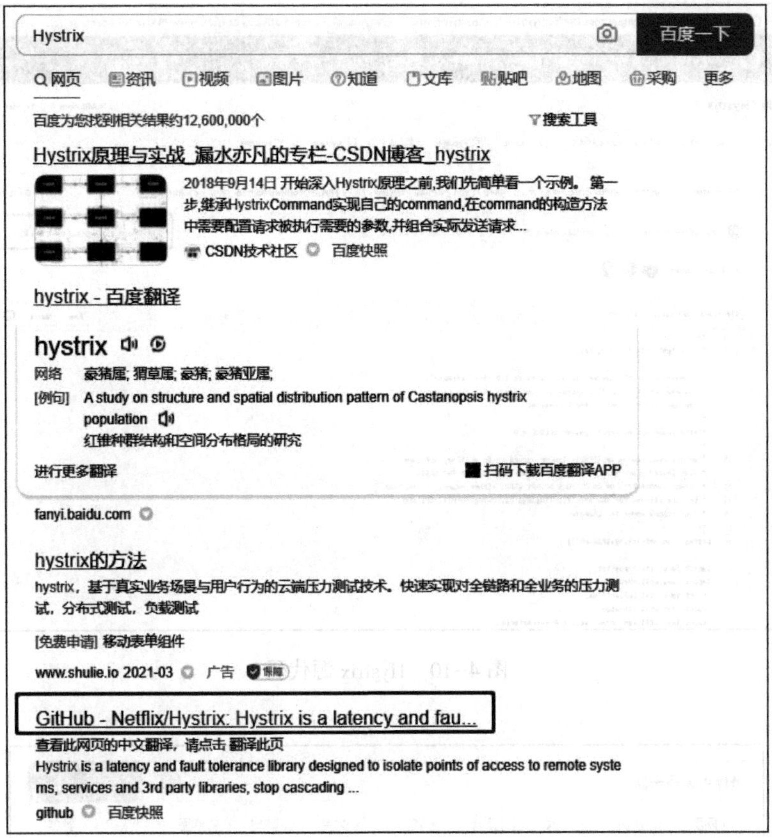

图 4-9　百度搜索“Hystrix”结果图

在这三种表达中均有许多检索噪声，例如第一种的检索结果中只有队列而没有环形，第二种检索结果会受到 Spring 这个单词的影响，第三种的检索结果中只有 queue 而没有 circular，考虑到一旦有“数组”“队列”相关词汇，百度的搜索结果中大部分都是与其相关的。

第二种思路是在中文专利库中检索，如果有文件记录了滑动时间窗是以环形队列形式的，有可能是有效的对比文件，在中文专利库将“hystrix”“环”“熔断”相与，将“环形队列”和“下标”相与，将“hystrix”和“ring or queue”相与，未检到合适文件，转库到英文专利库，将“hystrix”和“（ring or queue）”相与，将“hystrix”和“fus+”相与，将“FUSE”“WINDOW”“CLOSE”“OPEN”和“ARRAY”相与，也没有合适的文件。

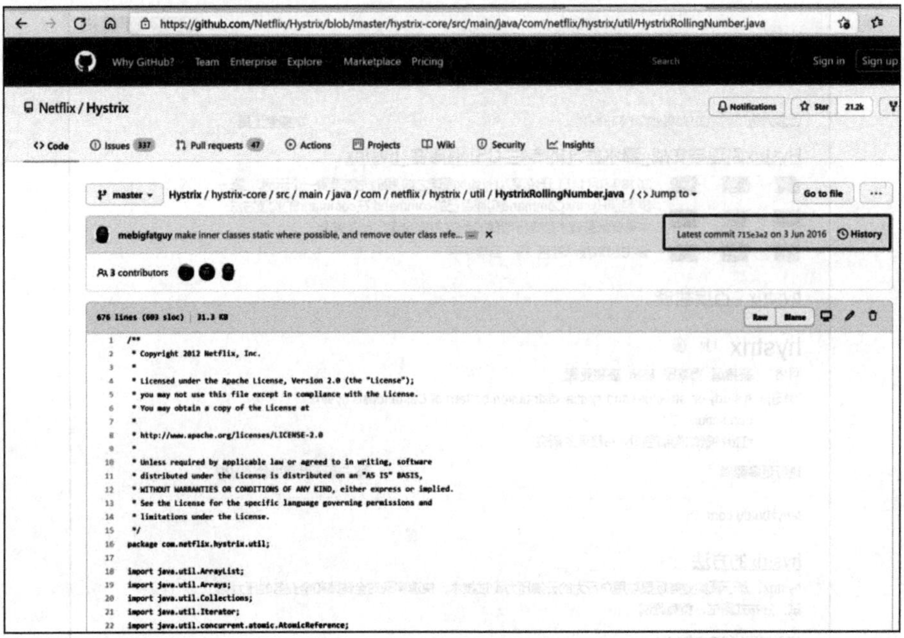

图 4-10 Hystrix 源代码

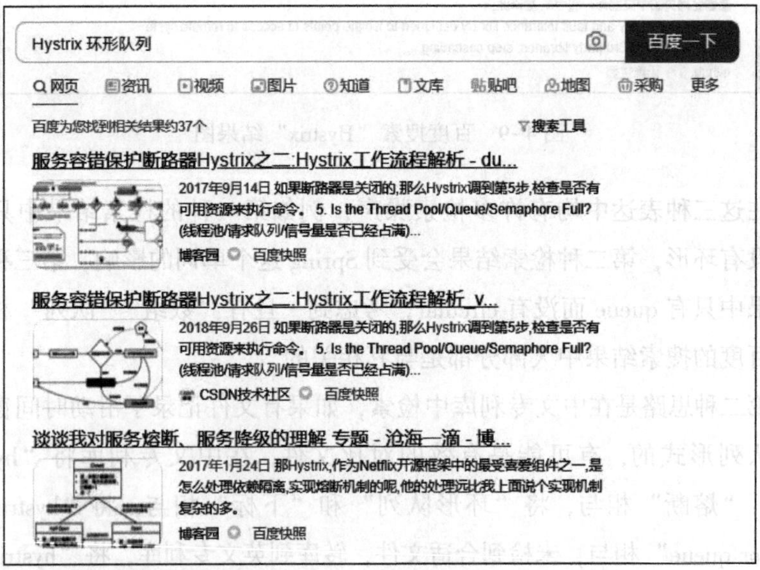

图 4-11 百度搜索“Hystrix+环形队列”结果图

图 4-12　百度搜索“Hystrix+ring”结果图

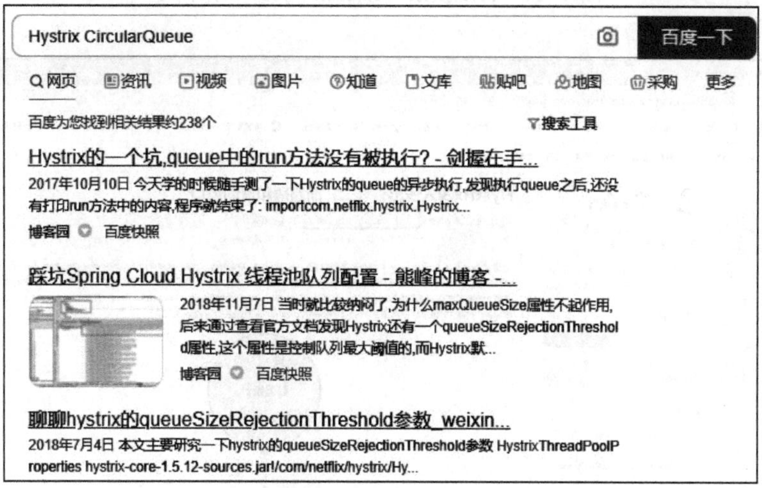

图 4-13　百度搜索“Hystrix+circularqueue”结果图

此时需要对检索过程进行反思，如何规避掉百度的搜索策略中，容易受其他检索词汇的影响而产生的检索噪声，因此进行了关键词调整，使用“Hystrix+环形”组合，直接选择用“环形”来搜索，避免检索噪声干扰；检索结果如图 4-14 所示。

在第四种表达中，检索到了以环形数组形式进行滑动时间窗的技术方案——《Hystrix 浅入浅出：（二）断路器和滑动窗口》（https://blog.csdn.net/manzhizhen/article/details/80296655），公开时间为 2018 年 5 月 13 日，如

图 4-15 所示。

图 4-14　百度搜索“Hystrix+环形”结果图

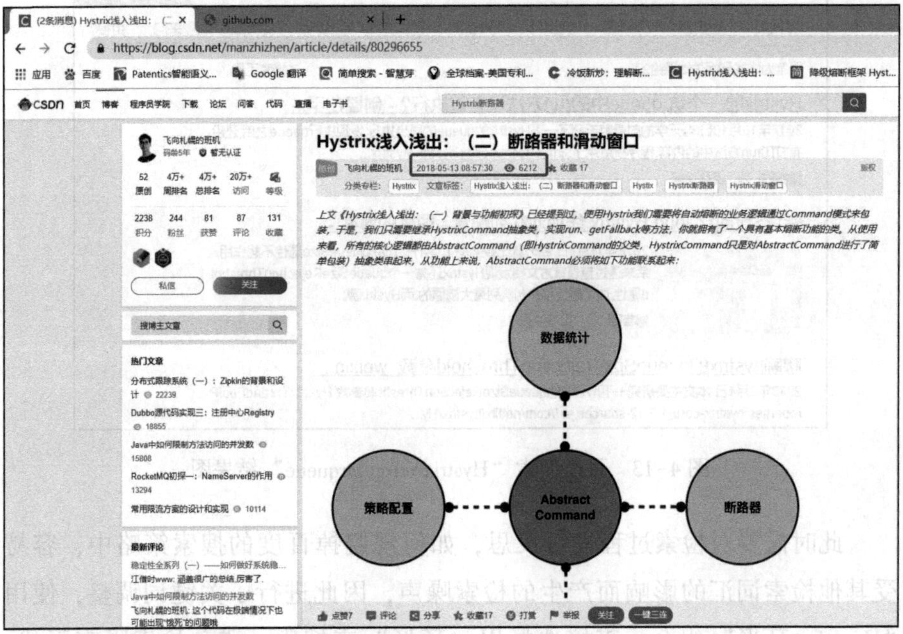

图 4-15　Hystrix 浅入浅出：（二）断路器和滑动窗口

其中通过滑动时间窗来统计异常次数，以便于进行服务熔断，如图 4-16 所示，1s 为一个滑动刻度，10s 为一个时间窗，数据同样是放入环形队列中，每次统计一个时间窗内的成功次数、失败次数等并进行累加，并以异常次数或异常次数的比例做熔断，当超过阈值时则服务熔断。

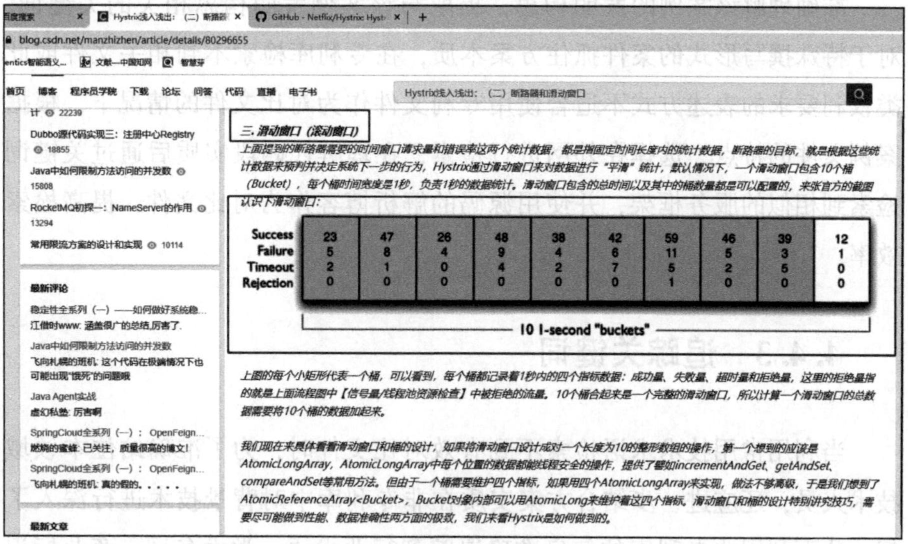

图 4-16　滑动窗口（滚动窗口）

而在图 4-17 中可以看出，数据存放在一个环形数组内，不断进行循环，与该案例相同，因此确认其为可用的 X 文件。

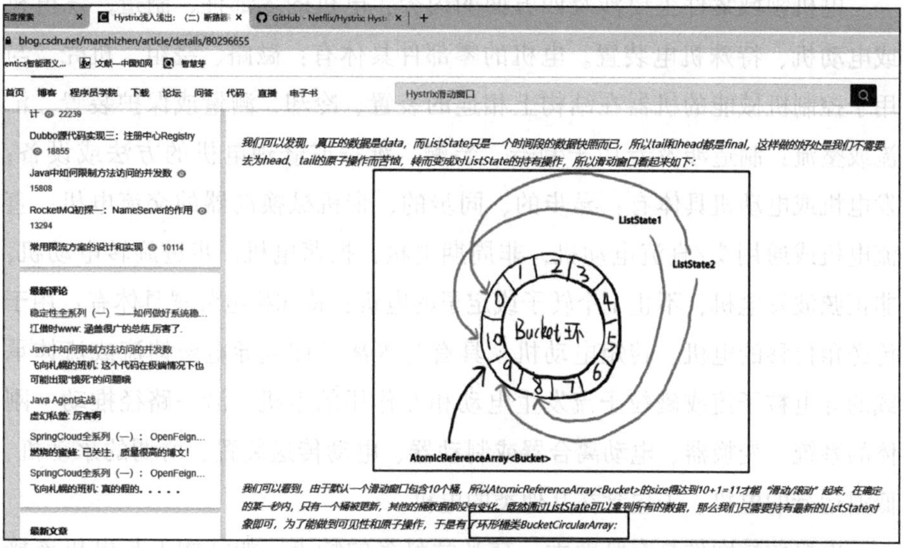

图 4-17　环形数组

【案例小结】

准确理解该案例的发明构思，提取与该案例发明构思相关的关键词，对于特殊撰写形式的案件抓住方案本质，在专利库检索不到相关文件或此类权利要求的表述方式不适合使用专利文件作为对比文件的情况下，根据案例文件的特点，选择在外网进行检索，在理解代码段实质后通过关键词检索到相似的服务框架，并使用源码的解析博客作为对比文件，提高检索效率。

4.4.3　追踪关键词

当利用常用技术术语检索不到有效对比文件时，为了准确站位本领域技术人员，还应进一步结合方案实质在非专利库中对背景技术进行深入了解，从而利用非专利库的信息准确追踪到行业术语、学术名词、商业标识等能够更准确地表达方案实质的词语，制定更灵活的检索策略。

4.4.3.1　电机领域的关键词追踪检索

电机领域案件主要涉及四方面的内容，电机的零部件、制造、发电机或电动机、特殊机电装置。电机的零部件具体有：磁路、绕组、机壳、与用于控制机械能的机器在结构上相连的装置、冷却、测量或保护装置、汇流或整流；制造涉及专用于制造、装配、维护或修理电机的方法或设备；发电机或电动机具体有：异步的、同步的、带机械换向器的交流电机，直流电机或通用交/直流电动机，非周期电机，振荡电机，步进旋转电动机，非正弦波发电机，不止1个转子或定子的电机；特殊机电装置具体有：用于传送角位移的电机、转矩电动机、具有与等离子体或导电液体流或流体承载的导电粒子流或磁粒子流发生电动相互作用的电机、沿一路径推动一刚体的系统、变换器、电动离合器或制动器、电动传送装置、所谓的永动机、低温运行的电机、未包含在其他类的电机。

电机领域案件具有跨度大、交叉学科多的特点，如结构上与电机连接用于控制机械能的装置，其中涉及大量的案件为结构上与机械的驱动机或辅助电机连接，而如轴承、齿轮等的连接为其发明点；而电机的制造会涉及大量关于机械制造的机床、工艺方法，细节较多，审查难道也较大；而特殊机电装置大量申请为前沿领域，高校和研究机构申请较多。

电机领域案件的分类号全部集中在 H02K 部，但由于涉及电机的方方面面，电机类型的多样性，机构的复杂性、应用领域的广泛性导致涉及案件千差万别。电机结构可从不同角度来进行描述，构件间的联系又很紧密，同一大组下的各个小组之间边界不是很清晰，而诸多案件虽然涉及电机，但是可能发明点与电机关系甚小，一件案件可能会给出若干个分类号，导致检索时要向周边拓展，造成分类号不准的感觉。

电机领域案件中占比较多的是磁路零部件、绕组的零部件、机壳、结构上与电机连接用于控制机械能的装置、专用于制造、装配、维护或修理电机的方法或设备。

案例 4-7

【案情介绍】

该案例涉及的权利要求如下：

1. 一种定子，其特征在于，所述定子包括定子铁芯（11）和绕组（12）；所述定子铁芯包括轭部和由所述轭部向至少一侧延伸的多个第一凸极（112）和多个第二凸极（113）；所述绕组包括第一绕组和第二绕组；所述第一凸极上缠绕所述第一绕组（121）；所述第二凸极上缠绕所述第二绕组（122）；所述第一绕组和所述第二绕组通过电流的相位差为 180 度；所述多个第一凸极中的每个第一凸极的两侧分别设置所述多个第二凸极中的对应第二凸极，使得所述第一凸极流出的磁通分流到所述对应第二凸极。

【检索策略分析】

首先，对申请人“南方电机科技”进行追踪，并没有检索到与该案例发明点相关的在前申请信息，对该案例的发明人进行追踪，同样没有检索到与案例发明点相关的在前申请信息。

其次，尝试采用该案例的技术特征进行检索，根据该案例的发明构思提取“电流”“相位”“180 度”作为关键词，并进行分类号与关键词的扩展，没有检索到与案例发明点相关的文献。在尝试采用技术效果“磁路”与“解耦”进行检索，也没有检索到与该案例发明点相关的文献。

在中文专利库中将“H02K1/12/IC”和“（电流 or 磁场）and（相位 or 方向）and（相反 or “180”）”相与，将“H02K1/14/IC”和“（电流 or 磁场）and（相位 or 方向）and（“180” or 相反）”相与，将“H02K1/12/IC”和“（（电流 or 磁场）and（相位 or 方向））and（“180” or 相反）”相与，将“H02K1/12/IC”和“（磁路 or 磁场）and（耦合 or 解耦）”相与，以上未检索到合适文件。

随后，在外文专利库中采用从该案例的发明构思与技术效果中提取的关键词进行检索，将分类号“H02K1/12/IC”“phase or direction”和“inverse or“180””相与，将分类号“H02K1/12/IC”和“field and couple”相与，同样没有检索到与该案例发明点相关的文献。

通过该案例说明书附图 4-18 可以看出定子具有 18 个槽。

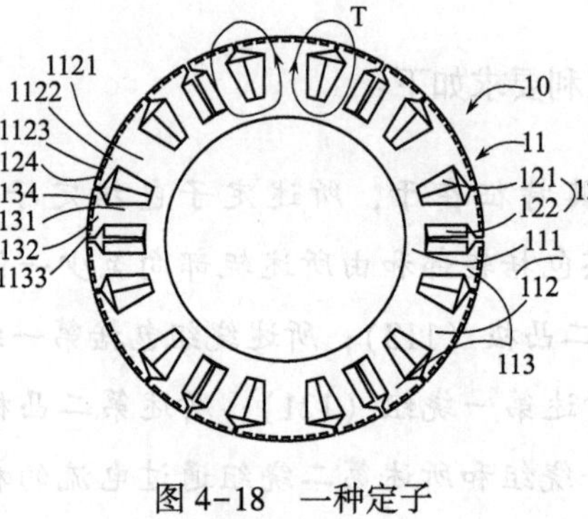

图 4-18　一种定子

若仅仅采用“18”与“槽”在中文专利全文库中进行检索，检索结果文献数量太大，又由于槽数与极数之间为多对多关系，即使确定了槽数，还是有多种可能的极数与之相对应。因此还需要确定电机 18 个槽对应的极数，但是说明书全文并没有公开电机的极数，只是公开了绕组类型属于集中绕组，为此，为了了解相关的现有技术，在非专利库中检索了集中绕组槽极组合规律的相关文献，如图 4-19 所示。

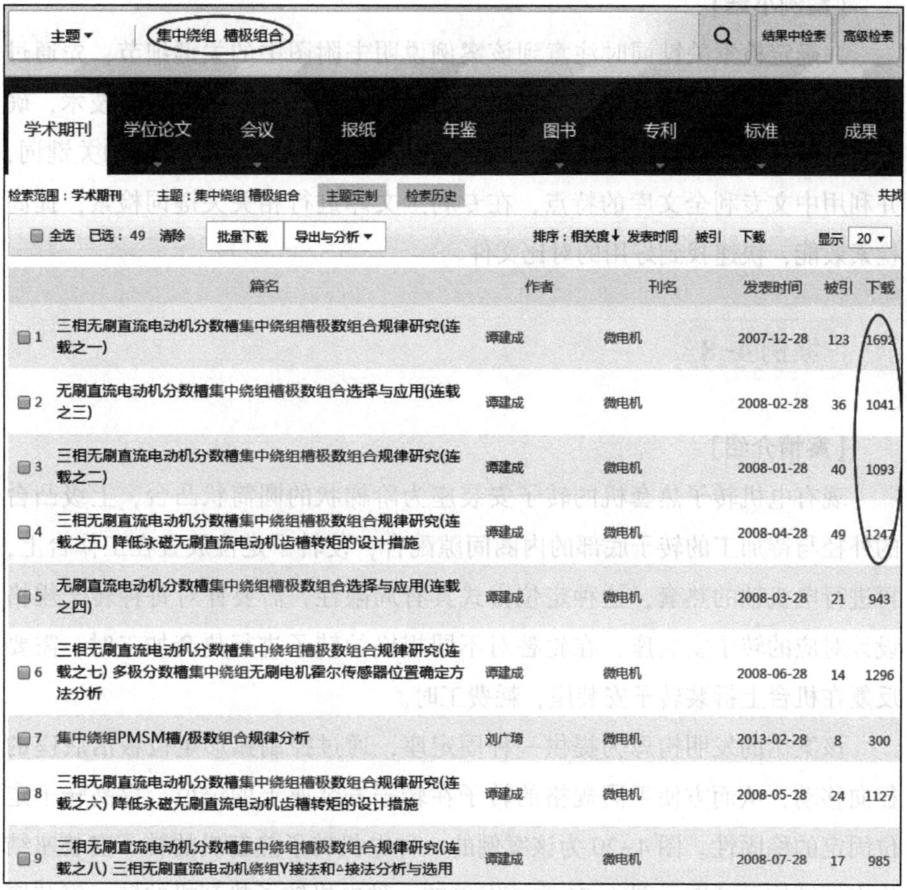

	篇名	作者	刊名	发表时间	被引	下载
1	三相无刷直流电动机分数槽集中绕组槽极数组合规律研究(连载之一)	谭建成	微电机	2007-12-28	123	1692
2	无刷直流电动机分数槽集中绕组槽极数组合选择与应用(连载之三)	谭建成	微电机	2008-02-28	36	1041
3	三相无刷直流电动机分数槽集中绕组槽极数组合规律研究(连载之二)	谭建成	微电机	2008-01-28	40	1093
4	三相无刷直流电动机分数槽集中绕组槽极数组合规律研究(连载之五) 降低永磁无刷直流电动机齿槽转矩的设计措施	谭建成	微电机	2008-04-28	49	1247
5	无刷直流电动机分数槽集中绕组槽极数组合选择与应用(连载之四)	谭建成	微电机	2008-03-28	21	943
6	三相无刷直流电动机分数槽集中绕组槽极数组合规律研究(连载之七) 多极分数槽集中绕组无刷电机霍尔传感器位置确定方法分析	谭建成	微电机	2008-06-28	14	1296
7	集中绕组PMSM槽/极数组合规律分析	刘广琦	微电机	2013-02-28	8	300
8	三相无刷直流电动机分数槽集中绕组槽极数组合规律研究(连载之六) 降低永磁无刷直流电动机齿槽转矩的设计措施	谭建成	微电机	2008-05-28	24	1127
9	三相无刷直流电动机分数槽集中绕组槽极数组合规律研究(连载之八) 三相无刷直流电动机绕组Y接法和△接法分析与选用	谭建成	微电机	2008-07-28	17	985

图 4-19　在中国知网搜索“集中绕组 槽极组合”结果图

在非专利库中检索到一篇“分数槽集中绕组槽极数组合规律”的期刊连载文章，该连载文章详细讲述了集中绕组的槽极数组合规律，其中有一种涉及 18 个槽的常见槽极数组合的单元电机为 9/4 与 9/5，那么可以推导出 18 个槽对应常见的槽极数组合应为 18 个槽 16 个极与 18 个槽 20 个极。

随后，采用重新确定的关键词 18 个槽 16 个极或 18 个槽 20 个极，由于该关键词涉及细节特征，因此在中文专利全文库中进行检索，将分类号“H02K1/12/IC”和“" 18/16" or " 16/18" or 18 槽 16 极 or16 极 18 槽 or " 18/20" or " 20/18" or 18 槽 20 极 or 20 极 18 槽”相与，得到两篇有效对比文件，其中 X 文献（CN101951105A）公开了该案例的发明构思。

【案例小结】

在确定检索关键词时注意到该案例说明书附图中的关键细节，先通过说明附图确定电机槽数，然后在非专利库检索相关文献了解现有技术，确定对应该槽数的常见槽极数组合，将该槽极数组合细节作为准确的关键词，并利用中文专利全文库的特点，在专利全文库进行相关关键词检索，提高检索效能，快速找到好用的对比文件。

案例 4-8

【案情介绍】

现有电机转子热套机的转子安装座为阶梯状的圆筒状凸台，上级凸台的外径与待加工的转子底部的内圈间隙配合，使转子定位放置在工作台上，再进行电机轴的热套，这种定位方式具有局限性，需要针对每种转子规格设计对应的转子安装座，在轮替对不同规格的转子进行热套加工时，需要反复在机台上拆装转子安装座，耗费工时。

该案例的发明构思为提供一种固定座，通过控制弧形定位板沿底座的径向移动，从而方便不同规格的转子在转子安装座上的定位，提高转子定位固定的稳固性。图 4-20 为该案例的一种电机转子热套机的转子安装座结构内部结构示意图，图 4-21 为该案例的一种电机转子热套机的转子安装座结构内部结构俯视图。

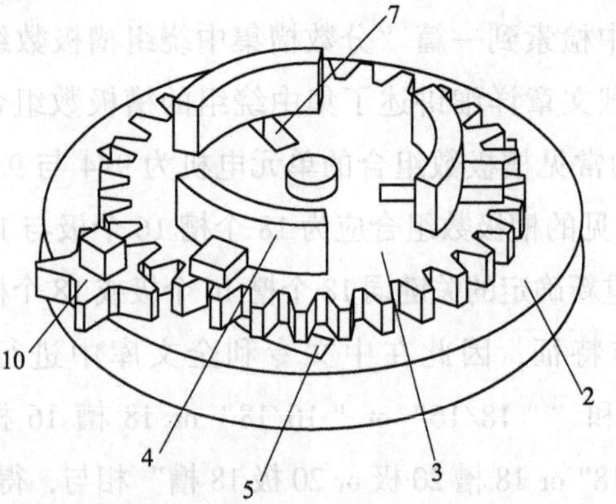

图 4-20　一种电机转子热套机的转子安装座结构内部结构示意图

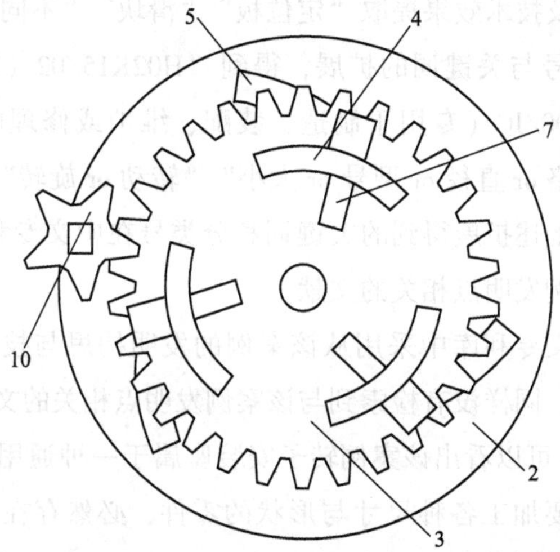

图 4-21　一种电机转子热套机的转子安装座结构内部结构俯视图

该案例涉及的权利要求如下：

1：一种电机转子热套机的转子安装座，其特征在于，包括转子安装座本体，所述安装座本体包括气缸、底座、第一齿轮和弧形定位板；所述气缸的活塞杆的移动方向为竖直方向，所述底座连接于气缸的活塞杆上端，所述底座（2）的形状为圆盘状，所述底座的上部设有呈圆周阵列分布的3个以上的条形槽（5）；所述第一齿轮（3）同轴可转动地连接于底座上部，所述第一齿轮设有与条形槽对应的第一条形孔（7），所述第一条形孔与对应的条形槽相交时，条形槽和第一条形孔的夹角为30-60度，所述第一条形孔的宽度小于条形槽的宽度，所述条形槽内滑动连接有圆柱状的第一滑块，所述第一滑块的上部连接有长方体的第二滑块，所述第二滑块滑动连接于第一条形孔，所述弧形定位板（4）连接于第二滑块的上部，所述弧形定位板的轴线与底座的轴线重合。

【检索策略分析】

首先，对申请人进行追踪，并没有检索到与该案例发明点相关的在前申请信息，对该案例发明人进行追踪，同样没有检索到与该案例发明点相关的在前申请信息。随后，尝试采用该案例的技术特征进行检索，根据该案例的发明构思及技术效果提取“定位板”“滑块”“不同规格”作为关键词，并进行分类号与关键词的扩展，得到“H02K15/02（定子或转子本体的）”“H02K15/00/IC（专用于制造、装配、维护或修理电机的方法或设备）”“孔”“规格 or 直径 or 型号 or 大小”“转动 or 旋转”“张紧 or 固定”等。进而，利用上述扩展得到的关键词和分类号在中文专利库中进行检索，没有得到与该案例发明点相关的文献。

其次，在外文专利库中采用从该案例的发明构思与技术效果中提取的关键词进行检索，同样没有检索到与该案例发明点相关的文献。

通过图 4-21 可以看出该案例转子安装座属于一种通用的固定装置，联想到机床由于需要加工各种尺寸与形状的零件，必然存在一种通用的固定装置以固定待加工零件，因此在百度网站上搜索：“机床卡零件”，搜索结果中的有一个网站出现了与该案例安装座工作原理很像的“车床卡盘配件”产品图。

浏览该网站发现该卡盘配件的名称为：三爪卡盘。进一步在百度网站上搜索：三爪卡盘，搜索结果中有很多与该产品类似的结构，因此确定“三爪卡盘”属于机床领域常用的专业技术术语，并且该案例的安装座其实是一种三爪卡盘。

最后，采用“卡盘”在分类号查询器中进行查询得到机床用卡盘最相关的技术领域为 B23B31/00（机床用卡盘；胀开芯轴；其采用的遥控装置），进一步查看该分类号下的各细分分类号得到体现该案例发明构思的细分分类号 B23B31/16（••••径向运动的卡盘）。在中文专利摘要库中，将该分类号与关键词“三爪卡盘”相“与”进行检索，很快在检索结果中获得了公开了该案例发明构思的对比文件，可以影响权利要求 1 的创造性。其中文献 CN103121118A 公开了该案例的发明构思。

【案例小结】

通过该案例说明书附图看出转子安装座属于一种通用的固定装置，联想到机床由于需要加工各种尺寸与形状的零件，必然存在一种通用的固定装置以固定待加工零件，因此在百度网站上搜索：“机床卡零件”，检索到了与该案例安装座工作原理很像的“车床卡盘配件”，通过浏览该网站确定了该案例安装座的专业技术术语为“三爪卡盘”，通过分类号查询器进一步确定了“三爪卡盘”对应更准确的分类号，提高了检索效能。

4.4.3.2　电线和电缆领域的关键词追踪检索

电线和电缆领域的案件主要涉及电缆或电线的安装，或光电组合电缆或电线的安装，其主要包括：专用于安装、维护、修理或拆卸电缆或电线的方法或设备，在建筑物、车辆等结构里安装电缆或电线的方法或设备，母线的安装，电线或电缆的架空安装，在地面或地下，水面或水中的电缆或电线的安装，相对可动部件之间的电线或电缆的安装，避雷导线的安装，电缆配件。该领域的技术主要有以下特点：

（1）H02G 电缆敷设领域发明专利申请涉及知识点多，覆盖面广，包括架空电线安装，地面或水下电线安装，建筑物内桥架安装，电缆槽盒安装，母线安装以及电缆配件等多个细分领域，每个细分领域都有各自的特点，且每个细分领域之间，每个细分领域与其他技术领域之间均存在渗透和交叉。

（2）当涉及电缆架空安装时，通常为国家电网的案件，有的涉及国家电网内部安装资料，需检索现有相关的输配电安装规范/手册。

（3）电线和电缆领域技术方案不难理解，但内容琐碎，通常为结构之间的相互连接，关键词较难把握，且分类号存在与其他领域的交叉，特别是涉及电缆固定结构的具体装置，通常需要在 F 部 F16B 紧固或者固定构件的器件，或者 F16L 管子、电缆或护管的支撑等分类号中进行检索，检索难度较大。

案例 4–9

【案情介绍】

该案例为一种导线用卡箍，其特征在于，包括卡箍本体、旋转手柄和限位机构，其中，所述旋转手柄的一端与所述卡箍本体可转动连接，所述旋转手柄的中部与所述限位机构可转动连接；所述卡箍本体的末与所述旋转手柄连接的一端上设置有至少一个限位槽，所述限位槽用于将所述限位机构的未与所述旋转手柄连接的一端固定，以使所述导线用卡箍围成用以紧固导线的空间。图 4-22 为该案例中导线用卡箍的立体示意图，附图标记 3 为限位机构。

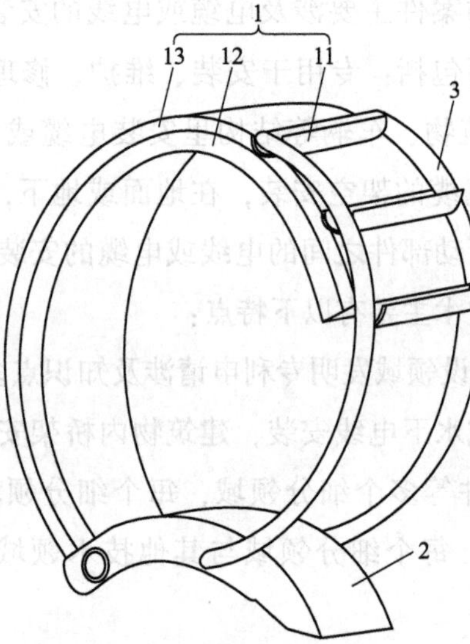

图 4-22　导线用卡箍的立体示意图

该案例涉及的权利要求如下：

1. 一种导线用卡箍，其特征在于，包括卡箍本体、旋转手柄和限位机构，其中，所述旋转手柄的一端与所述卡箍本体可转动连接，所述旋转手柄的中部与所述限位机构可转动连接；所述卡箍本体的未与所述旋转手柄连接的一端上设置有至少一个限位槽，所述限位槽用于将所述限位机构的未与所述旋转手柄连接的一端固定，以使所述导线用卡箍围成用以紧固导线的空间。

【检索策略分析】

在中文专利摘要库中，先针对 IPC 分类号“H02G1/02”和关键词“卡箍”“箍”进行分别和相与的试探性检索，再进一步引入限位机构的关键词“卡”“扣”“限位”“导线 or 电缆 or 输电线”继续检索，均未得到对比文件。

深入分析该案例的发明点可知，其属于生活中常见的卡扣结构，利用“卡或者扣”并未检索到合适的关键词，分析可能是对该关键词有其他的名称。

考虑到该结构在生活中比较常见，在一个箱子上找到了类似结构，采用淘宝的图片检索，确定该结构的关键词“搭扣”。

引入关键词“搭扣”与之前查找到的分类号和关键词进行相与检索，命中X类对比文件：CN204140558A。图4-23为对比文件所述一种风电用紧扣型搭扣卡箍的整体结构示意图。

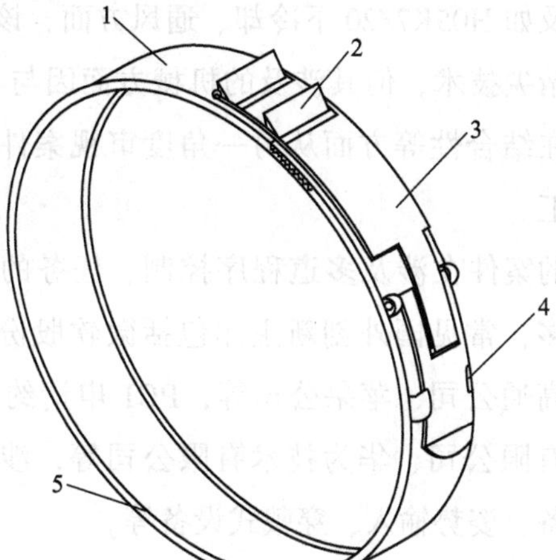

图4-23　一种风电用紧扣型搭扣卡箍的整体结构示意图

【案例小结】

在检索过程中对关键词扩展遇到瓶颈时，应充分利用身边的工具，结合生活中最近的结构，利用互联网的图片检索，确定其最为相关的关键词，从而快速准确的检索到对比文件。可以利用生活常识和互联网的图片检索，确定其相关关键词。

4.4.3.3　软件工程领域的关键词追踪检索

软件工程领域的案件一是软件程序方面，涉及程序的中断，编译，程序间通信，资源的分配，任务的分发与处理，软件模拟与虚拟化等，二是电子装置的机械结构及硬件方面，具体有电子装置的结构部件或配置如对不同类型电设备的封装、固定、冷却等机械结构方面，复位装置涉及的电路，控制电路的引线。

软件程序类案件分类号集中在 G06F9/下，小部分涉及机械结构类集中在 G06F1/下。由于软件受到描述语言、发明点等不同角度的影响，检索时经常要扩展较多的关键词，造成分类号不好用、不准的感觉，而 CPC 方面目前还不够完备，仅在某些特定的领域比较好用。

软件工程领域的案件具有跨度大、交叉学科多的特点，比如电设备的冷却方面，往往涉及如 H05K7/20 下冷却、通风方面，该方面的案子技术门槛低，较少涉及高精尖技术，但其涉及的机械方面因与 G06F9/下的软件差别较大，往往需要在结合性等方面从另一角度审视案件，检索时需扩展较多的位置关系类词汇。

软件工程领域的案件在涉及多道程序控制、任务的分发与处理、资源分配、虚拟化等较多，常见国外创新主体包括微软股份有限公司、国际商业机器公司、美国高通公司、苹果公司等，PCT 申请约占 20%，国内创新主体包括联想集团有限公司、华为技术有限公司等，涉及的技术热点如云计算、智能便携设备、姿势输入、穿戴式设备等。

案例 4-10

【案情介绍】

现有的 MVC 架构中的控制逻辑层代码过于庞大且耦合度高，这样也会导致代码结构混乱。当一种业务逻辑需要调用另一种业务逻辑中的功能模块时，需要重新改写该业务逻辑所对应的控制逻辑层代码，以使得改写后的控制逻辑层代码包括另一种业务逻辑中的控制逻辑层代码中的功能模块，这样大大增加了业务逻辑发生变更时代码更新的复杂度，降低了代码更新的效率。

提出一种新的请求处理的方法：请求链接地址为例为：http：//域名/index. php？ m = weibo & c = weibo & a = _ Run，从该请求中可以获取第一标识

m=weibo，第二标识 c=weibo，第三标识 a=_Run。根据获取到的第一标识、第二标识以及第三标识调用请求分配到第一模块层模块中的第一控制层模块中的第一功能模块。

该案例涉及的权利要求如下：

1. 一种请求处理方法，其特征在于，包括：

接收请求，其中，所述请求中携带有用于指示位于模块层的第一模块层模块的第一标识，用于指示位于控制层的第一控制层模块的第二标识，以及用于指示所述第一控制层模块中的第一功能模块的第三标识，所述第一模块层模块具有包括所述第一控制层模块在内的一个或多个控制层模块；从所述请求中获取所述第一标识、所述第二标识以及所述第三标识；

根据获取到的所述第一标识、所述第二标识以及所述第三标识调用所述请求分配到所述第一模块层模块中的第一控制层模块中的所述第一功能模块。

【检索策略分析】

阅读该案例后，该案例的发明点是利用 http：//域名/index. php？ m=weibo & c=weibo & a=_Run 的方式请求处理。

在专利库检索主要检索关键词：请求，模块，控制，功能。没有检索到现有技术。

该案例涉及的权利要求撰写抽象，利用权利要求中筛选的关键词无法提炼出关键词。说明书中记录了以下内容：http：//域名/index. php？ m=weibo & c=weibo & a=_Run，从该请求中可以获取第一标识 m=weibo，第二标识 c=weibo，第三标识 a=_Run。因此得出权利要求 1 的核心方案就是：请求 http：//域名/index. php？ m=weibo & c=weibo & a=_Run。在百度网站上搜索：http：//域名/index. php？ m=weibo & c=weibo & a=_Run 得到启示：m 是指 model，c 是指 controller，a 是指 action。通过 Model、controller、action 提炼出中文的关键词：模块（模型）、控制器、操作（动作），在百度网站上利用这三个关键词进行检索获取到了 thinkphp 采用了相关信息，见图 4-24。

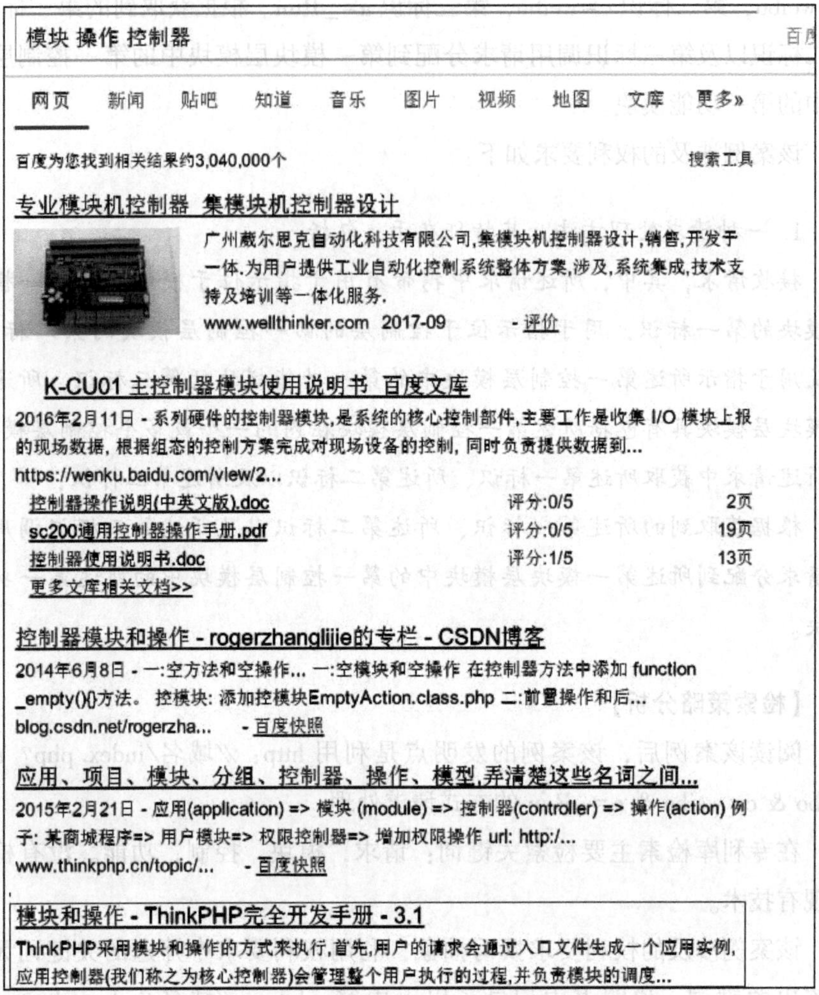

图 4-24 在百度搜索“模块 操作 控制器”结果图

利用 thinkphp 在百度网站上进行检索，发现 thinkphp3. 2 版本采用了模块/控制器/操作的方式进行了请求处理。利用 thinkphp3. 2 完全开发手册作为该案例的有效对比文件（从 thinkphp3. 2 完全开发手册可以得到 m 是实质是指 module，c 是指 controller，a 是指 action）。

【案例小结】

从说明书中提炼该案例的发明点是：利用 http：//域名/index. php?m=weibo & c=weibo & a=_Run 请求链接。将上述网址输入到百度中，得到

m 是指 module，c 是指 controller，a 是指 action，通过对英文关键词：module，controller，action 得到准确的中文关键词是模块、控制器和操作，利用上述关键词很快检索到该案例的有效对比文件。通过对说明书中提炼发明点进行检索，在非专利库中得到准确的英文关键词，进而扩展出准确的中文关键，快速检索到对比文件。

4.4.3.4　半导体领域的关键词追踪检索

半导体领域的案件主要涉及三大类，第一是半导体器件的检测方法，具体的有半导体器件的良率的检测，使用高效简易的检测算法对晶圆上芯片在封装前或者封装后的电学特性，光学特性，物理缺陷的检测等；并且对检测装置的校正等其他的方法；第二是对半导体制造过程中装置的改进，具有新结构以及新控制方法的机台以及零部件；第三对半导体器件工艺以及结构的改进，对现有的半导体器件工艺以及结构的改进，涉及传统器件 MOS，IGBT 以及新型 III-V 族半导体器件的创新等。

半导体领域的案件多为半导体制造装置以及半导体器件新结构和新工艺的改进，较多涉及高精尖的技术，PCT 案件较多，国内案件以主要的大型半导体公司为主，关于国外案件大部分以日本、美国、欧洲的半导体公司为主，兼有高校以及科研院所也占有一定的比例。

案例 4-11

【案情介绍】

该案例提供了利用热绝缘层组装的电子设备。发明点在于提供消费电子制品，包括热绝缘成分层，半导体芯片、散热器间设有热界面材料，或散热器、热沉间设有热界面材料。

该案例涉及的权利要求如下：

1. 一种消费电子制品，包括：

壳体，所述壳体包括具有内部表面和外部表面的至少一个基底；热绝缘成分的层，所述热绝缘成分的层被设置于所述至少一个基底的所述内部表面的至少一部分上；以及至少一个半导体封装，所述至少一个半导体封装包括组件，所述组件包括以下至少一项：

I.

半导体芯片；

散热器；以及

介于其间的热界面材料，或

II.

散热器；

热沉；以及

介于其间的热界面材料。

2. 根据权利要求1所述的制品，其中，所述热绝缘成分包括空心球状的容器内的气体。

3. 根据权利要求1所述的制品，其中，所述热绝缘成分以25%至99%的范围内的体积浓度用于液体载体媒介物中。

4. 根据权利要求1所述的制品，其中，所述热绝缘成分被涂覆至液体载体媒介物中的分散体或悬浮体中的表面。

5. 根据权利要求1所述的制品，其中，所述热绝缘成分被涂覆至包括水的液体载体媒介物中的分散体或悬浮体中的表面。

6. 根据权利要求1所述的制品，其中，所述热绝缘成分被涂覆至包括聚合乳胶体的液体载体媒介物中的分散体或悬浮体中的表面。

【检索策略分析】

根据权利要求的理解，该热绝缘成分应为一内部含有气体的空心球状的容器，而根据权利要求1中的描述：热绝缘成分的层被设置于所述至少一个基底的所述内部表面的至少一部分上，方案晦涩，如何将一容器设置于基底的所述内部表面的至少一部分上？并且，空心、容器、气体、球状等词都不是热绝缘成分中常用的词，难以检索。根据说明书中描述：这种热绝缘成分的代表性商业可购买的范例包括HenKel公司出售的商标名为DUALITE或Akzo Nobel的商标名为EXPANCEL的那些热绝缘成分，例如DUALITE。DUALITE E促进降低最终产品的热导率，其中所述最终产品用作成本降低的或重量减轻的部件。据说 DUALITE E 的使用将稳定的、中空的、封闭单元的空洞引入至最终产品中。在涂覆期望的表面之前，热绝缘成分与载体媒介物（vehicle）接触，以便在液体载体媒介物中以 25% 至 99% 的体积浓度形成悬浮体、分散体或乳胶体。通过喷涂将作为液体载体媒介物中的分散体、悬浮体或乳胶体形式的热绝缘成分涂覆至表面。

由此可以了解到该热绝缘体是一内部具有气体的球状物，将在液体载体媒介物中以 25% 至 99% 的体积浓度形成悬浮体、分散体或乳胶体，并通过喷涂的方式设置于基底的所述内部表面的至少一部分上。

考虑采用商标名 EXPANCEL、DUALITE、溶剂、喷涂等关键词在中文专利库中进行检索："expancel or dualite""液体 or 溶剂 or 乳液""expancel or dualite"和"液体 or 溶剂 or 乳液"相与、混合 and（"expancel or dualite" and "液体 or 溶剂 or 乳液"）、喷涂 and（混合 and（"expancel or dualite" and "液体 or 溶剂 or 乳液"）），经过浏览，并未检索到合适的对比文件。调整思路，利用百度搜索 expancel，发现此类热绝缘体的更准确的关键词：微球。利用微球代替商标名进一步检索：

"液体 or 溶剂 or 乳液""隔热 or 绝热 or 热绝缘层""液体 or 溶剂 or 乳液"和"隔热 or 绝热 or 热绝缘层"相与、微球 and（"液体 or 溶剂 or 乳液" and "隔热 or 绝热 or 热绝缘层"）、喷涂 and（微球 and（"液体 or 溶剂 or 乳液" and "隔热 or 绝热 or 热绝缘层"）），从而得到了最接近的现有技术：CN101531855A。

最接近的现有技术公开了：

1. 一种复合型金属空心介质微球隔热涂料，它由金属空心介质微球，成膜剂、分散剂、成膜助剂和消泡剂组成，其特征在于：所述的成膜剂是水性丙烯酸树脂；所述的分散剂是迪高公司的 Dispers 750W；所述的成膜助剂是美国陶氏二丙二醇丙醚 Dowanol DPnB；所述的消泡剂是迪高公司的 Foamex 1488，它们之间按以下质量配比混合：

金属空心介质微球：15~20%；

成膜剂：70~75%；

分散剂：1.0~3.0%；

成膜助剂：3.0~10.0%；

消泡剂：1.0~2.0%。

2. 根据权利要求1所述的一种复合型金属空心介质微球隔热涂料，其特征在于：所述的金属空心介质微球是直径为2.0~10.0μm球壳厚度为0.2~2.0μm的空心聚苯乙烯小球，其外表面镀有20~50nm厚度的金属层，金属镀层材料选自Au、Ag、Cu、Al、Pt、Zn、Ti、Sn、Fe中的一种。

3. 根据权利要求1所述的一种复合型金属空心介质微球隔热涂料，其特征在于：所述的复合型金属空心介质微球隔热涂料的涂层厚度为0.5~1.0mm。

最接近的现有技术同样也是一种热绝缘材料，能够作为X类对比文件。

【案例小结】

在权利要求无法准确表达方案本身时，应注重说明书的阅读，从而获取检索对比文件的关键信息，同时也要关注从属权利要求中与发明点相关的技术特征。在技术方案晦涩，关键词不准的情况下，通过对说明书的仔细阅读，利用商标名称替代产品本身的特征进行检索，充分利用非专利数据库资源了解现有技术，获取更加准确的关键词进行检索，获得有效的对比文件，提高检索效率。

4.4.4 外文关键词

通过了解行业知识背景和技术发展脉络，掌握技术领域中的重要申请人信息，有助于提高检索效率。知晓技术领域在哪些国家研究较多后，可以优先选择外文专利库进行检索。在电学领域中非专利文献较多，故在了解各外文非专利数据库特点的基础上进行外文检索，是利用外文关键词检索的有效手段。

案例 4-12

【案情介绍】

现如今，文本已经成为众多平台上研究的热点问题，同时由于大多数文本都是非结构化或半结构化数据，文本挖掘已经是面向多领域进行数据挖掘重要的研究角度之一。同时随着互联网的逐渐普及，网络文本的数据规模越来越大，信息量的增长速度也随之逐渐扩大，要从海量数据中知道到用户所需要的信息也逐渐变得越来越困难。传统的方法包括有对一篇文档所包含的所有词向量求平均值，运用基于神经网络概率理论对自然语言进行处理的 doc2vec 模型等。最近，包括卷积神经网络（CNN）和循环神经网络（RNN）等在内的深度学习模型已广泛用于学习文本表示，但由于 CNN 和 RNN 优先考虑局部性和序列性，这些深度学习模型虽然可以获取局部连续词序列中的语义和句法信息，但忽略了语料库中非连续的全局词共现和长距离语义。针对这个问题，提出一种新的构建文档-关键词异构网络模型方法。

该案例涉及的权利要求如下：

1. 一种构建文档-关键词异构网络模型方法，其特征在于：包括如下步骤：1）获取文本语料作为语料库；2）获取停用词语料；3）用获取的停用词语料对获取的文本语料进行去停用词处理，得到经过去停用词处理后的单词；4）计算和保存步骤3）中得到的单词的词频，所述词频定义为某个单词在某一篇文章中出现的次数，取词频大于等于 N 的单词作为关键词，所述 N 为本发明预定义的一个固定的整数值，其数值大于1；5）计算和保存关键词间互信息 PMI(i,j)，如下述公式所示：

$$PMI(i,j)=\log\frac{P(i,j)}{p(i)p(j)}$$

$$P(i,j)=\frac{\#W(i,j)}{\#W}$$

$$P(i)=\frac{\#W(i,j)}{\#W}$$

其中，i 和 j 是步骤4）中作为关键词的单词，$\#W(i)$ 是语料库中包含单词 i 的文档的数量，$\#W(i,j)$ 是同时包含单词 i 和 j 的文档的数量，$\#W$ 是语料库中文档的总数量；

6）计算和保存文档-词的权重 TF-IDF，如下述公式所示：

$$\text{TF} - \text{IDF} = \text{tf}(t,D_i) \times idf(t)$$

$$idf(t) = \log(\frac{M}{n_t} + 0.01)$$

其中，$\text{tf}(t,D_i)$ 为单词 t 在第 i 篇文档中的词频，M 为文档的总数，n_t 为文档集中出现单词 t 的文档数量，IDF 表示倒文本频率，倒文本频率是文本频率的倒数，所述文本频率是指某个关键词在整个语料所有文章中出现的次数；

7）构建文档-词异构网络。

【检索策略分析】

首先，在对申请人和发明人进行追踪检索，没有相关结果。“异构模型”表达上位，不同的类型的网络，模型最终融合成一个整体就称为异构网络模型，进行初步检索噪声很大。在英文专利库中检索也没有发现可用的对比文件，大部分都是关于具体模型的处理文本的过程，而该案例的重点在于建立模型的过程。百度、中国知网、万方等数据库均未检索到可用对比文件。

其次，转变思路，提取关键词“分类”，针对公式+用途检索，通过常规检索发现，大部分文献都是关于具体模型的处理文本的过程，而该案例的重点在于建立模型的过程，首先需要找到这个模型，然后再找到模型的构建过程，由于不知道这个模型具体指代的模型，检索异构网络模型无异于大海捞针，但是浏览中发现，对于文本的处理通常用于文本分类，于是调整检索策略，将“文本分类”作为关键词，分析申请中提到的公式，PMI（互信息，表示两个事物之间的相关性），TD（词频），IDF（到文本频率），看看那些文本分类中使用了这些公式进行分类计算，利用“公式+分类”进行检索。鉴于该案例是大学申请，外文非专利库中能检索到对比文件的可能性较大，于是在 AI 学术搜索引擎 Semantic Scholar 中利用“classification model pmi tf idf”进行检索。

再次，巧用智能搜索引擎 semantic scholar。Semantic Scholar 利用机器学习技术，可以从文献文本中挑选出最重要的关键词或短语，确定文献的研究主题，也可以从文献中提取图表，呈现在文献检索页面，能够帮助使用者快速理解文献的主要内容，Semantic scholar 与微软学术和谷歌学术相比，其提供了丰富的二次检索功能，例如作者发文，影响因子，引用次数等，可以快速筛选文献，检索出来的文献相关度较高。

Semantic scholar 搜索引擎网址：https://www.semanticscholar.org/

找到"A Hybrid Classification Approach using Topic Modeling and Graph Convolution Networks"里面提到了"Graph Convolution Networks"图卷积网络，该文献中只是公开了对文本分类，并公开了该案例的公式，没有公开模型的建立过程，确认后该图卷积网络跟该案例比较相关，继续追踪。

最后，引证文献进行追踪检索。对该文献的引证文献进行追踪，发现该案例的 Y 对比文件"Graph convolutional networks for text classification"，该英文文献中描述了如何建立异构模型，并开了该案例了过程和公式。

【案例小结】

常规检索不到，换种思路，利用公式和说明书中的一些细节信息也是可以帮助我们进行检索。利用了 AI 智能检索引擎巧妙的检索到相关英文文献，并进行了追踪检索，Semantic scholar 在英文检索方面比谷歌学术，微软学术表现出色，通常只需要几个关键词，就可以获取到相关文献。直接输入 https://www.semanticscholar.org/就可以使用，方便快捷。不用到各个英文网站上单个输入关键词进行重复检索，对于提高英文检索效率十分有用。

案例 4-13

【案情介绍】

航天用热敏电阻对产品本身具有极高的要求，传统的热敏电阻无法达到要求。

该案例的目的是解决上述问题，提供一种玻璃封装 PTC 热敏电阻及其制作方法，制得的 PTC 热敏电阻皆能达到目标要求。

为解决上述技术问题，该案例的技术方案是：一种玻璃封装 PTC 热敏电阻，包括密封的玻璃管以及设于该玻璃管内的 PTC 芯片，所述 PTC 芯片上下表面均有设有导电胶层，导电胶层与 PTC 芯片上下表面分布的电极相连，每个导电胶层还与一条引线相连，所述引线穿过玻璃管与外界相通。

该案例的有益效果是：该案例所提供的玻璃封装PTC热敏电阻及其制作方法，用导电胶将引线黏结在PTC芯片的上下表面，避免了焊接高温对PTC芯片产生的不良影响；通过密封的玻璃管使PTC芯片与外界保持良好的隔绝，保证产品的耐用性；同时通过对材料的选择以及封装过程气氛的优化，使产品的最终结构具有良好的稳定性，且能满足目标要求。

该案例涉及的权利要求如下：

1. 一种玻璃封装PTC热敏电阻，其特征在于：包括密封的玻璃管以及设于该玻璃管内的PTC芯片，所述PTC芯片上下表面均有设有导电胶层，导电胶层与PTC芯片上下表面分布的电极相连，每个导电胶层还与一条引线相连，所述引线穿过玻璃管与外界相通。

【检索策略分析】

在中文专利库中通过关键词“玻璃、热敏、导电胶、电极、引线、导线、端子、引出、正温度、正特性、钛酸锶钡、居里、PTC、NTC”之间的多种组合以及与分类号“H01C7/02、H01C1/026”之间进行组合进行了检索，检索到了有效对比文件，但是，该案例的技术方案比较简单，应该能够检索到可以影响该案例新颖性的对比文件。进一步在英文专利库中进行检索，利用了关键词“batio, thermistor, （barium and strontium and titanate）”与分类号“H01C7/02、H01C1/026”之间的排列组合进行检索，但是并没有发现可以影响该案例新颖性的对比文件，但是在检索的过程中发现，比较相关的专利申请大多来自日本专利，考虑到可能在本领域中日本专利的研究较多，而且根据说明书的描述，发明点涉及到PTC芯片的材料：(Ba1-XSrX) TiO3，其中X的值关系到材料的居里温度，以及材料的应用环境，例如“居里温度”的词可能并不会出现在摘要中，于是在H01G分类号下，通过日文关键词，直接在日本专利全文库中进行了检索，运用分类号“H01C+”，与关键词“チタン酸バリウム 2w ストロンチウム”和“キュリー”进行相与。

仅仅通过1个检索式，浏览了7篇对比文件就获得了影响该案例权利要求 1 新颖性的对比文件：JP2863189B2。

【案例小结】

在检索的过程中可以获得许多新的信息，比如通过检索可以知晓案例所涉及的领域一般在哪些国家研究得比较多，这样可以直接在申请较多的他国专利库中进行检索，可能会事半功倍。该案例首先在中文专利库中进行检索，获得了有效的对比文件，但是通过经验判断应该可以获得影响该案例新颖性的文件，于是继续进行检索，并根据检索中获得的信息，发现相关的日文专利较多，于是直接通过日文关键词定位在日本专利全文库中进行检索，从而获得了能影响该案例权利要求新颖性的对比文件。

案例 4-14

【案情介绍】

电机在同步坐标系下，d、q 轴存在交叉耦合，而且随着转速的升高，耦合电压占定子电压的比重逐渐增大，耦合作用的影响也会越来越严重。传统 PI 调节器不能对 d、q 轴存在交叉耦合项实现完全解耦，电机高速运行耦合现象依然会加重；基于反馈解耦的 PI 调节器有良好的解耦特性，但对电机参数很敏感，电机参数变化会导致控制效果变差；基于复矢量的 PI 调节器虽然能够实现完全解耦，但随着载波比降低不可避免地会使电流采样误差增大，而且参数不匹配也会恶化控制系统的性能。

该案例应用于永磁同步电机控制领域，在电流调节器输出端中加入 $\sin\theta1/\theta1$ 环节，减小了调节器输出电压因坐标轴旋转产生的误差，从而有效的补偿了数字控制方式中电流采样误差。在有源阻尼中应用预测电流，避免了数字控制造成的延时误差引入到控制系统中，有效提高了参数变化的鲁棒性，增强了电流调节回路的稳定性。图 4-25 为该案例电驱控制系统框图。

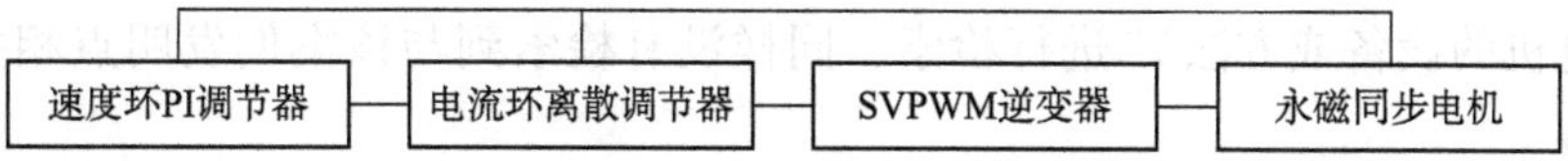

图 4-25　电驱控制系统框图

该案例涉及的权利要求如下：

1：一种基于复矢量调节器的永磁同步电机低载波比控制方法，其特征在于：该方法具体内容包括以下实施步骤：

步骤1、构建复矢量电流调节器及永磁同步电机电驱控制系统；

步骤2、根据速度环PI调节器，计算得到所需的同步坐标系下d轴和q轴参考指令电流idq；

步骤3、将dq同步坐标系下的参考指令电流和经电流检测模块采样得到的电流作差得到误差电流ΔIes（z），并输入到复矢量电流调节器中，调节器输出为电压信号；

步骤4、对一个采样周期内的电流调节器输出的平均电压值进行估算，然后在平均电压输出端加入有源阻尼状态反馈量作为系统调制信号；

步骤5、系统调制信号经过SVPWM调制生成PWM脉冲波，从而控制三相全桥逆变器输出实际电压，SVPWM逆变器与永磁同步电机连接，对电机进行驱动。

【检索策略分析】

首先，在中文专利库中结合申请人、发明人、工作单位进行追踪检索，具体地：采用大学名称和发明人进行相与，并没有检索到与该案例发明点相关的在前申请信息。随后，在中文专利库中尝试采用该案例的技术特征进行检索，根据该案例的发明构思以及技术效果提取相应关键词和分类号，采用“电机 or 电动机 or 马达”“复矢量 s 载波”“复矢量 s 电流调节器”、“h02p21/ic（通过矢量控制，例如磁场方向控制来控制电机的设备或方法）”“电流”“阻尼”进行块组合检索，没有检索到与该案例发明点相关的文献。

其次，在外文专利库中采用“complex vector”“carrier frequency”“carrier frequency and low”“h02p21/ic（通过矢量控制，例如磁场方向控制来控制电机的设备或方法）”进行检索，同样没有检索到与该案例发明点相关的文献。

随后，由于是大学申请，在中国知网中对申请人进行追踪检索，在非专利文献库中检索到申请人在后公开的硕士论文。进一步在 IEEE 中对申请人追踪检索，未找到合适的对比文件。

通过该硕士论文获得涉及该案例构思的关键词“低载波比”英文关键词“low-carrie ratio”，通过在 IEEE 中的检索进一步检索，得到相关扩展英文关键词“low Frequency Ratio”。

在 IEEE 中利用“low Frequency Ratio” and “current regulator” and “complex vector”检索到对比文件 1：“A Comparison of Discrete-time Complex Vector Current Regulators at Low Frequency Ratio”，《IEEE Transportation ELectrification Conference and Expo，Asia-Pacific》，Zhen Dong，etc. 2017 年 8 月 10 日。

对比文件 1 公开了为了实现低载波比的电机控制方法，其构建复矢量电流调节器及永磁同步电机电驱控制系统，并公开了说明书中限定的复矢量电流调节器传递函数。

对于权利要求 1 与对比文件 1 的区别技术特征，该技术特征主要是将 PI 电流调节器输出的电压加入有源阻尼状态反馈量作为系统调制信号，从而对电机进行 SVPWM。该区别技术特征能够补偿了数字控制方式中电流采样误差。

因此，继续在 IEEE 中利用关键词：Low Frequency Ratio and active damping and PI controller 进行检索，得到对比文件 2，对比文件 2 公开了：dq 同步坐标系下的参考指令电流，对一个采样周期内的电流调节器输出的平均电压值进行估算，然后在平均电压输出端加入有源阻尼状态反馈量作为系统调制信号；系统调制信号经过 SVPWM 调制生成 PWM 脉冲波，从而控制三相全桥逆变器输出实际电压，SVPWM 逆变器与永磁同步电机连接，对电机进行驱动。

同时，对比文件 2 还公开了说明书中的补偿电流采样误差的计算公式和有源阻尼状态反馈中的预测电流算法。

对于说明书中的预测电流 Ies（k+1）的计算公式，由于公式比较复杂，常规的检索手段较难找到合适的对比文件。由于该硕士论文中出现了该公式，考虑从硕士论文的引证文献着手，针对硕士论文引证文献中涉及预测电流控制的论文进行检索阅读，找到了对比文件 3：“Deadbeat Predictive Current Control of Permanent-Magnet Synchronous Motors with Stator Current and Disturbance Observer”，Xiaoguang Zhang，IEEE TRANSACTIONS ON POWER ELECTRONICS，VOL. 32，NO. 5，MAY 2017。该对比文件 3 公开了预测电流的技术手段。

【案例小结】

在利用从发明构思与技术效果中提取的关键词进行检索，未得到合适的对比文件后，但检索到发明人在申请日后公开的硕士论文。不应因为存在在申请日后公开的论文而终止检索，而是利用在后硕士论文中的英文关键词“carrier ratio”在 IEEE 中进行检索，虽然利用该关键词没有找到合适的对比文件，但是在检索过程中发现另一扩展关键词“low frequency ratio”。通过检索过程中扩展到的关于“低载波比”的英文关键词“low frequency ratio”，检索到对比文件 1。进一步，根据该案例的发明点“在电流调节器的输出加入有源阻尼状态反馈调节”，在 IEEE 中利用关键词 Low Frequency Ratio and active damping and PI controller 进行检索，得到对比文件 2。同时，对于复杂公式，对在后硕士论文的引证文献进行追踪检索，最终得到对比文件 3。该案例通过对相关文件的深入追踪检索和扩展，得到准确的关键词，提高了检索效能。

案例 4-15

【案情介绍】

该案例申请人是国网电力科学研究院，涉及视频行为识别领域，具体为基于视频监控的变电站作业人员典型违章行为检测方法。在变电站施工场景中，因施工人员的不安全行为经常造成事故，其中典型的违章行为如抽烟、跨越围栏等，因此对施工人员违规行为的检测至关重要。现有技术当中，一般通过管理人员人工监督施工人员，不仅效率低下且成本高、实时性不强，耗费大量人力成本。因此该案例解决的技术问题是如何对变电站作业人员的违章行为实时检测。该案例引入了视频特征的表示方法，解决了作业人员行为分析的难题，可作为变电站视频监控系统的扩展功能。

该案例的发明构思是利用摄像头获取作业场景的视频流，输入到已训练好的视频分类网络中，进行违章行为的实施检测。从而达到了对违章行为实时检测的技术效果。

该案例涉及的权利要求如下：

1. 变电站作业人员典型违章行为检测方法，其特征在于，包括：

步骤 1，采集正常作业行为和违章作业行为视频数据；

步骤 2，对步骤 1 采集的数据按类别进行标注，并提取视频帧图像；

步骤 3，读取数据集中训练样本的帧图像和对应的标注，对帧图像进行缩放；

步骤 4，设计多分支时空模块，并以此为基础构建视频分类网络；将帧图像数据和标签作为训练集对视频分类网络进行训练，得到可用于违章行为检测的视频分类网络，该视频分类网络由特征提取网络和特征分类网络组成；

步骤 5，利用摄像头获取作业场景的视频流，输入到已训练好的特征提取网络和特征分类网络中，进行翻越围栏带和抽烟违章行为的实时检测，并给出明确警示。

【检索策略分析】

该案例的发明点是利用视频分类网络对违章行为实时检测。通过中文专利库检索，可快速定位到最接近现有技术。通过关键词组合（电 and 人 and 行为）、模型、（（违章 or 违规） and 检测），以及准确的 CPC 分类号，均可找到最接近现有技术。选择 CN112183317A 作为对比文件 1，其公开了使用训练好的模型对带电作业现场的监控视频进行违章行为检测，当作业人员存在违章行为时报警，公开了该案例的发明构思。

该案例关键技术手段在于视频分类网络的具体网络结构，该案例在说明书中对视频分类网络做了具体限定。包括视频分类网络的整体模型结构，和分类网络中本方案自创的 MBSTM 模块。具体结构如图 4-26 和图 4-27 所示。

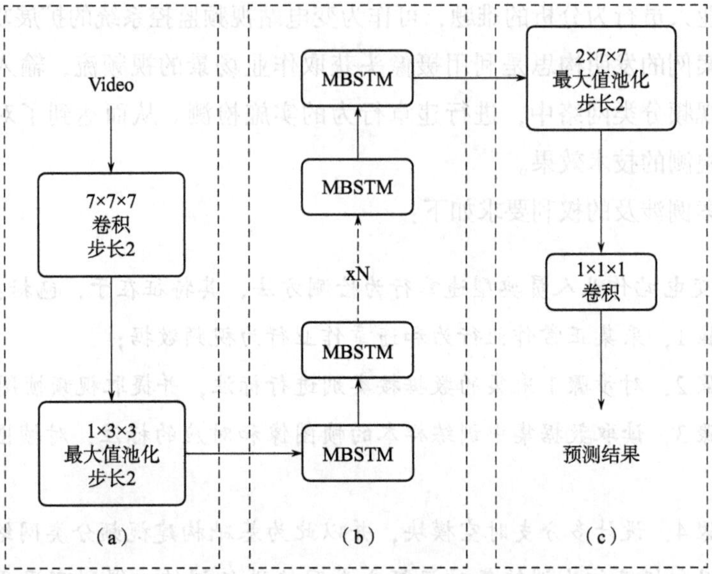

图 4-26　视频分类网络整体模型结构

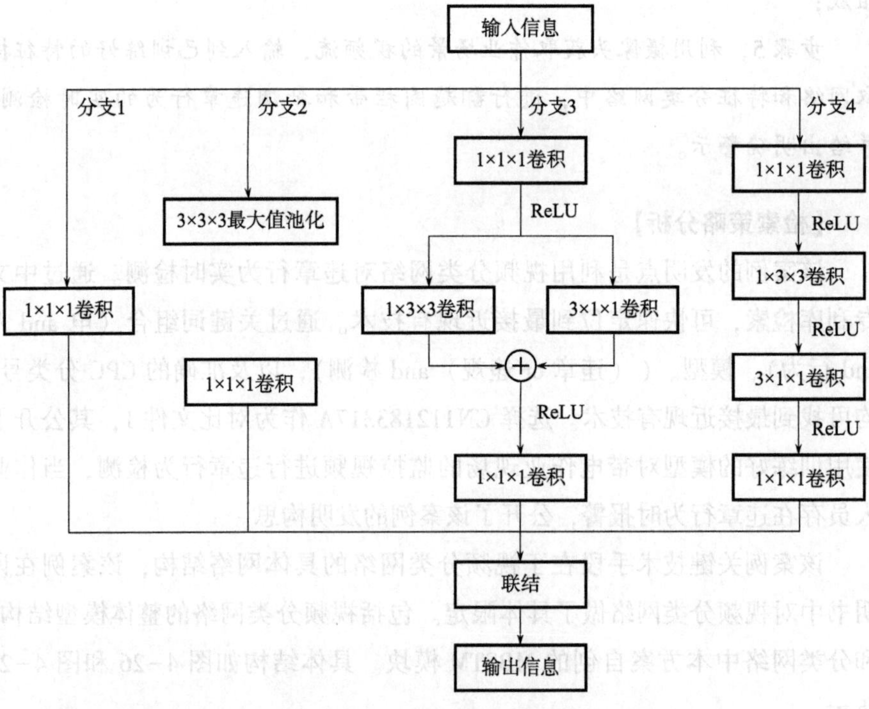

图 4-27　MBSTM 模块

其中，说明书对视频分类网络步骤做了如下限定：

步骤 41，采用 7×7×7 的卷积层和最大池化层对输入的视频进行处理，输出特征图信息；

步骤 42，把步骤 41 中输出的特征图信息利用 N 个 MBSTM 模块进行特征提取；

步骤 43，采用 2×7×7 平均池化层和 1×1×1 卷积层将步骤 42 提取到的特征图转化为预测结果输出。

视频分类网络步骤 42 用到的 MBSTM 模块包含 4 条分支，具体为：

1）分支 1，对当前 MBSTM 模块的输入信息进行 1×1×1 卷积 C，其公式为

$$X_{t+1,1} = C(X_t)$$

其中，X_t 表示第 t 层网络的输入，$X_{t+1,1}$ 表示第 t 层网络在分支 1 上的输出；

2）分支 2，先对输入信息进行一个 3×3×3 的最大值池化 P 处理，之后再进行 1×1×1 的卷积操作 C，使输出变成所需要的维度，其公式为

$$X_{t+1,2} = C(P(X_t))$$

其中，X_t 表示第 t 层网络的输入，$X_{t+1,2}$ 表示第 t 层网络在分支 2 上的输出；

3）分支 3，先对当前 MBSTM 模块的输入信息进行一个 1×1×1 的卷积操作 C1，使输入信息的维度降低以减少计算量；之后对 1×1×1 卷积操作后的输入信息进行 1×3×3 空间卷积 S 和 3×1×1 时间卷积 T 的并行操作，其中 1×3×3 卷积使 1×1×1 卷积操作后的输入信息在时间维度上保持不变，在空间维度上进行一个卷积核为 3×3 的卷积，3×1×1 卷积使 1×1×1 卷积操作后的输入信息在空间维度上保持不变，在时间维度上进行一个卷积核为 3 的卷积；分支 3 通过对时间维度信息和空间维度信息相加来对信息进行时间和空间维度上的操作，通过并行结构使得卷积空间和时间空间不互相联系，最后使经过时间卷积 T 和空间卷积 S 相加后的信息通过一个 1×1×1 的卷积结构 C2 使输出信息达到所需要的维度，

其公式为

$$X_{t+1,3} = C2(S(C1(X_t))) + C2(T(C1(X_t)))$$

其中，X_t 表示第 t 层网络的输入，$X_{t+1,3}$ 表示第 t 层网络在分支 3 上的输出；

4）分支 4，先对输入信息进行一个 1×1×1 的卷积操作 C1，之后对 C1 操作后的输入的特征信息依次进行 1×3×3 的空间卷积 S 和 3×1×1 的时间卷积 T，两种卷积结构的串联实现两者在一条路径上相互影响，从而使空间卷积和时间卷积之间相互联系，最后使时间卷积 T 处理后的信息通过一个 1×1×1 的卷积结构 C2 使输出信息达到所需要的维度，

其公式为

$$X_{t+1,4} = C2(T(S(C1(X_t))))$$

其中，X_t 表示第 t 层网络的输入，$X_{t+1,4}$ 表示第 t 层网络在分支 4 上的输出；

拼接四个通道，即四条分支，集四个通道的优点于一身，实现视频分类网络精度的提升，

公式为

$$X_{t+1} = X_{t+1,1} + X_{t+1,2} + X_{t+1,3} + X_{t+1,4}$$

可见，该案例的检索重点与难点就在于如何能快速找到这个视频分类网络与 MBSTM 模块。该案例的检索难点是视频分类网络的具体结构，然而在内外网检索说明书中唯一的标志性关键词 MBSTM 无任何结果。如何寻找到该视频分类网络成为检索的第一个难点，因为模型结构在权利要求中的限定通常为大段的文字描述，难以归纳出关键词。那么在模型结构没有准确关键词时如何进行检索？

利用 CSDN 与知乎的综述博客了解研究现状。CSDN 与知乎的博主会对一个领域中具有重要意义的模型进行汇总，且博客相对于期刊文章来说实时性会更高。在不了解一个领域研究现状时，通过 CSDN 与知乎了解研究现状是非常有效的做法。

以该案例举例，在必应中搜索：行为检测 动作识别 知乎，获得如图 4-28 的结果：

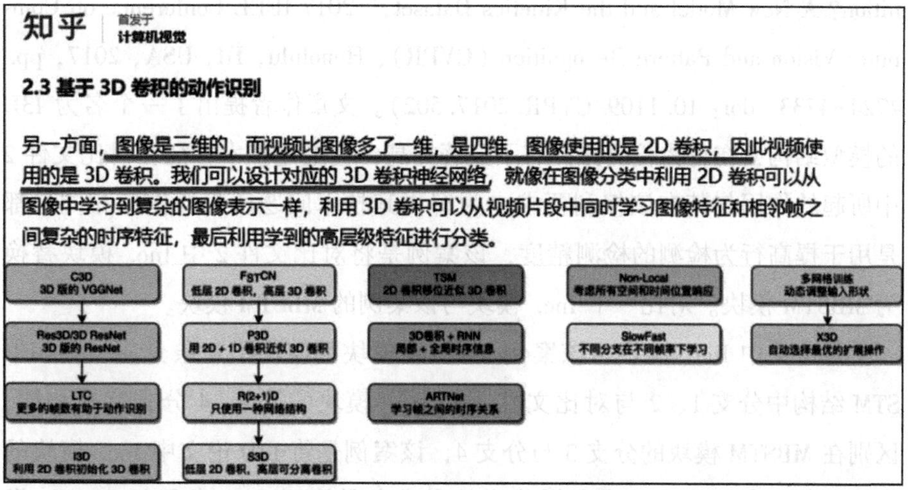

图 4-28　在必应中搜索“行为检测 动作识别 知乎”结果图

通过上述博客了解到，现有技术中的视频动作识别网络为 3D 卷积神经网络，为可用关键词，而现有 3D 卷积网络很多，在对各个模型名称有一个大致印象后，下一检索问题是，如何从众多模型中定位到该方案改进的模型？

返回说明书，关注解决技术问题的算法步骤。行为识别要解决的技术问题还是一个分类问题，模型结构描述中能解决分类功能的步骤是关键算法步骤。在该案例中，步骤 43 是解决分类功能的关键步骤，其中该方案通过 2X7X7 的平均池化层和 1X1X1 卷积层的组合实现了分类功能，而这不是本领域的惯用技术手段，现有技术通常为使用全连接 FCN 层实现分类功能，因此针对这个点进行检索。在哪里检索模型结构？

Google Scholar 覆盖了最全的国内外期刊，重点关注模型结构图，可有效提升期刊阅读速度。在外文期刊检索时，检索目标是获取一篇动作识别领域使用了 3D 卷积网络的文章，同时模型结构应尽可能与该案例相似，因此重点关注文章名称与模型结构可有效提高阅读速度。在 Google Scholar 中搜索“video 2X7X7 1X1X1 pooling”获得一篇文章，其模型结构图与该案例极为相似，文章作者给出了其使用的模型名称为 I3D，利用 Google Scholar 查找 I3D 这篇论文（J. Carreira and A. Zisserman，“Quo Vadis，Action Recognition? A New Model and the Kinetics Dataset," 2017 IEEE Conference on Computer Vision and Pattern Recognition (CVPR), Honolulu, HI, USA, 2017, pp. 4724-4733, doi: 10.1109/CVPR.2017.502)。文章作者提出了一个名为 I3D 的模型结构，在行为检测方面有了显著提高，且上述技术特征在对比文件 2 中所起的作用与其在该权利要求中为解决其技术问题所起的作用相同，都是用于提高行为检测的检测精度，该案例是将对比文件 2 中 Inc. 模块替换为 MBSTM 模块。对比一下 Inc. 模块与该案例的 MBSTM 模块。

该论文中 Inc. 模块与该案例 MBSTM 模块都使用了 4 条分支，且 MBSTM 结构中分支 1、2 与对比文件 2 的 Inc. 模块的第 1、4 分支完全相同，区别在 MBSTM 模块的分支 3 与分支 4，该案例是将 I3D 论文中 Inc. 模块的中间两条分支的 3×3×3 卷积拆分为并联或串联的 1×3×3 卷积与 3×1×1 卷积，并通过 1×1×1 的卷积结构使输出信息达到所需要的维度。

可以发现该案例的创造性高度判断就在于 3×3×3 卷积拆分为并联或串联的 1×3×3 卷积与 3×1×1 卷积是否为本方案自创的，利用必应继续检索。

利用搜索引擎检索模型改进点，利用 13D 和平行两个关键词在必应中检索，定位到一篇名为 P3D 的文章（Z. Qiu, T. Yao and T. Mei, "Learning Spatio-Temporal Representation with Pseudo-3D Residual Networks," 2017 IEEE International Conference on Computer Vision (ICCV), Venice, Italy, 2017, pp. 5534-5542, doi: 10.1109/ICCV.2017.590)。并具体公开了 P3D 的结构图如图 4-29 所示。

其中 P3D-A、P3D-B 与该案例 MBSTM 的第 4、3 分支完全相同，接下来仔细阅读文章中对于 P3D 网络结构设计的原因以及 P3D-A、P3D-B 的结构介绍，发现该篇文章已公开了组合 1×3×3 卷积层和一层 3×1×1 以并行或级联方式进行卷积来代替标准 3×3×3 卷积层，并通过 1×1×1 的卷积结构使输出信息达到所需要的维度的技术方案。

【案例小结】

把握发明整体框架，提炼发明点与改进手段，有助于明确检索策略。把握专利库与期刊库各自特点与优势，有针对性地进行检索。如在该案例中通过专利库检索发明点，通过 GoogleScholar 检索改进技术手段。人工智能领域特点是技术路线多且技术迭代快，利用知乎与 CSDN 的综述博客快速获取领域最新模型动态。检索思路调整时，从效果出发，以能解决技术问题的方法步骤作为检索重点。以该案例为例，在知乎提供多个 3D 卷积神经网络后，返回该案例说明书中，定位到步骤 43 是解决分类功能的关键步骤，提取出 2×7×7 的平均池化层和 1×1×1 卷积层作为检索关键词。期刊阅读时，重点关注模型结构图可有效提升阅读效率。

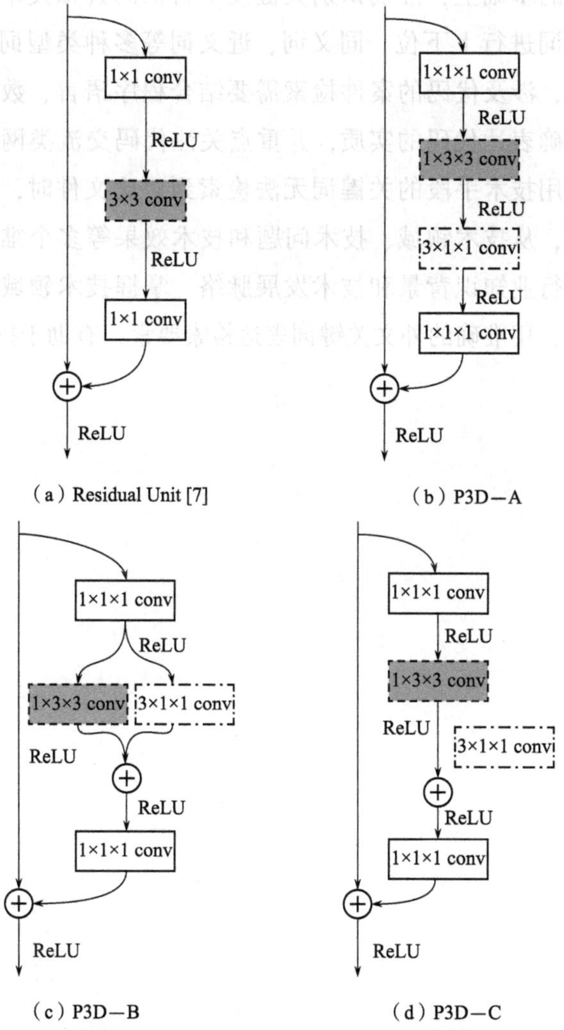

图 4-29　P3D 结构

4.5 总 结

关键词表达不应拘泥于涉及发明点的关键技术特征本身，而是应当在充分理解发明的基础上，准确识别关键技术特征的公知技术名词，并对该公知的技术名词进行上下位、同义词、近义词等多种类型词汇的扩展。在计算机领域中，涉及代码的案件检索需要结合程序语言、数据结构和算法的基础知识准确表达代码的实质，并重点关注代码交流类网站是否披露相关源码。在使用技术手段的关键词无法检索到对比文件时，还需要进一步结合发明构思，从技术领域、技术问题和技术效果等多个维度表达检索要素。通过了解行业知识背景和技术发展脉络，掌握技术领域中的重要的中外申请人信息，用准确的外文关键词表达检索要素，有助于提高检索效率。

第5章 非专利资源检索

5.1 非专利资源检索的概述

电学领域的非专利资源检索是获取现有技术的重要手段之一。非专利资源检索可以作为专利检索的有效补充手段，获取在学术网站、互联网平台、社交论坛等公开的现有技术，帮助提升检索的全面性和准确性。

对于期刊论文的检索，本章中针对期刊论文网站的使用方式提供的具体案例包括通过阅读相关技术文献获取准确关键词、基于作者线索进行进一步追踪检索、基于引证文献进行检索，同时还包括对于期刊论文网站的不同使用方式进行检索，具体体现在利用高级检索功能进行检索等。结合具体案例的情况，针对计算机领域的涉及算法改进的相关申请，在期刊网站中进行检索可以更快命中对比文件。

对于利用互联网资源的检索，本章中针对互联网检索从多个角度提供了多个案例，其中包括针对软件功能类申请可以检索到同类型的App公开相关方法流程、在技术论坛网站中公开的相关代码中公开了处理流程，对于涉及机械结构类的申请可以在沐风网等机械图纸网站中获得相关机械结构，上述内容均可以在网站中获得具体的公开时间，可以作为影响待检索技术方案新颖性/创造性的有效证据。

对于采用网络社交平台的检索，本章中针对自媒体、技术论坛、软件产品官网等资源的检索提供了多个案例，包括针对软件操作界面类的技术内容在微信公众号等平台中可以采用图文混排的方式进行浏览，同时对于涉及具体产品工艺的技术内容在自媒体视频中可以进行较好的展示，进一步的对于工程结构类的技术内容也能够在微信公众号中检索相应的技术文章。

本章首先对非专利资源检索进行简要概述，从非专利资源检索的常见问题和非专利资源检索的一般方法介绍非专利资源检索的基本方法。在此基础上结合非专利资源检索的主要特点，通过具体案例介绍如何做好非专利资源检索。

5.2 非专利资源检索的常见问题

与专利库检索相比，非专利资源检索因为数据库众多，检索命令复杂等，很容易遗漏某个网站导致仍有很大概率存在漏检的风险隐患。在检索实践中，主要存在以下四种非专利资源检索的常见问题。

1. 关键词表达不专业导致检索漏检

一般情况下，专利文献撰写时会使用科技术语以体现其技术性和专业性，从专利文献中提取关键词进行初步检索是常用的检索手段。然而专利文献中仍存在不少非常规的表达方式，这也增加了关键词检索的难度。如果使用这些非常规表达方式在非专利资源库中检索，那么检索文献数量会很少，甚至检索不到证据。尤其是发明人的自定义词汇检索起来更加困难。

2. 不会使用外文数据库或者使用较少

在电学计算机领域，尤其是人工智能的基础算法方面，国外的研究处于领先位置。对于涉及算法的发明专利申请，外文非专利库，如 IEEE，Web of Science 等检索非常重要。然而，语言使用的困难及数据库的检索入口的不熟悉，导致对上述数据库的检索容易流于表面。

3. 对技术论坛检索不足

由于计算机领域很多发明申请涉及 App 等软件应用，对于此类申请技术论坛如 CSDN 可能会出现相关的程序代码，如果检索中仅仅关注专利库，或者只进行常规的互联网检索而忽略了技术论坛，往往容易遗漏 X 文件。尤其是流程性比较强，应用痕迹比较明显的发明申请，一定要检索相应的技术论坛。同时，也要基本熟悉相关的编程语言，如 C 语言，Java 语言等。

4. 忽略最新的网络工具

随着信息技术的发展，微博、微信、短视频等工具成为信息的转发平台，如微信公众号，微信小程序，抖音，快手，B 站等。对于最新的技术发展，可以到相关平台检索，可能找到相关的技术介绍或技术展示。如果忽略了上述检索，可能遗漏重要的检索线索，从而遗漏重要的证据。

为了在检索时避免出现上述四种非专利资源检索的常见问题，需要熟悉各个非专利数据库的特点，有效选取最适合的检索方式到相应的数据库和网站上进行检索，这才是制定检索策略的关键。

5.3　非专利资源检索的一般方法

5.3.1　常见的检索平台

5.3.1.1　期刊论文检索

常见的期刊论文主要在中英文学术期刊网站如中国知网、万方数据知识服务平台（以下简称“万方”）、IEEE Xplore（以下简称“IEEE”）、arXiv 预发布库、Web of Science 等资源库中进行。

1. 中国知网（以下简称“CNKI”）

CNKI 是人工智能领域使用最频繁的中文非专利数据库，在技术方案的理解和检索环节，都可能涉及在非专利库的检索。其收录文献按照领域划分为基础科学、工程科技Ⅰ辑、工程科技Ⅱ辑、农业科技、医药卫生科技、哲学与人文科学、社会科学Ⅰ辑、社会科学Ⅱ辑、信息科技、经济与管理科学，而人工智能领域的相关文献集中在基础科学、工程科技Ⅰ辑、工程科技Ⅱ辑、信息科技部分；包括期刊、硕士论文、年鉴、学术辑刊、教育期刊、国内会议、专利、特色期刊、国际会议、标准、博士论文、报纸和成果数据库，但是默认检索范围并非包含全部数据库，而是涉及期刊、硕士、学术辑刊、国内会议、国际会议、博士和报纸数据库，主要关注的还是学术论文范围的检索。CNKI 文献检索方式主要包括高级检索、专业检索、作者发文检索、科研基金检索、句子检索和文献来源检索，但由于高级检索输入检索控制条件部分涵盖专业检索、作者发文检索和科研基金检索的相关内容，因此在 CNKI 中的非专利资源检索基本上涉及高级检索和句子检索，其排序因素依次为主题、发表时间、被引次数和下载次数。此外，CNKI 还集成了比较有特色的知识元检索，提供知识问答、百科、词典、手册、工具书、图片、统计数据、指数、方法、概念和知网大学生百科等检索项。其中知识问答、百科、工具书、图片可用于查找相关知识辅助技术知识的理解，词典可用于在输入汉语关键词的情况下辅助提供对应的英文关键词，提升检索过程中获取英文关键词的效率。CNKI 翻译助手也可以在输入汉语关键词的情况下辅助提供对应的英文关键词。

2. 万方数据知识服务平台

万方也是电学领域发明专利需要重点关注的中文非专利数据库，其资源包括学术期刊、学位论文、会议论文、科技报告、专利、标准、科技成果和法律法规。默认检索范围涉及期刊论文、学位论文和会议论文。万方默认呈现的是一框模式，其检索模式包括高级检索、专业检索和作者发文检索。作者发文检索适用于发明人论文追踪，高级检索的检索字段包括全部、主题、题名或关键词、题名、作者、作者单位、关键词、摘要、中图分类号、DOI、第一作者、期刊-基金、期刊-刊名、期刊-ISSN/CN、期刊-期、学位-专业、学位-学位授予单位、学位-导师、学位-学位、会议名称。内容检索部分多了全部、题名或关键词等字段，其检索字段显著体现了期刊、学位、会议三部分的划分。

3. IEEE Xplore

IEEE Xplore 是一个学术文献数据库，主要提供计算机科学、电机工程学和电子学等相关领域文献的索引、摘要及全文下载服务，它基本覆盖了电气电子工程师学会（IEEE）和工程技术学会（IET）的文献资料，收录了超过 2 百万份文献。检索方式包括一框式的基本检索和多字段间的高级检索。

4. arXiv

arXiv 是一个收集物理学、数学、计算机科学与生物学的论文预印本的网站，始于 1991 年 8 月 14 日。为了防止其研究成果在论文被收录前被别人剽窃，论文作者会将预稿上传到 arvix 作为预收录，因此这就是个可以证明论文原创性（上传时间戳）的文档收录网站。当检索到外文论文的公开内容可以用于影响待检索技术方案的新颖性/创造性但是公开时间不可用时，还应当追踪该论文是否在其他网站或期刊公开，特别是类似 arXiv 这种论文预印本网站，论文作者往往会将论文在正式发表前上传到该类网站上予以公开，以证明论文原创性。结合网站的发布规则确定文章的公开时间，以判断该提前公开的文章是否可作为现有技术。

5. Web of Science

Web of Science 是一个由多各学科文献检索数据库组成的平台，是全球最大、覆盖学科最多的综合性学术信息资源，收录了自然科学、工程技术、生物医学等各个研究领域最具影响力的多种核心学术期刊，虽然版权不在该网站，但是该网站提供了有效链接。Web of Science 常用在作者/发明人追踪检索中，每个作者都有唯一的 ID，发明人检索效率高。

5.3.1.2　互联网检索

互联网中与技术相关的论坛、搜索引擎、App、技术产品官方网站等都对技术内容进行了详细的介绍，同时也有明确的公开时间，因此相关技术内容可以作为对比文件用于审查，尤其是在计算机领域利用互联网资源进行检索获取有效对比文件的申请逐渐增多。以人工智能领域为例，近两年的审查中新出现的算法越来越多，人工智能领域新算法传播的一个特点是科研人员或算法技术人员等往往会在博客或论坛性质的网站发布自己研究领域的最新外文论文的解读，算法运行具体配置。因此，无论是从理解发明的角度还是从寻找可用对比文件的角度看，从互联网博客或论坛性质的网站获取相关信息，变得日益重要。

1. 百度学术

百度学术是百度推出的学术检索平台，属于学术类搜索引擎，其包括默认搜索方式和高级搜索两种模式，默认搜索方式下在检索框中检索的关键词出现在文章任何位置，高级搜索模式下字段包括：包含全部检索词，包含精确检索词，包含至少一个检索词，不包含检索词；作者、机构、出版物、发表时间、语言检索范围（中文、英文）。高级搜索模式下可以通过更多的条件限定待检索的范围。百度学术的推荐按照默认的相关性排序，精准度更高。排序方式还可选择按被引量、按时间降序。

2. 百链平台

百链平台集成了 IEEE、Elsevier Science、springer link 等 200 多个著名的外文数据库资源，文献量多，能进行外文期刊、论文、图书、标准的检索，且提供高级检索的功能。高级检索模块中能够同时进行作者和作者单位的检索，克服了在追踪检索发明人时因为发明人拼音扩展不全、发明人拼音搜索的检索噪声太大的问题，有助于有效进行追踪检索。百链中还提供文献所收录库的跳转链接，通过链接可查看论文详细信息。

3. CSDN（Chinese Software Developer Network）

CSDN 创立于 1999 年，致力于为中国软件开发者提供知识传播、在线学习、职业发展等全生命周期服务。网站包括博客、下载、学习、社区等模块，内容包括前沿技术文章、高价值源码课程等，技术覆盖面涉及计算机开发的各领域，包括前端和后端开发、编程语言、人工智能、大数据、软硬件开发等多维度的技术资料，相关资料具有比较明确的发布时间。

5.3.1.3 网络社交平台检索

随着自媒体的发展，微信公众号、微博等成为技术资料发布的新平台，部分技术博主在微信公众号或微博等社交平台上发布涉及各类技术的文章，其中采用文字、照片、视频等多种形式对于技术细节有较好的展示，同时大型的平台也能够对于文章发布时间有完备的记录，同时该类平台上的技术文章往往具有一定的前瞻性，同类型的技术往往最早发布，具有较高的检索价值。

1. 微信公众号

微信公众号是腾讯公司在 2012 年推出的用于消息推送、品牌传播和信息分享的平台。账号类型包括服务号和订阅号，其中服务号的运营主体是组织（如企业、媒体、公益组织），订阅号的运营主体是个人或组织，即个人不能申请服务号，科技公司或开发人员会将微信公众号作为技术资料发布的宣传平台。2018—2023 年，腾讯公司对于微信公众号的展示内容审核、发布者的管理等方面进行了进一步的加强，发布文章更加规范，内容涉及技术资料、广告宣传、公益服务等。其中通过检索获取的技术资料和广告宣传的相关内容可以作为现有技术资料。

2. 微博

微博是一种基于用户关系信息分享、传播及获取的通过关注机制分享简短实时信息的广播式社交媒体、网络平台。微博具有便捷性、传播性、原创性等特点。微博内容涉及的分类包括科技、法律、军事、农业、生活、历史、艺术等多个维度，通过关键词搜索可以有效追踪技术原创文章、作者等信息。

5.3.2 非专利资源的一般检索选择策略

首先，对于高校，研究所类申请人，期刊、论文等非专利数据库是重点检索对象，尤其是涉及算法的发明专利申请。同时，要根据不同数据库的特点，选择不同的数据库。区分 CNKI、万方等中文期刊与 IEEE、Elsevier 外文期刊的适用范围，还要到读秀等网站检索公知常识类证据。

其次，对于新型电子技术产品或算法应用等申请，大型搜索引擎网站、技术论坛等是有效的检索手段。这里需要掌握基本的编程语言，如 C 语言和 Java 语言。

再次，对于应用软件类申请，可以通过微信公众号、微信小程序和 App 软件等进行检索可以快速获得有效检索结果。

最后，还有非常重要的一点，就是善于利用检索线索进行追踪检索，比如发现比较准确的关键词或相关的研究人员，可以顺藤摸瓜找到可用的证据。

5.4 非专利资源检索的典型案例

5.4.1 期刊论文检索

期刊论文检索主要在中英文学术期刊网站如 CNKI、万方、IEEE、Elsevier 等进行，其中 CNKI 是采用中文检索使用频率较高的网站，其中公开了包括期刊、论文、会议报纸、标准、图书等文献资源，检索方式包括基本检索和高级检索，同时还支持基于知识元检索的语义检索，以下将结合电学领域检索实践典型案例具体介绍。

5.4.1.1 CNKI 使用技巧

CNKI 的有效使用可以有效促进检索效率的提升，具体包括利用 CNKI 检索结果辅助理解技术方案、利用 CNKI 中高级检索中的检索式编辑功能、通过 CNKI 中提供的作者标引等功能可以准确定位研究团队的学术信息等，均有助于提高检索效率，下面结合具体案例介绍具体的使用细节。

1. 通过 CNKI 检索了解现有技术

CNKI 中存在大量的期刊以及硕博论文等技术资料，对现有技术脉络有详细介绍，相较其他百科类搜索引擎提供的资料更加专业化，便于更加深入地了解某一特定技术领域的现有技术情况，可以有效帮助拓宽检索思路。

案例 5-1

【案情介绍】

现有技术中采用人脸识别方法进行人脸识别时，需要使用多个深度学习模型，模型之间的数据传输过程耗费时间较长，导致人脸识别的效率较低；另外，相关技术提供的深度学习模型的训练过程中，需要对多个深度学习模型分别进行训练，资源和时间的消耗较大，训练的灵活性较低。

该案例涉及的权利要求如下：

1. 一种人脸识别方法，其特征在于，所述方法包括：向深度学习模型输入待识别人脸图像；接收所述深度学习模型输出的人脸特征数据；其中，所述深度学习模型包括：依次连接的输入层，第一输出层，特征组合层和第二输出层；所述输入层用于在接收到待识别人脸图像后，对所述待识别人脸图像进行数据处理，以得到高维特征数据；所述第一输出层用于对所述高维特征数据进行数据降维处理，得到低维特征数据，所述高维特征数据的数据维度大于所述低维特征数据的数据维度；所述特征组合层用于将所述低维特征数据进行预处理，并将预处理后的低维特征数据进行合并处理，得到组合特征数据；所述第二输出层用于对所述组合特征数据进行特征融合，得到所述人脸特征数据。

2. 根据权利要求 1 所述的方法，其特征在于，所述深度学习模型还包括与所述第二输出层连接的第一监督模块；

所述第一监督模块用于在所述深度学习模型的训练过程中，接收所述第二输出层输出的样本人脸特征数据，并对所述样本人脸特征数据进行识别，输出识别结果，并基于输出的识别结果和样本人脸图像的训练标签，计算当前所述第一监督模块中预设的损失函数的第一损失值，向所述输入层反向传输所述损失函数的梯度信息，所述梯度信息用于调整所述深度学习模型中的目标网络参数，所述样本人脸特征数据是将样本人脸图像作为待识别人脸图像输入至所述输入层后，所述第二输出层输出的数据。

3. 根据权利要求 1 所述的方法，其特征在于，所述输入层包括依次连接的 n 个处理模块，每个所述处理模块用于对输入至所述处理模块的数据进行数据处理，并将所述数据处理得到的结果输出至所述第一输出层，所述 n 为大于 1 的整数；

所述 n 个处理模块中的前 n-1 个处理模块还用于将所述数据处理得到的结果输出至下一处理模块；

其中，所述 n 个处理模块中的第一个处理模块的输入通道为所述输入层的输入通道。

4. 根据权利要求 3 所述的方法，其特征在于，所述第一输出层包括 n 个特征模块，所述 n 个特征模块与所述 n 个处理模块一一对应连接，所述高维特征数据包括 n 个高维子特征数据，每个所述处理模块用于向连接的特征模块输出一个所述高维子特征数据，每个所述特征模块用于对输入的所述高维子特征数据进行数据降维处理，得到一个低维子特征数据，并将所述低维子特征数据输出至所述特征组合层；其中，所述 n 个特征模块输出的 n 个低维子特征数据组成所述低维特征数据。

5. 根据权利要求 4 所述的方法，其特征在于，所述第一输出层还包括：n 个第二监督模块，所述 n 个第二监督模块与所述 n 个特征模块一一对应连接；

每个所述第二监督模块用于在所述深度学习模型的训练过程中，对输入的样本低维子特征数据进行识别，输出识别结果，并基于输出的识别结果和样本人脸图像的训练标签，计算当前所述第二监督模块中预设的损失函数的第二损失值，向所述输入层反向传输所述损失函数的梯度信息，所述梯度信息用于调整从所述输入层到所述第一输出层中的目标网络参数；

每个所述特征模块还用于在所述损失函数收敛至目标数值范围后，向所述特征组合层输出所述样本低维子特征数据；

其中，输入至每个所述第二监督模块的所述样本低维子特征数据是将样本人脸图像作为待识别人脸图像输入至所述输入层后，由与所述第二监督模块相连的特征模块输出的数据。

上述技术方案（图 5-1）与相关技术相比，一方面，在使用该深度学习模型获取人脸特征数据时，可以缩短运算时长，提高人脸识别的效率；另一方面，该深度学习模型集成了相关技术中的多个深度学习模型的功能，在训练该深度学习模型时，既节约了训练过程中所耗费的资源和时间，又可以尽可能减少训练过程中的人工干预，以实现端到端的训练，提高深度学习模型的性能，因此该案例实施例提供的深度学习模型的训练灵活性较高。

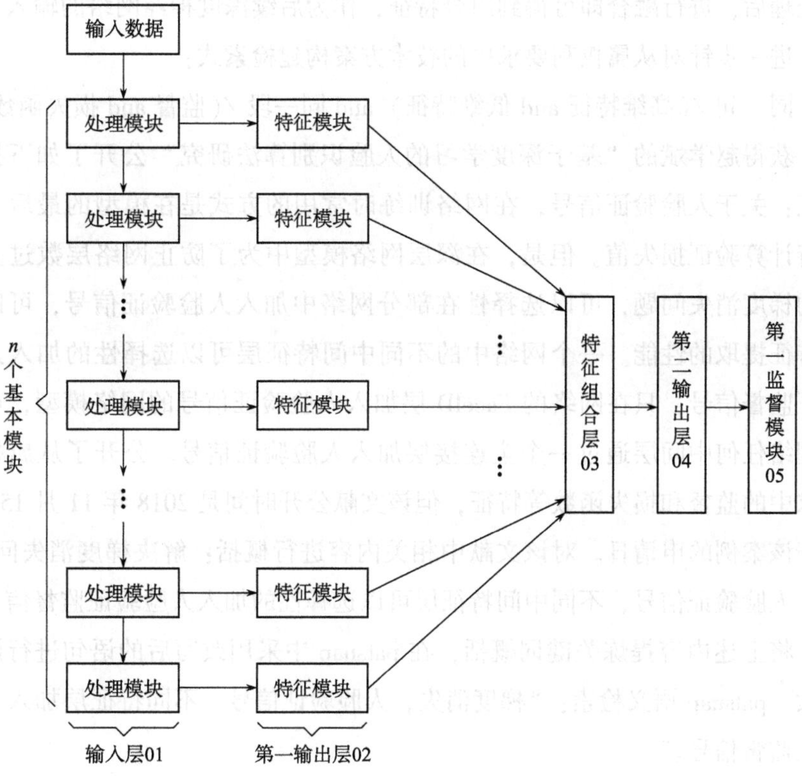

图 5-1　技术方案示意图

【检索策略分析】

首先在专利库中采用“监督、验证、人脸识别、损失函数、特征”等关键词进行试探性检索。根据检索结果显示，该案例如若关键词限定太多将导致可供浏览文献量过少，关键词限定较少而导致浏览文献量增加，不利于快速筛选出有效对比文件，检索效率过低。最终通过在专利库中检索未获取有效对比文件。

进一步切换到 CNKI 中采用句子检索的方式：

同一句 /(高维特征 and 低维特征) and 同一段 /(特征融合 and 组合特征)

获得对比文件“基于深度学习的人脸识别技术研究”公开了如下技术特征：特征提取和特征融合是人脸识别方法的第二个部分，通过基础模型提取对应的预处理图像，获得基础特征，对基础模型提取的基础特征进行预处理后，进行融合即可得到组合特征，作为后续深度神经网络的输入。

进一步针对从属权利要求中的技术方案构建检索式：

同一句 /(高维特征 and 低维特征) and 同一段 /(监督 and 损失函数)

获得赵学斌的“基于深度学习的人脸识别算法研究”公开了如下技术特征：关于人脸验证信号，在网络训练时常用的方式是在模型的最后一层进行计算验证损失值。但是，在深层网络模型中为了防止网络层数过多导致的梯度消失问题，可以选择性在部分网络中加入人脸验证信号，可以提高特征提取的性能。一个网络中的不同中间特征层可以选择性的加入人脸验证监督信号，只在网络的 FaceID 层加入人脸验证信号的网络模型，可以在网络任何中间层通过一个全连接层加入人脸验证信号。公开了从属权利要求中的监督和损失函数等特征，但该文献公开时间是 2018 年 11 月 15 日，晚于该案例的申请日。对该文献中相关内容进行概括：解决梯度消失问题，加入人脸验证信号，不同中间特征层可以选择性的加入人脸验证监督信号。

将上述内容提炼关键词概括，在 patsnap 中采用改写后的语句进行语义检索。patsnap 语义检索：“梯度消失，人脸验证信号，不同特征层加入人脸验证监督信号。”

排除明显时间不可用的文献后，在第 23 位快速获取了可用的对比文件：CN107004115A 2017 年 8 月 1 日。该文献公开了：训练器 30 中的识别监督信号和验证监督信号（分别表示为“Id”和“Ve”）同时添加到特征提取器 10 中的每个特征提取模块的全连接层 FC-n 中的每个全连接层，其中 $n=1,\cdots,4$，并且分别反向传播到输入人脸图像，以更新所有的级联特征提取模块的神经元之间的连接的权值。

【案例小结】

在利用从发明构思与技术效果中提取的关键词进行检索，未得到合适的对比文件后，在非专利库检索相关文献了解现有技术，进一步确定准确的关键词，并利用中文专利全文库的特点，在中文专利全文库进行相关关键词检索，快速找到好用的对比文件，提高检索效能。

2. 巧用检索式编辑功能

对于复杂的技术方案，在无法采用简单的关键词组合进行检索范围限定的情况，可以使用检索式编辑功能，通过多种条件限定方式，充分表达技术方案构思，准确定位现有技术中的对比文件。

案例 5-2

【案情介绍】

现有技术中，对充换电站规划方案的优选目标分析不到位，不能与电动汽车市场运作的模式和发展方向契合，计算方法分析不深入；规划模型的约束条件未能将交通路网、电力网络、用户需求、市政规划等统筹考虑，导致模型不完善，说服力较小等。因此，对充换电站规划问题涉及的各方利益进行了分析，需要一种在满足快充需求的前提下，使充换电站的建设成本、快充途中耗时成本、到站排队等候时间成本三者最小为目标的规划方案。

该案例涉及的权利要求如下：

1. 一种电动汽车充换电站优化布局方法，其特征在于包括以下步骤：

步骤 1：运用数据采集系统，采集规划区域内的有效信息；

步骤 1.1：所述规划区域内的有效信息包括：在规划水平年，空间负荷预测综合考虑了小区用地性质、面积和人口信息，负荷预测值可以反映小区生活和消费的发展水平，随着电动汽车技术的成熟和人们环保意识的增强，高发展水平小区电动汽车的购置能力更强，规划水平年，电动汽车数量可根据城市的千人汽车保有量与小区人口预测，并考虑小区负荷预测值修正，表示为

$$N_j = f\left(\lambda a_j b \frac{p_{lj}}{P_{EQ}}\right) \qquad (j \in D) \qquad (1)$$

$$P_{EQ} = \frac{1}{n} \sum_{j \in D} p_{lj} \tag{2}$$

式中：N_j 为区域 j 电动汽车数量；λ 为水平年千人汽车保有量；a_j 为水平年区域 j 人口；b 为电动汽车份额；p_{lj} 为水平年小区 j 负荷预测值，P_{EQ} 为规划范围水平年负荷预测平均值；D 为小区集合；f 为向上取整函数；n 为小区集合数；

步骤 1.2：将所述信息采集以后通过数据传输通道，借助数据输入系统将有效信息传递至数据分析系统；

步骤 2：数据分析系统中的成本分析子系统，建立优化布局的目标函数；

步骤 2.1：所述目标函数为充换电站的建设成本、快充途中耗时成本和到站排队等候时间成本三者最小；

具体表示为

$$\min f_{\text{cost}} = f_{\text{constr}} + f_{\text{tcos}} + f_{\text{waitc}} \tag{3}$$

式中：f_{cost} 为公共充换电站的社会年总成本；f_{constr} 为公共充换电站的年建设运行成本；f_{tcos} 为用户快充途中年耗时成本；f_{waitc} 为用户到站排队等候年时间成本；

步骤 2.2：所述公共充换电站年建设运行成本年建设运行成本包括年固定投资和年运行成本；固定投资主要是充电机、土地、配电变压器和其他辅助设备的投资成本，运行成本主要是充换电站的人员工资和设备维护等成本；充电机是固定投资的决定因素，固定投资和运行成本都是充电机数量 Ncharge 的函数，年建设运行成本可表示为：

$$f_{\text{constr}} = \sum_{i \in D_{\text{constr}}} \left[f_{\text{constr}}(N_{\text{charge}}) \frac{\beta_0 (1 + \beta_0)^{y_{\text{depr}}}}{(1 + \beta_0)^{y_{\text{depr}}} - 1} + f_{\text{opera}}(N_{\text{charge}}) \right] \tag{4}$$

式中：f_{constr} (N_{charge}) 为充换电站 i 的固定投资函数；f_{opera} (N_{charge}) 为充换电站 i 的年运行成本函数，可按固定投资的一定比例取值；N_{charge} 为充换电站 i 的充电机数量；β_0 为贴现率；y_{depr} 为充换电站的折旧年限；D_{constr} 为充换电站集合；

步骤 2.3：用户充电途中年耗时成本计算，充电途中年耗时成本主要由

快充需求点到充换电站的距离决定，可表示为

$$f_{\text{tcost}} = 365\gamma \frac{\sum_{i\in D_{\text{constri}}}\sum_{j\in D_{\text{constri}}} \mathrm{P}_{\mathrm{N}_j}\mathrm{d}_{1ij}\mathrm{d}_{2ij}}{v} \tag{5}$$

式中：γ 为城市出行时间成本系数；d_{1ij} 为需求点 j 到充换电站 i 的城市道路非直线系数；d_{2ij} 为需求点 j 到充换电站 i 的空间直线距离；v 为城市交通平均行驶速度；D_{constri} 为属于充换电站 i 的快充需求点集合；

步骤2.4：用户到站排队等候年时间成本计算，用户到站排队等候年时间成本由电动汽车快充期望和到站排队等候时间期望决定，可表示为

$$f_{\text{waitc}} = 365\gamma\sum_{i\in D_{\text{constri}}}\left(E_i\sum_{j\in D_{constri}}\mathrm{P}_{\mathrm{N}_j}\right) \tag{6}$$

式中：E_i 为充换电站 i 的排队等候时间期望；

步骤3：运用约束处理子系统对充换电站规划布局过程中应该考虑的约束条件加以处理；步骤3.1：各充换电站充电机配置不等式约束，可表示为

$$N_{\text{charge,min}} \leqslant N_{\text{charge}} \leqslant N_{\text{charge,max}} \tag{7}$$

$N_{\text{charge,min}}$ 和 $N_{\text{charge,max}}$ 分别为充电机配置的最小和最大值；

步骤3.2：快充需求点到充换电站距离的不等式约束，可表示为

$$d_{1ij}d_{2ij} \leqslant d_{\max} \tag{8}$$

$d_{\max}$ 为快充需求点到充换电站最大距离；

步骤3.3：充换电站间距离不等式约束，可表示为：

$$d_{1ij}l_{ij} \leqslant l_{\min} \tag{9}$$

式中，l_{ij} 为充换电站 i 和 j 的直线距离，$l_{\min}$ 为充换电站间最小距离；

步骤4：数据分析系统中的模型建立子系统，综合约束处理子系统和成本分析子系统的处理结果，建立合理可靠的模型；

步骤5：数据分析中所述优化算法为粒子群智能优化算法，该智能算法对步骤4中的优化模型进行精确求解；

步骤6：决策系统在综合步骤5中数据分析系统的仿真结果后，规划区域的电动汽车优化布局做出准确抉择优化结果结束，经数据输出系统输出最优结果，所述最优结果包括充换电站在规划区域内的最优选址和最优容量。

【检索策略分析】

针对超长公式的检索，考虑到该案例是大学申请，权利要求中包含大量的公式，到非专利库中进行检索，采用关键词在 CNKI 进行检索，检索式如下：

（AB=电动车 or AB=电动汽车）and AB=充换电站 and FT=目标函数

检索到一篇在后的 A 大学的毕业论文“电动汽车充电站规划方法研究”，该论文第 35-36 页记载的充电站规划的数学模型与该案例是相同的，具体如图 5-2 所示。

1. 充电站年建设成本

建设成本包括固定投资和运行成本。固定投资指土地占用、配电变压器、充电机和辅助设备等的投资，运行成本指充电站工作人员薪水和设备运营维护费用等成本。

充电机是影响充电站建设成本的主要变量因素，因为一个充电站的规模大小靠建设充电机数量的多少来体现，而充电站规模的扩大直接影响到土地购置费用和配电变压器容量及其他辅助设备的固定投资增大，同时运行成本中的员工数量和设备运行维护费用也增多。固定投资和运行成本都是充电机数量 N_{ch} 的函数。年建设成本可表示为：

$$C_{CS}=\sum_{i\in J_{CS}}\left[(W+qN_{chi}+eN_{chi}^2)\frac{r_0(1+r_0)^{m_s}}{(1+r_0)^{m_s}-1}+u_{CS}(N_{chi})\right] \tag{4.6}$$

式中：W 表示固定不变投资，包括营业建筑和道路等辅助建设费用，q 表示站内与充电机单价有关的投资，e 表示与充电机数量有关的等效投资系数，包括占地面积、配电变压器容量和电缆等；r_0 表示贴现率，m_s 表示充电站的折旧年限；$u_{CS}(N_{chi})$ 表示充电站 i 的年运行成本函数，可按固定投资的一定比例取值；N_{chi} 表示充电站 i 的充电机数量；J_{CS} 表示充电站集合。

2. 充电用户途中年耗时成本

充电用户途中年耗时成本主要由快充行驶距离决定，可表示为：

$$C_{VT}=365\beta\frac{\sum_{i\in J_{CS}}\sum_{j\in J_{CNi}}pn_j d_{tij}}{v} \tag{4.7}$$

式中：β 表示城市出行时间成本系数，v 表示城市交通平均行驶速度；d_{tij} 表示规划区两点间道路实际最短距离，J_{CNi} 表示属于充电站 i 的快充需求点集合。

3. 用户到站排队等待年时间成本

用户到站排队等待年时间成本由电动汽车快充期望和到站排队等待时间期望决定，可表示为：

$$C_{WT}=365\beta\sum_{i\in J_{CS}}(\mathrm{W}_{qi}\sum_{j\in J_{CNi}}pn_j) \tag{4.8}$$

图 5-2　A 大学毕业论文公开内容截图

但毕业论文作者所在高校与该案例的申请人不同，毕业论文的作者所在高校是A大学，该案例的申请人是B大学，两个不同的研发人员采用了相同的数学模型，分析后认为上述数学模型可能是现有的，为了准确检索到模型中的公式，通过仔细比毕业论文和该案例中对模型中数学变量的定义表述，确定相同的定义表述：贴现率、折旧年限、排队、时间期望，作为关键词，在CNKI的句子检索中进行检索，检索结果中的第9篇文献就是可以影响该案例权利要求创造性的期刊论文对比文件《电动汽车公共充电布局的最优规划》。

【案例小结】

在检索时，首先利用最准的关键词进行检索，在检索结果数量大的情况下，采用常规的进一步用关键词限定的方式，极有可能限定过窄，导致漏掉对比文件。在检索到时间在后的文献公开了技术方案的时候，要仔细分析该案例的特点，及时调整检索策略和关键词。该案例的检索过程，针对公式检索，该案例通过仔细比较在后文献与该案例关于公式的表述，重新确定检索关键词，采用CNKI的句子检索，检索精准高效。

案例5-3

【案情介绍】

该案例涉及深度相机进行人数统计的方法，现有技术中，传统的RGB相机很难精确地锁定到人，在大量行人通过的情况下，传统的人数统计方法无法判断行人方向，不适合复杂环境的人数统计。通过在通道中架设RGB-D相机，用相机对包含人体目标的通道进行拍摄，获取多幅深度图，并得到深度图对应的俯视图，根据俯视图形成矩形框集合，利用矩形框集合形成轨迹，通过对轨迹的跟踪以及判断，统计通道内的人数。能够精确的锁定人头及统计通道内的人数。

该案例涉及的权利要求如下：

1. 一种基于RGB-D相机的人数统计方法，其特征在于，包括以下步骤：

步骤一：在包含人体目标的通道中架设 RGB-D 相机，对相机进行标定，计算相机的参数矩阵，通道包括 A 方向和 B 方向，二者方向相反；

步骤二：利用相机对通道进行连续拍摄，获取 N 幅深度图；求取每幅深度图的俯视图；利用求取的所有俯视图求取背景图 Ib；

步骤三：利用相机对通道进行拍摄，获取某一时刻 m 的深度图；针对该幅深度图获取其对应的俯视图；针对俯视图进行去背景操作得到前景图片，针对前景图片进行分块操作得到分块后的图片，针对分块后的图片进行寻找局部最大区域操作得到局部最大区域集合，针对局部最大区域集合进行扩展局部最大区域操作得到扩展后的局部最大区域集合，针对扩展后的局部最大区域集合进行过滤矩形框处理，得到包含有多个元素的一个矩形框集合 SFm；

步骤四：若步骤三得到的为初始时刻的矩形框集合 SFm，则利用初始时刻的矩形框集合 SFm 生成多条轨迹，多条轨迹形成一个轨迹集合 Tm；若步骤三得到的为非初始时刻的矩形框集合 SFm，则利用该非初始时刻的矩形框集合 SFm 对前一时刻已经形成的轨迹集合进行更新，得到更新后的轨迹集合 T1m；

步骤五：若轨迹集合 Tm 或者更新后的轨迹集合 T1m 中的某条轨迹连续多次未被更新，则对该轨迹进行标记，并将该轨迹由轨迹集合 Tm 或者轨迹集合 T1m 内删除；

步骤六：判断步骤五中的被标记的轨迹的运行方向为 A 方向或者 B 方向；利用设置检测线的方法，判断被标记的轨迹是否穿过通道，若某个被标记的轨迹沿 A 方向通过通道，则通道在 A 方向上的人数统计结果增加 1；若某个被标记的轨迹沿 B 方向通过通道，则通道在 B 方向上的人数统计结果增加 1；

步骤七：重复步骤三至步骤六，直到相机拍摄结束，得到通道在 A 方向上的人数统计结果和通道在 B 方向上的人数统计结果。

【检索策略分析】

常规检索主要采用“人群、人数、客流、行人、人流、统计、计数、RGB、深度、景深、相机、俯视图、背景图、通道”等关键词在专利库中进行检索，未获得有效对比文件。进一步在百度、超星读秀采用类似关键词“人数统计、计数、人、前景图、矩形、过滤、轨迹、相机、拍摄、区域、分块”等进行检索，同样未找到有效文献。

经分析目前检索难点在于权利要求技术方案较复杂，权利要求中步骤很多，特征较详细，对于技术方案的发明构思理解并不是很清楚，常规检索中，用关键词、分类号进行专利和非专利检索均没有获得公开大部分特征的文献，浏览的文献发现区别都比较多。

通过上述试探性检索结果进一步调整检索策略，考虑到该案例是高校申请，可能相关的研究论文中会公开较多的细节特征，因此检索相关的论文有可能获得有效的文献，且有助于深入理解发明。

进行作者追踪检索，用宋焕生、孙士杰进行姓名检索，得到有2018年的中文论文，时间不可用。

在谷歌学术中搜索：利用英文关键词 Count、people、RGB、depth、overhead、cameras，进行检索，得到作者的英文论文，时间在后，浏览作者的论文未得到有效信息。

然后，采用CNKI高级检索，采取重要步骤的关键词组合检索，相机 and（统计 or 计数）and 深度图 and 俯视图 and 轨迹 and 矩形框 and 集合，获得20文献，发现多篇接近的硕士论文文献，下载多篇学位论文进行全文浏览，在浏览的过程中不断地深入理解相关技术内容，逐渐理清该案例的技术方案的发明构思，对文献“基于双目立体视觉的客流计数系统设计”进行全文浏览的时候，尽管该文献不可用，但是发现文中对于人物行动的“轨迹”，其描述中采用“轨迹”和“航迹”两种表述，因此更换关键词“航迹”进行CNKI检索，采用如下关键词组合检索：

相机 and（统计 or 计数）and 深度图 and 航迹 and 矩形框 and 集合

获得硕士论文对比文件：“三维自动客流计数系统设计”（尹章芹，中国硕士学位论文全文数据库，公开日为2014年7月15日）经过全文详细浏览，以及特征对比，发现该文献可以影响权利要求1的创造性。

【案例小结】

当遇到复杂的高校申请，可以通过对相关的学位论文进行全文浏览，在浏览的过程中不断地深入理解相关技术内容，逐渐理清该案例的技术方案的发明构思，并扩展到重要的关键词，利用该关键词检索有效获得对比文件。

3. 利用 CNKI 获取线索

CNKI（图 5-3）中对于文献作者、单位等信息进行标引，充分运用该类信息可以根据科研单位和研发团队等信息快速定位到相关技术文献，有助于提高检索效率。

图 5-3 CNKI 页面检索截图 1

案例 5-4

【案情介绍】

对于半导体制造工艺制造出来的半导体场效应管，为了便于利用该相同类型半导体场效应管设计电路，通常对该半导体场效应管建立参数模型，通过仿真技术获知该器件的特性，进而完成整个电路的仿真设计。目前，在用于对半导体场效应管性能进行大信号建模的有源器件建模方法中，一般是采取特定方法获取固定经验方程。然而在实际建模过程中发现，对于不同的电压偏置，上述建模方法难以得到准确的经验方程，根据上述建模方法所建模型仿真所得的参数与实际参数测量值差距较大，因此所建模型不符合仿真精度要求，进而降低整个电路的运行精度。采用射频电路仿真方法，获取同一半导体场效应管在至少两组不同偏置电压值下的电路参数值，通过至少两组不同偏置电压值和获取的电路参数值构建半导体场效应管的多维查找模型，以对微波有源功率器件进行仿真。有效地考虑了不同偏置电压对半导体场效应管参数的影响，可获得更加精确的半导体场效应管参数，进而能够更有效地仿真出性能良好的电路及电子产品，提高仿真精确度和电路的运行性能。

该案例涉及的权利要求（图5-4）如下：

1. 一种射频电路仿真方法，其特征在于，包括以下步骤：

获取同一半导体场效应管在至少两组不同偏置电压值下的电路参数值；

通过所述至少两组不同偏置电压值和获取的电路参数值构建所述半导体场效应管的多维查找模型，其中，所述多维查找模型的模型表达式包括电流源的表达式和电荷源的表达式；

根据所述多维查找模型，对微波有源功率器件进行仿真。

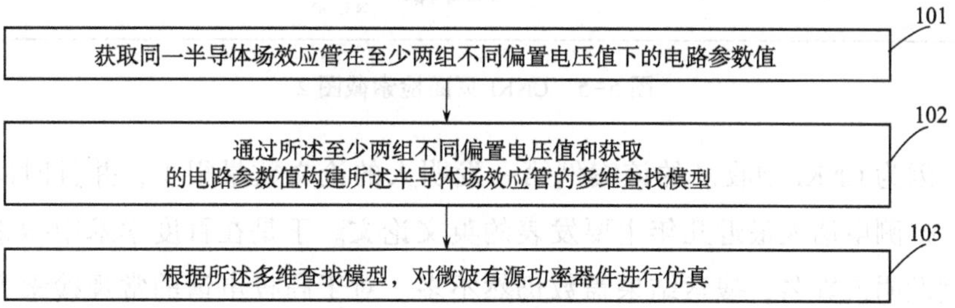
101
获取同一半导体场效应管在至少两组不同偏置电压值下的电路参数值
102
通过所述至少两组不同偏置电压值和获取的电路参数值构建所述半导体场效应管的多维查找模型
103
根据所述多维查找模型，对微波有源功率器件进行仿真

图5-4　该案例技术路线图

【检索策略分析】

首先采用常规检索思路进行检索，该案例是高校申请，对于此类申请首先在专利库中追踪申请人，寻找是否有在先申请或同日申请。该案例有

同日申请，但是涉及内容完全不同，无法作为参考。同时在中文专利库中采用“射频电路、仿真、偏置电压、多维查找模型”等关键词进行检索，所得的对比文件篇数较少，并且不能作为对比文件，进一步输入“多维查找模型”，只搜索到该案例。在英文专利库中进行分类号和关键词结合的检索，得到的检索结果篇数较少，并且不能作为对比文件。

鉴于高校申请的特点，主要检索方向是非专利库。因为该案例中涉及大量公式，所以推测申请人应该发表过相关论文。

在 CNKI 中使用作者发文检索功能（图 5-5）。在作者发文检索栏输入发明人姓名和大学名称得到的论文数量很少，并且时间是很早之前的。

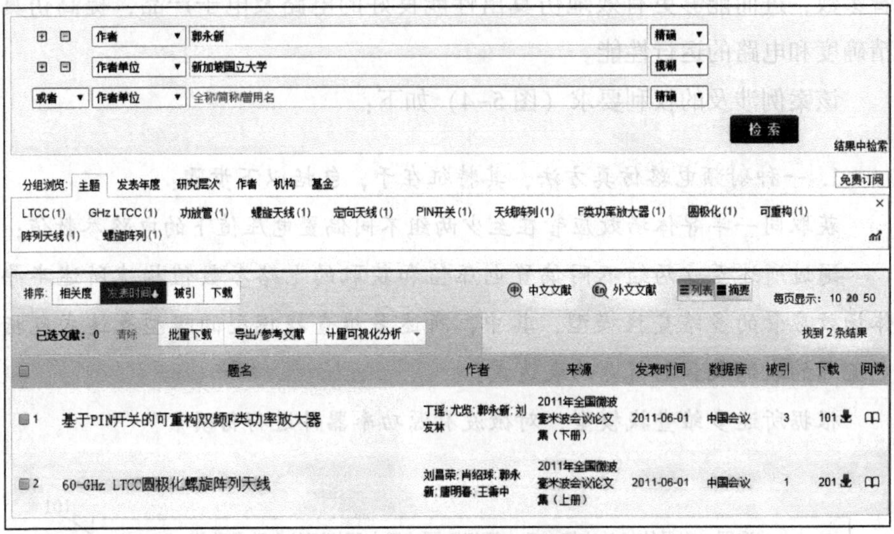

图 5-5　CNKI 页面检索截图 2

因为 CNKI 中收录的该案例第一发明人的论文数量很少，并且时间很早，推测申请人最近几年主要发表的英文论文。于是在百度学术中搜索该案例发明人姓名，搜索结果篇数仍然不多。对于高校申请的常规检索方法已经用完，搜索结果篇数很少。再次尝试在百度中检索申请人的名字，希望可以找到更加有用的信息。

根据上述情况进一步调整检索策略，在百度中检索发明人和其大学名称，在该所大学网站上找到了发明人的个人网页，在个人网页的 Publications 里页面检索到申请人的论文 “A 3D Table - Based Method for Non - Quasi-Static Microwave FET Devices Modeling”（Oct. 2012，Y. S Long），可作为影响该案例权利要求创造性的对比文件。

【案例小结】

高校申请通常需要追踪申请人，但是部分高校申请人的不仅发表中文论文，在检索时不能局限于 CNKI、万方等中文非专利库，在百度学术中也要进行追踪，当以上常规的方式均不能快速追踪检索到对比文件时，要充分利用百度等搜索引擎获取申请人在高校等科研单位的学术成果，进行高效申请人追踪。

案例 5-5

【案情介绍】

代码判题系统是基于开源的在线判题系统来实现的，代码判题系统可以作为公司招聘软件工程师替代传统笔试的系统、老师给学生出考卷的机试系统等。该系统通过将答题者提交的代码编译成可运行的程序，并用系统预设好的多组测试用例来检测程序的输入输出是否跟预设好的结果符合，如果完全符合，则判定该题目通过，反之，则判断题目不通过。然而，目前的代码判题系统要求使用者正确输入全部的代码内容，稍微因为一个标点或者一个格式不对就被判定为不通过，不能客观反映使用者能力，不便于用人筛选或者学生能力考核。

该案例涉及一种在线判题系统的前台处理方法及系统，首先根据预定分类规则，将目标代码分为测试信息和条件信息；其次从目标代码中删除测试信息，并预留测试信息的位置，得到框架代码；再次接收用户根据框架代码录入的录入代码；最后录入代码和条件信息进行编译得到代码程序；最后采用预设的测试用例运行代码程序得出运行结果。由于用户只需要根据框架代码录入目标代码中的一部分，无需全部录入，降低了错误率的发生，解决了现有技术中测试结果不准确，不能客观反映使用者能力的问题，同时方便定向筛选。

该案例涉及的权利要求如下：

1. 一种在线判题系统的前台处理方法，其特征在于，包括：

根据预定分类规则，将目标代码分为测试信息和条件信息；

从目标代码中删除所述测试信息，并预留所述测试信息的位置，得到框架代码；

接收用户根据所述框架代码录入的录入代码；

对所述录入代码和所述条件信息进行编译得到代码程序；

采用预设的测试用例运行所述代码程序得出运行结果。

【检索策略分析】

该案例的主分类号是 G06F9/46：多道程序装置，副分类号是 G06F11/36：通过软件的测试或调试防止错误。这两个分类号都不能体现该案例的技术领域。

该案例的技术领域为在线判题系统，根据权利要求以及说明书扩展的关键词有在线，评测，测评，判题，评分，程序，代码等等，基于这些关键词在专利库和非专利库中进行尝试性检索。基于这些关键词在专利库中检索，结果较少，且没有命中合适的对比文件。

基于上述关键词在 CNKI 中检索，结果较少，且没有命中合适的对比文件。

如果仅仅对关键词进行进一步扩展，关键词可能会不准，带来很大噪声，无法快速获取对比文件。在专利库的尝试性检索中，检索到相关文件：CN105427695A（编程类考题自动测评方法和系统）其 IPC 和 CPC 分类号均是 G09B07/02：对提出的问题要求学生构思答案或者学生提出问题由机器给予答案的形式。这个分类号能够体现该案例的技术领域。

基于这个分类号在专利库中进行进一步检索，仅获得一篇相关度较低文献 CN101692316A，其中介绍了一种 C/C++语言程序设计无纸化考试评分的自动化方法，其特征在于按以下步骤实现：

（1）在试题对应的源程序中以成对出现的注释开始和结束符/＊＊/标记评测点；

(2) 对每道试题设计试题源程序和评分辅助源程序，所述试题源程序是完全依照题意编写的提供给考生答题的源程序，所述评分辅助源程序是包含步骤（1）所述标记、正解程序代码、运行结果跟踪收集和评分代码的源程序，该评分辅助源程序在考生考试时隐藏；

(3) 在考生交卷后，打开试题源程序和评分辅助源程序，并确定评测点数N；

(4) 以试题源程序和评分辅助源程序为蓝本，合成作为对评测点进行评分的评测点源程序；

(5) 编译评测点源程序，若编译失败，该评测点得分为0，转为执行步骤（7）；

(6) 若编译成功，则链接生成测评点执行程序，运行该测评点执行程序，若程序运行超时，则终止评测点程序执行，该评测点得分为0，否则评测点程序正常执行结束；

(7) 累计得分，并确定下一个评测点，转入步骤（2）；

(8) 若已检测所有评测点，则关闭考生试题源程序和评分辅助源程序，记录该试题的得分。

该文献也提到了将用户输入的代码与试题固有的代码合成进行编译，也能达到用户只需要录入部分代码，降低了错误率的发生的技术效果。但是其并不能体现根据需要设置用户输入哪部分代码，与该案例的发明构思略有不同。

对该文献进一步分析，发现其是一篇大学申请。基于发明人在CNKI中进行追踪检索，在追踪发明人黄思先时，第一篇即为可影响该案例新颖性的对比文件“程序设计考试中填空题的自动评分”（2003年7月25日，黄思先）。

该案例给出的主分类号和副分类号都无法体现该案例的技术领域以及发明构思，可以就该案例的权利要求和说明书中给出的关键词进行简单拓展，在专利库中进行检索，通过浏览较少的文件快速找到最合适的IPC分类号。考虑到该分类号下的文件并不多，仅使用最重要的关键词，在对结果进行浏览的过程中，发现了比较接近该案例的相关度较低的专利文献，考虑该文献申请人为高校，对该文献的发明人在非专利库中进行追踪，得到可以影响该案例新颖性的对比文件。

【案例小结】

通过拓展准确关键词，检索得到合适的分类号，将其仅与最重要的关键词检索到与构思接近的现有技术文献，在充分运用专利库中对于文献收录的基础上，进一步对该现有技术文献的发明人在非专利库中进行追踪，充分运用 CNKI 中对于非专利收录的全面性特点，从而快速地获得对比文件。

5.4.1.2 学术搜索引擎及其他相关期刊文献网站使用技巧

电学领域在进行英文非专利检索过程中，多采用两种方式，包括使用专业英文期刊网站如 IEEE 等，另外一种使用频率更高的方式是使用综合的学术搜索引擎，该类搜索引擎涵盖多个期刊网站的文献内容，对于技术方案的检索具有较好的效果，下面分别针对专业期刊网站的使用和学术搜索引擎的使用进行举例说明。

案例 5-6

【案情介绍】

实际情况中，由于背景部分和前景部分的外观会随着光照和视角的变化而变化，且很多应用场合中背景部分可能存在呈动态变化的部分，如摇晃的树叶、水面的波纹等。在该背景部分存在动态背景的情况下，现有技术中的运动目标提取方法，提取的稀疏部分中也包括了动态背景部分，使提取的运动目标结果不准确。

以三阶张量表示时间上连续的多帧图像，并以图像的三阶张量中的静态背景的低秩部分、动态部分的稀疏部分、运动目标的第一稀疏部分以及动态背景的第二稀疏部分建立优化模型，进行求解，从而剔除了第二稀疏部分对应的动态背景的影响。能够更准确地提取运动目标，且能够滤除了其中的动态背景。

该案例涉及的权利要求如下：

1. 一种运动目标提取方法，其特征在于，用于对具有动态背景的时间上连续的多帧图像中的运动目标进行提取，所述方法包括：

获取连续的多帧图像，将所述多帧图像用三阶张量进行表示，所述三阶张量中包括表示所述多帧图像中静态背景的低秩部分和表示所述多帧图像中动态部分的稀疏部分，所述稀疏部分包括表示所述多帧图像中运动目标的第一稀疏部分和表示所述多帧图像中动态背景的第二稀疏部分，所述第二稀疏部分的稀疏性大于所述第一稀疏部分；

以分别对应所述多帧图像的三阶张量中的低秩部分、稀疏部分、第一稀疏部分以及第二稀疏部分的四个未知三阶张量建立运动目标提取模型，所述运动目标提取模型为优化问题；

利用交替方向乘子法对所述运动目标提取模型迭代求解，获得低秩部分、稀疏部分、第一稀疏部分以及第二稀疏部分的最优值；

根据所述第一稀疏部分的最优值获得所述运动目标图像。

【检索策略分析】

针对目前技术方案的常规检索思路为对权利要求1进行各个角度的扩展和检索，扩展多个关键词进行检索，关键词扩展包括：

从申请主题的角度扩展：运动目标，运动，目标，图像，图片，帧；

从技术问题的角度扩展：动态，背景；

从技术手段的角度扩展：张量，三阶，低秩，稀疏，交替方向乘子法，多维阵列，高阶，向量。

利用扩展的关键词在专利库和非专利库中进行检索，并在非专利库中进行申请人的追踪，获得一篇公开了该案例相关内容但时间不可用的非专利文件“基于HOSVD和TV的动态背景下的运动目标提取”。

目前本方案的检索难点为难以通过关键词进行有效限定，在全文中进行检索时，文献过多，无法有效筛选对比文件。

进一步进行检索策略调整，分析该案例的发明点和发明构思：该案例是针对动态背景中难以获取运动目标而提出的目标提取方法，采用的手段是将多帧图像用三阶张量进行表示，以分别对应所述多帧图像的三阶张量中的低秩部分、稀疏部分、第一稀疏部分以及第二稀疏部分的四个未知三阶张量建立运动目标提取模型。鉴于在全文库中进行检索时，获取的文献量过大，而技术问题和主题往往在摘要中进行介绍，因此采用如下检索式结构进行检索：

(主题+问题）/摘要 and 手段/全文

具体在 IEEE 中构建检索式如下：

((dynamic background and moving object）/abstract）and（sparse/fulltext)

检索到一篇外文文献可以作为对比文件，影响该案例的创造性。

【案例小结】

对于中文关键词难以限定，全文检索文献量巨大的情况，要找准发明构思和主要手段，定位准确关键词，并能够在适当的检索范围内进行有效检索，能够快速获得对比文件。

案例 5-7

【案情介绍】

人体呼吸的主要功能是为身体的各个组织提供氧气和排除二氧化碳废气，人体的呼吸过程可以分为两个阶段：由外界环境向血液输送气体；气体经由血液进入到各个组织。由于人体呼吸道的肺泡区的流动特征尺度为小于微米的量级，肺泡中的气相流动需要从微小尺度考虑气体流动特性，传统的实验手段监测肺泡内颗粒物运动的方式，其周期长、计算量高且精度低，难以清楚地描述肺泡内的颗粒物的运动过程。

该案例涉及一种肺泡收缩和扩展过程中颗粒物运动的数值模拟方法和系统，通过对肺泡建立几何模型，再对肺泡的几何模型进行网格划分，生成所述肺泡的动网格模型，用以模拟肺泡在呼吸时的运动；接着获取颗粒数据、所述肺泡对应的几何参数、呼吸参数及流体参数，根据所述肺泡的动网格模型及几何参数、呼吸参数及流体参数，可模拟出所述肺泡收缩和扩展时肺泡内的流场模型，在所述流场模型中监测所述颗粒物的运动过程，获得所述颗粒物的运动数据，能缩短测量周期，减少运算负担，准确地获取肺泡内的流场特征数据。

该案例涉及的权利要求如下：

1. 一种肺泡收缩和扩展过程中颗粒物运动的数值模拟方法，其特征在于，包括如下步骤：根据预设的肺泡的几何参数建立肺泡的几何模型，对所述肺泡的几何模型进行网格划分，生成所述肺泡的动网格模型；其中，肺泡和气管的各个特征尺寸为随时间变化的正弦函数为

$$L(t)=L_0\left[1+\frac{\beta}{2}+\frac{\beta}{2}\sin(ft-\frac{\pi}{2})\right]=L_0\lambda$$

其中，$\beta=(C+1)\ 1/3-1$；

$C=(V_{max}-V_{min})/V_{min}$；

L_0 为几何模型中的各个特征尺寸在时刻 $t=0$ 时（吸气开始时或呼气结束时）的值，$f=2\pi/T$ 是呼吸的频率，T 为呼吸的周期时间，β 为各个特征尺度的扩张幅度，V_{max} 和 V_{min} 为几何模型的最大和最小体积；（此处为申请人新加入的特征）

获取颗粒数据，以及所述肺泡对应的呼吸参数和流体参数；

根据所述肺泡的动网格模型及几何参数、呼吸参数、流体参数和颗粒数据，模拟所述肺泡收缩和扩展时肺泡内的流场模型；

在所述流场模型中监测所述颗粒物的运动过程，获得所述颗粒物的运动数据；其中，所述流场模型满足动量方程，获得所述颗粒物的运动数据的步骤包括：

（1）更新流场变量；

（2）用当前压强和质量通量的值求解动量方程，以得到新的速度场；

（3）求解压强修正方程，得到对压强场、速度场和质量通量的修正；

（4）利用步骤（3）求出的解，求解湍流方程、动量方程、组元方程和能量方程；

（5）通过求解弥散相轨迹计算得到连续相方程中的源项解；

（6）如果收敛条件被满足，则停止计算，如果计算没有收敛，则继续迭代过程。

【检索策略分析】

对于权利要求 1 中的公式，在权利要求和说明书中描述了该公式为“肺泡和气管的各个特征尺寸为随时间变化的正弦函数”，但并未给出该公式的具体名称。对于这类未给出具体公式名称的公式检索，只能从公式中参数的含义以及说明书和权利要求书中对公式的描述进行关键词扩展检索。在 CNKI 中通过关键词“肺泡”“肺腺泡”“气管”“正弦”“扩张幅度”“扩张系数”检索，找到两篇公开该公式的文献，但是在时间上又都不可用。

通过在中文库中不断扩展关键词检索，均未找到公开该公式的且时间可用的对比文件，同时，通过阅读在后公开该公式的两篇对比文件发现，对于该公式的描述及参数的含义都采用的是不同的表述方式，如“肺泡半径是随时间变化的正弦函数”“肺泡的体积变化系数”等。因此，对于该公式的描述，英文关键词应该更为准确，同时在后公开的两篇对比文件中均给出了英文关键词“Specific Volume Excursion”，利用该英文关键词在 google 学术中检索，检索到两篇时间可用的现有技术证据：

证据 1：“*Deciphering complex, functional structures with synchrotron-based absorption and phase contrast tomographic microscopy*”（M. Stampanoni et al, Developments in X-Ray Tomography VII，第 7804 卷，第 1-15 页，2010 年 12 月 31 日）。

证据 2：“*Respiratory Flows in the Pulmonary Acinus and Insights on the Control of Alveolar Flows*”（J. Snitzman，Phd thesis，Swiss Federal Institute of Technology，第 1-248 页，2008 年 12 月 31 日）。

具体内容如图 5-6 所示。

【案例小结】

在对公式的检索过程中，如果在中文库中未检索到准确的中文关键词，且中文描述方式多样，应该尝试英文关键词检索，往往英文关键词对于参数的描述更为准确。该案例通过在后公开的中文文献获得描述该公式的准确英文关键词，通过对该英文关键词检索获得两篇对比文件。

$$C=\frac{V_{\max}-V_{\min}}{V_{\min}}=\frac{V_{\max}}{V_{\min}}-1 \tag{5.1}$$

Similarly, the specific length scale excursion (expansion) factor is defined as:

$$\beta=\frac{L_{\max}-L_{\min}}{L_{\min}}=\frac{L_{\max}}{L_{\min}}-1 \tag{5.2}$$

Following the aforementioned principle of geometric self-similarity, the following result holds true:

$$\frac{L_{\max}}{L_{\min}}=\left(\frac{V_{\max}}{V_{\min}}\right)^{1/3}=(C+1)^{1/3} \tag{5.3}$$

Therefore, combining Eqs. (5.2) and (5.3), the length scale excursion factor reduces to:

$$\beta=(C+1)^{1/3}-1 \tag{5.4}$$

To account for self-similar lung motion, any length scale, $L(t)$, in an acinar (or lung) geometric model is designed to expand and contract in a simple sinusoidal manner, described by a sinusoidal kinematic displacement function [97,270]:

$$L(t)=L_0\left[1+\frac{\beta}{2}+\frac{\beta}{2}\sin\left(2\pi ft-\frac{\pi}{2}\right)\right]=L_0\cdot\lambda(t) \tag{5.5}$$

（a）证据 1 中公开内容

$$L(t)=L_0\left[1+\frac{\beta}{2}+\frac{\beta}{2}\cdot\sin\left(2\pi\cdot f\cdot t-\frac{\pi}{2}\right)\right] \tag{1.2}$$

where L_0 is the length scale at t=0, f=1/T is the breathing frequency. The specific volume excursion is given by $C=\left(V_{\max}-V_{\min}\right)/V_{\min}$, where $V_{\min}$ and $V_{\max}$ are respectively the minimum and maximum volumes of the alveolar sac geometries. For geometrically self-similar wall motion, the length scale expansion factor, β, is given by $\beta=(C+1)^{1/3}-1$ and the length scale reaches a maximum of $L_{\max}=L_0(1+\beta)$ at $t=T/2$. Note that real tidal breathing does not exhibit a perfectly sinusoidal change of volume with time. Rather, the lung illustrates a small but significant geometric hysteresis [26]. Nevertheless, to the extent with which acinar flows are quasi-steady, the sinusoidal breathing approximation can be adopted [27].

（b）证据 2 中公开内容

图 5-6　证据 1 和证据 2 中公开内容

案例 5-8

【案情介绍】

现有的利用电话外呼推广产品的方式主要是，基于收集到的手机客户号码，经过简单的分类后，客服人员给客户打电话进行厂家指定产品的推广。现有的这种外呼推销产品的方式，由于缺少客户对指定产品的意向的分析，随机地将产品推荐给所有的客户，容易造成对推荐产品意向较低的客户反感，而且投入的人力成本和资源都很大，而产品的推荐成功率却非常低。随着大数据挖掘技术和人工智能技术的高速发展，如何利用这些技术预测外呼成功率，从而提高外呼的推荐成功率，以及进一步降低投入的人力资本和资源，成为亟须解决的一项课题。通过根据历史通话数据，建立外呼通话的第一训练样本集；提取第一训练样本集中所记录的每一外呼通话的外呼特征向量和分类标记；其中外呼特征向量包括多个影响客户接收外呼通话的通话特征属性，分类标记表示相对应所述外呼通话为成功或失败；根据每一外呼通话的外呼特征向量和分类标记，通过第一训练样本集学习联合概率分布的方式建立外呼质量评估模型。减少了客服自身原因对外呼成功率的影响，有效提高了对外呼成功率的评估的准确性。

该案例涉及的权利要求如下：

1. 一种建立外呼质量模型的方法，其特征在于，所述方法包括：

根据历史通话数据，建立外呼通话的第一训练样本集；

提取所述第一训练样本集中所记录的每一外呼通话的外呼特征向量和分类标记；其中所述外呼特征向量包括多个影响客户接收外呼通话的通话特征属性，所述分类标记表示相对应所述外呼通话为成功或失败；

根据每一外呼通话的外呼特征向量和分类标记，通过所述第一训练样本集学习联合概率分布的方式建立外呼质量模型。

【检索策略分析】

首先，进行常规检索：在专利数据库中采用“电话、外呼、内呼、营销、推广、销售、模型、训练”等关键词进行检索，检索结果较少，且文献相关度不高。

其次，转到非专利库中进行检索：采用“电话营销、训练、模型”等关键词进行检索，得到一篇相关度比较高的非专利文献：“数据挖掘在银行电话营销中的应用”，2017年6月15日公开，公开时间不能作为证据使用，具体如图5-7所示。

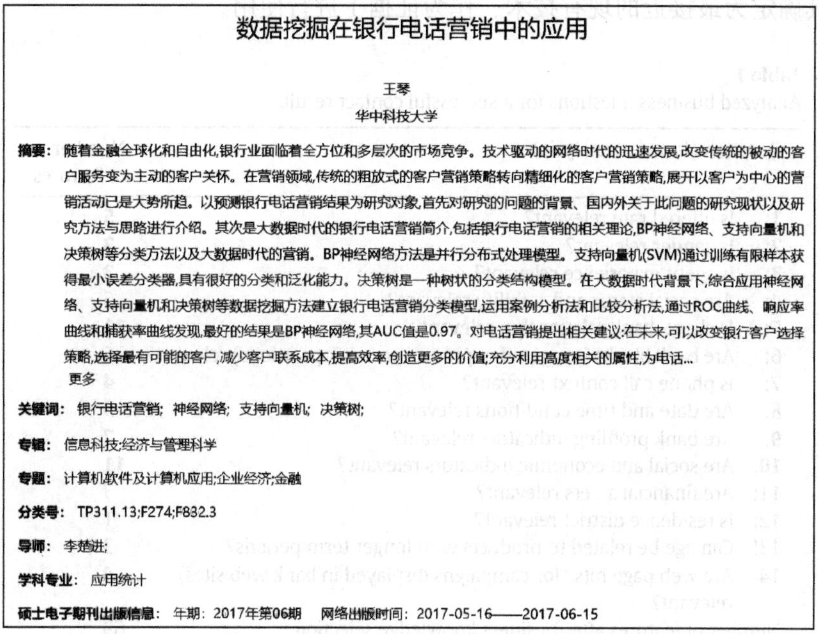

数据挖掘在银行电话营销中的应用

王琴
华中科技大学

摘要：随着金融全球化和自由化,银行业面临着全方位和多层次的市场竞争。技术驱动的网络时代的迅速发展,改变传统的被动的客户服务变为主动的客户关怀。在营销领域,传统的粗放式的客户营销策略转向精细化的客户营销策略,展开以客户为中心的营销活动已是大势所趋。以预测银行电话营销结果为研究对象,首先对研究的问题的背景、国内外关于此问题的研究现状以及研究方法与思路进行介绍。其次是大数据时代的银行电话营销简介,包括银行电话营销的相关理论,BP神经网络、支持向量机和决策树等分类方法以及大数据时代的营销。BP神经网络方法是并行分布式处理模型。支持向量机(SVM)通过训练有限样本获得最小误差分类器,具有很好的分类和泛化能力。决策树是一种树状的分类结构模型。在大数据时代背景下,综合应用神经网络、支持向量机和决策树等数据挖掘方法建立银行电话营销分类模型,运用案例分析法和比较分析法,通过ROC曲线、响应率曲线和捕获率曲线发现,最好的结果是BP神经网络,其AUC值是0.97。对电话营销提出相关建议:在未来,可以改变银行客户选择策略,选择最有可能的客户,减少客户联系成本,提高效率,创造更多的价值;充分利用高度相关的属性,为电话...
更多

关键词：银行电话营销；神经网络；支持向量机；决策树；

专辑：信息科技;经济与管理科学

专题：计算机软件及计算机应用;企业经济;金融

分类号：TP311.13;F274;F832.3

导师：李楚进；

学科专业：应用统计

硕士电子期刊出版信息：年期：2017年第06期　网络出版时间：2017-05-16——2017-06-15

图5-7　相关文献截图

通过阅读该文献的英文标题及摘要，发现涉及发明点的英文关键词为telemarketing。

进一步使用该关键词在谷歌学术中采用上述关键词构建检索式进行检索：

谷歌学术：telemarketing **and** training **and** test **and** model

得到现有技术证据1“A data-driven approach to predict the success of bank telemarketing”，公开日为2014年6月，公开内容如图5-8所示。

该文献涉及预测银行电话营销是否成功的方案，其中，该方案获取葡萄牙银行收集的真实的电话营销的数据，将电话记录被分为训练数据和测试数据，使用分类模型预测电话营销是否成功。该方案公开了建立呼叫质量模型的方法，且获取历史通话数据，建立呼叫通话的第一训练样本集，提取所述第一训练样本集中所记录的每一次呼叫通话的呼叫特征和分类标记，根据每一呼叫通话的呼叫特征和分类标记，通过所述第一训练样本集建立呼叫质量模型。可见，该对比文件中公开了该案例的关键发明构思，将其确定为最接近的现有技术，作为证据 1 进行使用。

Table 1
Analyzed business questions for a successful contact result.

Question (factor of analysis)	Number of features
1: Is offered rate relevant?	5
2: Is gender relevant?	3
3: Is agent experience relevant?	3
4: Are social status and stability relevant?	5
5: Is client-bank relationship relevant?	11
6: Are bank blocks (triggered to prevent certain operations) relevant?	6
7: Is phone call context relevant?	4
8: Are date and time conditions relevant?	3
9: Are bank profiling indicators relevant?	7
10: Are social and economic indicators relevant?	11
11: Are financial assets relevant?	3
12: Is residence district relevant?	1
13: Can age be related to products with longer term periods?	3
14: Are web page hits (for campaigns displayed in bank web sites) relevant?	4
Number of features after business knowledge selection	69
Number of features after first feature selection phase	22

图 5-8　现有技术证据 1 公开内容

此外，基于权利要求 1 与现有技术证据 1 的区别，再在互联网搜索引擎中继续进行检索：

采用“朴素贝叶斯、学习联合概率、先验概率、条件概率”进行检索。

得到另一篇相关度较高的现有技术文献“统计学方法（四）——朴素贝叶斯法”，其涉及通过特征向量和分类标记，通过所述第一训练样本集学习联合概率分布的方式建立模型的方案，可以作为现有技术证据 2 使用。

因此，两篇现有技术证据结合，可影响权利要求 1 的技术方案的创造性。

【案例小结】

检索对比文件过程中，不应忽略时间不可用的文献，从中文中同样可获取相关线索，甚至是准确的英文关键词，采用更加准确的关键词进行后续检索可以提高检索效率。

统计学习方法（四）——朴素贝叶斯法

/*先把标题给写了、这样就能经常提醒自己*/

题记：今天下午去上厕所的一会儿时间，就把第四章给扫完了，说是扫完了主要是因为没有深入去看，对于某些证明都直接跳过了，看了一下里面的例子，大概懂个意思就行了

1. 朴素贝叶斯法

设输入空间$X \subseteq R^n$为n维向量的集合，输出空间为类标记集合$Y=\{c_1,c_2,\cdots,c_k\}$，输入特征向量$x \in X$，输出类标记为$y \in Y$，$P(X,Y)$是X和Y的联合概率分布，数据集

$$T=\{(x_1,y_1),(x_2,y_2),\cdots,(x_N,y_N)\}$$

由$P(X,Y)$独立同分布产生。

朴素贝叶斯法就是通过训练集来学习联合概率分布$P(X,Y)$.具体怎么学习呢？主要就是从先验概率分布和条件概率分布入手，俩个概率相乘即可得联合概率。

为什么称之为朴素呢，主要是其将条件概率的估计简化了，对条件概率分布作了条件独立性假设，这也是朴素贝叶斯法的基石，具体的假设如下

$$P(X=x|Y=c_k)=P(X^{(1)}=x^{(1)},\cdots,X^{(n)}=x^{(n)}|Y=c_k)$$

此公式在假设条件之下可以等价于

$$=\prod_{j=1}^{n}P(X^{(j)}=x^{(j)}|Y=c_k)$$

现在，对于给定的输入向量X,通过学习到的模型计算后验概率分布P(Y=Ck|X=x)，后验分布中最大的类作为的输出结果，根据贝叶斯定理可知后验概率为

$$P(Y=c_k|X=x)=\frac{P(X=x|Y=c_k)P(Y=c_k)}{\sum_k P(X=x|Y=c_k)P(Y=c_k)\Leftrightarrow P(X=x)}$$

上面的公式可能有点歧义，分母的Ck应该写成Cj才对，因为P(X=x)=E P(Y=Cj)*P(X=x|Y=Cj)

而$P(X=x)$对于所有c_k都是相同的，即此可以将输出结果简化为

$$y=\arg\max_{c_k} P(Y=c_k)\prod_j P(X^{(j)}=x^{(j)}|Y=c_k)$$

图 5-9　现有技术证据 2 相关内容截图

案例 5-9

【案情介绍】

现有技术中，已有一些由人脸照片生成卡通图片的方法，但是在这些方法中，通常是基于对已有人脸照片进行脸部特征识别，从而根据脸部特征生成卡通图像，这种方式由于识别范围大终端计算量大，效率缓慢，而且生成的卡通图像中只有脸部特征与原始照片匹配，其他特征难以匹配，生成的卡通图像与原始图像不够贴合，效果差。

该案例涉及动漫人像的生成方法及装置、存储介质、计算机设备。获取目标人像图片；对所述目标人像图片进行区域分割，得到至少一个人像区域，所述至少一个人像区域包括面部区域、帽子区域、服装区域；提取所述至少一个人像区域对应的区域特征，并从素材库中获取与所述区域特征相匹配的素材；根据所述素材，生成动漫人像图片。该案例提出了对目标人像图片进行区域分割的思想，将图片分割成包含面部区域的多个人像区域，从而对不同区域的区域特征进行提取，不仅减少了面部特征提取的计算量，还增加了特征提取维度可以获取更多区域的特征，并且基于该区

域分割的思想也可以避免对某个区域特征提取时其他区域对该区域造成的干扰，使得生成图片与原始的目标人像图片更加相似。

该案例涉及的权利要求如下：

1. 一种动漫人像的生成方法，其特征在于，包括：

获取目标人像图片；

对所述目标人像图片进行区域分割，得到至少一个人像区域，所述至少一个人像区域包括面部区域；

提取所述至少一个人像区域对应的区域特征，并从素材库中获取与所述区域特征相匹配的素材；

根据所述素材，生成动漫人像图片。

2. 根据权利要求1所述的方法，其特征在于，所述人像区域还包括第一帽子区域以及第一服装区域；所述对所述目标人像图片进行区域分割，得到至少一个人像区域，具体包括：

获取所述目标人像图片对应的所述面部区域；

基于所述面部区域的位置，确定所述第一帽子区域以及所述第一服装区域，其中，所述第一帽子区域的中心点位于所述面部区域的中心点上方，所述第一服装区域的中心点位于所述面部区域的中心点下方。

3. 根据权利要求2所述的方法，其特征在于，所述基于所述面部区域的位置，确定第一帽子区域以及第一服装区域之前，所述方法还包括：

对所述目标人像图片进行语义分割，确定所述目标人像图片对应的至少一个候选帽子区域以及至少一个候选服装区域；

所述基于所述面部区域的位置，确定第一帽子区域以及第一服装区域之后，所述方法还包括：

基于所述第一帽子区域，从所述至少一个候选帽子区域中选择第二帽子区域，以及基于所述第一服装区域，从所述至少一个候选服装区域中选择第二服装区域；

分别计算所述第二帽子区域以及所述第二服装区域中每个像素点的RGB值，并根据所述RGB值分别确定所述第二帽子区域以及所述第二服装区域的主题颜色。

4. 根据权利要求 3 所述的方法，其特征在于，所述方法还包括：

对所述目标人像图片进行语义分割，确定所述目标人像图片对应的头发区域和背景区域；

分别计算所述头发区域以及所述背景区域中每个像素点的 RGB 值，并根据所述 RGB 值分别确定所述头发区域以及所述背景区域的主题颜色。

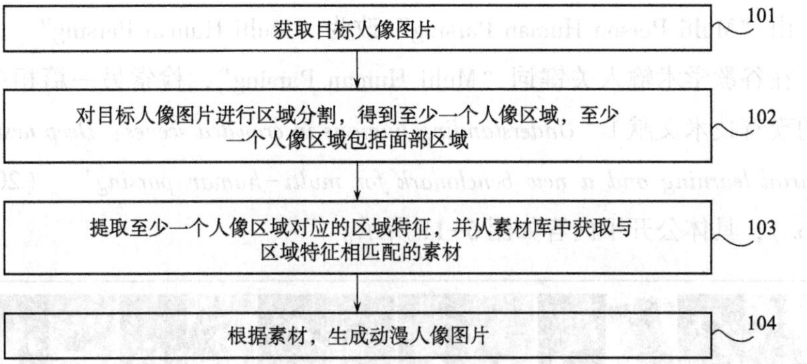
获取目标人像图片
101
对目标人像图片进行区域分割，得到至少一个人像区域，至少一个人像区域包括面部区域
102
提取至少一个人像区域对应的区域特征，并从素材库中获取与区域特征相匹配的素材
103
根据素材，生成动漫人像图片
104

图 5-10　该案例技术路线图

【检索策略分析】

权利要求 3 涉及与发明构思相关的方案，通过对目标人像图片进行语义分割，得到第一候选帽子区域和第一候选服装区域，该方案实质是对图像中的多个人像进行语义分割，识别出每个人像的帽子区域，脸部区域和服装区域，权利要求 4 引用权利要求 3，进一步限定还需要获取目标人像图片的背景区域。

以该构思在专利库中进行检索，具体检索步骤为采用“语义分割、人脸、多个、动漫、卡通、检测、提取、服装、帽子、头发”等关键词及其扩展进行检索。该方案在专利库中记载较少，未检索到有效对比文件。在 CNKI 和谷歌学术中使用关键词进行检索，均未检索到有效对比文件。

进一步的，切换数据库在 bing 国际版输入如下关键词：

multi people semantic segmentation hat clothes

选择 IMAGES 浏览模式，浏览相关图片，在所有图片中选择根据衣着、头发、人脸等部位进行分割显示的相关图片，点击查看图片详情，在右侧详情描述框内，获取关键词 Multi-Person Human Parsing。

在谷歌学术输入 Multi Person Human Parsing 关键词检索。

得到多篇相关文献，但是通过浏览相关文献发现，虽然有相关文献公开了可以对图像中的多个人像进行分割，获取人像的头发区域、面部区域和服装区域，但是其中并没有公开将多个人像分割成单个人像。根据阅读相关文献进一步修改了关键词表达：

由“Multi Person Human Parsing”改为“Multi Human Parsing”

在谷歌学术输入关键词“Multi Human Parsing”，检索另一篇相关度较高的现有技术文献 1“*Understanding humans in crowded scenes: Deep nested adversarial learning and a new benchmark for multi-human parsing*”（2018，J Zhao.），具体公开了内容如图 5-11 所示。

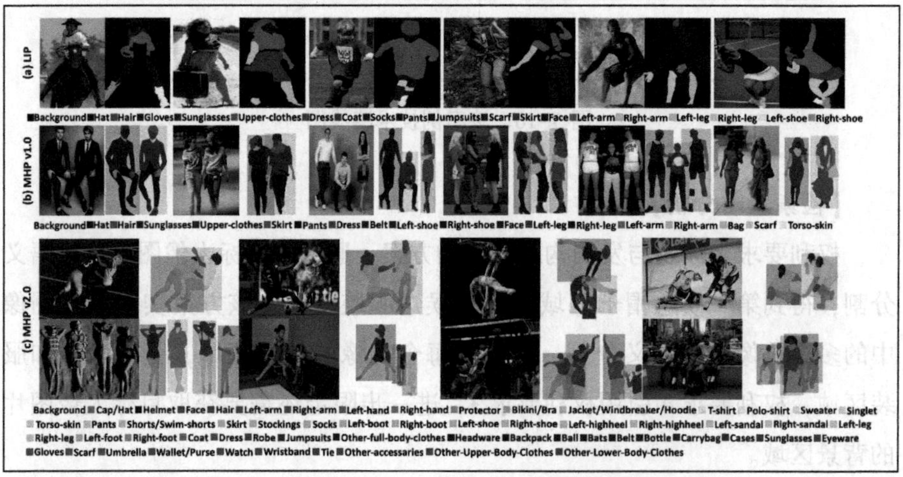

图 5-11　现有技术文献 1 公开内容

根据该现有技术文献 1 中公开的内容可知，其中公开的 MHP 模型可以进行人脸、帽子、衣服的语义分割，同时也可以进行多人图像中的单人图像提取。

【案例小结】

在 CNKI、谷歌学术、bing 学术常规检索没有获得有效对比文件的情况下，通过 bing 图片检索，浏览图片得到扩展的关键词 Multi Human Parsing

（多人解析），利用 Multi Human Parsing 检索到相关度高的现有技术文献。

5.4.2　互联网检索

互联网中与技术相关的论坛、搜索引擎、App、技术产品官方网站等都对技术内容进行了详细的介绍，同时也有明确的公开时间，因此相关技术内容可以作为对比文件用于审查，尤其是在计算机领域利用互联网资源进行检索获取有效对比文件的案例逐渐增多。

5.4.2.1　软件产品检索

电学计算机领域的相关专利申请中包括方法系统类型权利要求，其实质可能对应软件相关功能及设计框架，针对该类型的申请，如果能直接获取在先公开的软件产品或对应的产品介绍、设计构思介绍等，可以作为有效的证据，下面结合具体检索案例进行介绍。

案例 5-10

【案情介绍】

随着智能家居技术的不断发展，语音控制越来越多地应用于人们的居家生活中，便于用户与语音设备间进行语音交互。现有技术中，用户通过唤醒指令唤醒语音设备的语音识别功能时，可能存在多个语音设备都被唤醒，而用户实际上只想唤醒一个语音设备进行语音交互。

该案例涉及设备控制方法和分布式语音系统，通过终端设备接收到的所有的语音设备广播的唤醒仲裁请求信号的强度，计算终端设备与每个语音设备间的距离，确定离终端设备最近的语义设备，并唤醒该语音设备。有效避免了在用户发出唤醒指令后多个语音设备被唤醒的情况，提高了语音设备唤醒的精准度，降低了语音设备被误唤醒的概率。

该案例涉及的权利要求如下：

1. 一种设备控制方法，其特征在于，应用于分布式语音系统，所述分布式语音系统包括终端设备和多个语音设备，所述多个语音设备均与所述终端设备通信连接，所述方法包括：

所述语音设备根据用户的唤醒指令广播唤醒仲裁请求；

所述终端设备对接收的所有唤醒仲裁请求的信号强度分别进行测量，得到各个唤醒仲裁请求对应的接收信号强度指示值；

所述终端设备根据所述各个唤醒仲裁请求对应的接收信号强度指示值，确定出离自身最近的第一目标语音设备，并唤醒所述第一目标语音设备。

2. 根据权利要求1所述的方法，其特征在于，所述终端设备根据所述各个唤醒仲裁请求对应的接收信号强度指示值，确定出离自身最近的第一目标语音设备，包括：

所述终端设备根据所述各个唤醒仲裁请求对应的接收信号强度指示值，计算自身与所述各个唤醒仲裁请求对应的语音设备之间的距离，并根据自身与所述各个唤醒仲裁请求对应的语音设备之间的距离，确定出离自身最近的第一目标语音设备。

3. 根据权利要求2所述的方法，其特征在于，所述终端设备预先存储有每个语音设备对应的环境衰减因子，以及每个语音设备与所述终端设备相隔设定距离时对应的信号强度参考值，所述终端设备根据所述各个唤醒仲裁请求对应的接收信号强度指示值，计算自身与所述各个唤醒仲裁请求对应的语音设备之间的距离，包括：

所述终端设备根据每个语音设备对应的接收信号强度指示值、信号强度参考值和环境衰减因子，计算自身与每个语音设备之间的距离。

4. 根据权利要求3所述的方法，其特征在于，所述终端设备根据每个语音设备对应的接收信号强度指示值、信号强度参考值和环境衰减因子，计算自身与每个语音设备之间的距离，包括：

所述终端设备根据设备对应的接收信号强度指示值、信号强度参考值和环境衰减因子，计算自身与设备之间的距离。所述终端设备根据公式 $d=10^{(|\mathrm{RSSI}|-A)/(10\times n)}$ 计算自身与设备之间的距离；其中，d 为计算的所述距离，RSSI为所述接收信号强度，A 为所述信号强度参考值，n 为所述环境衰减因子。

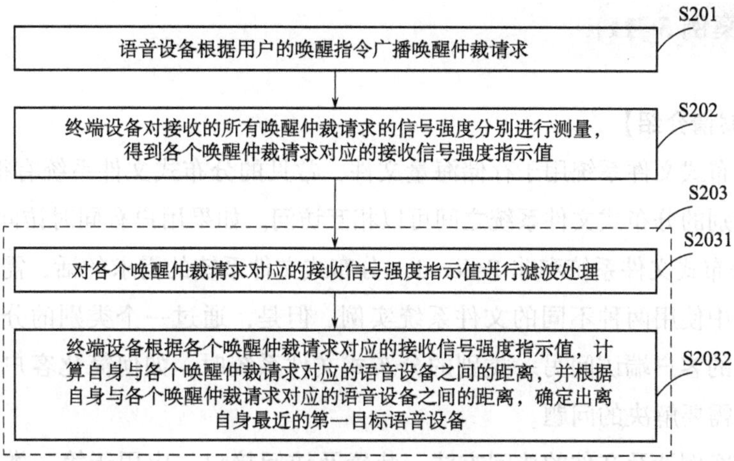
S201
语音设备根据用户的唤醒指令广播唤醒仲裁请求
S202
终端设备对接收的所有唤醒仲裁请求的信号强度分别进行测量，得到各个唤醒仲裁请求对应的接收信号强度指示值
S203
S2031
对各个唤醒仲裁请求对应的接收信号强度指示值进行滤波处理
S2032
终端设备根据各个唤醒仲裁请求对应的接收信号强度指示值，计算自身与各个唤醒仲裁请求对应的语音设备之间的距离，并根据自身与各个唤醒仲裁请求对应的语音设备之间的距离，确定出离自身最近的第一目标语音设备

图 5-12　该案例技术路线图

【检索策略分析】

在专利数据库、CNKI、读秀、CSDN 等数据库中，采用公式检索往往比较困难。但转换思路，采用公式图片在相应的检索平台中可以检索到好用对比文件，提高公式检索效率。例如在“不挂科”App 中采用权利要求 4 的公式“$d=10^{(|RSSI|-A)/(10\times n)}$”的截图作为检索要素进行检索，获得的检索结果中包括相关度较高的现有技术文献（“RSSI 与 LQI、接收距离 d 之间的关系”），通过阅读文献细节发现，其中公开了 RSSI 与接收距离的关系、测距离与一直 RSSI、A、n 之间的关系，与该案例的权利要求 2-权利要求 4 中请求保护的技术方案一样。

【案例小结】

“不挂科”App 是一款针对大学以及网课题目解析的 App，在解析题目的同时，会推荐与该知识点相关的文献（文献是与该公式相关的期刊类文献、教科书、博客等）。该 App 具备文字搜题、拍照搜题、语音搜题功能。当遇到不熟悉的公式时，可以采用该 App 的拍照功能，快速检索到与该公式相关的文献，通过该 App 可以很快检索到好用的对比文件。通过文献可以帮助理解该公式，也可以通过阅读文献扩展与该公式相关的关键词。

案例 5-11

【案情介绍】

分布式文件系统用于存储海量文件，常见的分布式文件系统有很多种，不同类别的分布式文件系统之间可以相互访问。如果用户有同时访问 Federation 分布式文件系统和非 Federation 分布式文件系统的需求的话，需要在业务代码中使用两种不同的文件系统实例。但是，通过一个类别的分布式文件系统的客户端访问另一类别的分布式文件系统时，如何简化客户端代码使用是需要解决的问题。

该案例涉及文件的访问方法、装置及访问接口，应用于第一类型分布式文件系统的客户端的访问接口继承了第一类型分布式文件系统的访问接口，且包括第二类型分布式文件系统的实例作为成员变量。在调用第一类型分布式文件系统的方法时，实际调用了第二类型分布式文件系统的实例成员变量的对应方法。使得用户无需修改业务代码就可以直接访问第二类型分布式文件系统，简化了客户端代码使用。可以在通过一个类别的分布式文件系统的客户端访问另一类别的分布式文件系统时简化客户端代码使用。

该案例涉及的权利要求如下：

1. 一种访问接口，其特征在于，所述访问接口应用于第一类型分布式文件系统的客户端；

所述访问接口继承所述第一类型分布式文件系统的访问接口，且包括第二类型分布式文件系统的实例作为成员变量。

【检索策略分析】

采用接口、继承、文件、继承、实例、访问等关键词在专利库中进行检索，未获得相关文件，主要原因在于上述关键词的使用在专利库中引起了大量的噪声，对于申请文件中的大量代码、分布式文件系统等发明构思关键内容没有准确的表达，经过在百度和 CSDN 数据库中查找与“继承”和“实例”相关的资料，明确继承父类对象以及包含另一个对象的实例作为成员变量均是软件开发中的常规操作，该案例中将这两种操作结合，以使得用户无需修改业务代码就能直接访问第二类型分布式文件，在外网中检索：面向对象、继承、调用实例成员变量的方法、第二类型。浏览获得的相关文件，进一步查看该博主的随笔分类以了解本领域技术知识时，发现随笔小类："设计模式"，该小类下涵盖各种设计模式。事实上，在检索过程中，发现多个博主的随笔分类中均有设计模式的小类。点开该小类，粗略浏览其中几个模式的介绍后发现：

每一种设计模式，都是针对特定场景下的问题，对解决方案的核心进行抽取，由此可以复用到不同的系统或对象中。设计模式几乎涵盖了编程中遇到的大部分问题场景原型。由此可以大致确定，该案例的发明构思为：某种包含继承与实例化的设计模式。

进一步调整检索思路为如何从繁多的设计模式中查找到该案例的相应设计模式。由于网络上的资料不够全面，各个博主的分类中包含的设计模式数量不尽相同，并且大都没有代码，无法很好地与说明书中的代码对比验证。因此，急需要有全面、清晰的资料和代码以进行系统查找。考虑为了防止疏漏，找到全面的设计模式集合，进一步快速筛查确定该案例的设计模式。在检索中注意到，许多博客笔记都是来自各式各样的编程书籍或课程的学习记录。而软件开发的工具书籍比较系统、全面、结构清晰且有典型软件示例，以提供给编程人员。

由此，调整检索方向：优先查找"设计模式"相关的书籍。按照常规，在读秀中查找相关书籍，获得书名以及相应的内容后，确定需要的文件页数。

但结合该案例的领域特点，不适合在读秀网站中查找书籍，原因在于：

(1) 不能通过目录小标题或模式名称就得知该模式的内涵。由此，通过读秀查看设计模式相关书籍的目录，并不能得知与该案例有关的部分，也就无法确定需要的文件页数范围；

(2) 读秀获取的书籍为pdf形式，且不同的书籍展示内容的方式不同。例如，有的书籍组织形式高度结构化，通过目录和小标题即可以快速定位相关资料，而有的需要花时间通读本章。这个因素决定了定向筛选的速度。

最终选择当当云阅读 App 这样的电子书城，原因如下：

（1）工具书资源丰富。

（2）查看的书籍可以通过文字进行全文检索，快速定位。

在当当云阅读的书城中搜索："设计模式"。

获得如下文件"大话设计模式"，通过目录可以清晰看到，一共 23 章，每章一种设计模式，书籍内容的组织结构化较高。

根据目录章节中的小标题快速定位到每一种模式对应的模式说明，对比该案例的构思。只需要查看最多 23 个小节就可以快速锁定该案例对应的是适配器模式。进一步阅读该模式下的定义、应用场景、代码示例，《大话设计模式》第 17 章中公开了适配器模式，并具体公开了各模块之间的连接关系。可以确定，其公开了该案例的构思，可用于影响该案例的创造性。

【案例小结】

面对不熟悉的领域，要充分检索现有技术，在检索中不断促进发明理解，以站位本领域技术人员，准确把握发明构思，获得关键线索，以在检索中有的放矢；结合领域特色，在合适的资料库中通过高效的方式，快速筛查有效对比文件。对于包含有软件代码示例的申请，且发明构思难以在专利系统中表达与筛选时，在外网中针对性检索到关键线索后，考虑工具书籍中丰富的典型示例，借用其清晰的目录小标题快速锁定相应证据。

案例 5-12

【案情介绍】

可视化（visualization），是指将一些格式化或者非格式化的数据，利用图、表等方式，形象地呈现给用户的过程。可视化呈现的结果，可以形象地反映出数据的分布、演化、规模大小等特征，在计算机科学的数据处理，数据分析，深度学习等方面有着广泛的应用。在深度学习训练过程中，涉及并生成大量的训练相关数据，通过可视化的方式，可以直观地将训练过程的数据分布、深度神经网络特征、训练结果评估等信息呈现给深度学习开发者和用户。在深度学习训练过程中，数据由深度学习框架生成并管理，为了在一个可视化的前端对这些数据进行展示，我们需要对深度学习框架中产生的数据赋予相应的格式，并进行序列化处理，然后将序列化的数据交给可视化系统的后台解析，再将相应的数据展示到可视化系统的前端。

该案例涉及一种深度学习训练过程数据转化为可视化数据方法和系统，将深度学习框架训练过程的数据进行筛选，分类，重组或计算，得到格式化的数据，从而可以提供给可视化前端进行训练过程数据实时可视化展示的效果，极大地方便了模型训练过程中对于训练中间结果的数据分析和异常处理，提高了模型训练的效率。

该案例涉及的权利要求如下：

1. 一种深度学习训练过程数据转化为可视化数据方法，其特征在于，包括如下步骤：

步骤一，定义可视化数据类型：基于Protobuf以自定义或编写的文件名为xxx的Proto文件，生成包含同一文件名的xxx_pb2.py代码；

步骤二，数据转化：Python端通过调用summary_xxx.py将相应的训练过程数据转化为可视化数据，并组装成Protobuf类型的message对象或者Json字符串，C++端通过调用event_writer_helper组件或者summary_converter.h将获取的训练过程数据根据不同的需求进行处理后转化为可视化数据，并组装成Protobuf类型的message对象；

步骤三，数据生成：将Python端或C++端处理完成的可视化数据，经过Protobuf的message对象首尾字符串的编码之后写入到日志文件。

【检索策略分析】

权利要求涉及较多的代码文件名称、函数名称，例如event_writer_helper、summary_xxx.py、summary.proto、graph.proto、tensor.proto、projector.proto、IntegerRange、RealRange、ValueSet等。可以判断该案例权利要求涉及明显的技术名词，编码技术，根据以往检索经验，在专利库检索到的概率较小，互联网检索获得有效对比文件的概率较大，因此将检索重点转换到互联网检索。

使用中文专利全文库进行“语义检索”推荐，获取到相关专利申请如下：

文献 CN112379886A 权利要求 1 分析：

1. 一种数据格式转换方法，包括：

文件生成步骤，基于 Protobuf 以自定义或编写的文件名为 xxx 的 Proto 文件 xxx. proto 为输入，生成包含同一文件名的 xxx_pb2. py 代码，并以 xxx_pb2. py 为输入利用 Python 标准模块 Jinja2 分别填充模板文件 template. cfg. h、template. cfg. cpp 以及 template. cfg. pybind. cpp，……，用于将 C++的接口导出到 Python 端；以及注册步骤，采用注册机制将所生成的 xxx. cfg. pybind. cpp 中定义的模块自动导出到 Python。

专利文件 CN112379886A，与该案例领域、主题不一致，但是与该案例权利要求 1 撰写方式、内容雷同；然而撰写方式雷同的专利申请有可能是同一申请人、发明人的关联申请，因此需要对该案例及对比文件进行进一步排查，通过对比发现，两件申请中包含共同的申请人“之江实验室”，发明人中都包含“胡胜健、单海军”，文献 CN112379886A 中还包括了关联公司名称“北京一流科技有限公司”。根据检索经验，对于技术性比较强的专利申请，需要在互联网中追踪申请人公司开发的产品信息。因此登录“北京一流科技有限公司”官网，获取到该公司深度学习框架产品 oneflow。调整检索思路，转到 github 中进行相关代码的检索。在 github 中检索到 oneflow 开源工程仓库，下载申请日之前发布的版本源码：

oneflow-0. 4. 0-tag-20210615；

使用软件开发工具构建代码工程，对 Oneflow-v0. 4. 0 版本源码进行阅读，分析工程 makefile 编译文件获得源码编译中间结果，理解源码调用流程，分析源码后撰写源码分析报告，最终获取的源码分析报告能够作为影响本申请创造性的有效证据。

【案例小结】

专利库中语义检索相似度推荐功能在日常检索中能显著提升检索效率；对于技术性较强的专利申请案件，可以结合专利库中语义推荐给出的线索进行进一步挖掘，综合判断并合理借助互联网检索快速命中对比文件，提升审查效率。

5.4.2.2　结构装置类检索

电学领域中存在装置结构类和图形图像处理类专利申请，对于该类型专利申请的技术方案需要进行装置结构连接关系或图形图像的检索。所选取的互联网检索平台包括图片搜索引擎、专业设计网站等，其中，下面结合具体案例进行分析。

案例 5-13

【案情介绍】

连接器广泛应用在电子设备中，用于实现两个电子设备之间或更多个电子设备之间的电连接。为了达到快速拆装等目的，连接器一般成对使用。例如，在光伏系统中，光伏电池的电能需要传输至逆变器中，以实现电流的逆变，使电能进入终端用户或者并入电网。在光伏电池端可以安装公头连接器，在逆变器端可以安装母头连接器，公头连接器与母头连接器对接后便可实现光伏电池与逆变器之间的电连接。在实际应用时，在逆变器端，连接器的导电芯通过一段线缆与逆变器内部的电路板电连接，由于线缆与导电芯和电路板之间均要实现电连接，导致安装步骤较为复杂，且容易出现连接可靠性问题。

该案例涉及一种连接器和电子设备，电子设备可以是逆变器、机柜等。以逆变器为例，逆变器是把直流电转变成定频定压或调频调压交流电的转换器，在逆变器中可以包括滤波电路、测量电路、逆变电路等功能电路，上述功能电路可以集成在电路板中。当逆变器应用在光伏系统中时，逆变器的电路板可以通过连接器与光伏系统中的光伏电池电连接，光伏电池中的直流电可以通过集成在电路板上的滤波电路、测量电路、逆变电路等功能电路进行处理，以将直流电转换为交流电，以将交流电输送至用户端或并入电网中。

该案例涉及的权利要求如下：

1. 一种连接器，用于安装在面板上，其特征在于，所述连接器包括：

壳体，具有贯穿其第一端和第二端的通道；

导电芯，设置在所述通道内；

其中，所述导电芯的一端设有焊脚，所述焊脚伸出于所述壳体的第一端，用于与电路板焊接；

固定结构，用于将所述壳体固定在所述面板上。

【检索策略分析】

对于该案例的关键技术手段以及其他需检索的技术特征在专利库中进行检索，具体检索思路为通过准确 CPC 分类号在专利库中获得最接近的现有技术 DE29509854U1，进一步采用“缓冲、接、力、柔、软、挠”等关键词检索到相关较高的现有技术文献 CN103117460A 以及相关度较低的文献 CN105281115A，其中文献 CN103117460A 中公开了其他需检索的技术特征，即“第二连接部和焊脚之间还设有柔性部”。同时对于其他特征采用其他关键词进行了进一步的尝试性检索，并未发现相关度更高的现有技术文献。

对其他需检索的技术特征进行思考，发现该种取（下）螺母的手工工具，其与电连接本身没有关联。所以应该在大机械领域进行检索，但由于涉及跨领域检索，没有途径获得较为专业和准确的关键词，以及较为准确的分类号，因此进一步尝试其他方式。

利用百度图片检索“取螺母的工具”，浏览几页后发现存在与该案例结构相同的产品，进一步浏览相关网页细节内容可知，该种产品一般用于摩托车维修，一般叫做四角套筒扳手、四爪套筒、四爪离合工具等，从而获得较为准确且专业的关键词。

此外，可以到专利库中利用“爪、套筒、工具、扳手”等关键词进行检索，仅获得相关度较低的现有技术文献 CN203600128U，其中公开如下结构（图 5-13）：

文献 CN203600128U 与该案例的利用套筒旋转螺母的结构相同，但文献 CN203600128U 中的把手与套筒结构垂直，与该案例的其他需检索的技术特征 1 的技术效果（图 5-14）（“当连接器设置有多个时，相邻连接器之间的间距可以尽可能地缩减。即相邻的连接器之间不必预留出用于转动螺母的操作空间，从而便于实现连接器的紧凑化布局。”）相违背，如采用该文献作为评价创造性的证据，存在结合启示方面的问题。因此进一步调整检索思路，通过该文献 CN203600128U，找到其使用的分类号 B25B13/06，具体含义为套筒型的；

图 5-13　文献 CN203600128U 中公开结构

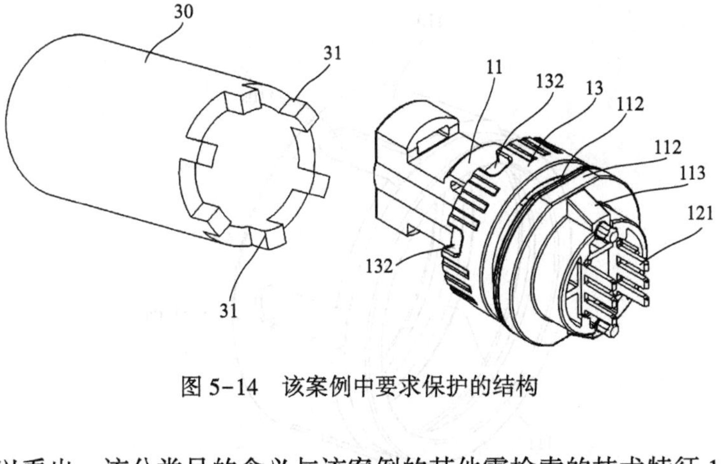

图 5-14　该案例中要求保护的结构

可以看出，该分类号的含义与该案例的其他需检索的技术特征 1 结构相同。考虑电连接器的领域限定，在专利库中利用上述分类号结合电连接器领域分类号进行检索获得相关度较高的技术文献 CN207509103U，具体结构如图 5-15 所示。

该文献中公开的结构可以与文献 DE29509854U1 中的内容结合评价该申请权利要求 1 的创造性。

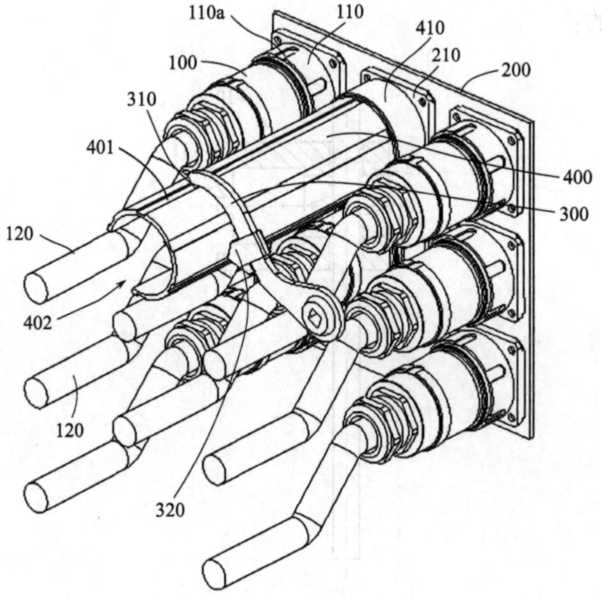

（a）公开的结构 1

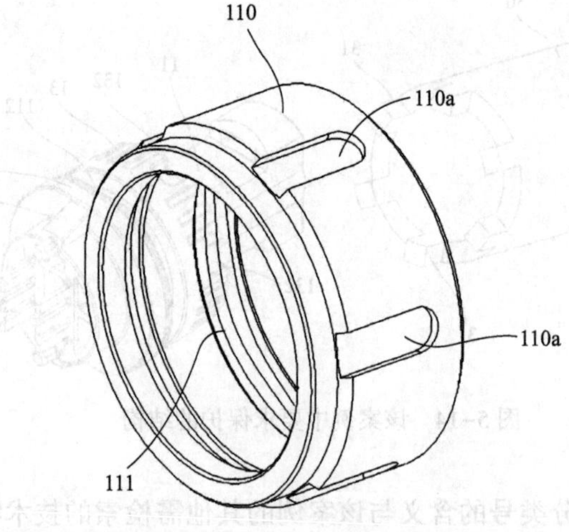

（b）公开的结构 2

图 5-15　文献 CN207509103U 中公开的结构

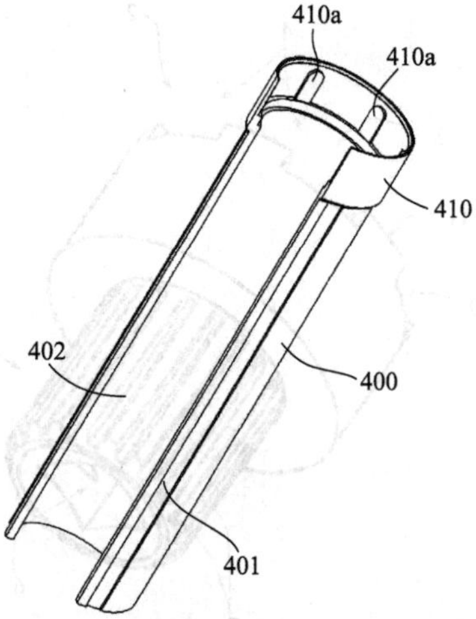

（c）公开的结构 3

图 5-15　文献 CN207509103U 中公开的结构（续一）

进一步考虑说明书中的相关技术特征，预判后期修改的可能性，利用分类号 b25b13/06 结合“螺、槽、爪”等关键词进行检索，找到多篇与该案例结构完全相同的文献（CN201565873U、CN202780947U、CN201669638U）作为佐证，具体见图 5-16）。

【案例小结】

对于机械领域的结构类技术特征，在无法获知准确分类号和关键词的情况下，利用百度图片检索，检索到对应产品，从而得到较为准确的产品名称，并利用该产品名称在专利库中检索，得到较为准确的分类号表达。该种方式丰富了结构特征关键词和分类号的扩展方式和途径，提高检索效率。

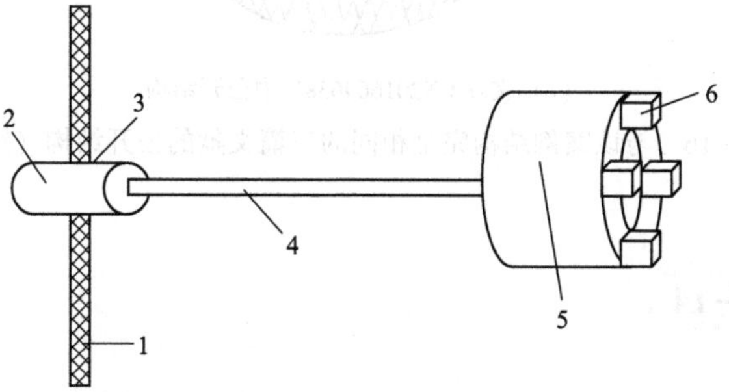

（a）文献 CN201565873U 中公开结构

图 5-16　与该案例结构完全相同的三篇文献的公开结构

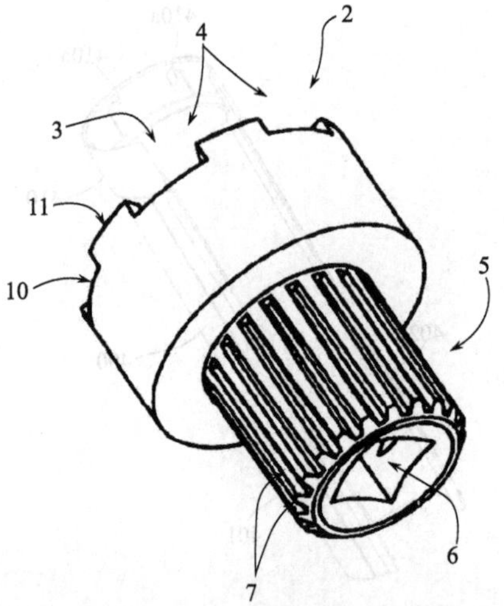

（b）文献 CN202780947U 中公开结构

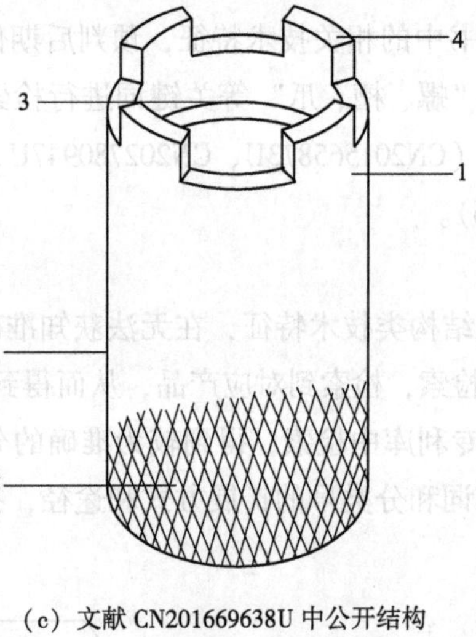

（c）文献 CN201669638U 中公开结构

图 5-16　与该案例结构完全相同的三篇文献的公开结构（续一）

案例 5-14

【案情介绍】

电机线圈、铁芯、变压器等元器件生产过程中需进行真空浸渍和烘干等工艺步骤，现有技术中真空浸渍设备通产为在真空环境中单一的浸渍罐，在工业生产中生产效率较低。真空浸渍设备中包括多个浸渍罐，各个浸渍罐之间通过连接管道相连通。能够应用于工业生产中，大大提高了浸渍工艺的效率，缩短了工艺时间；且浸渍罐结构简单，密封性能好。

该案例涉及的权利要求如下：

1. 一种真空浸渍设备，其特征在于，所述真空浸渍设备包括壳体、位于壳体内的承载架及固定安装于承载架上的多个浸渍罐，所述浸渍罐通过连接管道与外部储料罐相连通，所述连接管道包括若干与浸渍罐相连通的第一连接管道、及与各第一连接管道相连通的第二连接管道，所述第一连接管道上设有流量开关及流量控制阀。

【检索策略分析】

该案例属于机械结构的案件，首先在中英文专利库、非专利库和超星独秀中进行常规检索，获得现有技术 CN1154349A-真空浸渍建材设备、CN 201348947Y-改良式含浸设备，与该案例解决的技术问题相同，都是针对单一的浸渍罐在工业生产中生产效率较低，而提出采用多个浸渍罐以提高生产效率，然而，所采用的具体机械结构和连接方式与该案例还是有所差异，针对具体的机械结构和连接关系在专利库、CNKI 和超星独秀中没有检索到有效对比文件。

结合上述结果进一步调整检索策略，该案例主要是涉及机械结构，对于机械结构的具体结构限定，有时可能会在 CAD 图片中有所体现，针对该案例，进一步在开拔网和沐风网中针对真空、浸渍进行检索，通过浏览 CAD 图片，发现沐风网中：

现有技术证据 1（“真空浸渍装置”，沐风网，https：//www. mfcad. com/tuzhi/cad/844/100095. html，作者：xdf4mn，全文，2015 年 5 月 19 日）

其中的图片与该案例相似，具体如图 5-17 和 5-18 所示。

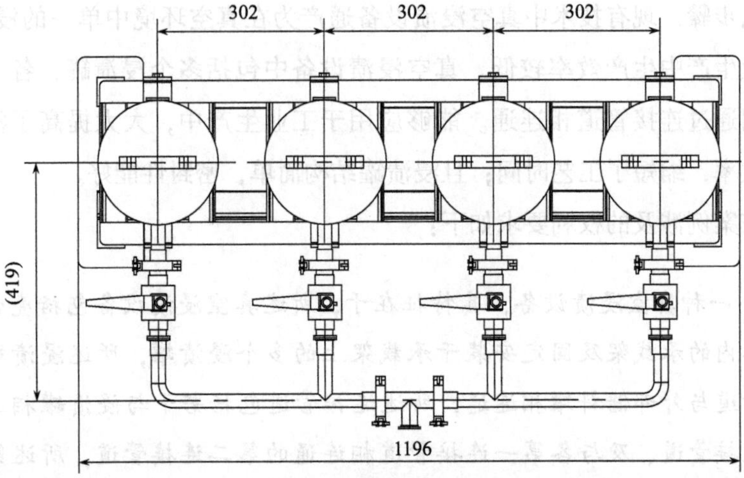

图 5-17　真空浸渍装置结构图

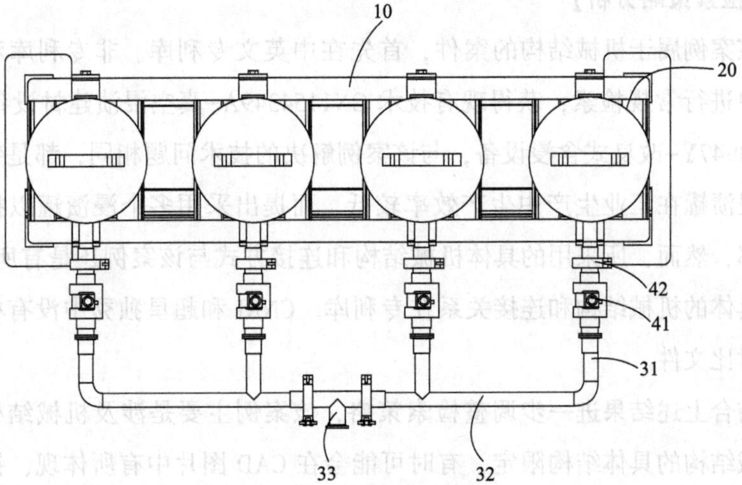

图 5-18　该案例装置结构图

下载后通过 CAD 软件打开相关图片，与该案例比对，发现该文件的附图中包括与该案例相同的附图，且给出了相关附图标记和尺寸，该文件公开了该案例的发明构思和权利要求中限定的相关特征，该证据 1 文件可以单篇影响该案例的创造性。

【案例小结】

对于机械结构的案件，由于相关结构和连接关系在专利库进行检索时，用关键词不容易表述，有时可以尝试开拔网和沐风网中 CAD 图纸进行检索，并借助 CAD 软件对 CAD 图纸中机械结构的相关附图标记和尺寸进行比对，或许可以获得有效对比文件。

5.4.3 网络社交平台检索

随着自媒体的发展，微信公众号、微博等成为技术资料发布的新平台，部分技术博主在微信公众号或微博等社交平台上发布涉及各类技术的文章，其中采用文字、照片、视频等多种形式对于技术细节有较好的展示，同时大型的平台也能够对于文章发布时间有完备的记录，同时该类平台的中的技术文章往往具有一定的前瞻性，同类型的技术往往最早发布，具有较高的检索价值。

5.4.3.1 微信公众号检索

微信作为使用频次比较高的社交软件，适用范围已经涵盖了人们的日常生活、工作中的各个方面。技术公司的宣传材料、科研人员的研发心得等都会以微信公众号文章的形式在微信平台上发布，并且具有明确的时间标记。基于此，微信公众号中进行检索也是有效获取现有技术证据的有效途径，下面结合具体案例进行介绍。

案例 5-15

【案情介绍】

用户在使用电子设备的过程中，往往会遇到操作之后无响应的场景，如点击了某个应用程序（application，App）的图标之后图标未做出任何反馈，给用户带来等待的感受。较长时间的等待甚至会让用户质疑当前的操作是不是他作出的，从而带来不符合预期的操作体验。

该案例涉及显示页面元素的方法和电子设备（图 5-19）。通过接收用户操作，缩小 App 图标尺寸并恢复原尺寸后，自动显示与该图标关联的第二页面元素。有助于增强电子设备对用户操作的反馈，从而增强了电子设备对用户操作的提示效果。

该案例涉及的权利要求如下：

1. 一种电子设备，其特征在于，包括：

一个或多个处理器；

一个或多个存储器；

所述一个或多个存储器存储有一个或多个计算机程序，所述一个或多个计算机程序包括指令，当所述指令被所述一个或多个处理器执行时，使得所述电子设备执行以下步骤：

显示第一界面，所述第一界面包括第一页面元素，所述第一页面元素的尺寸为第一尺寸；

检测到用户对所述第一页面元素的第一操作；

响应于所述第一操作，将所述第一页面元素由所述第一尺寸缩小为第二尺寸，并从所述第二尺寸恢复到所述第一尺寸；

在由所述第二尺寸恢复到所述第一尺寸之后，自动显示第二界面，所述第二界面与所述第一页面元素相关联。

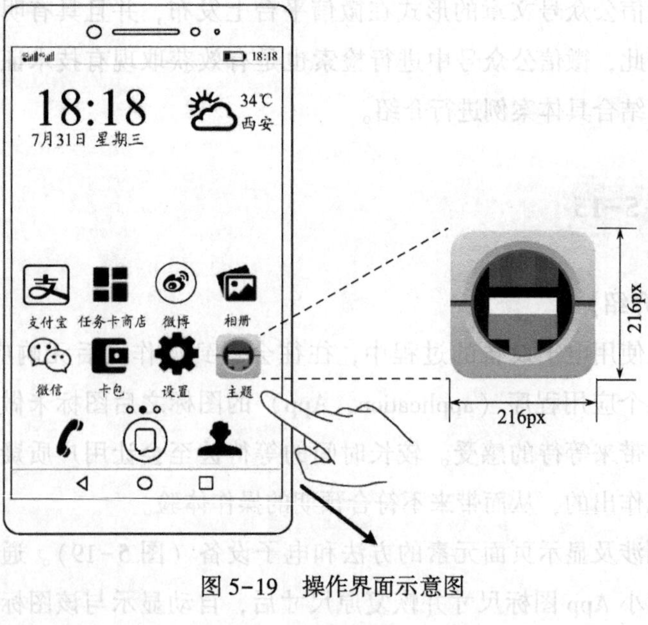

图 5-19　操作界面示意图

【检索策略分析】

权利要求 1 体现了该案例的发明构思，是关于手机 App 操作应用方面的申请，这类申请点比较小，通常是对实际应用功能的详细描述，单纯从权利要求提取关键词在专利库若不能检索到有效对比文件，通常会加大在非专利库检索力度。但非专利的检索可能不一定会找到对应功能的专业表述用语，且非专利库种类繁多，加大了命中可能对比文件的难度。

首先，根据该案例的发明点确定其是在点击手机界面 App 图标后会关联第二显示界面，并且在显示第二显示界面之前会对该 App 图标尺寸进行改变。而日常生活中点击手机 App 图标确实会弹出关联的第二显示界面，因此，使用手机长按 App 图标试验，发现华为手机 Mate40 系列已经实现了权利要求 1 限定的方法，进一步确定该方法应当属于现有技术，且应当在外网进行非专利检索。通过使用“长按华为手机应用图标 弹出界面”在百度搜索引擎中搜索，确定该项功能为“快捷菜单”，因此确定检索关键词为“长按应用图标”“弹出快捷菜单”“手机”。进一步使用上述各关键词组合在百度搜索引擎搜索，发现苹果手机的 3D touch 功能是最早通过长按图标展示快捷菜单的，因此进一步确定应当将手机限定在华为和苹果两个品牌中，得到关键词“苹果手机”“华为手机”。但是百度搜索得到的内容并不涉及在应用图标进行尺寸修改这种细节的技术文章，而微信文章搜索一般都是技术人分享的内容，并使用关键词在微信文章板块中检索到了可用的对比文件。

检索式：“苹果手机 长按应用图标 弹出快捷菜单”

得到对比文件“IOS13 上手体验，你期待的改变都来了”（小果 2019 年 6 月 5 日）结合本领域公知常识可以影响权利要求 1 的创造性。

另外，在检索过程中还了解到苹果电脑可以在打开应用图标前对应用图标实现一下弹跳再打开对应应用，显示对应的应用界面。该使用公开的内容可以作为对比文件公开的第二界面并非应用程序本身界面的一种说理补充。

【案例小结】

对于涉及 GUI 操作的案件，通过在各个手机平台上实验相关功能，判断最佳的检索数据库为互联网，并进一步通过逐步检索扩展关键词，最终在微信文章中检索到可用对比文件。该案例对检索数据库的准确选择具有借鉴意义，值得推荐。

案例 5-16

【案情介绍】

如果要可视化网络首先需要对网络进行表示，包括节点的拓扑结构信息和特征信息。传统的网络表示方案是通过建立邻接矩阵表示网络结构，假设网络 $\boldsymbol{G}=(\boldsymbol{V},\boldsymbol{E})$，其中 $\boldsymbol{V}$ 是节点集合，$\boldsymbol{E}$ 是边集合，网络的邻接矩阵定义为 $\boldsymbol{A}\in|\boldsymbol{V}|\times|\boldsymbol{V}|$，其中 $A_{ij}=1$ 如果 $(v_i,v_j)\in\boldsymbol{E}$，否则 $A_{ij}=0$ 的。随着网络规模不断扩大，邻接矩阵占用大量的存储空间，而且其中的大部分元素都是 0，面临严重的稀疏性问题。近些年来，随着以深度学习为代表的特征学习技术在自然语言处理领域的广泛应用，研究者开始探索面向网络的特征表示方案，即类似于自然语言处理中的词向量嵌入技术。

该案例涉及一种基于图卷积网络的图可视化方法。利用卷积神经网络的思想将作用在欧几里得数据上的卷积操作拓展到非欧几里得数据上。可以同时利用节点的特征信息和深层次的拓扑结构信息，使学习到的节点向量更具有表示性。并且为可视化算法加入了粒度调整方式，根据 PageRank 算法为每个节点赋予相应的分数，可以调整粒度大小显示不同的节点。

该案例涉及的权利要求如下：

1. 一种基于图卷积网络的图可视化方法，其步骤包括：

1）对于目标领域的网络 $G=(V,E)$，将网络 G 中的节点嵌入到一个低维欧式空间中，得到网络 G 的低维嵌入向量；所述低维嵌入向量包含网络 G 中节点的特征信息和网络 G 的拓扑结构信息；其中，V 是节点集合，E 是边集合；

2）将所述低维嵌入向量构造成一张 K 近邻图，即 KNN 图；

3）基于概率模型将所述 KNN 图在二维空间中绘制出来。

【检索策略分析】

当申请人是研究所时，常规检索的方式是追踪发明人和申请人的相关论文和专利，该案例的发明人有六个人，发表的论文和专利数量众多，在逐一追踪后未发现与该案例密切相关的文献。同时，也在 CNKI、万方、百度学术以及谷歌学术等非专利资源中进行了全面的检索，也未找到对比文件。因此，通过常规检索方式无法获得有效的对比文件成为该案例的检索难点。

检索时，发现用同样的关键词，在电脑端使用百度检索的结果和在手机端使用微信检索的结果是不同的。通过微信能检索到公众号的文章，而公众号文章是该案例发明人发表的文章，跟该案例有关联，虽然不能作为现有技术证据，但提供了另外一种检索思路。通过微信公众号检索可以获取在《机器之心》上发表的文章。

随着自媒体的迅速发展，很多微信公众号会发表最新的技术文章，尤其是机器学习领域，有很多知名的微信公众号，发表的文章多为对业内知名论文的总结和梳理，类似于技术综述。这些文章能帮助在短时间内快速掌握本领域的技术脉络和经典算法。在常规检索无效的情况下，利用微信搜索公众号的文章，边检索边学习，在检索中不断靠近本领域技术人员。通过微信公众号文章中的链接追踪找到 github 博客，再通过博客引用的论文《从 SNE 到 t-SNE 再到 Largevis》再次追踪获得两篇英文论文作为对比文件。

【案例小结】

该案例在检索时利用不同搜索引擎的特点，在百度搜索引擎无法爬取微信公众号公开的文章的情况下，选择在微信中进行检索，通过边检索边了解现有技术，并在充分理解该案例方案的基础上准确选择检索关键词，综合追踪检索的手段，快速检索到可用对比文件，检索效率高。

案例 5-17

【案情介绍】

在项目的规划设计过程中 AR 技术的应用非常少，AR 技术还不能很好的和现有设备相结合。利用移动终端来应用 AR 进行规划设计。

该案例涉及的权利要求如下：

1. 基于 AR 和移动终端的模型仿真方法，其特征在于，

步骤 1，建立或导入项目或构件的虚拟模型；

步骤 2，利用移动终端或现场摄像装置获取现场视频，可在移动设备装置上加载全景摄像头或利用现场全景摄像装置获取全景视频；

步骤 3，将项目或构件的虚拟三维模型与现场视频进行叠加生成叠加影像；

步骤 4，对项目或构件的虚拟模型进行操作，通过调整工程项目或构件 BIM 模型参数（高度、数量、材质、颜色等）对模型进行调整；可查询 BIM 模型数据参数。

【检索策略分析】

首先在专利库中进行常规检索，主要采用“增强现实、AR、叠加、融合、项目、构件”等关键词进行检索。在未获取有效对比文件的情况下，进一步使用 CNKI、万方等数据库检索，未获得可用的对比文件。经分析，专利数据库中同时涉及 BIM 和 AR/增强现实的对比文件较少，使用其他关键词也没有检索到好用的对比文件，考虑到该案例的技术方案应用性较强，可能已经应用在实际工程中，在常规非专利文献库中检索到相关文献的可能性较小，因此将检索重点放在互联网中检索。

进一步调整检索思路，在百度视频中检索：

BIM and 增强现实 and 施工

获得相关视频，其中记载了无人机加上增强现实技术。该视频文件公开了该案例的发明构思，但公开日为 2017 年 6 月 15 日，在该案例的申请日之后，不能作为现有技术证据。该视频的结尾处提供了一个微信公众号的二维码扫码关注该微信公众号，在其历史文章中可以找到相同的视频，该文章的发布日期为 2017 年 1 月 12 日，在该案例的申请日之前，可以作为影响该方案创造性的现有技术证据。

该现有技术证据中公开了使用无人机实现虚拟建筑与真实场景的结合，

实现了工程效果的预览，其中虚拟建筑为 BIM 模型，公开了该案例的发明构思。

【案例小结】

该案例通过外网检索获得公开该案例发明构思的视频文件，由于该视频文件时间不可用，进一步追踪上述视频文件，获得一个研究建筑科技理论的微信公众号，在该公众号的历史文章中检索到可用的视频对比文件。为外网检索资源的选择提供了新的思路。

5.4.3.2 其他网络平台途径检索

互联网中还存在一些技术论坛、贴吧等可能发布技术相关资料的平台，在上述平台中的部分内容可以准确追溯到发布时间，或者可以了解相关技术资料的线索，基于上述内容进行检索可以快速获得相关证据，结合具体案例介绍如下。

案例 5-18

【案情介绍】

终端设备通常会将用户喜欢的图片作为屏保壁纸或桌面壁纸呈现给用户。近年来，异形屏（屏幕形状不规则，也称刘海屏）已广泛应用，在将传统的矩形图片或圆形图片设置为异形屏壁纸时，只能按照默认的显示样式对原始图片进行处理，导致最终所显示的刘海屏壁纸较为单一，无法满足用户的个性化需求；同时，对原始图片进行处理会按照默认的显示样式对应的宽高比例对原始图片进行缩放，使得图片失真。该案例公开了一种界面显示方法，提供至少一种异形界面显示样式，可满足用户的个性化需求，得到多样化的壁纸，在基于所提供的异形界面显示样式对原始图片进行处理时，通过对原始图片的宽高进行等比例的缩放，可维持原始图片的画质，从而能够确保后期的使用效果。其核心发明构思在于使用预先设置的异形界面模板来对经等比例缩放后的原始壁纸图片进行裁剪，从而生成个性化的刘海壁纸。通过对原始图片的宽高进行等比例的缩放，可维持原始图片的画质，从而能够确保后期的使用效果，使用预先设置的异形界面模板来对经等比例缩放后的原始壁纸图片进行裁剪，从而生成个性化的刘海壁纸。

该案例涉及的权利要求（图 5-20）如下：

1. 一种界面显示方法，其特征在于，所述方法应用于具有不规则形状的异形屏的显示设备，所述方法包括：

当接收到壁纸设置指令时，显示至少一种异形界面模板，所述异形界面模板用于确定异形屏的显示样式；

当接收到异形界面选中指令时，根据被选异形界面模板的显示样式显示目标异形界面，所述目标异形界面的缩放比例与异形屏的显示比例相同；

根据所述目标异形界面的显示参数和待设置为所述目标异形界面壁纸的第一图片的显示参数，对所述第一图片进行等比例放大，得到第二图片，所述第二图片的尺寸大于所述目标异形界面的尺寸；

根据所述目标异形界面，对所述第二图片进行裁剪，得到与所述目标异形界面的显示样式及尺寸均相同的第三图片。

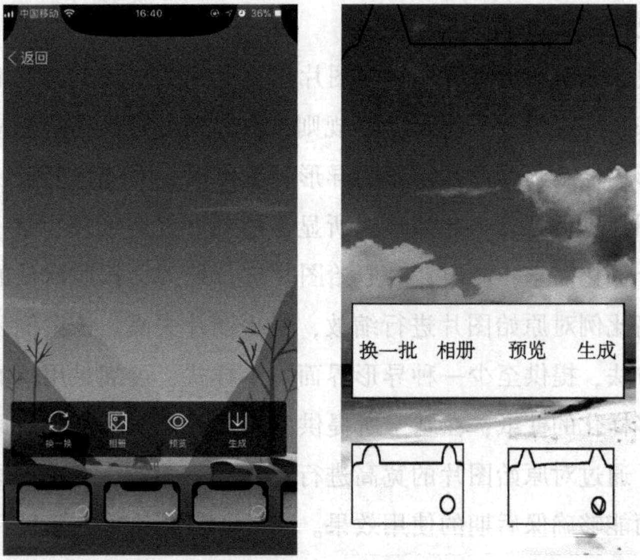

图 5-20　技术效果图

【检索策略分析】

在专利库中使用关键词“异形屏/刘海屏/不规则屏”、“壁纸/墙纸”、“模板/样板/样式”等，以及相关分类号 G06F9/451、G06F8/38、G06F3/048 进行检索，均未检索到对比文件。

结合上述结果进一步调整检索策略，在百度搜索引擎中使用“刘海屏壁纸”作为关键词进行检索，获得网页“刘海屏专用壁纸”相关内容，其中记载了如下内容：“刘海屏要归功于苹果公司，2017 年 9 月，正式发布的苹果 iPhone X，其特殊的前脸设计……被称为‘刘海屏’。”同时，该网页中分享的刘海屏壁纸的显示样式与该案例公开的异形界面模板的显示样式基本相同。

继续在百度搜索引擎中使用“iPhone X 刘海屏壁纸”作为关键词进行检索，第 1 页检索结果中即获得网页“苹果手机如何制作 iPhone X 手机刘海壁纸?”相关内容，其公开了使用腾讯手机管家 App 来制作 iPhone X 刘海壁纸的教程，该 App 中的应用界面与该案例附图中公开的界面基本一致，只有个别界面元素有所区别，因此可以初步确定，现有技术中存在可影响本方案创造性的相关证据。

调整思路后，进入腾讯手机管家 App 官网查询该 App 的更新日志，发现在 V 7.5.0 版本的腾讯手机管家 App 中新增了 iPhone X 个性刘海壁纸，该版本的更新日期为 2018 年 02 月 02 日，早于该案例的申请日；同时，也注意到，该 App 的 V 7.6.0 版本更新日期为 2018 年 04 月 16 日，也早于该案例的申请日，而 V 7.7.0 版本的更新日期为 2018 年 05 月 31 日，晚于该案例的申请日。因此确定，可以使用 V 7.5.0 版本或 V 7.6.0 版本的腾讯手机管家 App 作为影响该案例创造性的证据。使用该 App 制作 iPhone X 个性刘海壁纸的过程进行截图，以此影响该案例权利要求 1 的新颖性。

【案例小结】

如果技术方案涉及应用程序用户界面的实现或执行机制，需重视当前是否存在已提供了相同或类似功能界面的应用程序，若存在，则可通过查询该应用程序的更新日志来确定时间可用的历史版本，并以该历史版本应用程序作为使用公开来影响该技术方案的新颖性。

案例 5-19

【案情介绍】

社交应用如微信、qq 等兴起后，用户对分享一些感兴趣内容的需求大幅度增加，例如，用户发现了感兴趣的音乐人想要分享该音乐人的相关信息以及属于该音乐人的音乐。现有技术往往是通过 H5 页面分享至其他平台，由于 H5 页面是一种 Web 页面，在服务器宕机之后，或者用户网络延迟发生的情况下，有可能导致 H5 页面无法加载，进而导致信息传播效率较低。

该案例涉及分享信息的方法和装置。通过分享图片的方式，代替分享 H5 页面。在分享指令被检测到后，立即生成图片，该图片包含的内容有待分享的音乐人页面的音乐人相关信息和该音乐人的目标歌曲。通过分享图片，而不是 H5 页面，减少对服务器的依赖，提高信息分享传播的效率。

该案例涉及的权利要求（图 5-21）如下：

1. 一种分享信息的方法，其特征在于，所述方法包括：

如果当前登录账户的关注列表中包括所述目标音乐人账户，在所述目标音乐人账户的主页页面显示可点击状态的分享按钮；

检测到所述目标音乐人账户对应的分享按钮的触发指令；

获取所述目标音乐人账户的基本信息和所述目标音乐人账户对应的目标歌曲的统一资源定位符 URL 信息；

当检测到第三方的分享选项的触发指令时，将所述目标音乐人账户的基本信息和所述 URL 信息，生成所述目标音乐人账户对应的分享图片，将所述分享图片分享至所述第三方；

当检测到所述分享图片分享成功时，为所述当前登录账户发放分享奖励，所述分享奖励为支持票的数目，所述分享奖励仅用于给所述目标音乐人账户投票；

所述方法还包括：

如果所述关注列表中不包括所述目标音乐人账户，在所述目标音乐人账户的主页页面中显示不可点击状态的分享按钮。

2. 根据权利要求1所述的方法，其特征在于，所述当检测到所述分享图片分享成功时，为所述当前登录账户发放分享奖励，包括：

当检测到所述分享图片分享成功时，显示分享奖励领取界面，其中，所述分享奖励领取界面中包括预设数目个选项，每个选项对应不同的分享奖励；

当检测到所述预设数目个选项中目标选项的选取指令时，显示所述目标选项的分享奖励的领取选项；

当检测到所述领取选项的触发指令时，为所述当前登录账户发放所述目标选项的分享奖励。

3. 根据权利要求1或2所述的方法，其特征在于，所述分享奖励为支持票的数目，所述分享奖励仅用于给所述目标音乐人账户投票。

技术效果如下：

传统的分享方式，需要被分享的用户访问服务器才能查看到被分享的内容，也就是音乐人相关信息和歌曲。本发明通过分享一张实时生成的图片，能够让被分享的用户不用访问服务器就能十分方便快捷又直观看到音乐人相关的基础信息，图片中还会携带该音乐人相关的歌曲URL，如果被访问用户感兴趣想听歌，再通过URL访问服务器中存放的音乐。避免了服务器宕机时，信息分享的失败，提高了信息分享的效率，避免了不必要的资源浪费。

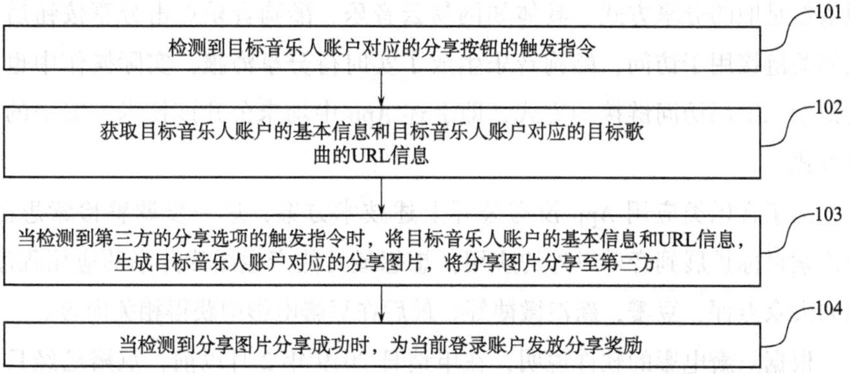

图5-21 该案例技术路线图

【检索策略分析】

该案例涉及界面操作，关于分享的操作细节较多，例如按钮显示，对应的 URL 信息，如何奖励音乐人账户等，而且关键词表达的含义较宽泛，难以检索到有用对比文件。找到的对比文件虽然能公开了图片的分享，图片中携带一些信息，但是不能很好地公开全部技术特征，也无法公开申请的主题音乐人账户。

由于权利要求涉及界面，细节多，权利要求篇幅长，主题领域相对狭窄，专利库和论文期刊库中，全力进行了检索后，仍然很难找到构思相同或类似的有效对比文件，因此把重点转向非专利尤其是网络证据。先搜索了技术博客，使用了关键词“第三方、转发、分享、图片、生成图片、社交网站、分享朋友圈”等词的排列组合，在 CSDN，Segment，博客园，Github，StackoverFlow 等国内外技术交流类博客论坛上虽然有所收获但是只有局部的技术手段的实现方式，例如如何实现生成带有文字的长图片，但是没有公开分享内容还包含歌曲对应的 Url、检测分享按钮的触发、分享到第三方等技术特征。经过上述一系列搜索尝试没有很好的收获的情况下，然后想到是否有使用公开，因为完整的使用公开过程，能够更好地影响细节多、篇幅长的界面操作类权利要求。由于该款应用为音乐类，且在权利要求中写明分享的是音乐人账户信息，结合生活经验知道的常见音乐类应用，首先检索了音乐类 App，如网易云音乐，QQ 音乐，虾米音乐等。但发现依然是旧的分享方式。具体如网易云音乐、酷狗音乐点击分享按钮后生成相关链接用于访问，酷狗音乐生成了实时待分享海报，实际操作中也需要识别二维码访问链接的方式，即上述 App 中均未公开该技术方案中的分享方式。

由于音乐类应用 App 没有公开上述技术方案，进一步调整检索思路，把检索目标扩展到音乐以外的应用，想想最可能产生图片分享的应用程序，例如大众点评，豆瓣，新浪微博等。最后在豆瓣电影中获得相关内容。

根据豆瓣电影的软件说明，在申请日 2019 年 2 月以前，豆瓣已经具备了该功能，通过浏览历史版本的信息，最终获取豆瓣 V6. 9. 0 版本，在该版本的简要介绍中，已经出现了公开该案例功能的说明文字，其中海报图就是待分享图片。另外，根据以往自己对豆瓣的使用经验，知道豆瓣不仅可以对电影，帖子，书籍等内容进行第三方分享，还可以对音乐专辑页面进行分享，最大程度接近了该案例的内容。

下载使用该历史版本的豆瓣 App，对音乐专辑页面进行点击后，即可以生成待分享的海报，也包含了对应的歌曲 URL，以二维码形式呈现。虽然不是音乐人账户信息，但是根据该公开，音乐专辑的文字信息和对应音乐 URL 可以通过生成图片并分享，从技术层面也就不难得到分享音乐人信息和音乐人对应歌曲的 URL。豆瓣对音乐专辑的页面，当用户点击分享按钮，就可以生成海报图片，图片中携带大量相关文字信息，以及对应的歌曲 URL。

以上是对关键发明点的证据检索。另外对于权利要求中出现的技术特征，例如分享成功后向被分享的音乐人发放奖励，奖励的具体方式，奖励的领取界面，检测选取用户选取奖励种类的指令等，在专利库中都难以发现证据。进一步，从“第三方、分享、奖励”到“用户奖励界面”，到“选择奖励”，逐渐检索发现“把奖项都呈现给用户，检测用户选择的奖项”，比较通用的叫法是“用户翻牌抽奖”的形式，通过检索介绍“翻牌抽奖”的界面效果如何从技术实现方式的技术博客，能有大量的收获，通过文字描述匹配权利要求的描述以及帖子下有符合时间要求的跟帖回复或转载，筛选出了最合适的现有技术证据，公开的技术特征显示奖励领取界面，领取界面包括预设数目个选项；检测到目标选项的选取指令时，显示目标选项的领取选项。

对于“用户分享成功后，奖励为对音乐人的支持票，用于用户对音乐人投票使用”，进一步调整检索思路，从公开该技术实质入手，而不拘泥于“支持票”，奖励的形式可以扩展到积分，即使转发数的记载也是一种积分。生活中，微博转发都是会有转发数计数的增加，但是不能公开“转发后能让被转发的人获得奖励或者某种收益”，根据生活经验，Bilibili 网站上的视频上传用户都会向观看者强调鼓励三连指转发，点赞，收藏，平台会根据三连数据，对视频上传用户进行奖励，视频上传用户会获得平台对经济收益的更多的分成，从技术实质上公开了本方案上述技术特征。

【案例小结】

该案例涉及 App 应用程序界面操作，细节多，权利要求长，还附加有商业运营方面的具体规则特征，专利库和期刊论文中都难以找到有效对比文件。结合生活中使用其他应用程序的经验，百度到的帖子提供的时间线索，在能够提供历史版本的应用市场中下载并安装可能具备相同功能的其他应用软件，且发布时间于申请日前，可结合其他非专利网络证据作为影响该案例全部权利要求创造性的证据。

案例 5-20

【案情介绍】

目前，各种网络平台在日常生活中被频繁使用，有时，不同的网络平台可以提供许多类似的功能。以网络销售平台为例，现有的很多网络销售平台，像淘宝、京东、亚马逊等，都可以提供电子商务功能，我们要想买到物美价廉的商品就要反复地去每个平台看有哪些优惠活动，非常的麻烦。该案例就是要针对这种网络平台的信息处理模式进行改进，以降低用户对各个网络平台的操作复杂度。如图 5-22 所示的一种项目创建方法，所述方法包括：获取各个已发布的目标项目在对应发布平台上的项目信息，以及所述发布平台的平台信息；根据所述平台信息在本平台创建所述目标项目，并将所创建的目标项目与所述平台信息进行关联。

利用该说明书实施例方案，通过将各个发布平台发布的项目信息同步到一个共享平台中，使用户在一个共享平台中即可查看到各个发布平台发布的项目信息，无须反复登录各个发布平台，降低了操作复杂度。

该案例涉及的权利要求如下：

1. 一种项目创建方法，所述方法包括：

获取各个已发布的目标项目在对应发布平台上的项目信息，以及所述发布平台的平台信息；

根据所述平台信息在本平台创建所述目标项目，并将所创建的目标项目与所述平台信息进行关联。

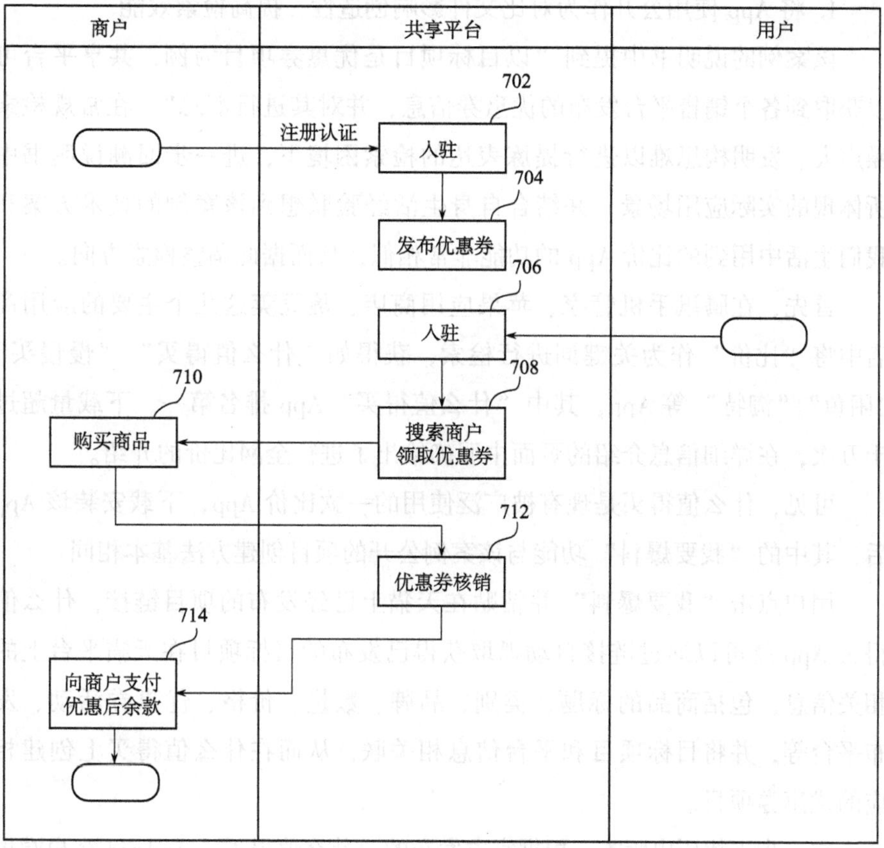

图 5-22　该案例技术路线图

【检索策略分析】

该案例的发明构思难以提炼为准确的关键词进行检索，另外权利要求高度概括，且技术方案更像是一种应用场景，很难将发明构思（通过将各个发布平台发布的项目信息同步到一个共享平台中，使用户在一个共享平台中即可查看到各个发布平台发布的项目信息，无须反复登录各个发布平台，降低了操作复杂度）提炼为精准的关键词，导致检索时关键词表达的含义很宽，检索噪声大，浏览文献多，通过常规检索难以检索到可用的对比文件，如何快速有效地进行检索是该案例的检索难点。

通过分析制定检索策略如下：

1. 将 App 使用公开作为对比文件影响创造性，提高检索效能

该案例的说明书中提到“以目标项目是优惠券项目为例，共享平台可以获取到各个销售平台发布的优惠券信息，并对其进行汇总”。在常规检索噪声大、发明构思难以进行提炼表达的检索困境下，进一步回溯说明书中所体现的实际应用场景，并结合自身生活经验联想到该案例的技术方案和我们生活中用到的比价 App 的功能非常相似，从而据此调整检索方向。

首先，在腾讯手机管家、苹果应用商店、豌豆荚这几个主要的应用商店中将“比价”作为关键词进行检索，获得如“什么值得买”“慢慢买”“闲鱼”“淘特”等 App，其中“什么值得买”App 排名第一，下载量超过千万次，在详细信息介绍的页面中明确给出了进行全网比价的介绍。

可见，什么值得买是现有被广泛使用的一款比价 App，下载安装该 App 后，其中的“我要爆料”功能与该案例公开的项目创建方法基本相同：

用户点击“我要爆料”并粘贴在天猫上已经发布的项目链接，什么值得买 App 就可以通过链接自动抓取获得已发布的目标项目在天猫平台上的相关信息，包括商品的标题、类别、品牌、数量、价格、优惠券活动、发布平台等，并将目标项目和平台信息相关联，从而在什么值得买上创建相应的优惠券项目。

进一步查找历史版本，根据官方发布的“什么值得买--Android 客户端更新日志”，在其中搜索“爆料”发现早在 2015 年 12 月 08 日的 V6.1 版本中便已经新增了“剪贴板复制商品链接快捷爆料”的功能，同时确认了在该案例申请日（2018.06.27）之前公开的版本为 V8.7.10 版本（2018.06.26）中已经增设了相关功能。

通过虚拟机的方式安装 V8.7.10 版本“什么值得买”App，基于使用公开，将使用什么值得买 App“我要爆料”进行优惠券项目创建的过程截图，并以此作为影响该案例全部权利要求的创造性的证据。

具体操作包括，用户点击“我要爆料”并粘贴在发布平台上已发布的目标项目的链接，共享平台即可自动抓取获得已发布的目标项目在对应发布平台上的相关信息，包括商品的标题、类别、品牌、数量、实付价格、折后单价、优惠券及活动、发布平台等信息（即该案例中目标项目的项目

信息和发布平台的平台信息），并将目标项目与平台信息相关联。

【案例小结】

在常规检索未能得到合适对比文件的情况下，基于该案例技术方案所涉及的实际应用场景，推定可能的对比文件为 App 应用，据此扩展检索思路、明确检索重点，最终通过 App 使用公开的方式作为影响该案例创造性的证据文献，提高了检索效能。在手机无法安装运行 App 历史版本的情况下，不轻易放弃，努力进行多种尝试，最终想到利用虚拟机有效解决问题。对于计算机领域的发明专利，常常会遇到需要依据 App 使用公开作为影响待检索技术方案创造性的证据文件，这也为日后解决相似问题提供了解决思路。

5.5　总　结

非专利资源检索的使用方式存在较大的探索空间。本章从非专利资源检索的常见问题入手，介绍了非专利资源检索的多种方法，具体包括各种检索平台和检索策略的介绍，同时对于期刊论文、互联网搜索引擎、网络社交平台等不同资源的具体检索方式结合具体案例进行了深入分析，重点突出了应用非专利资源检索的高效性特点，但对于实际案例的应用，还需要结合具体案例的特点进行灵活使用。

第 6 章

追踪检索

6.1 电学领域追踪检索概述

根据使用的检索入口不同，检索策略可以分为技术特征检索和追踪检索两大类。其中，技术特征检索是以涉及技术特征的关键词和分类号为检索入口，而追踪检索则以非技术特征为检索入口，如发明人、申请人、参考文献、引证文献等。

电学领域相关技术非常广泛，涵盖半导体、电力电子、计算机系统、计算机应用及人工智能、大数据等领域，按照应用的产业领域划分，其包含了工业制造、商业应用、国防军事、交通运输、农业生产等。近年来，以移动互联网、大数据、云计算、物联网、虚拟现实、人工智能、大数据等为代表的互联网技术带动了传统产业的升级，催生出新的产业形态，促进了互联网经济的快速发展。因此，一方面，电学领域的相关案件大多涉及复杂的前沿技术，且跨领域的应用型申请占比很大，相关从业人员很难全面掌握前沿技术及每个应用领域的理论与实践经验，因而检索过程中仅仅从技术特征角度进行检索可能存在困难；另一方面，电学领域的检索难点通常在于方案中的结构关系复杂，或者方案中算法、商业规则和方法特征难以提取准确的关键词，采用常规检索策略文献量大、易漏检，因而合理使用追踪检索策略能够提高检索效率，更快地获取对比文件。

追踪检索是电学领域相关申请在专利检索中常用的检索策略。[1]尤其是在面对不熟悉的技术领域或者技术比较陌生的专利申请，此时一般难以获得本领域较为准确的分类号以及关键词，而采用追踪检索往往能使我们更容易找到相关的背景技术，能够帮助检索者快速了解相关技术，并加深对本申请技术方案的理解。此外，利用追踪到的相关专利或非专利文献获取准确的分类号和关键词，往往对检索过程大有裨益，能够显著提高检索效能甚至直接获得有效对比文件。

追踪检索以现有专利申请的相关信息作为基础，利用申请人、发明人、相关技术等信息作为线索入手，进而根据信息之间的相关性实现连环突破，具有检索时间少、检索结果准确有效的优势。由于专利申请相关的申请人之间、发明人或相关研究团队之间一般存在相关性，专利文献之间及非专利文献之间存在引用、被引用的关系，技术本身的发展也存在延续性，因此在追踪检索中，要围绕发明构思和权利要求保护范围拓展思维，善于推测和想象，并深入分析信息之间的关系，善于抽丝剥茧，充分利用专利检索系统、非专利检索系统和强大的互联网高效的获取有效信息。[2]

6.2 电学领域追踪检索的常见问题

追踪检索作为一种常用检索策略，能够提高检索效率和检索结果准确性，然而在检索中何时进行追踪检索、如何追踪检索、追踪检索的渠道有哪些等问题是电学领域在检索中要面临的问题。在检索实践中，主要存在以下几种追踪检索的常见问题。

1. 追踪检索方式单一

追踪检索的方式包括多种，在实际检索中，在专利库或非专利库进行

---

[1] 任志安. 追踪检索在专利审查中的应用[J]. 专利代理，2019(03)：103-107.

[2] 曾定洲，李冠林. 追踪检索在专利检索中的应用[J]. 中国发明与专利，2020，17(S2)：142-146.

申请人追踪检索、发明人追踪检索、文献追踪检索是常见的追踪检索方式，但在电学领域中，有些企业类申请人生产有实际产品，可能在公司网站、新闻报道等中有相关专利技术的产品介绍，通过追踪检索能够获得更多相关信息，有些网页证据如博客文章中可能存在引用的网页链接等，也可以通过追踪检索获得更多信息，若仅采用常规追踪检索，可能导致检索效率较低，因此在电学领域中需要灵活采用更多样的追踪检索方式。

2. 追踪时机不够精准

追踪检索作为一种重要的检索策略，需要基于一定的线索，通过层层挖掘，追踪相关信息，进而发现有效文件，避免撒网式检索。但在实际检索中在何种情况下需要进行追踪检索、何时进行进一步追踪检索、何时停止追踪检索，是决定检索者提高追踪检索效率的关键。如在电学领域中，在检索到何种线索的情况下可以指示我们需要进行追踪检索，在检索到与该案例非常相关的文件或网络证据时间不可用的情况，直接停止追踪检索可能会遗漏掉相关信息，也许再进一步追踪检索则能快速检索到有效结果。在检索中需要根据具体情况判断追踪检索时机。

为了在检索时避免出现上述常见问题，需要在充分理解发明的基础上，在合适的时机有效选取适合的追踪检索方式进行检索，以及与其他检索方式进行合理的组合检索，这是提高检索效率的关键。

6.3 电学领域追踪检索的一般方法

追踪检索的过程中，通常使用专利检索系统对专利文献库中的相关专利文献进行追踪，一般使用申请人、发明人、引用文献、被引用文献等相关检索入口。在非专利检索系统中对论文、期刊等文献进行追踪，一般利用作者或者作者结合关键词进行检索，在浏览过程中关注参考文献等相关线索。强大的互联网引擎能够提供更加丰富的信息，如了解发明人研究团队、了解创新主体之间的关联关系等。深入的追踪检索可以从以下角度展开：

1. 追踪检索“人”

追踪检索“人”在追踪申请人时，除了创新主体本身之外，一般还会追踪其竞争对手企业，或者创新主体包括的各个分支机构，以及创新主体的股东等；在追踪发明人时，还包括追踪相关的研究团队以及相互有合作关系的研究人员或团队。

2. 追踪检索产品信息

电学领域的某些专利申请在申请之前已经进行了技术转化和应用，与某种产品相关，通过追踪产品能获得更多相关的技术信息，帮助检索。常见的追踪检索产品信息包括追踪产品相关技术信息、产品型号、产品使用手册、产品说明书、产品宣传视频等。

3. 追踪检索文献

对于能够获取到的专利审查过程中的引用文献、被引用文献可用于文献追踪检索；此外，有些专利申请背景技术部分记载了相关的非专利或专利文献，发明人及发明人相关的研究团队通常也会发表相应的论文，论文一般都有参考文献，上述信息可用于进行文献追踪检索。[1]

4. 联合追踪检索

实际案件检索过程中，有时候会应用多种检索策略组合，如分类号/关键词检索结合追踪检索，追踪检索的手段也可能融合了不同的平台比如专利文献/非专利文献的追踪以及融合了不同角度如联合追踪“人”、产品及相关文献。谚语说“条条大路通罗马”，专利检索是一个富有乐趣的探索过程，没有固定的条条框框，可以灵活运用各种策略去组合、去探索、去总结。下面我们将基于实际检索案例出发，从上述追踪检索的几种角度进行分析，以期给读者带来一定的启示。

---

[1] 赵慧，杜秋雨. 参考文献/引用文献的追踪检索策略研究[J]. 中国发明与专利，2015(02)：119-122.

6.4 电学领域追踪检索的典型案例

6.4.1 追踪检索“人”

专利检索中对于“人”的追踪检索，有很多路径，不仅包括追踪检索本专利申请的申请人和发明人，还包括追踪在检索中获得的相关创新主体，包括相关专利申请的申请人和发明人、相关技术文献的作者、相关技术的研究团队、相关技术产品的公司、通过股权关系与本专利申请的申请人相关联的公司，有些案件会存在申请人发生过著录项目变更的情况，此时还应考虑追踪检索变更前的申请人。具体追踪检索的过程，需结合申请的特点，在专利库、非专利库及互联网资源中灵活选择及配合，充分利用互联网资源中的相关资讯，挖掘线索，进而根据需求结合关键词等其他检索要素进行高效追踪。

6.4.1.1 追踪检索申请人相关的创新主体

在追踪检索该案例的申请人和发明人之外，通常还需要关注与该申请申请人和发明人相关联的创新主体。创新主体与该申请的关联性可能体现在很多方面，如股权关系，子公司与母公司，同属于集团或母公司的不同子公司等，这些关系可以从百度、企查查、爱企查等网页平台获得。下面以一个具体案例作为示例说明相关检索策略，该案例中通过在百度上检索获得技术方向同样涉及汽车配件的大股东公司，对该大股东公司进行追踪检索得到与该案例机壳相类似的结构，从而确定准确的分类号与关键词，提高检索效能，快速检索到可用的对比文件。

案例 6-1

【案情介绍】

伺服电机是指在伺服系统中控制机械元件运转的发动机，是一种补助马达间接变速装置。伺服电机可控制速度，位置精度非常准确，可以将电压信号转化为转矩和转速以驱动控制对象。伺服电机转子转速受输入信号控制，并能快速反应，在自动控制系统中，用作执行元件，且具有机电时间常数小、线性度高、始动电压等特性，可把所收到的电信号转换成电动机轴上的角位移或角速度输出，且当信号电压为零时无自转现象，转速随着转矩的增加而匀速下降。由上述内容可知，伺服电机相对于普通电机来说，是一个更为精准和高级的动力驱动，因此在生产安装时对于伺服电机的机壳要求也更高，需要能够满足相应的精度和局部受力，使得伺服电机整体能够更加稳定，控制得更加精准。

该案例提供一种伺服电机机壳，包括主体机壳和侧壁机壳，所述主体机壳呈底部开口的空心圆柱状，且所述主体机壳的顶部中间位置也开设有主体连接口；所述侧壁机壳呈水平设置的空心圆柱状，且所述侧壁机壳的轴向侧壁与所述主体机壳的周向侧壁为连通设置，所述侧壁机壳的一端为封闭设置，另一端为开口设置且连接有用于安装固定的放大环。该伺服电机机壳结构合理，分为连通的主体机壳和侧壁壳体，在相同的受力支撑面积下能够达到更大的支撑强度，同时高精度制作后能够明显提高伺服电机的运行稳定性，有利于伺服电机的精度控制和运行。图 6-1 是伺服电机机壳倒置后的整体结构示意图，图 6-2 是伺服电机机壳的俯视等轴视图。其中各附图标记含义如下，1. 主体机壳；2. 侧壁机壳；3. 主体连接口；4. 放大环；41. 凹槽；6. 安装脚；61. 安装孔；7. 安装环；71. 扣合空腔；8. 三角连接部；9. 定位脚；91. 定位孔；10. 安装块。

该案例涉及的权利要求如下：

1. 一种伺服电机机壳，其特征在于，包括主体机壳（1）和侧壁机壳（2），所述主体机壳（1）呈底部开口的空心圆柱状，且所述主体机壳（1）

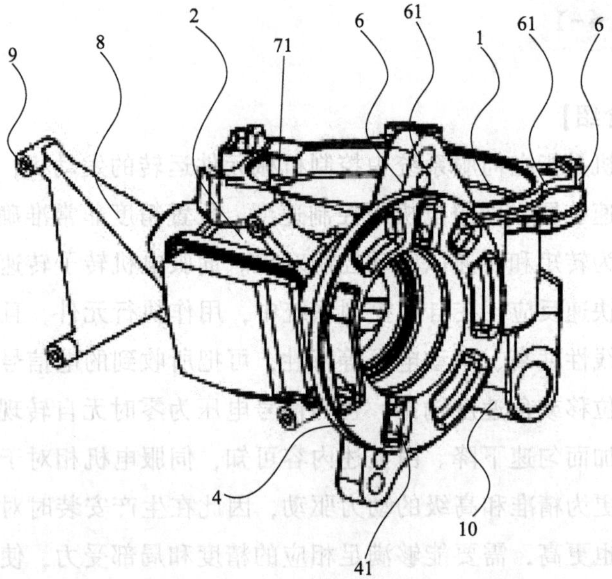

图 6-1　伺服电机机壳倒置后的整体结构示意图

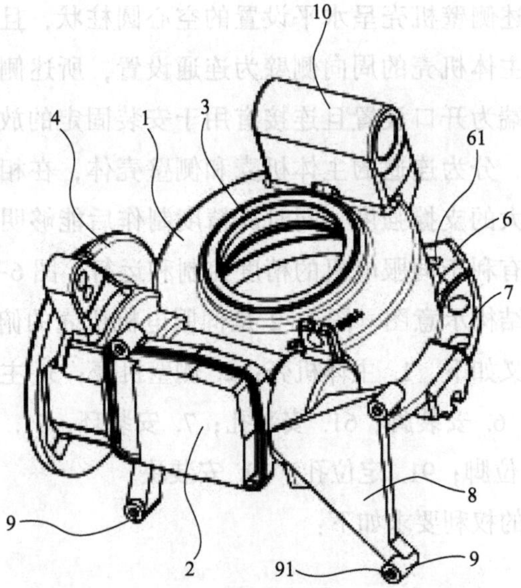

图 6-2　伺服电机机壳的俯视等轴视图

的顶部中间位置也开设有主体连接口（3）；所述侧壁机壳（2）呈水平设置的空心圆柱状，且所述侧壁机壳（2）的轴向侧壁与所述主体机壳（1）的周向侧壁为连通设置，所述侧壁机壳（2）的一端为封闭设置，另一端为开口设置且连接有用于安装固定的放大环（4）。

【检索策略分析】

该案例涉及一种电机机壳，分类号为H02K5/04，电机机壳通常是用于固定电机的定子和转子。但该案例技术方案提供的“电机机壳”结构与电机领域公知的电机机壳结构差别较大，其明显不是用于固定电机的定子与转子，因此，预期该案例给出的分类号有误，需要重新确定该案例机壳的具体用途与分类号。

检索专利库过程中，首先对申请人和发明人进行追踪，并没有检索到与该案例相关的专利文献。然后，尝试采用该案例的技术特征提炼出关键词进行检索，仅采用“机壳 and 侧壁”检索，检索得到的文献量过大导致无法浏览，而仅采用“放大环”检索，检索得到的文献量过小，并且提取权利要求书与说明书中的其他检索关键词比较困难，因此，采用该案例的技术特征进行检索，也没有检索到与该案例相关的专利文献。

在专利库检索结果不理想的情况下，考虑尽快转入非专利文献检索。在搜索引擎中搜索该案例的申请人“武汉嘉迅汽车配件有限公司”，并没有检索到该公司的官网及相关的产品信息，但是通过浏览搜索结果获得了“武汉嘉迅汽车配件有限公司由上海华中集团下属的上海华迅汽车配件有限公司、昆山莱捷有色金属有限公司和上海肯创事业有限公司共同组建的合资企业”的信息，注意到“上海华迅汽车配件有限公司”和该案例申请人“武汉嘉迅汽车配件有限公司”均涉及汽车配件方向，所以后续检索考虑对“上海华迅汽车配件有限公司”进行追踪检索。

此外，搜索结果也显示了“爱企查”信息，点击链接进入网页，同样也可以获知“上海华迅汽车配件有限公司”是该案例申请人的大股东。

随后，在专利库中对上海华迅汽车配件有限公司进行追踪，检索得到与该案例机壳相类似的结构，确定该案例电机壳实际上为转向器壳体，分类号为B62D5/04。最后，采用重新确定的分类号B62D5/04与关键词“转向柱 or 转向棒 or 扭力棒”进行检索，得到可以影响该案例权利要求创造性的两篇对比文件 CN101410289A 和 CN102730053A。

【案例小结】

在初始分类号不准确的情况下，通过外网百度检索，获得技术方向也涉及汽车配件的大股东“上海华迅汽车配件有限公司”，对该大股东进行追踪检索得到与该案例机壳相类似的结构，从而确定该案例准确的分类号与关键词，提高检索效能，快速找到好用的对比文件。

6.4.1.2　深入追踪检索相关申请的发明人

在检索过程中，经常会获得一些技术相关的中间文件，这些文件因为时间或者内容的原因不能直接用作对比文件，但是会提供很多可用线索，例如准确的关键词或者分类号，实际上，这些中间文件的发明人也是值得关注的信息。一般来说，技术上与本申请关联的专利申请的主要发明人的研发方向很可能与本申请一致，追踪关联申请的发明人可能会高效获得相关对比文件。因此在检索中，对于发明人的追踪不能仅仅停留在发明人本身的专利申请及发表的论文，还应该深入分析发明人科研方向、发明人研究团队其他人员的科技成果、关联申请的发明人的科技成果、相关科技成果的参考文献等，从中获取有用的线索，进而进一步追踪检索，以期快速获取有效对比文件。下面以一个具体案例作为示例说明深入追踪发明人的相关检索策略。

案例 6-2

【案情介绍】

目前，推荐系统的良好效果通常是建立在海量的用户数据的基础之上的，而对于大部分的公司而言，通常只具有少量的用户数据，且由于保护用户隐私的要求等原因，各公司之间不能共享各自的用户数据以进行联合建模，进而导致各公司只能基于少量的用户数据构建推荐系统，进而导致推荐系统向用户推荐的物品并没有达到用户的期望。

该案例提供了一种基于纵向联邦的个性化推荐方法，包括获取用户行为数据矩阵，并基于所述用户行为数据矩阵，通过执行预设纵向联邦流程，对预设待训练预测模型进行迭代训练，获得推荐物品预测模型；当接收到预测请求时，提取所述预测请求对应待预测用户数据，并将所述待预测用户数据输入至推荐物品预测模型中，获得用户特征表示集和物品特征表示集；基于所述用户特征表示和所述物品特征表示，生成所述待预测用户数据对应的物品召回集。该方法避免了由于训练样本数据过少而导致难以准确推荐物品给用户，致使推荐系统推荐效果差的技术问题。

该案例涉及的权利要求如下：

1. 一种纵向联邦推荐召回方法，其特征在于，所述纵向联邦推荐召回方法应用于第一设备，所述纵向联邦推荐召回方法包括：

当接收到预测请求时，提取所述预测请求对应待预测用户数据，并将所述待预测用户数据输入至推荐物品预测模型中，获得用户特征表示集和物品特征表示集，其中，所述推荐物品预测模型为基于用户行为数据矩阵通过执行预设纵向联邦流程，对预设待训练预测模型进行迭代训练得到的；

基于所述用户特征表示和所述物品特征表示，生成所述待预测用户数据对应的物品召回集。

4. 如权利要求 3 所述纵向联邦推荐召回方法，其特征在于，所述通过执行所述预设纵向联邦流程，对训练更新的所述初始用户特征表示变量进行替换更新，获得替换更新的所述预设待训练预测模型的步骤包括：

将训练更新的所述初始用户特征表示变量加密发送至与所述第一设备关联的第二设备，以供所述第二设备对多个其他所述第一设备发送的初始用户特征表示变量进行聚合处理，获得聚合用户特征表示变量，并将所述聚合用户特征表示变量反馈至各所述第一设备；

接收所述第二设备反馈的所述聚合用户特征表示变量，并将训练更新的所述初始用户特征表示变量替换更新为所述聚合用户特征表示变量，获得替换更新的所述预设待训练预测模型。

【检索策略分析】

该案例通过获取用户行为数据矩阵，并通过执行预设纵向联邦流程，从而通过联合多方数据进行迭代训练，实现了准确构建推荐系统的目的。使用准确关键词“纵向联邦 and 推荐”在中文专利摘要库中检索，只命中几十篇文献，文献量少且几乎都是该案例申请人的系列申请，时间也比较新，从中获得了一篇内容相关的文件 CN110189192A，公开了一种信息推荐模型的生成方法，公开了基于纵向联邦的推荐召回方法，接收预测请求并提取预测请求对应的待预测用户数据，将其输入到推荐物品预测模型中，推荐物品预测模型为基于用户行为数据通过执行纵向联邦流程对于预设待训练预测模型进行迭代训练得到。但是未公开提取预测请求对应待预测用户数据，获得用户特征表示集和物品特征表示集，基于所述用户特征表示和所述物品特征表示，生成所述待预测用户数据对应的物品召回集。

基于对发明内容的理解，该案例涉及基于用户相关行为数据进行推荐，属于协同过滤推荐，因此在非专利 CNKI 平台使用“用户 and 协同过滤”检索到了适合作为该案例起点的最接近的现有技术文件——对比文件 1，该对比文件 1 与上述专利文献 CN110189192A 结合可影响权利要求 1-3 的创造性。

该案例权利要求 4 涉及纵向联邦学习的具体步骤，难以对关键词进行提取和扩展。例如，扩展出的“传输”“加密”“共享”“联合”“聚合”等关键词噪声非常大，不便于文件筛选。该案例的申请人是深圳前海微众银行股份有限公司，发明人是刘聪、郑文琛、裴勇、谭奔、周洋磊，之前在专利数据库对申请人进行追踪时，获取了多篇关联申请，浏览关联申请时发现关联申请中多次出现发明人“杨强”，进一步通过互联网百度搜索获知，发明人“杨强”为微众银行的首席人工智能官，且是人工智能领域权威专家，研究方向包括迁移学习和联邦学习，曾发表多篇学术论文。于是，对“杨强”进行追踪检索，在英文非专利库获取能够影响从属权利要求 4 创造性的有效 Y 类对比文件，其公开了该案例中具体的联邦学习的步骤。

【案例小结】

该案例检索时在专利数据库中追踪申请人，获取多篇关联申请，并从关联申请中筛选出重要发明人，通过百度网络平台进一步确认为领域权威技术专家，进一步追踪最终获取了该技术专家的英文论文，快速获得对比文件。

6.4.1.3　追踪检索相关技术的研究团队

电学领域的技术创新一直非常活跃，新技术发展非常迅速。在对于新技术相关的专利申请进行检索时，由于站位本领域技术人员存在困难，所以通常难以提取比较准确的关键词，所获取的分类号一般也比较上位，检索难度较大。且对于前沿技术，如人工智能前沿技术等，在常规的专利数据库或非专利数据库中检索结果一般较少，此时，充分利用外网资源，如利用互联网信息平台对相关技术进行深入了解，如获取相关的科技资讯或报道等，可以获得相关技术的研究团队或者创新主体，进而进一步追踪检索，是提升检索效能的有效途径之一。下面以一个具体案例作为示例说明相关检索策略。

案例 6-3

【案情介绍】

随着技术的不断发展和进步，电子设备向着多功能、小型化的方向发展，极大拓展了应用领域，例如在医疗卫生领域，小型化电子设备已经成功应用于体温、血压、脉搏等信号的健康监测。然而，供能问题成为制约电子设备应用的瓶颈，外接电源的供能方式限制了电子设备的使用距离，干电池、锂电池等储能元件的重量大、刚度大、续航时间有限，降低了电子设备的可穿戴性。

该案例提出了一种柔性可穿戴供电设备，包括电压产生模块和电压处理模块。其中电压产生模块包括电极负载层、分隔层及微通道层，电极负载层上设置有至少一对电极；分隔层上设置有与电极对应的多个通孔；微通道层上设置有与通孔对应的多个汗液贮存腔，电极被设置为通过通孔与汗液贮存腔连通，在汗液贮存腔中存在汗液时，产生第一电压；电压处理模块，电连接于电压产生模块，用于对第一电压进行整流、滤波、稳压以得到第二电压，并用于存储及输出第二电压。通过以上设备采集汗液并利用汗液发电得到第一电压，并对第一电压进行整流、滤波、稳压以得到稳定的第二电压，由于电压产生模块通过柔性形状记忆材料制成，因此，可弯曲性、可拉伸性较高，且可以预设穿戴形状以适应不同人体部位，通过形状记忆实现变形，从而卡压穿戴位置，提升了装置的可穿戴性及用户体验。

该案例涉及的权利要求如下：

1. 一种柔性可穿戴供电装置，其特征在于，所述装置包括：

电压产生模块，包括电极负载层、分隔层及微通道层，所述电极负载层、所述分隔层及所述微通道层由柔性形状记忆材料制成，

所述电极负载层上设置有至少一对电极，其中，每对电极的各个电极的电化学活性不同；

所述分隔层在所述电极负载层下方，所述分隔层上设置有与所述电极对应的多个通孔；

所述微通道层在所述分隔层下方，所述微通道层上设置有与所述通孔对应的多个汗液贮存腔，所述微通道层用于收集汗液，并将汗液贮存于所述汗液贮存腔中，所述电极被设置为通过所述通孔与所述汗液贮存腔连通，在所述汗液贮存腔中存在汗液时，产生第一电压；

电压处理模块，电连接于所述电压产生模块，用于对所述第一电压进行整流、滤波、稳压以得到第二电压，并用于存储及输出所述第二电压。

【检索策略分析】

该案例所要解决的技术问题是柔性可穿戴供电设备的供电，针对发明构思汗液发电进行检索，无论是关键词还是分类号表达，在中英文专利库中获得的文献数量都较少，也没有公开该案例电压产生模块包括电极负载层、分隔层及微通道层的三层结构。

考虑到汗液发电的技术前沿性，预期在外网网站或论坛中可能存在相关新闻报道。因此在，在外网中搜索“汗液发电”，得到“汗液发电”相关

的多篇科技报道和相关视频。

通过查看科技报道和视频，可知生物燃料电池是以有机物为燃料，直接或间接利用酶作为催化剂的一类特殊的燃料电池，用于可穿戴设备的酶生物燃料电池通常以汗液中的乳酸作为生物燃料，实现将化学能转化为电能。并且，汗液发电的概念从2014年开始提出，主要研究人员包括来自加州理工学院的研究团队。在一篇针对该团队的科技新闻中，提及该团队的汗液发电成果及相应结构图，其中的三层结构与该案例结构十分相似。

根据上述新闻报道的记载，该工作已于2020年4月发表于*Science Robotics*杂志中。通过该科技报道图片标题“用于多路无线传感的汗液供电的电子皮肤”，提取关键词电子皮肤（electronic skin）在Science数据库中进行检索，检索结果包括一篇非常相关的现有技术文件，该文件公开了一种生物燃料驱动的柔性电子皮肤，这种电子皮肤主要包括两个部分：①一种纳米工程柔性电化学贴片，包括生物燃料电池阵列和生物传感器阵列，用于实现人体汗液的能量收集和分析；电化学贴片包括三层结构，包括生物燃料电池阵列、通道层、皮肤层，分别相当于该案例中的电极负载层、分隔层及微通道层的三层结构；其中，生物传感薄膜和生物催化纳米材料固定在蛇形连接的电极阵列中，电极阵列包括一对阴极和阳极，阳极选用多孔h-Ni，rGO，CNTs和LOx等材料，阴极选用CNT和Pt等材料，也就是说各个电极的电化学活性不同；通道层在生物燃料电池层的下方，设置有与电极对应的多个通孔；皮肤层包括汗液入口，用于收集汗液，设置有相应的汗液腔；②柔性电子贴片将刚性电子器件整合在超薄聚酰亚胺上，基板通过柔性互连进行电源管理，信号处理和无线传输。电源管理部分包括升压转换器、放大器等模块进行电压处理。经分析该文件可用作影响该案例创造性的最接近的现有技术。

此外，针对从属权利要求中汗液收集结构，进一步在Science数据库中通过关键词sweatcollection进行检索，获得了另外一篇Y类对比文件。

【案例小结】

对于前沿的技术领域，常规的专利数据库或非专利数据库中对应结果较少，应充分利用外网资源，从微信、必应、百度等资讯平台，获取相关科技报道，重点关注的内容包括本领域重要研究团队以及学术成果。该案例利用外网资源获取相关科技报道，追踪检索主要研究团队的学术成果，提取出“electronic skin”关键词进行检索从而高效获取对比文件。

6.4.2 追踪检索产品

电学领域有些专利申请的方案是与申请人的某个实际产品相关的，这些产品可能是软件产品、元器件产品及特定功能物理结构产品，但是申请人大多数不会在申请文件中披露上述相关产品的信息，因此，需要在检索中加强对于互联网信息挖掘，包括充分利用微信、微博、淘宝、各个视频网站等媒体网络，挖掘出相关产品，进而通过追踪产品的相关信息获得有效证据。

6.4.2.1 通过申请人官方媒体追踪检索相关产品

专利申请的申请人为公司，通过常规检索在专利检索系统中难以获得相关对比文件的情况下，需要及时调整检索思路，通过网络平台挖掘该案例的技术实质和/或是否存在相应的技术产品。可以利用的网络平台包括企业官网，百度、必应等搜索引擎及腾讯视频、哔哩哔哩（B 站）等视频网站。当一部分平台未获得相关的检索结果或者所获得的检索结果因为时间不可用作对比文件时，不能立即停止检索，而是应当在外网的各个知名媒体平台对申请人进行足够全面的追踪，包括官方微博、官方微信公众号、官方抖音号等，以避免造成漏检。下面以一个具体案例作为示例说明相关检索策略。

案例 6-4

【案情介绍】

该案例涉及一种基于 UE4 的家装设计方法。虚拟现实和增强现实的展示在家装行业的应用比较广泛，但随着用户需求的变更，以及家装行业的特殊性，定制化的需求成为目前家装行业比较主流的展示方式，用户更偏向于多元化搭配的选择形式，而定制一套虚拟样板间的价格及时间成本比较高，这样一来，就减少了用户的可见交互性以及增加了各大家装商家的谈单时长，如何能够快速地定义用户需求并实时让用户体验到不同方案的搭配，缩短商家的谈单时长，增高成单率，成为各大家装公司困扰的问题。

该案例提供一种基于二维-三维元素交互的家装设计方法，包括利用 UE4 引擎在虚拟现实环境中添加多个设计方案，针对每个设计方案分别创建多个不同的设计图层，并在所述设计图层中添加多个不同的三维素材；定义多个二维元素，分别对应所述设计方案、设计图层和三维素材，并进行绑定；根据用户对所述二维元素的操作选择不同类别的设计图层进行展示。该方法在基于 UE4 开发的家装设计软件中添加了方案定义的功能，家装公司的设计师们可以在短时间内将客户心仪的家具、电器、墙面、地面等装饰分类设定在二维元素即图像识别卡上，并演示给用户查看，用户可以根据自己的喜好转动图像识别卡搭配自己喜欢的方案，提交给设计师定稿并实施。这样的操作方式，在短时间内让用户看到未来家装的效果，既减少了谈单时长，又增加了客户的成单率，还给用户带来了不一样的家装体验。

该案例涉及的权利要求如下：

1. 一种基于二维—三维元素交互的家装设计方法，其特征在于，包括以下步骤：

步骤 1，利用 UE4 引擎在虚拟现实环境中添加多个设计方案，针对每个设计方案分别创建多个不同的设计图层，并在所述设计图层中添加多个不同的三维素材；

步骤 2，定义多个二维元素，分别对应所述设计方案、设计图层和三维素材，并将所述多个二维元素分别与对应的所述设计方案、设计图层和三维素材进行绑定；

步骤 3，根据用户对所述二维元素的操作选择不同类别的设计图层进行展示。

【检索策略分析】

该案例的发明构思为将二维元素-图像识别卡与对应的家装设计方案进

行绑定，用户通过转动图像识别卡来更换不同的设计方案进行查看，从而快速让用户体验到不同的搭配方案。然而其中的“二维元素-图像识别卡”明显是申请人根据产品方案自创的词汇，并非本领域通用技术术语，因此难以将发明构思提炼为准确的关键词进行检索。此外，该案例的技术方案较为抽象，说明书中公开的技术细节较少，且未给出使人能够直观理解的附图，也导致其发明构思难以通过深入理解发明进行进一步的提炼。通过常规检索，使用相关 IPC 分类号以及关键词并未获得较好的对比文件。

考虑到该案例的申请人是相关企业，其技术方案很可能是由具体产品转化而来，因此考虑转换检索思路，着重在外网对申请人进行追踪，看是否有相关产品介绍。该案例申请人是灵图互动（武汉）科技有限公司，在外网中使用“灵图互动 家装”进行检索，发现在 B 站和腾讯视频中存在能够公开该案例发明构思的产品介绍视频。

但相关视频文件的公开日一个为 2019 年 2 月 27 日，另一个为 2018 年 4 月 2 日，均在该案例的申请日之后。虽然这两个视频文件不能用作现有技术进行评判，但观看视频能够从中获悉该案例的技术方案实际上源自“灵图互动（武汉）科技有限公司”的一种产品，名为“家装互动桌”。考虑到其他视频平台上可能存在时间可用的视频对比文件，因此在百度视频对申请人继续追踪，但仍未能找到；之后尝试在公司官网以及微博上进行追踪，也未能找到。但在对申请人追踪的过程中发现该公司在多个平台上都建立了自己的官方账号，定期发布产品视频，非常注重公司的技术宣传，所以推测该公司在微信上应当也有自己的微信公众号。在微信中搜索“灵图互动”找到了“灵图互动虚拟现实定制”公众号，并在其历史文章中找到了一篇名为“装企营销利器：VR 家装互动桌”的文章，其中有对“VR 家装互动桌”产品进行操作讲解的视频文件，公开了该案例的发明构思，且相比之前找到的视频公开了更多的技术细节。该文章的发布日期为 2017 年 9 月 8 日，在该案例的申请日之前，可以作为对比文件。

【案例小结】

该案例的申请人为公司，通过常规检索在专利检索系统中难以获得相关对比文件的情况下，需要及时调整检索思路，通过网络平台挖掘出该案例的技术方案对应于该公司的某款具体产品。当一部分平台获得的检索结果因为时间不可用作对比文件时，不能立即停止检索，可以在外网的各个知名媒体平台包括官方微博、官方微信公众号等对申请人进行足够全面的追踪检索。

6.4.2.2　利用图片追踪检索相关产品

在检索不太熟悉的领域或者前沿技术或者应用性较强的技术方案过程中，通常可以首先利用互联网资讯平台获取相关的技术术语和/或相关技术产品信息，进而进行追踪。当了解到该案例相关的技术和产品与显示界面、电路结构等相关时，可以尝试图片检索。在外网非专利库中，利用检索项中的“图片检索”功能，可以直接在检索界面中输入关键词来检索图片，并且从直接以图片形式呈现的结果中筛选相关文件。此外，很多搜索引擎，例如百度、必应也都提供了图片搜索功能，除了采用关键词之外，还支持上传图片进行相似图片检索。下面以一个具体案例作为示例说明利用图片检索来追踪相关产品的检索策略。

案例 6-5

【案情介绍】

制作 HTML5 游戏的时候，开发人员需要通过一些数据来观察游戏运行的状况，以便优化代码，改进程序，提高整体性能。一般的性能监控界面里通常都会显示下面几个内容：表示当前程序运行的帧频数字，绘制显示对象消耗的时间，时间处理和矩阵运算消耗的时间。因此，现有的技术方案一般都是把当前的帧频数字和其他数字信息直接显示在屏幕上，无法看到一段时间内这些数据的变化状态，无法了解程序运行过程中相关性能的变化情况。

该案例提供了一种制作 HTML5 游戏的优化方法，涉及 HTML5 游戏制作技术领域，该优化方法包括对 HTML5 游戏制作有关的关键数据进行实时监测；将监测到的关键数据按秒进行计算，并根据计算结果，绘制成关键数据柱状图；在 HTML5 游戏制作监控界面上显示所述关键数据柱状图，以便在制作 HTML5 游戏过程中，利用所述监控界面所显示的关键数据柱状图判断所制作的 HTML5 游戏运行是否正常，并根据判断结果，所述 HTML5 游戏进行优化处理。该案例采集实时监测数据，计算获得相关性能值，并通过图形化的形式，更直观地显示更多的数据。图 6-3 是该案例提供的监控界面的数据显示示意图。

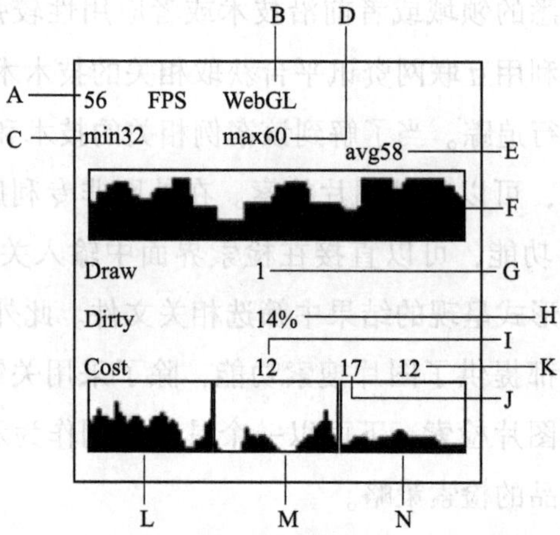

图 6-3　监控界面的数据显示示意图

该案例提供的监控界面的数据显示示意图中，A 表示当前的帧频（1 秒钟内在屏幕里绘制了多少次图像）；B 表示当前的渲染模式：WebGL 模式或者 Canvas 模式；C 表示过去 100 秒内的最小帧频；D 表示过去 100 秒内的最大帧频；E 表示过去 100 秒内的平均帧频；G 表示每帧调用 draw 方法的平均次数；H 表示脏区域（脏区域是指本次绘制与上一次绘制的图案作比较，没有变化的区域）占舞台的百分比；I 表示 Ticker 和 EnterFrame 阶段消耗的时间；J 表示事件处理和矩阵运算阶段消耗的时间；K 表示绘制显示对象阶段消耗的时间；F 区域用连续柱状图的方式绘制了过去 100 秒内，每一秒的帧频数据信息。L 区域用连续柱状图的方式绘制了过去 33 秒内，每一帧 Ticker 和 EnterFrame 阶段消耗的平均时间。M 区域用连续柱状图的方式绘制了过去 33 秒内，每一帧事件处理和矩阵运算阶段消耗的平均时间。N 区域用连续柱状图的方式绘制了过去 33 秒内，每一帧绘制显示对象阶段消耗的平均时间。

该案例涉及的权利要求如下：

1. 一种制作 HTML5 游戏的优化方法，其特征在于，包括：

对 HTML5 游戏制作有关的关键数据进行实时监测；

将监测到的关键数据按秒进行计算，并根据计算结果，绘制成关键数据柱状图；

在 HTML5 游戏制作监控界面上显示所述关键数据柱状图，以便在制作 HTML5 游戏过程中，利用所述监控界面所显示的关键数据柱状图判断所制作的 HTML5 游戏运行是否正常，并根据判断结果，所述 HTML5 游戏进行优化处理；

所述关键数据包括每秒的帧频数据、每帧 Ticker 和 EnterFrame 阶段消耗的时间数据、每帧事件处理和矩阵运算阶段消耗的时间数据以及每帧绘制显示对象阶段消耗的时间数据；

所述将监测到的关键数据按秒进行计算，并根据计算结果，绘制成关键数据柱状图包括：

按照每秒绘制一次的频率，将监测到的每秒帧频数据以连续柱状图的方式绘制成帧频数据柱状图；

按照每秒绘制一次的频率，将监测到的每帧 Ticker 和 EnterFrame 阶段消耗的时间数据以连续柱状图的方式绘制成 Ticker 和 EnterFrame 阶段消耗的平均时间数据柱状图；

按照每秒绘制一次的频率，将监测到的每帧事件处理和矩阵运算阶段消耗的时间数据以连续柱状图的方式绘制成事件处理和矩阵运算阶段消耗的平均时间数据柱状图；

按照每秒绘制一次的频率，将监测到的每帧绘制显示对象阶段消耗的时间数据以连续柱状图的方式绘制成绘制显示对象阶段消耗的平均时间数据柱状图。

【检索策略分析】

该案例属于游戏性能监控领域，发明构思在于实时监测关键数据，计算性能结果，绘制显示关键数据柱状图，从而判断游戏性能。在专利库中利用相关分类号和关键词进行检索，可以检索到类似的构思，但是跟游戏开发相关的很少。

考虑到该案例给出的 4 个关键数据，包括每秒的帧频数据、每帧 Ticker 和 EnterFrame 阶段消耗的时间数据、每帧事件处理和矩阵运算阶段消耗的时间数据以及每帧绘制显示对象阶段消耗的时间数据，这些指标非常详细具体，根据经验判断用网络资源检索技术类论坛也许会有收获。

首先在搜索引擎进行检索，搜索词为“每秒帧频”“每帧 ticker enter-frame 消耗的时间”“每帧事件处理矩阵运算”和“绘制显示对象时间”，搜索结果中第一条搜索结果显示的是该案例；第 2~5 条搜索结果的表述都和该案例很相关。于是逐条全点击查看全文内容，获得对比文件 1。从对比文件 1 中文字表述的内容可以确定，其公开了该案例的技术方案，但是网页上的图片没有显示出来，该页面下方留言也表示图片没法显示，用作证据可能会受到质疑。于是尝试进一步检索公开内容更详细的证据。

通过仔细观察，发现对比文件 1 的上传者为“zhangyu”，与该案例发明人名称拼音相同，该网页所在的网站为“白鹭开发者中心”，与该案例的申请人北京白鹭时代信息技术有限公司相关，从而猜测该案例涉及的技术方案应该为该公司的某产品。于是从文章标题和内容中提取相关关键词“FPS 性能监控面板”和“Egret3. 1. 2 版本”，考虑到检索的对比文件可以是监控面板的图片，于是在百度图片中对“Egret3. 1. 2 版本的 FPS 性能监控面板”进行搜索。搜索结果中很多图片很明显是开发界面图，于是点击查看原网页，从而获得另一篇对比文件 2，其内容中公开了该案例提供的监控界面的数据显示示意图，可用作本申请的对比文件。

【案例小结】

对于应用性较强的技术方案，在检索时需要考虑是否会有相关产品，因此可以先尝试在互联网检索非专利证据。在检索过程中，需站位本领域技术人员，多尝试一些关键词，挖掘出相关产品，在得知产品名称后，可以尝试多收集与产品相关的字段信息，比如版本号，进一步有针对性地进行检索，提高检索的效率。当检索目标确定为图片时，注意合理采用图片检索引擎，以提高效率。

6.4.2.3　利用互联网追踪检索产品说明书

在电学领域，有一些申请会涉及电路结构，如果通过理解发明发现方案涉及某集成电路元件和外围电路元件构成的应用电路结构，通常情况下，由于集成芯片的 Data Sheet 中会对该芯片的规格和应用方法进行说明，并列举出具体的应用连接电路，因此可以通过互联网追踪检索相应的集成芯片获得其产品说明书，以期获取相关证据或技术启示。下面以一个具体案例作为示例说明相关检索策略。

案例 6-6

【案情介绍】

该案例涉及一种声表面波传感器应用电路。声表面波振荡器作为声表面波传感器的敏感元件，其频率稳定度直接影响着传感器的分辨力、稳定性和测试精度，同时声表面波振荡器的选频反馈网络决定着声表面波振荡器的性能。目前，多数声表面波振荡器采用简单的 LC 并联谐振作为选频网络，然而该种声表面波振荡器输出波形不理想，稳定性差，在用于声表面波传感器设计时，并不能对待测物理量进行高精度的测量。同时，由于声表面波器件易受到来自外界环境如湿度、温度、电磁等测量条件的干扰，这些干扰不仅会带来测量误差，甚至会导致被测信号完全淹没在干扰及噪声信号中。针对上述声表面波传感器电路的缺陷或不足。

该案例提供了一种声表面波传感器应用电路，该电路能够输出两路声表面波振荡器差频信号，具有电容式负反馈，且其结构简单，该电路使得声表面波传感器稳定性好，且抗干扰能力强，电路结构如图 6-4 所示。

该案例涉及的权利要求如下：

1. 一种声表面波传感器应用电路，其特征在于，包括第一声表面波振荡器电路、第二声表面波振荡器电路、混频电路和 LC 无源低通滤波电路，其中，第一声表面波振荡器电路和第二声表面波振荡器电路的输出端分别

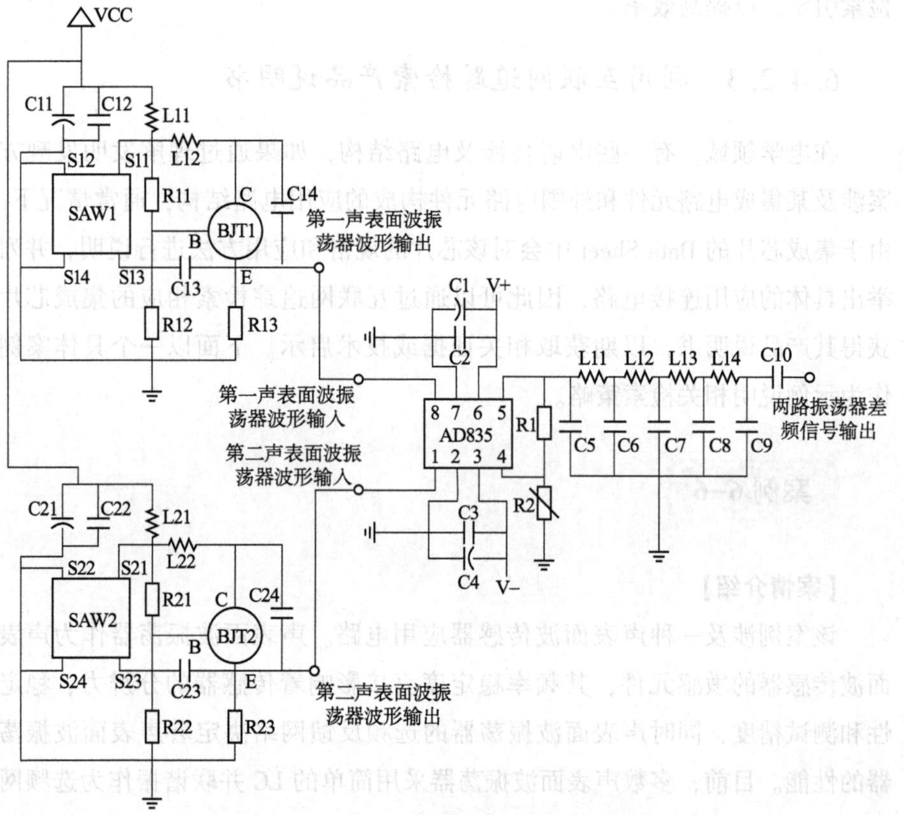

图 6-4　声表面波传感器应用电路

连接混频电路的输入端，混频电路的输出端连接 LC 无源低通滤波电路的输入端。

2. 如权利要求 1 所述的声表面波传感器应用电路，其特征在于，所述第一声表面波振荡器电路包括第一电源 VCC、电解电容 C11、电容 C12、电容 C13、电容 C14、电感 L11、电感 L12、偏置电阻 R11、偏置电阻 R12、反馈电阻 R13、高频小功率管 BJT1、声表面波器件 SAW1 和第一声表面波振荡器波形输出端口；其中：第一电源 VCC 的输出端连接电解电容 C11 的正极、电容 C12 和电感 L11，电解电容 C11、电容 C12 和电感 L11 三者并联组成第一滤除直流干扰电路；电解电容 C11 的负极和电容 C12 的输出端与声表面波器件 SAW1 的输出端 S12 连接，电感 L11 的另一端与声表面波器件

SAW1 的输入端 S11、电感 L12 和偏置电阻 R11 分别连接；高频小功率管 BJT1 的基极 B、偏置电阻 R11 的另一端和偏置电阻 R12 三者连接，高频小功率管 BJT1 的集电极 C、电感 L12 的另一端和电容 C14 三者连接，高频小功率管 BJT1 的发射极 E、反馈电阻 R13 和电容 C13 三者连接；声表面波器件 SAW1 的输出端 S13 与电容 C13 连接；偏置电阻 R12 的另一端、反馈电阻 R13 的另一端以及声表面波器件 SAW1 的输出端 S14 均接地；第一声表面波振荡器波形输出端口与电容 C14、高频小功率管 BJT1 的发射极 E 连接；

所述第二声表面波振荡器电路包括电解电容 C21、电容 C22、电容 C23、电容 C24、电感 L21、电感 L22、偏置电阻 R21、偏置电阻 R22、反馈电阻 R23、高频小功率管 BJT2、声表面波器件 SAW2 和第二声表面波振荡器波形输出端口；其中：第一电源 VCC 的输出端连接电解电容 C21 的正极、电容 C22 和电感 L21，电解电容 C21、电容 C22 和电感 L21 三者并联组成第二滤除直流干扰电路；电解电容 C21 的负极和电容 C22 的输出端与声表面波器件 SAW2 的输出端 S22 连接，电感 L21 的另一端与声表面波器件 SAW2 的输入端 S21、电感 L22 和偏置电阻 R21 分别连接；高频小功率管 BJT2 的基极 B、偏置电阻 R21 的另一端和偏置电阻 R22 三者连接，高频小功率管 BJT2 的集电极 C、电感 L22 的另一端和电容 C24 三者连接，高频小功率管 BJT2 的发射极 E、反馈电阻 R23 和电容 C23 三者连接；声表面波器件 SAW2 的输出端 S23 与电容 C23 连接；偏置电阻 R22 的另一端、反馈电阻 R23 的另一端以及声表面波器件 SAW2 的输出端 S24 均接地；第二声表面波振荡器波形输出端口与电容 C24、高频小功率管 BJT2 的发射极 E 连接；

所述混频电路包括第二电源 V+、第三电源 V-、电解电容 C1、电解电容 C4、电容 C2、电容 C3、电阻 R1、可变电阻 R2、集成混频器 AD835、第一声表面波振荡器波形输入端口和第二声表面波振荡器波形输入端口；其中：所述第一声表面波振荡器波形输入端口与第一声表面波振荡器波形输出端口连接；所述第二声表面波振荡器波形输入端口与第二声表面波振荡器波形输出端口连接；所述第二电源 V+的输出端连接电解电容 C1 的正极、电容 C2 以及集成混频器 AD835 的正电源输入端 6；电解电容 C1 的负极、电容 C2 以及集成混频器 AD835 的正电源接地端 7 均与地连接；所述第三电源 V-的输出端连接电解电容 C4 的负极、电容 C3 以及集成混频器 AD835 的负电源输入端 3；电解电容 C4 的正极、电容 C3 以及集成混频器 AD835 的负电源接地端 2 均与地连接；电阻 R1 一端与集成混频器 AD835 的输出端 5 连接，另一端与可变电阻 R2 连接；可变电阻 R2 的一端与集成混频器 AD835 的端口 4 连接，另一端与地连接；第一声表面波振荡器波形输入端口与集成混频器 AD835 的信号输入端口 8 连接，第二声表面波振荡器波形输入端口与集成混频器 AD835 的信号输入端口 1 连接；

所述 LC 无源低通滤波电路包括电容 C5、电容 C6、电容 C7、电容 C8、电容 C9、电容 C10、电感 L1、电感 L2、电感 L3、电感 L4 和两路振荡器差频信号输出端口；其中：所述电容 C9 和电感 L4 串联后与电容 C8 并联；电容 C8 和电感 L3 串联后与电容 C7 并联；电容 C7 和电感 L2 串联后与电容 C6 并联；电容 C6 和电感 L1 串联后与电容 C5 并联；电容 C5、电容 C6、电容 C7、电容 C8、电容 C9 的一端均接地；电容 C10 的一端与电感 L4 的一端连接，另一端与两路振荡器差频信号输出端口连接。

【检索策略分析】

该案例要求保护一种声表面波传感器应用电路，权利要求 1 对声表面波传感器应用电路各模块之间的连接关系进行了描述，其中包括混频电路模块，权利要求 2 对各模块内的元器件之间的连接关系进行了描述，其中一段涉及对混频电路模块的结构进行限定，在权利要求中所有的内容均为描述电路中元器件之间如电阻、电容、电感之间的连接关系，针对该种类型的案件，通常难以提取出有效的关键词进行检索。

但通过仔细阅读该案例的权利要求及说明书内容，发现在对混频电路部分的描述中，均提到了“集成混频器 AD835”，也即该案例的具体实施例中采用的是型号为 AD835 的集成混频器和外围电路元件构成混频电路，通常情况下，集成芯片的 Data Sheet 中会对该芯片的规格和应用进行说明，通常会列举几种具体的应用连接电路。于是笔者通过互联网检索芯片型号 AD835，由此获得了混频器 AD835 的产品说明书，其中公开了与权利要求 2 中的混频电路模块相同的电路结构，如图 6-5 所示，可以作为该案例的 Y 类对比文件。

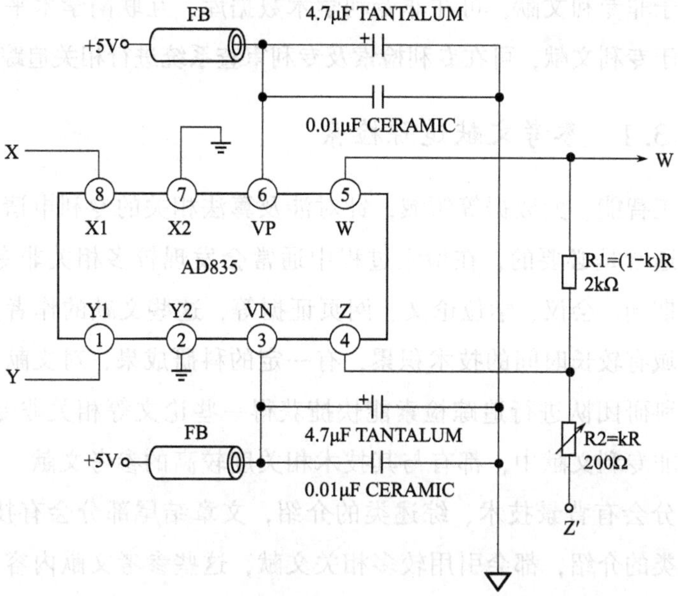

图 6-5　AD835 产品说明书中公开的电路连接结构

【案例小结】

检索中，如果在权利要求或者说明书的具体实施部分给出细节描述的内容，如电路领域的申请文件中出现的与该案例密切相关的芯片型号、芯片制造商等细节信息，可以利用这些细节信息提供的追踪检索的方向，通过充分挖掘权利要求或者说明书实施例中与该案例相关的细节信息，加以追踪检索以获得可用的对比文件。

6.4.3　追踪检索文献

在电学领域，追踪检索文献是一种重要的检索方式，尤其是针对高校、科研院所的专利申请，以人工智能大数据领域的算法相关专利申请为典型案例，非专利文献的追踪检索是必不可少的。一般情况下，以发明人或申请人为入口进行追踪检索获取到相关文件，但由于时间或内容而不可用作对比文件时，可以对其继续进行追踪检索，如非专利文献可对其参考文献、引证文献进行追踪，专利文献可以追踪相关审查过程，以期获得进一步的线索。对于非专利文献，可在非专利学术数据库、互联网学术平台等进行追踪。对于专利文献，可在专利检索及专利审查系统进行相关追踪。

6.4.3.1 参考文献追踪检索

在人工智能、大数据等领域，针对涉及算法相关的专利申请，进行非专利检索通常是必要的，在检索过程中通常会发现较多相关非专利文献，主要包括期刊、会议、学位论文、网页证据等，这些文献的作者大多在所在技术领域有较长时间的技术积累，有一定的科研成果，对文献作者或者作者所在科研团队进行追踪检索能快捷获得一些论文等相关非专利文献。通常，在非专利文献中，都有与其技术相关度较高的参考文献。一般在文章开头部分会有背景技术、综述类的介绍，文章结尾部分会有技术展望、技术延伸类的介绍，都会引用较多相关文献，这些参考文献内容也与论文涉及的技术密切相关，在检索中获取到相关非专利文献后，可以将该非专利文献作为中间文献[1]，对该非专利文献的参考文献进行进一步的追踪检索以获取更多检索信息，这是提高检索效率的一种有效方式。

对于申请人为高校或科研院所的且涉及理论算法类申请的检索，一般首先考虑在中文或者英文非专利数据库中进行检索，在检索到发明构思相关的文献时应该予以重视，尤其需要重视追踪检索，不仅包括申请人和发明人的追踪检索，参考文献的追踪检索也是一种有效的检索手段。且文献的参考文献一般具有较为密切的技术关联度，在检索中，发现相关的文献后可以从文献作者、作者发表的其他文献，以及其他文献的参考文献进行多次追踪检索，比如对作者进行追踪后，进一步对作者发表文章中的参考文献进行追踪也即多次进行参考文献追踪也许能够快速、准确获得对比文件，提高检索效率。以下以两个具体案例为例进行说明。

[1] 万瑞琦，李奕杉，楚大顺. 浅析专利检索之引证/被引证追踪方法[J]. 中国发明与专利，2020，17(S2)：130-134.

案例 6–7

【案情介绍】

低质量文档图像二值化受图像对比度、页面污渍、光照不均匀等因素影响，导致不准确，丢失字符笔画细节。现有技术中采用全局阈值法或者局部阈值法，但是全局阈值法是利用单一阈值将文档图像分为字符（前景）与背景，对于背景和前景差别较大的效果才好，对于低质量文档会丢失笔画细节，而局部阈值法通过滑动窗口与文档图像卷积，图像不同部分设定不同阈值，针对不同质量文档图像需动态调整窗口尺寸，以获得最佳结果，图像对比度较低时会产生噪声点。

该案例通过全局最优阈值化得到前景图之后，基于字符笔画宽度的局部精细二值化，能够较好地保留字符笔画细节，在有效分割字符前景的同时，还能够有效地抑制墨迹、页面污渍、纹理背景不均匀等现象。

该案例涉及的权利要求如下：

1. 基于局部对比度和笔画宽度估计的低质量文档图像二值化方法，其特征在于：具体步骤如下：

1）获取扫描文档图像；

2）彩色图像灰度化；

采用最小均值法对彩色文档图像 $u(x,y)$ 进行灰度化处理，计算公式为

$$u_{gray}(x,y)=\frac{1}{2}\left[\min_{i}(u_i(x,y))+\frac{1}{3}\sum_{i}u_i(x,y)\right]$$

式中，$u_i(x,y)$ 分别为 R、G、B 彩色分量图像，$u_{gray}(x,y)$ 为变换后的灰度图像；

3）图像局部对比度检测；

定义图像的局部对比度为

$$C(x,y)=\frac{I_{max}(x,y)-I_{min}(x,y)}{I_{mean}(x,y)}$$

式中，$I_{max}(x,y)$、$I_{min}(x,y)$ 和 $I_{mean}(x,y)$ 分别表示图像在其坐标 (x,y) 处的 3×3 邻域内亮度的最大值、最小值和平均值；

4）Otsu 全局最优阈值化；

记 $t\in[0, L-1]$ 为前景与背景像素的分割阈值，p_i 表示其归一化直方图，

前景像素占图像比例为 $w_0(t)=\sum_{i=0}^{t}p_i$ 前景像素平均灰度值为 $\mu_0(t)=\sum_{i=0}^{t}i p_i/\omega_0(t)$

背景像素占图像比例为 $\omega_i(t)=\sum_{i=t+1}^{L-1}p_i=1-\omega_0(t)$ 背景像素平均灰度值为 $\mu_i(t)=\sum_{i=t+1}^{L-1}i_{pi}/\omega_l(t)$

图像总体平均灰度值为 $\mu_T=\sum_{i=0}^{t}ip_i$ 则确定全局最优阈值的准则是使经阈值处理后的前景与背景像素的类间方差 $\sigma_B^2(t)=\omega_0(t)[\mu_0(t)-\mu_T]^2+\omega_1(t)[\mu_1(t)-\mu_T]^2$ 最大；

5）字符笔画宽度估计；

采用 Canny 算子对步骤 4）所得二值图像进行边缘检测，分别统计所有字符前景像素个数 n_{fg} 和字符边缘像素个数 n_{edge}，计算轮廓比例 $\varepsilon=\frac{n_{fg}}{n_{edge}}$ 并由此估计字符笔画宽度；

6）图像局部二值化；

将邻域窗尺寸大小设为字符笔画宽度的 2~5 倍，采用滑动邻域法对图像进行局部二值化处理，计算公式为

$$B(x,y)=\begin{cases}0 & I(x,y)\leqslant\mu_s(x,y)\\ 1(\text{其余}) & \end{cases}$$

式中，$I(x,y)$ 为 $I(x,y)$ 处的像素灰度值，$\mu_s(x,y)$ 和 $\sigma_s(x,y)$ 分别表示以 (x,y) 为中心的 $w\times w$ 邻域内所有已标记为前景像素的灰度平均值和标准偏差，常数 k 取值范围为 0~1。

【检索策略分析】

该案例技术方案涉及各种算法，在专利库中进行常规检索没有检索到合适的对比文件，由于涉及算法，通常重点检索非专利库，在非专利库中

对申请人和发明人进行追踪，检索到均为公开时间在该案例申请日之后的论文。

首先在 Google Scholar 镜像中利用体现该案例发明构思的重要关键词“低质量、文档图像、二值化、字符宽度、OSTU、对比度”的英文表达进行检索。

浏览命中文献发现一篇相关文献，这篇文献虽然提到了文档二值化，但是没有公开和该案例一样具体的内容和框架。

通过追踪检索该文献，发现其引用文献［16］，其中涉及文档二值化，而该引用文献公开了获取扫描文档图像（步骤1）、局部对比度检测（步骤3）、OSTU全局最优阈值化（步骤4）、图像局部二值化（步骤6）过程，即公开了其整体框架，可以将其作为对比文件1。将该案例和对比文件1进行对比发现对比文件1没有公开的是步骤2（彩色图像灰度化）和步骤5（字符笔画宽度估计）。其中步骤2（彩色图像灰度化）属于本领域公知常识，因此针对步骤5（字符笔画宽度估计）进行检索。

深入分析追踪得到的对比文件1，发现其提到“字符笔画宽度”，但是没有具体公开步骤5的估计计算过程，对对比文件1中“字符笔画宽度”的英文表述寻找发现，其对字符笔画宽度描述的关键词有“character pixel stroke width”，这相对于之前检索用的“stroke width”进行了进一步的限定，表述更专业更明确。

利用从对比文件1中获取到的关键词“character”和“pixel”进行检索，快速得到对比文件2，其公开了区别特征中的步骤5（字符笔画宽度估计）。上述对比文件1和对比文件2可以结合影响该案例的创造性。

【案例小结】

对于申请人为高校或科研院所的且涉及理论算法类申请的检索，一般考虑在中文或者英文非专利数据库中进行检索，在检索到发明构思相关的文献时应该予以重视，尤其需要重视追踪检索，不仅包括申请人和发明人的追踪检索，参考文献的追踪检索也是一种有效的检索手段。

案例 6-8

【案情介绍】

传统开关表实现的永磁同步电机直接转矩控制系统中电压矢量的作用并不总是满足期望，当转矩角较大时，开关表选择的电压矢量对定子磁链和转矩的控制要求相反时，转矩的变化与预期不一致，从而引起转矩脉动。

该案例在永磁同步电机直接转矩控制系统中能选择合适的电压矢量角度避免不合理的周期性转矩脉动，基于预测控制选择电压矢量幅值使评价函数最小更好地满足控制需求。该案例能够降低转矩脉动，且开关频率恒定。

该案例涉及的权利要求如下：

1. 一种基于预测控制的变幅值变角度电压矢量选择方法，其特征在于，包括以下步骤：

步骤一，将区间表给定的区间等分为十份，并依次选择电压矢量的角度；

步骤二，基于预测控制在可变的电压矢量幅值中选择使评价函数最小的电压矢量幅值；

步骤三，通过空间矢量调制技术合成所需电压矢量。

【检索策略分析】

对该案例的申请人及发明人进行追踪，在 IEEE 中获得一篇期刊文献可作为最接近的现有技术，其公开了基于预测控制的电机直接转矩控制，且其电压矢量的角度是可变的，区别在于该文章中电压矢量的幅值是固定的。而该案例权利要求 1 中限定的是：基于预测控制在可变的电压矢量幅值中选择使评价函数最小的电压矢量幅值，该区别涉及该案例的发明点，应当进行进一步检索。

进一步分析权利要求相对于对比文件 1 的区别：基于预测控制在可变的电压矢量幅值中选择使评价函数最小的电压矢量幅值，发现其比较关键的手段是构建预测控制的评价函数，并选择使评价函数最小的电压矢量幅值。

也就是说“预测”和“评价函数（或价值函数）”、“电压矢量”和“幅值”在文献中的位置应该相隔比较近，很有可能位于同一句中，于是在 CNKI 中采用句子检索。

通过上述检索获得一篇硕士论文：《永磁同步电机最优占空比模型预测转矩控制》，其提到在其参考文献［44］中记载了通过价值函数选择电压矢量的幅值，于是追踪参考文献［44］。

而经过核实，其参考文献［44］并未公开上述特征。但在句子检索的结果中发现作者周钦还有几篇日期不能用的文章也提到预测控制和直接转矩控制，于是对作者周钦进行追踪，获得一篇期刊文章《永磁同步电机改进占空比模型预测转矩控制方法》，对该文章的参考文献进行再次追踪，获得对比文件 2，其公开了先通过判断评价函数是否最小化选择电压矢量的角度，再通过判断评价函数是否最小化选择电压矢量的幅值。该文献能够结合对比文件 1 作为影响该案例权利要求创造性的 Y 类对比文件。

【案例小结】

注重把握发明实质，根据申请人及技术方案的特点准确选择数据库及检索策略，对于申请人为高校、科研院所的申请可以尝试多种检索方法，尤其是文献追踪检索，可能可以快速、准确获得对比文件。

6.4.3.2　引证文献追踪检索

对于中间非专利文献，除其参考文献是与其技术密切关联的外，其引证文献也是与其密切关联的技术，除一般对中间文献的参考文献追踪检索外，对其引证文献进行追踪检索也是一种高效的检索方式。对于人工智能、大数据领域常用的非专利文献，获取其引证文献的方式有多种，比如 CNKI 中的“文献网络”功能或通过 Google 学术镜像网站中的“在引用文章中搜索”功能等。下面以几个具体案例作为示例说明相关检索策略。

对于人工智能领域理论算法类申请的检索，可以根据算法研究延续性的特点和期刊文章撰写的一般特点。一方面，可通过中间文献的参考文献追踪检索，找到在先的算法相关的重要文件，另一方面，还可以结合算法研究延续性的特点，对中间文献的引证文献进行追踪检索找到可用对比文件。如可以利用Google学术镜像网站中“在引用文章中搜索”，即在引证文献中搜索，快速高效定位到可用的对比文件，能够大大提高检索效率。

此外，对于高校、科研院所类的申请人的申请，可对申请人进行追踪检索，对于追踪到的发明人在先发表的或其它相关的非专利文献，要注意各文献之间可能存在的引用关系的关联，通过挖掘文献之间的关联性，追踪检索相关文献的引证文献快速获取对比文件。下述案例中一方面可通过追踪其参考文献检索到相关文章，另一方面还可通过追踪该文章的引证文献检索到相关文献，检索效率较高。

以下以两个具体案例进行说明。

案例 6-9

【案情介绍】

屏幕内容图像不仅包含自然图像，还添加了计算机生成的各种组件，如文本、图形和图标。这导致屏幕图像通常包含非常锋利的边缘、相对简单的形状、具有少量颜色的细线，甚至单像素宽的单色线，由于屏幕图像的特殊、复杂的结构特点，网络模型很难同时学习并区分不同区域的特征，从而不能准确地进行评估屏幕图像的质量。

该案例提供一种基于区域差异的屏幕图像质量评估方法，包括获取参考屏幕图像的数据库，进行局部归一化处理；生成区分文本区域和图形区域的二值索引图；将参考屏幕图像分割成文本块和图形块两种类型的图像块；得到文本卷积神经网络模型和图形卷积神经网络模型；将待测试的失真屏幕图像中的文本块和图形块分别用其相对应的卷积神经网络模型进行预测评估，得到每个图像块的质量分数，将原失真屏幕图像中像素点都以其所得的图像块的质量分数进行赋值，得到质量图；根据屏幕图像活跃度赋给屏幕图像视觉差异区域不同的权重，再将质量图加权融合，得到该失真屏幕图像的预测得分。采用该方法能分辨屏幕图像中图形区域和文本区域的差异性，根据不同区域的活跃值进行分割和区分，使得质量评估更加准确。

该案例涉及的权利要求如下：

1. 一种基于区域差异的屏幕图像质量评估方法，其特征在于，包括：

S1：获取参考屏幕图像的数据库，进行局部归一化处理；

S2：计算S1中参考屏幕图像的活跃度，并根据参考屏幕图像活跃度的高低，生成区分文本区域和图形区域的二值索引图；

S3：根据S2中的二值索引图将参考屏幕图像分割成文本块和图形块两种类型的图像块；

S4：使用端到端卷积神经网络，将S3中的若干图像块作为训练集及验证集训练卷积神经网络，其中端到端卷积神经网络的输入为图像块、输出为预测的质量分数，卷积神经网络经过若干图像块的训练及验证，得到一个稳定收敛的图像块质量分数预测模型，分别使用文本块和图形块输入到图像块质量分数预测模型中进行训练，得到用于预测文本区域得分的文本卷积神经网络模型和用于预测图形区域得分的图形卷积神经网络模型；

S5：将待测试的失真屏幕图像中的文本块和图形块分别用其相对应的卷积神经网络模型进行预测评估，得到每个图像块的质量分数，将原失真屏幕图像中的每个像素点都以其所得的图像块的质量分数进行赋值，得到质量图；

S6：根据屏幕图像活跃度赋给失真屏幕图像视觉差异区域不同的权重，再将S5中得到的质量图进行加权融合，最终得到该失真屏幕图像的预测得分。

3. 根据权利要求1所述的一种基于区域差异的屏幕图像质量评估方法，其特征在于，所述S2中计算参考屏幕图像活跃度采用的方法为：

$$L(i,j) = \varepsilon\sqrt{E(i,j)} + (1-\varepsilon)\sqrt{F(i,j)}$$

$$E(i,j) = (\hat{I}(i,j) - \hat{I}(i-1,j+1))^2 + (\hat{I}(i,j) - \hat{I}(i+1,j+1))^2$$

$$F(i,j) = (\hat{I}(i-1,j) - \hat{I}(i+1,j))^2 + (\hat{I}(i,j-1) - \hat{I}(i,j+1))^2$$

其中$L(i,j)$为参考屏幕图像活跃度，ε为权重因子，$\hat{I}(i,j)$表示像素点灰度值$\hat{I}(i,j)$的归一化值，$E(i,j)$表示像素$\hat{I}(i,j)$与其左下方像素$\hat{I}(i-1,j+1)$和右下方像素$\hat{I}(i+1,j+1)$的差值平方和，$F(i,j)$表示$\hat{I}(i,j)$像素水

平方向相邻的两个像素和垂直方向相邻的两个像素的差值平方和。

【检索策略分析】

该案例涉及高校申请，首先在中文非专利库检索，未获得相关文献，在 Google 学术镜像网站中追踪发明人检索到了可用的对比文件 1，其可以影响独立权利要求 1 的创造性，但是对比文件 1 没有公开具体的 $E(i,j)$ 和 $F(i,j)$ 计算公式，需要进一步对从属权利要求 3 中 $E(i,j)$ 和 $F(i,j)$ 计算公式进行检索。

对权利要求 3 从多个角度进行关键词扩展，结合分类号检索。关键词扩展包括：屏幕，图像，视觉，差异，活跃度，IAM；左下，右下，水平，垂直，差值，平方和；质量；评估，评价。分类号包括 G06T7/00，G06F16/51。利用扩展的中英文关键词和分类号，从专利库和非专利库中进行检索，均没有发现可用的对比文件。

通过分析，权利要求 3 中关键点是计算参考屏幕图像活跃度的计算公式，但是权利要求以及整个说明书中都没有更多关于该公式的原理、效果方面的信息，而且其中参考屏幕图像局部平均活跃度的计算中相关英文缩写 IAM 也没有记载其完整的英文表达，在百度等互联网工具中也并未检索到其含义。因为目前对比文件 1 是内容最相关的现有技术，因此尝试从对比文件 1 挖掘更多信息，虽然对比文件 1 没有公开具体的 $E(i,j)$ 和 $F(i,j)$ 的公式，但是从对比文件 1 的参考文献发现了一篇和 IAM 相关的参考文献，其相应也给出了 IAM 的完整表达为 Image activity measure，但是这篇文件也没有公开从属权利要求 3 中 $E(i,j)$ 和 $F(i,j)$ 相应的公式内容。

从对比文件 1 中关于 IAM 的部分描述中可以发现其相关的英文表达有“diagonal”“horizontal”以及“vertical”，将这些关键词和图像活跃度测量即 IAM 的“Image activity measure”放入 Google 学术镜像网站中进行检索，获得的检索结果有 12 万多条，浏览前面十多页都没有找到合适的对比文件，阅读效率极低，难以有效快速获取可用对比文件。

于是，转变思路去梳理检索到的现有技术，发现关于 IAM 算法研究是从 2012 年开始的，对比文件 1 的参考文献（以下简称“中间文献”）是关于 IAM 计算比较早的文献，属于算法起源文献，近年来计算 IAM 的文献较多引用该文献。因此考虑在上述中间文献的被引证文献中进行检索，勾选检索界面下的“在引用文章中搜索”，即将搜索范围圈定在引用了该中间文献的文章中，然后在搜索栏中输入从D1中获取的准确英文关键词“diagonal horizontal vertical”，就能筛除大部分噪声，其中得到的第一篇文献即可作为对比文件2，其公开了权利要求3中相应的计算公式。

【案例小结】

该案例通过追踪发明人获取到最接近的现有技术，再通过最接近现有技术的参考文献追踪，找到算法起源的重要文件。当算法起源的重要文件可能没有公开需要的内容时，还可以结合算法研究延续性的特点和非专利文章撰写的一般特点进一步进行引证文献追踪检索。

案例6-10

【案情介绍】

当前的服装零售店大都采用的是人工迎招模式，对于入店选购的顾客身份识别来说在很大程度上依赖于店员对顾客的熟识程度，一旦出现人事变动或者是顾客去了连锁服装品牌的其他店铺，就会导致对顾客的识别困难，想要获取顾客的信息需要顾客拿出会员卡交给店员，由店员进行手动刷卡才可以确认。采用人工迎招模式，对顾客的身份识别依赖于店员对顾客的熟识程度，或者需要店员手动刷会员卡才能确认顾客信息，流程复杂，容易引起顾客不满。

该案例采用RFID技术具有免接触以及快速读取的特性，无需接触便可以快速获取顾客的身份信息，且系统可实时将这些数据通过自动迎招系统展示出来，自动迎招功能可以取代传统的人工欢迎模式，根据RFID技术实时获取到顾客的姓名等信息制作出针对性的个性化迎招模式，优化了传统单一的“欢迎光临”迎招模式。进一步，还可以将这些顾客信息数据作为混合推荐器的输入，生成服装推荐单，不仅可以取代传统商店人工向顾客推荐服装的模式，而且可以提升顾客个性化、智能化的购物体验。并在读写器的硬件底层加入了冲突检测算法芯片和防碰撞算法芯片，有效地避免了读写器在短时间内重复读取相同标签的问题及同时读取多个电子标签时出现碰撞和干扰的问题。

该案例涉及的权利要求如下：

1. 一种基于无线射频识别技术的自动迎招系统，包括 RFID 天线、RFID 阅读器、RFID 标签和客户端计算机，其特征在于，所述 RFID 天线、RFID 阅读器和客户端计算机分别与网络路由器的网络端口连接；所述 RFID 阅读器与 RFID 标签之间采用非接触式无线双向通讯方式进行通讯；所述 RFID 天线和 RFID 阅读器安装在入口处，所述 RFID 标签嵌在顾客随身携带的顾客卡中；所述 RFID 天线以超高频不断发射无线信号，携带有内嵌 RFID 标签顾客卡的顾客进入后，所述 RFID 标签被激发，并发出与其标签对应的唯一标识号，所述 RFID 阅读器用于读取所述标识号，并通过网络将所述标识号传输至客户端计算机；

所述客户端计算机还与数据库服务器相连；所述数据库服务器用于存储本店所有顾客的标识号；所述客户端计算机收到 RFID 阅读器传输的标识号后与数据库服务器中的标识号进行匹配，若匹配成功所述客户端计算机控制显示屏显示顾客的相关信息；

所述 RFID 阅读器还与阅读器管理服务器相连；所述阅读器管理服务器用于控制所述 RFID 阅读器在预设时间内读到重复的 RFID 标签时不执行操作；

所述显示屏显示顾客的相关信息的时间大于预定时间后，所述客户端计算机则重新将收到的 RFID 阅读器传输的标识号后与数据库服务器中的标识号进行匹配。

【检索策略分析】

该案例是高校申请，首先想到在 CNKI 中进行申请人追踪，检索到发明人在先发表的文章《基于无线射频技术的服装零售店管理系统的设计与实现》，文章中介绍了利用射频识别实现服装定位与盘点、采购入库、收银结账等，并没有公开该案例的方案。

但是该文章涉及了服装零售管理的多个方面，是在现有的基础上做出的改进，而且该文章只有 5 篇参考文献，浏览后，其中的一篇参考文献可以作为影响该案例创造性的最接近的现有技术：对比文件 1《基于 RFID 的服装零售店顾客服务系统设计》，其公开了利用射频识别实现顾客身份识别。随后对文章作者余亮星进行追踪，没有获得其他结果。

通过观察，发现对比文件 1 的指导老师也是董爱华，再结合说明书的内容发现该案例为避免读写器在短时间内重复读取相同标签的问题以及同时读取多个电子标签时出现碰撞和干扰的问题，所采取的方案与一般的标签防碰撞算法不同，是结合了自主迎招领域特点所进行的改进，如果仅进行“重复”、“防碰撞”的常规检索，估计难以检索到完全公开的对比文件，但是如果有对应文章产生的话，那么很大可能会将对比文件 1 列为参考文献，于是利用 CNKI 中的文献网络功能，浏览了对比文件 1 的引证文献，检索到了对比文件 2《基于 RFID 和专家系统的服装店智能服务系统的设计与实现》，其中公开了对重复标签的处理以及防碰撞方案，公开了该案例的发明构思，可以影响该案例的创造性。

【案例小结】

该案例为高校申请，首先在 CNKI 中对申请人进行追踪，检索到在先发表但是没有公开该案例的文章，通过追踪检索其参考文献检索到公开该案例发明点之一的文章，又通过追踪该文章的引证文献检索到了公开该案例另一发明点的文章，有效提高了检索效率。

6.4.3.3　专利文献追踪检索

对中间文件的追踪，对专利文献而言，主要是对其审查过程进行追踪，获取其引证/被引证文献。专利审查过程中的引证/被引证文献包含专利文献，也包含非专利文献，无论何种形式的文献，通常都表征文献在技术方面的关联性。在检索过程中，当检索到相关的专利文献时，进一步对专利文献的引证/被引证文献进行深度追踪检索是一种有效的检索手段。下面以两个具体案例作为示例说明相关检索策略。

案例 6–11

【案情介绍】

现有的基于 YUV 联合相关性图像彩色化方法在图像边缘处产生明显的颜色混叠失真的问题。原因是：现有的图像彩色化方法是将距离上相邻的像素赋于相同或相近的颜色，然后边缘处像素与其相邻非边缘像素的颜色有很大的差别，采用现有的图像彩色化方法进行处理会导致边缘像素颜色与其相邻的非边缘像素颜色相同或相近，则在图像边缘处产生了颜色混叠失真。

该案例在进行图像彩色化的时候，用极相似像素替代现有技术中的相邻像素。极相似像素是同时考虑像素之间空间距离相近和亮度相似程度的像素。首先人工对灰度图像进行部分标定；然后搜索与该待彩色化像素的相似度最大的前 Q 个像素作为该待彩色化像素的极相似像素；接着建立该待彩色化像素与其极相似像素的亮度约束方程和色度–系数约束矩阵方程，求解得到待彩色化像素的色度值；根据得到的色度值，将待彩色化灰度图像从 YUV 空间转换至 RGB 空间，得到彩色化后的图像。

该案例涉及的权利要求如下：

1. 一种灰度图像彩色化方法，其特征在于，包括以下步骤：

步骤 A、对待彩色化灰度图像，进行部分像素的颜色标定；

步骤 B、对每一个待彩色化的像素，在以该待彩色化像素为中心的窗口区域中的所有非待彩色化像素中，搜索与该待彩色化像素的相似度最大的前 Q 个像素作为该待彩色化像素的极相似像素，Q 为自然数；

步骤 C、对每一个待彩色化像素，建立该待彩色化像素与其极相似像素的亮度约束方程，并求解此亮度约束方程，得到各极相似像素的局部亮度加权系数并进行归一化；

步骤 D、用局部亮度加权系数表示局部色度加权系数，将已标定颜色像素的色度、待彩色化像素的色度、极相似像素的色度、局部色度加权系数表示成色度–系数约束矩阵方程，并对其进行求解得到待彩色化像素的色度值；

步骤 E、根据得到的色度值，将待彩色化灰度图像从 YUV 空间转换至

RGB 空间，得到彩色化后的图像。

2. 如权利要求 1 所述灰度图像彩色化方法，其特征在于，任意两个像素 r 和 i 的相似度 d_i 的计算公式为

$$d_i = \exp\left(-\frac{|x_r - x_i|^2}{\sigma_s^2}\right)\exp\left(-\frac{|Y_r - Y_i|^2}{\sigma_r^2}\right)$$

式中，x_r 和 x_i 分别为像素 r 和 i 的空间位置；Y_r 和 Y_i 分别为像素 r 和 i 的亮度值；σ_s^2 和 σ_r^2 分别为空间距离和亮度距离的尺度因子，均为常数。

【检索策略分析】

采用常规检索方式检索到了可用于影响独立权利要求 1 创造性的对比文件，检索难点在于对从属权利要求 2 的检索。对权利要求 2 从多个角度进行检索：

公式的定义：相似度 or 相似像素 or 相似性；

公式构成：（空间 or 位置 or 坐标 or 距离） and （亮度 or 灰度 or 强度）；

公式的作用：权值 or 加权；

技术问题和效果：边缘 3d （保持 or 失真）。

分类号：G06T5/00 or G06T5/20 or G06T 5/30、G06T2207/10024/cpc

利用扩展的关键词和分类号，在非专利库和专利库中进行检索。

通过检索可以发现相似的对比文件很多，但是都没有完全公开权 2 中的权值定义公式。

采用关键词进行非专利库和专利库中进行检索，通过关键词灰度、空间距离、权值在独秀中进行检索找到一本书中讲解双边滤波器的权值设置方法，具体内容如图 6-6 所示。

分析该书籍内容：该权值与该案例的权值设定思想相同，都是同时从灰度值和空间距离出发进行设置。并且通过阅读该内容获知：①双边滤波器的主要目的就是为了保持边缘的平滑，这与该案例中的权值修正的作用相同；②其公开了权值核函数通常均用高斯函数表示。根据上面的启示，获得关键词“高斯”。并且由于在之前的检索中找到了同时用空间距离和灰度距离进行权值表示的公式，但是与该案例的公式还是有区别，而关键词“高斯”能够将公式表达方式进一步的限定，所以采用该关键词进行检索。检索到文

> 双边滤波器的输出结果为当前像素邻域内各像素的加权平均值，权值不仅与像素之间的空间距离有关，也与像素灰度值之间的差相关。双边滤波器的表示公式如下：
>
> $$F_b(I_q)=\frac{1}{k(q)}\sum_{p\in\Omega}f(p-q)g(I_p-I_q)I_p \tag{18.18}$$
>
> 其中，$k(q)=\sum_{p\in\Omega}f(p-q)g(I_p-I_q)$为归一化系数，$\Omega$为整体图像域，$I_p$和$I_q$为空间位置 p 和 q 处的像素值，f 和 g 分别为空间域和像素灰度域中的权值核函数，通常均用高斯函数表示。

图 6-6　书籍中公开内容

献 CN103116879A，其中涉及灰度值的修正，主要涉及相似性修正权值，这与权利要求 2 的内容非常接近，但是仍然没有公开权利要求 2 中的公式。

进一步追踪文献 CN103116879A 的审查过程，发现 Y 类对比文件“An Improved Non-local Denoising Algorithm”公开了技术特征“对相似性权值进行修正”，该文件中公开了一种改造的非局部均值去噪方法，其中涉及双边滤波器是一种非线性的边缘保持平滑滤波器，以及在双边滤波中的权值函数与该案例相同，该对比文件可以影响该案例权利要求 2 的创造性。

【案例小结】

在人工智能领域中，专利申请中可能会涉及公式，公式的检索是一个难点，在检索中，可以首先从公式的原理、元素构成、技术问题、技术效果等各个角度出发进行关键词和分类号的扩展检索。其次，对已经找到的相似的对比文件进行追踪和分析，从中获取有效的信息，通过这些信息深入理解发明，制定下一步的检索策略。比如在检索中分析获得更准确的关键词，灵活调整检索思路，灵活采用追踪检索，尤其是对相关文献审查过程中的引证文献的追踪，能够提高检索效率。

案例 6-12

【案情介绍】

现有的数据竞争检测方法一般可分为静态和动态两大类。静态检测方法在编译时对程序源码进行全局分析，其优势在于可以覆盖程序所有的执行路径，但静态方法由于缺少程序的运行时信息只能做很多保守的假设，导致检测结果极其不准确，给用户造成很多的困扰。动态方法在程序运行时对其进行跟踪检测，因为可以利用程序的运行时信息，动态方法的检测结果较为准确，甚至可以做到没有误报。动态方法的缺点在于检测结果只限于程序具体的一次执行，因此没有办法检测出潜在的竞争。另外，动态方法需要跟踪程序的内存访问记录，而多线程程序的内存访问数量往往极其庞大，所以动态方法的检测开销非常高。对于数据竞争这类极其难以推理和调试的错误，误报产生的时间成本是难以容忍的，因此目前业界大都采用动态方法。由于数据竞争能够造成难以估量的损失和伤害，工业界迫切需要一种准确并且低开销的数据竞争检测方法。

针对现有数据竞争检测的缺点，该案例要求保护一种基于同步关系的并行动态数据竞争检测系统，通过将线程中重复的和不可能造成数据竞争的访问进行过滤压缩合并，并通过并行系统检测数据竞争，提高数据竞争检测速度。

该案例涉及的权利要求如下：

1. 一种基于同步关系的并行动态数据竞争检测系统，其特征在于，包括过滤模块、记录模块、向量时钟计算模块以及并行检测模块，其中：

所述过滤模块用于监控线程的执行过程，截获线程的内存访问，过滤掉重复和不可能造成数据竞争的访问，对访问区间进行压缩合并，最后将过滤后的访存信息发送到所述记录模块；

所述记录模块用于建立待检测程序的访存记录到外部记录文件的映射关系，即将每个线程过滤后的访存信息写入到与之对应的外部文件中，同时负责编码和压缩所记录的信息；

所述向量时钟计算模块用于为监控到的程序事件计算向量时钟，计算方法采用经典的向量时钟算法，所述并行检测模块利用计算所得向量时钟判断两个事件是否可能同时发生；

所述并行检测模块用于并行检测程序执行过程中是否实际发生了数据竞争，并在检测到数据竞争后将结果汇总后报告给用户。

【检索策略分析】

在中文专利摘要库中进行简单检索，采用主题相关的关键词“数据竞争”进行检索后，发现检索结果较少，直接进行浏览，发现一篇与该案例构思相同的申请1，但公开时间在该案例的申请日之后，追踪该相关申请的同族信息，时间均不可用。

随后对该相关申请的审查过程进行追踪，获取到一篇能够单独影响该相关申请创造性的对比文件1。该相关申请与该案例发明构思相同，于是考虑该相关申请的对比文件应该也可以用于影响该案例的创造性。

通过进一步认定，该对比文件1公开了与权利要求1中的通过将线程中重复的和不可能造成数据竞争的访问进行过滤从而准确、有效的检测数据竞争的构思，并具体公开了过滤模块和向量时钟计算模块，然而，该案例中的另一个关键点是并行检测模块，在对比文件1中并没有体现。

根据阅读或写作期刊文献的经验，我们知道在一篇期刊文章的前沿或结语部分通常会对于该文献相关的其他技术研究进展作一些介绍。通过阅读上述期刊文献，发现在其中有一部分内容即是介绍与其内容相关的技术，作者在该部分介绍了诸多与数据竞争相关的技术及文献，通过仔细阅读该部分内容，发现其中有一句话提到了涉及并行数据竞争检测的相关字眼“a sequential data-race detector which runs in parallel”。

于是，进一步追踪该处引用的参考文献，该文献是得到一篇国外的学位论文，其公开了并行数据竞争检测的构思，可以作为Y类对比文件结合对比文件1影响该案例的创造性。

【案例小结】

对于申请人为高校、研究机构的专利申请的检索，以发明人或申请人为入口进行追踪检索是常用的检索方式，然而当获取到相关文件的时间晚于该案例的申请日时，或者不能作为对比文件的中间文件时，可以考虑进行连续追踪检索，一方面可对其参考文献、引用文献进行追踪检索，另一方面可以追踪检索相关专利文献的审查过程，挖掘其相关联的引证/被引证文献，实现快速高效的检索。

6.4.3.4　网页链接追踪检索

在电学领域中，尤其以软件工程、人工智能领域为主，经常会检索到一些网页证据形式的非专利文献，在网页证据中，会存在一些引用内容的超链接，这些超链接的内容也涉及与案件相关的技术，在检索过程中，可对网页内容相关部分的超链接进行追踪检索以获取更多的检索信息或有效的对比文件，提高检索效率。下面以一个具体案例作为示例说明相关检索策略。

案例 6-13

【案情介绍】

使用商用或开源的移动终端 App 自动化测试工具编写测试程序时，测试数据被直接写入在测试代码中。但当需要修改测试数据时，需要在代码中查找数据并替换，然后再重新编译、执行，不便于测试数据的变更及统一管理，效率低下。因此需要改变现有的测试程序编写方式从而提高测试程序的测试效率。

该案例中获取测试代码对应的测试参数组，获取测试参数组对应的测试数据组，并将测试数据组与测试参数进行关联，以使测试代码根据测试数据组中的测试数据进行测试。通过将测试数据与测试代码分离，测试数据存储在预设数据源中，建立测试参数组与测试数据组的关联，从而解决了现有技术中在进行 App 测试时修改测试数据需要在测试代码中查找数据并替换，导致测试效率低的技术问题。

该案例涉及的权利要求如下：

1. 一种确定测试数据的方法，其特征在于，包括：

获取测试代码对应的测试参数组，其中，所述测试参数组包括多个测试参数；

获取所述测试参数组对应的测试数据组，并将所述测试数据组与所述测试参数进行关联，以使所述测试代码根据所述测试数据组中的测试数据进行测试。

2. 根据权利要求 1 所述的方法，其特征在于，获取测试代码对应的测试参数组，包括：

获取测试代码中测试数据出现的位置，并用测试参数替换所述测试数据出现的位置；

将所述测试参数按照所述测试代码中出现的顺序排列构成所述测试参数组。

3. 根据权利要求 2 所述的方法，其特征在于，所述测试参数包括局部参数和公共参数，其中，所述局部参数在所属的一个测试代码中有效，所述公共参数在多个测试代码中有效。

【检索策略分析】

在专利库中针对该技术方案使用分类号 G06F11/36（通过软件的测试或调试防止错误）和关键词进行检索没有获取到有效对比文件。

该案例的背景技术中提及的现有技术所存在的技术问题较为明确，以技术问题为入口，采用智慧芽检索系统中的背景技术字段进行针对性的检索，从而进一步了解现有技术中解决该技术问题所采用的技术方案，首先采用如下方式检索：

在智慧芽语义检索下输入该案例公开号 CN109213678 and pd<20180720 and G06F11/36/IPC，同时输入“DESC_B：（测试 $ SEN 数据 $ SEN（代码 or 程序 or 脚本） $ SEN（改 or 换））”对语义结果进行进一步限定。

其中发现一篇文件 CN101046767A 公开了权利要求 1 的方案，但并没有公开从属权利要求 2-3 中的方案。

为了检索到更好的对比文件，仔细阅读上述相关文件，发现了一个较为专业的词“硬编码”，通过在百度中搜索“硬编码”，发现其含义是指数据直接嵌入到程序，也就是该案例背景技术中所提及的现有技术的测试程序的编写方式。同时权利要求 2 中限定了具体获取测试参数组的过程，即“获取测试代码中测试数据出现的位置，并用测试参数替换所述测试数据出现的位置；将所述测试参数按照所述测试代码中出现的顺序排列构成所述测试参数组”。其涉及代码的改进且过程比较具体，若能找到相关代码是较为理想的结果。

考虑到网页博客中出现具体代码的可能性较大，因此在百度中采用“测试”“硬编码”“博客”进行检索，检索到一篇“网站测试自动化系统—在测试代码中硬编码测试数据”的博客文章，但该博客未完整公开该案例的技术方案。但是该博客中给出了一些相关内容的超链接，其中一个涉及测试数据以及表现测试步骤的代码分开的技术，点击该超链接，发现了有效的对比文件 1《网站测试自动化系统—在测试代码中硬编码测试数据》。

通过阅读对比文件 1 后，发现“将测试数据与测试代码分开”在测试领域中可以用一个专业技术术语表达即“数据驱动”。同时通过追踪现有的自动化测试工具，了解到一款现有的数据驱动相关的商业软件 QTP，进一步以此为入口，在百度中搜索“数据驱动”“测试”“QTP”，获取到一篇技术博客“［QTP］数据驱动测试”，可以作为对比文件 2，用于结合对比文件 1 影响部分从属权利要求的创造性。

【案例小结】

该案例结合案件领域特点，在了解背景技术的过程中获取了更准确的技术术语，同时获得了其他检索线索，如相关内容的超链接，进一步追踪检索过程中的文献或超链接线索获取到有效对比文件。

6.4.4　联合追踪检索

由于专利申请与潜在对比文件的关联性可能不仅仅体现在“人”、产品或者文献其中的某一方面，有时候他们之间的关联是复杂的多重的关联关系。因此，在实际案件检索过程中，有时候会应用多种追踪检索策略组合，比如联合追踪“人”、产品及相关文献，如分类号、关键词检索联合追踪检索，追踪检索的手段也可能融合了不同的平台比如专利文献、非专利文献的追踪以及学术数据库和互联网平台的追踪。

6.4.4.1　联合追踪检索相关产品及相关“人”

当专利申请的技术方案可能与产品相关时，需尝试在互联网平台挖掘相关产品信息，但是所获得的产品相关信息，如新闻资讯、软件包、推广视频、产品说明书等，可能会由于时间等因素不能直接用作对比文件，此时可以继续以相关产品为突破口，进一步挖掘有效信息，进行联合追踪，如可以利用的信息包括本专利申请相关产品的竞品及其创新主体等进行“人”的追踪检索。或者在对申请人进行追踪检索后发现相关的产品信息、生产产品的公司名称等，可进行相关产品的追踪检索，通过联合追踪检索产品和“人”进行高效的检索。下面以一个具体案例作为示例说明相关检索策略。

案例 6-14

【案情介绍】

现有鼠标都是属于接触性的操作，使用者须以手接触如握住鼠标才能操作；然而，男女使用者的手如手掌或手指的大小有别，若鼠标的外壳结构体大小已经固定，即一鼠标在制造后其大小尺寸已经设定，则该鼠标不一定适用于任何男女使用者，因此，鼠标的设计者或制造商，需要在鼠标的结构体的大小或形状上作出不同设计，以满足不同使用者的需要，相对造成制造上的困扰。现有鼠标在使用上局限于输入坐标、点选物件、上下（前后）或左右卷动画面等基本作业功能，并无法达成目前触控式面板所具有的触控功能，如触控式面板可直接通过不同的手势以产生不同的相对应动作，如使用者能以不同的手势以产生包含：游标上、下、左、右移动、卷动视窗、放大、缩小、画面旋转等多种相对应动作，现有鼠标却无法通过不同的手势以产生上述等不同的相对应动作。

该案例中，提供一种人机接口装置及其应用方法，该人机接口装置包含至少一个感应器及至少一个光源如红外线光源；其中该至少一个感应器具有位置如画素位置及光强度如信号振幅值的辨识功能；该案例在应用上是利用该至少一个感应器并搭配红外线光源及数字信号处理功能，用以侦测并计算一个特征物体，如使用者的手势；在至少一个垂直于该光源的投射光中心轴方向的一维（如 X 轴）上的相对位置或动作的数据以及在一个平行于该光源的投射光中心轴方向的一维（如Z轴）上的相对深度值或动作的数据，供可在一个相配合使用的人机接口主机的二维显示幕上同步产生相对应的二维的坐标或动作，藉以达成鼠标的基本使用功能。

该案例涉及的权利要求如下：

1. 一种人机接口装置，其特征在于，其是用以与至少一人机接口主机连结以供使用者使用，其中该人机接口主机具有至少一二维显示幕，该人机接口装置包含：

至少一感应器，其是具有画素位置及光强度的辨识功能，用以侦测至少一特征物体在一X-Z轴二维平面上的相对位置或动作，以产生相对应的X-Z轴二维坐标或动作的数据，其中该X轴是定义为一垂直于该光源的投射光束中心轴的方向或为垂直于该感应器的光感应面的法线的方向，该Z轴是定义为一平行于该光源的投射光束中心轴的方向或为平行于该感应器的光感应面的法线的方向；

至少一光源，其是用以向外投射光束以在该X-Z轴二维平面上形成一投射范围，以使该特征物体能在该X-Z轴二维平面上的投射范围内移动，以供该至少一感应器进行侦测；

其中当应用时，该人机接口装置利用该至少一感应器所具有的辨识功能并搭配该光源，用以侦测并计算该特征物体在X轴上的相对位置或动作的数据及在Z轴上的相对深度值或动作的数据，并再输出该特征物体的X-Z轴二维坐标或动作的数据至该人机接口主机，供在该人机接口主机的二维显示幕上同步产生相对应的二维的坐标或动作，以达成一人机接口的使用效果。

【检索策略分析】

首先，在网络上追踪著录项目变更前后申请人。在百度和google上追踪“陈国仁、温明华、林顺正”和“硕擎科技”。其中，“硕擎科技”关键词追踪到公司主页http：//www.serafim-tech.com，发现该案例已经生产出了相应的产品，在公司主页上获取到产品图片以及产品准确的英文关键词表达：projection mouse（投影鼠标）。

其次，在网络上使用追踪到的“投影鼠标”关键词进行检索。利用追踪到的准确的关键词“projection mouse”和“投影鼠标”分别在google和百度进行检索，找到了和该案例产品非常相似的一款上市产品，并获取到上市时间为2011年。该产品名称为evomouse，根据产品名称追踪到生产该款产品的公司主页，并获取到公司名称CELLUON。

最后，在英文专利摘要库中使用公司名称CELLUON进行申请人追踪，得到构成该案例X文件的对比文件1：WO2011085023A1，其公开了权利要求1全部技术特征，披露的技术细节非常详尽，构成该案例的X文件。

【案例小结】

该案例权利要求冗长，难以提取合适的关键词，首先对著录项目变更之前的申请人进行追踪，得到该案例相应的产品信息，并根据产品信息获取准确的关键词；其次根据准确的关键词表达在外网进一步追踪得到和该案例产品相似度很高的上市产品及其生产公司名称；最后在英文专利摘要库中对该公司进行追踪检索，获取到英文对比文件。该案例通过灵活多变的检索策略组合，高效获取到对比文件。

6.4.4.2 联合追踪检索相关“人”以及文献

除了在专利库追踪申请人和发明人之外，检索过程中也会考虑在互联网及非专利检索平台进行申请人和发明人的追踪检索。当发明人较多时，为提高追踪效率，可以借助互联网了解发明人的职业、研究方向等相关信息精准聚焦需要重点追踪的发明人。在追踪发明人的过程中，可能会获得相关文献，进而利用文献间引用关系进一步进行文献追踪检索，或者在文献中进一步获得相同研究方向的其他研究人员的信息，为进一步深入追踪检索提供线索。下面以一个具体案例作为示例说明相关检索策略。

案例6-15

【案情介绍】

现有技术中，储能变流器作为电力电子装置，过流能力有限，其稳态电流限幅和暂态过流抑制一直是研究人员关注的重点。传统的抑制方法，通常采用脉冲封锁的方案，但是脉冲封锁方案由于直接中断了部分电流通路，会产生输出电流短时中断，进而引起功率突变；而稳态电流限幅方法通常受限于控制器的时间常数，对暂态过流抑制效果较差。

该案例提出一种储能变流器暂态过流的抑制方法，在电网发生跌落等故障时，可抑制储能变流器电流过流，达到电网故障穿越及自我保护的目的。将储能变流器暂电流控制分为三种状态，第一种是控制器限流状态，通常由调节器闭环控制电流幅值，限制稳态最大值，此时不会发生过流；第二种是一级过流状态，此时电流超过一级过电流阈值，但仍小于二级过电流阈值，此时通过调整适当的控制方法可以抑制过流的发生；第三种是二级过流状态，此时电流超过二级过电流阈值，此时应采取脉冲封锁的方法。如果电流超过三级过电流阈值，则应执行紧急停机操作。采用该案例提供的方法，在电流过流时响应速度快，不产生电流突然中断，在抑制过流的同时，有效降低进入脉冲封锁状态的概率。

该案例涉及的权利要求如下：

1. 一种储能变流器暂态过流的抑制方法，其特征在于：所述的控制方法通过变流器端口电压前馈以及变虚拟阻抗方法实现；

具体步骤如下：

（1）设置储能变流器的一级过流阈值 i_{over1} 和二级过流阈值 i_{over2}；

（2）设置虚拟电阻 R_v 和虚拟电感 L_v；

（3）对储能变流器端口电压采样并进行克拉克变换，得到两相静止坐标系下变流器端口电压 V_α、V_β；

（4）对储能变流器电感 L 电流采样并计算三相电流的绝对值的最大值 i_{peak}；

（5）规定电流流入变流器功率单元方向为正，对储能变流器电感电流进行克拉克变换，得到两相静止坐标系下电感电流 i_α 、i_β ；

（6）当检测到电流最大值 i_{peak} 处于 $i_{over1} < i_{peak} \leqslant i_{over2}$ 区间时，切换储能变流器端口的调制电压 e_α 、e_β ，计算方式如下式所示：

$$e_\alpha = V_\alpha + i_\alpha k R_v + i_\beta \omega (k L_v + L)$$

$$e_\beta = V_\beta - i_\alpha \omega (k L_v + L) + i_\beta k R_v$$

式中，ω 为储能变流器端口电压角频率；k 为变阻抗系数；求解公式为：

$$k = \frac{i_{peak} - i_{over1}}{i_{over1}}$$

【检索策略分析】

该案例涉及一种储能变流器暂态过流的抑制方法，在专利检索系统及非专利检索系统中使用分类号和/或关键词进行常规检索及对该案例的申请人“北京科诺伟业科技股份有限公司”和发明人“董志然、许洪华”进行追踪检索均未获得有效对比文件。但是，在专利检索过程中获得了一篇在该案例的申请日后公开的专利文件 CN107437821A，该文件记载的内容也是采用虚拟阻抗去解决变流器抗冲击电流抑制能力差的问题，与该案例的技术方案比较相似，但是时间不能用，其申请人为湖南大学，属于高校申请，考虑到高校的发明人可能会发表相关文章，因此在非专利库中对上述在申请日后公开的文献进行追踪。

在 CNKI 中追踪该专利文件的发明人获得一篇相关文献《孤岛微电网中虚拟机差异化故障穿越方法》。该文章中记载了虚拟阻抗限流控制，通过在控制环中增加虚拟阻抗，实现故障限流，给出了控制算法，但是未给出虚拟阻抗控制的具体控制框图，也未涉及变虚拟阻抗控制；而该案例中，权利要求限定的具体步骤中涉及虚拟阻抗控制框图的描述采用的参数之间的关系，关键词难以提取，只能通过全文阅读去筛选，在专利库和外文库中较难筛选出对比文件。阅读该文章的与虚拟阻抗相关的参考文献，获得对比文件，其中记载了一种由 PCC 电压扰动导致逆变器暂态过流的抑制方法，并给出了具体的控制框图，如图 6-7 所示。

通过该框图可知其公开的虚拟阻抗的控制方法与该案例基本一致，该文献为 2011 年发表，可以作为该案例的 X 类对比文件，其不仅给出了通过虚拟阻抗实现变流器暂态过流抑制的方法，也给出了具体的变虚拟阻抗控制框图。

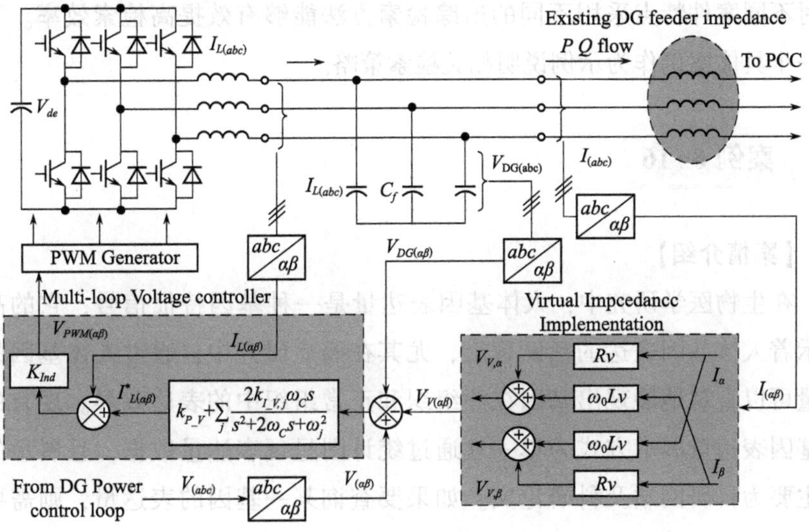

图 6-7　对比文件中公开的控制框图

【案例小结】

在专利检索系统中检索时，不宜限定时间进行检索，当检索到技术密切相关、但时间不可用的专利文献时，可能会进一步获得检索的线索，比如对其申请人、发明人进行进一步的追踪。该案例通过在专利库中进行常规检索获得一篇时间不可用的高校申请的专利文件，然后在 CNKI 中追踪该专利文件的发明人获得一篇相关文献，最后通过追踪该相关文献的参考文献获得对比文件。

6.4.4.3　联合追踪检索相关“人”、产品及文献

当专利申请的技术方案可能与产品相关时，需尝试在互联网平台挖掘相关产品信息，当所获得的产品相关信息，如新闻资讯、软件包、推广视频、产品说明书等，由于时间或者公开内容不够详细等因素不能直接用作对比文件，此时可以继续以相关产品为突破口，进一步挖掘有效信息，进行联合追踪检索。也即追踪检索不应当只局限于追踪检索产品、追踪检索创新主体或者追踪检索文献中的一种途径。有些情况下，通过互联网资源

的联合使用，结合追踪检索到的相关产品和创新主体信息，进而追踪检索到相关论文等信息，也可以检索到使用常规检索方法可能难以获得的文献，针对不同案件特点采用不同的追踪检索方法能够有效提高检索效率。下面以一个具体案例作为示例说明相关检索策略。

案例 6-16

【案情介绍】

在生物医学研究中，人体基因表达量是一种基因特征信号，它的高低表示着人体基因表达的活跃程度，尤其在癌症研究中，通过人体基因的表达量可以直观地展现出基因在癌组织和正常组织中的表达差异。现有的人体基因表达量展示方式为单一地通过统计图呈现表达量数据，且展示的载体主要为科研网站及科研论文。如果要查询某一基因的表达量，则需要查阅科研网站和论文，搜寻相应表达统计图从而确定要查询的基因表达量。该查询方式的查询效率低，且需要一定的专业技术背景才能看懂基因表达量的统计图的含义，展示结果不能直观的展示基因表达量。

该案例通过将用户输入的基因名称传输至服务器，从所述服务器获取对应于所述基因名称的基因表达量信息；然后，在预存的人体模型图像中，以设定的表达方式，采用透明度不同的设定颜色展示对应于所述基因名称的各个组织的基因表达量信息。该案例实施例解决现有基因表达量展示方式的查询效率低，且展示结果不直观的问题，实现将基因表达量在人体模型的各个器官上进行展示，方便用户直观地观察基因表达量情况，达到了提升查询效率，提高展示效果的目的。

该案例涉及的权利要求如下：

1. 一种基因表达量的展现方法，其特征在于，包括：

将用户输入的基因名称传输至服务器，以获取所述服务器中对应于所述基因名称的基因表达量信息；

在预存的人体模型图像中，以设定的表达方式，采用透明度不同的设定颜色展示对应于所述基因名称的各个组织的基因表达量信息。

基于所述物理控制键的操作控制执行相应的动作。

【检索策略分析】

该案例的发明构思核心是在人体模型图像中按器官组织等分别展示某一基因的基因表达量信息。而“人体模型图像”的中英文表达方式多样化，如人体模型、解剖图谱、人体图谱、人体解剖图、bodymap、body map、human atlas、atlas of anatomy、anatomical atlas 等，使用这些中英文关键结合基因（gene）、表达（express）等在专利库中检索未检索到相关构思的文献。由于该案例的申请人属于高校，考虑在 CNKI 和万方中进行发明人追踪和上述关键词的检索，未检索到相关的中文文献。

在百度中检索发明人，发现该案例涉及的软件产品已经商用，分别存在 ios 和 android 的版本可下载，英文名称即为 GE-Mini。

进一步使用发明人“唐泽方”及“GE-Mini”“GEPIA”在百度中检索，找到一篇在申请日之后公开的对第一发明人唐泽方的采访文章《癌症大数据可视化的中国智造者——专访 GEPIA 和 GE-mini App 作者唐泽方博士》，通过阅读该采访文章，发现其中作者回答了关于和 GEPIA、GE-mini 相关的同类软件的问题，其中提到了 cBioPortal、HPA、Expression Atlas 三款国外开发的软件产品。由于 Atlas 即为图谱的意思，因此，通过该采访中的链接直接访问 Expression Atlas 的项目主页，项目主页中即提供了供用户输入基因名称的输入框，任选一基因名称输入后查询，可以在查询出的结果中看到其在人体图谱上展示的基因表达量和该案例的构思几乎相同。

由此可以确定 Expression Atlas 产品应当可以作为现有技术影响该案例第一组权利要求的创造性，但由于软件发布的时间不好确定，因此追踪到该主页下和 Expression Atlas 产品相关的论文发表情况，找到一篇文献，该文献的附图 2、附图 4 公开了权利要求 1 的构思，但由于该篇文献中除了附图和产品名称“Expression Atlas”外，没有和“人体模型图像”表达相似的文字记载，因此，只使用关键词很难快速检索到该篇文献。

但是该篇文献没有公开从属权利要求 3 的部分特征，考虑到该文献是对 Expression Atlas 的某次升级的功能的介绍，查阅其参考文献，追踪检索到之前多次产品升级功能的介绍文献，其中一篇公开了权利要求 3 中的特征，可以用于影响从属权利要求3的创造性。

【案例小结】

该案例利用了多种追踪检索策略，追踪检索该专利申请相关产品、相关竞品，再进一步追踪检索相关“人”，即追踪检索创新主体的过程中，可以在专利库和非专利库中结合文献追踪检索进行，有效提高了检索效率。

6.5 总 结

本章从追踪检索“人”、追踪检索产品、追踪检索文献及联合追踪检索的角度结合具体案例阐述了在专利检索过程中如何利用追踪检索策略，快速获取有效对比文件。追踪检索“人”的过程中可以深入追踪检索发明人、追踪检索申请人相关创新主体、追踪检索关联申请的发明人及追踪检索相关技术的研究团队等。追踪检索产品的过程中可以通过申请人官方媒体追踪检索相关产品、利用图片追踪检索相关产品以及利用互联网追踪检索产品说明书等。追踪检索文献包括专利文献和非专利文献的追踪，非专利文献的追踪可以利用参考文献追踪检索、引证文献追踪检索及网页链接追踪检索。

由于专利申请与潜在对比文件的关联性可能不仅仅体现在“人”、产品或者文献其中的某一方面，有时候他们之间的关联是复杂的多重的关联关系。因此，在实际案件检索过程中，有时候会应用多种追踪检索策略组合进行联合追踪检索，包括联合追踪检索相关产品及相关“人”、联合追踪检索相关“人”、文献，以及联合追踪检索相关“人”、产品和文献。

第 7 章

智能检索资源

随着人工智能技术的发展，将人工智能相关的技术应用于专利检索中渐渐成为热门话题。现在专利检索业界最热门的发展动向，就是智能检索。

智能检索本质上而言，就是根据检索的内容，将检索结果按照语义基准进行相关度排序，并展示出来。

随着行业的发展，产业内出现了越来越多的企业开发出不同的专利智能检索系统和应用。本章将通过介绍几种常用的专利智能检索资源和常见的智能检索策略，探讨利用智能检索资源来进行专利技术方案检索的技术。

7.1　常见的智能检索资源介绍

7.1.1　Patentics

Patentics 是索意互动（北京）信息技术有限公司推出的一套专利智能化信息处理系统。采用全球最先进的新一代文本自动理解/概念搜索技术，将自动计算的搜索结果与全世界专利笔者人工搜索结果高度匹配。可以提供纯语义检索，即通过输入专利公开号或权利要求，自动提取关键词和分类号，构建大量布尔检索式，由计算机自动运算给出检索结果，检索结果可以按照关键词命中次数或语义排序。也可以提供布尔命令检索，并按语义排序。

7.1.2 Incopat

Incopat是北京合享智慧科技有限公司推出的科技创新情报的专利信息平台，拥有262个检索字段，并且将专利著录信息、法律、运营、同族、引证等信息进行了深度加工及整合。

平台可提供的检索方式包括：简单检索、高级检索、批量检索、法律检索、AI检索、引证检索、语义检索、扩展检索、图形检索等。

AI检索是利用知识图谱和人工智能技术，进行发明内容的识别和匹配。AI检索大体可以分为几个步骤：输入专利号、进入DNA图谱绘制、标识相关概念。DNA图谱是由人工智能抽取和解析用户输入的技术方案生成，通过替换修改关键词，分析核心的部件关联关系，标识相关概念时，可以把一些关键词放入排序条件。语义检索是在在语义检索界面输入一段文字，然后根据算法匹配出相关度较高的专利，是一种较好的检索辅助手段；在扩展检索时，系统也会依据关键词自动扩展相关词，以便于用户生成检索式；在图形检索界面支持把上传的图片与文字检索配合使用，可在图形检索中同时限定关键词如申请人等条件。

7.1.3 PatSnap（智慧芽）

PatSnap是苏州工业园区百纳谱信息科技有限公司提供的专利检索平台，通过机器学习、计算机视觉、自然语言处理（NLP）等人工智能技术，提供大数据情报服务。

PatSnap（智慧芽）可以提供简单搜索、高级搜索、语义搜索、分类号搜索、法律搜索、图像搜索、化学搜索等。其中语义搜索可以根据输入的文本信息，如摘要，权利要求，公开/公告号，系统自动提取其语义，即可自动匹配最相似的1000条专利并按最相关进行排序；并支持数据库范围，申请日/公开日，分类号等条件的筛选过滤；还支持中英跨语言搜索。

7.1.4　Himmpat

Himmpat 是天启黑马信息科技（北京）有限公司推出的专利智能检索分析平台，将人工智能和大数据与专利信息进行深度融合，通过机器学习全球专利申请人的自然表达，构建专利术语和专利文本之间的大数据关系网络。

Himmpat 可以提供智能检索、高级检索、图片检索、S 系统指令检索。智能检索支持输入专利号码或文字，例如输入关键词、一段话、整篇文章或专利公开号、申请号，通过语义引擎对相似的专利文献进行检索。

7.2　智能检索策略

智能检索模式，包括传统的布尔检索，语义检索，先布尔检索后语义排序（简称先布尔后语义）和先语义检索后布尔限定再语义排序（简称先语义后布尔），基本涵盖了市面上各种检索系统的智能检索模式。

布尔检索就是传统的检索方式，即根据理解的待检索内容，提取基本检索要素，构建布尔检索式，在合适的数据库中进行检索。

语义检索，是指根据申请号或一段文字，检索系统自动根据内置语义引擎算法给出检索结果，并按照相关度进行语义排序。语义检索结果依赖于两个方面：一是语义引擎的算法，不同的检索数据库语义引擎不同，相同的语义基准下的检索结果也有所不同；二是语义基准的选择，选择更加准确的语义基准，才能将其锁定在目标结果中并排序靠前。

先语义后布尔，是先进行语义检索，基于语义检索的前 N 篇结果，进一步构建布尔检索式，对语义检索的结果进行精准筛选。

先布尔后语义，是先进行布尔检索式的构建，然后使用语义引擎将检索结果按照语义基准的相关度进行排序，从而将相关度高的结果排在前面，不相关的内容排在后面。

语义和布尔并不对立，两者可以相互促进。

布尔检索中的基本检索要素对于语义基准的选择有重大意义，语义基准需要充分体现基本检索要素，使得检索结果聚焦，检索效果更好。

同时，语义检索的结果是具有较高相关度的大样本数据，通过统计其中的关键词和分类号的内容，可以用来扩展布尔检索中基本要素的表达。

7.3 实际检索案例

下面将从实际案例出发，分类型具体介绍智能检索的方法。布尔检索的策略在前面的章节中已有详细的探讨。本节主要针对检索实践中最常见的纯语义检索和语义检索与布尔混用两种检索方式。其中语义检索与布尔混用的检索方式主要分为先语义后布尔、先布尔后语义检及语义与布尔连续混用三种方式。

7.3.1 纯语义检索

纯语义检索主要是借助语义引擎算法针对专利文件进行检索，在语义检索的过程中，其关键之处是检索数据库的确定和语义基准的确定。

由于语义引擎算法的使用，使得在阅读时可以优先阅读相关度较高的文献，进而使得阅读的难度下降，阅读的效率增加，因此使用全文数据库进行语义检索是较为合适的选择，同时由于全文数据库中参与语义检索的字段包括权利要求和说明书，信息更全面丰富，相关词出现的频率更高，更易检索到高度相关的对比文件。

语义基准的选择，直接影响检索的准确性和效率。语义基准的调整有两种方式：①直接改写语义基准，如撰写体现发明构思的一段话或者直接从说明书中找出体现发明构思的部分；②改写语义分词，如增加新的语义分词等。

上面四种检索平台均支持语义基准的直接改写，如撰写体现发明构思的一段话或者直接从说明书中找出体现发明构思的部分。但是并不是所有的检索平台都支持语义分词的改写，如 Patentics 目前尚不支持语义分词的直接改写。

案例 7-1

【案情介绍】

传统的考试出卷、答卷方式及学绩管理正发生着巨大的变革，因此，如何使考试过程变得方便、高效、快捷、公正，是现代教育的一个重要课题。

该案例把身份证和指静脉应用于入场检查环节，把人脸识别应用于机号座位检查环节，且该案例的考试监控模块可根据定时截取的图像进行考生行为类型判定，有效地避免了考生抄袭、替考、交换试卷等行为。且该案例的试题错误率不是从 0 开始，而是与试题的难度系数正相关，然后根据考生的答题情况，对试题错误率进行调整，可以避免难度系数在短时间内发生过大的变化，更有利于系统的稳定。同时考生可以自由掌握时间，自主预约考试。把学科、试题、在线练习、在线考试、电脑改卷、成绩查询统计的各部分管理工作集成到一个统一的系统，各管理人员分工协作、相互配合，及时了解学生学习情况，极大地提高了考试的机动性和老师的工作效率，该系统使用方便减低了教学成本和地域限制；通过分析学生平时练习、在线考试的考试行为数据能够对章节知识点教学方式方法提出指导意见；也可以方便教师针对学生个体不同情况进行分层次指导。

该案例涉及的权利要求如下：

1. 一种智能考场管理系统，其特征在于，……。

……

4. 根据权利要求 1 所述的一种智能考场管理系统，其特征在于，所述难度级别由难度系数决定，难度系数越大，则试题越难，所述难度系数随着试题对应的错误率进行自动更新，包括：

根据练习及考试的答题结果对试题错误率进行更新，试题错误率的初始值与试题的难度系数正相关，即

$$f_0 \propto \delta$$

其中，f_0 为试题错误率的初始值，δ 为试题的难度系数，$\delta \in (0,1]$，且 δ 随试题错误率的变化而变化。

【检索策略分析】

该案例的检索难点在从权 4。从权 4 与申请人在说明书中记载的“试题错误率不是从 0 开始，而是与试题的难度系数正相关，然后根据考生的答题情况，对试题错误率进行调整，可以避免难度系数在短时间内发生过大的变化，更有利于系统的稳定”的技术效果对应，属于该案例的发明点之一。

1. 首先利用智慧芽的语义检索进行检索

语义排序基准默认为该案例的申请号。虽然检索式客观上能够表达从属权利要求的特征，但检索结果较多，且语义排序在前的文件不是可用的对比文件。

2. 修改语义基准和关键词，对语义检索进行调整

将说明书的内容作为语义基准，并通过语义检索中的自定义搜索，调整关键词。图 7-1 示出的是原有的关键词，考虑到针对从属权利要求 4，使用了从属权利要求的关键词增加语义分词，如图 7-2 所示，检索结果仍多为在线考试系统相关的方案，未公开从属权利要求的特征。

3. 再次改写语义基准

语义检索功能里，语义排序基准为说明书。在检索从属权利要求时，若仍以说明书为基准，则检索范围较大，检索噪声较多。为了充分运用语义检索功能，在语义检索中以文本为排序基准，输入部分从权特征，能够快速地命中有效对比文件，提高检索的质量和效率。

分析从属权利要求的特征，可知“根据练习及考试的答题结果对试题错误率进行更新，试题错误率的初始值与试题的难度系数正相关”这部分特征能够体现该权利要求进一步限定的方案的构思。因此，将该部分特征

作为语义排序基准，然后进行语义检索，如图 7-3 所示。

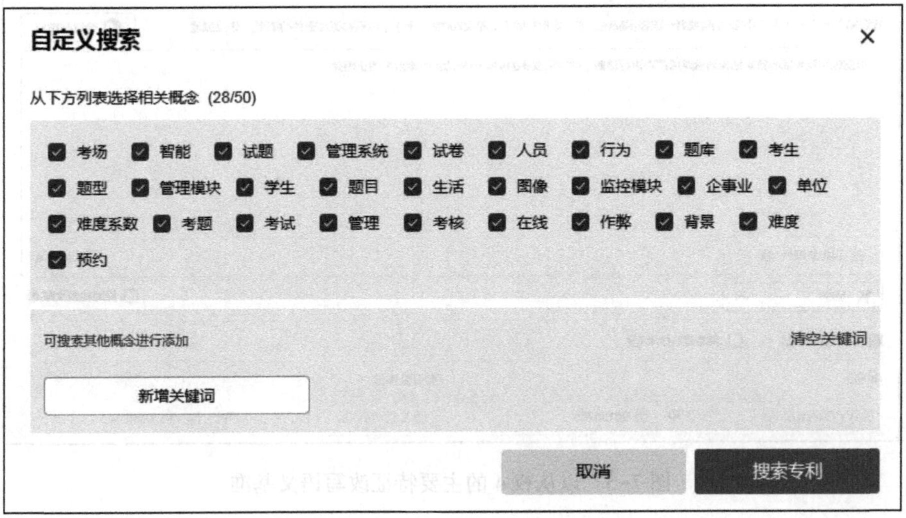

图 7-1　原有的关键词

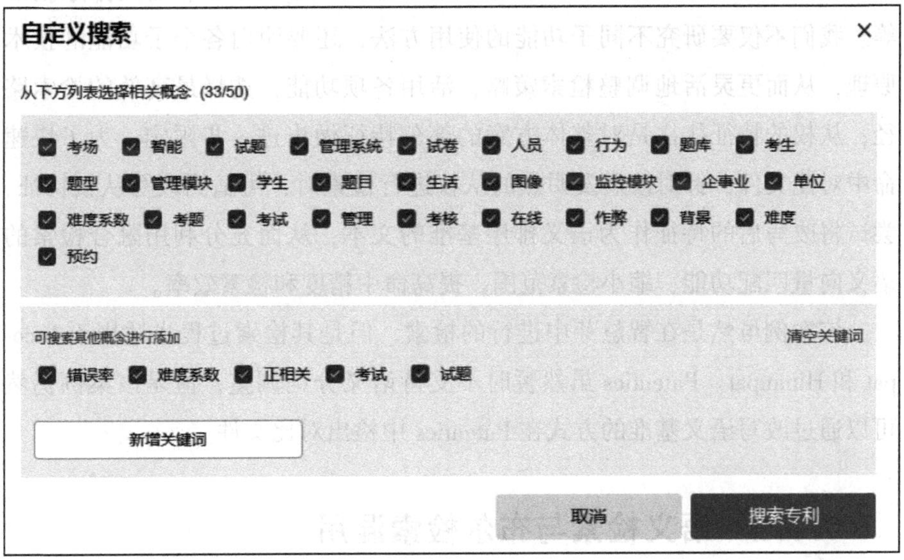

图 7-2　针对从权 4 增加语义分词

由于语义检索基准为具体的文本，利用融合检索中语义向量匹配的优势，快速命中排序为 1 的对比文件。

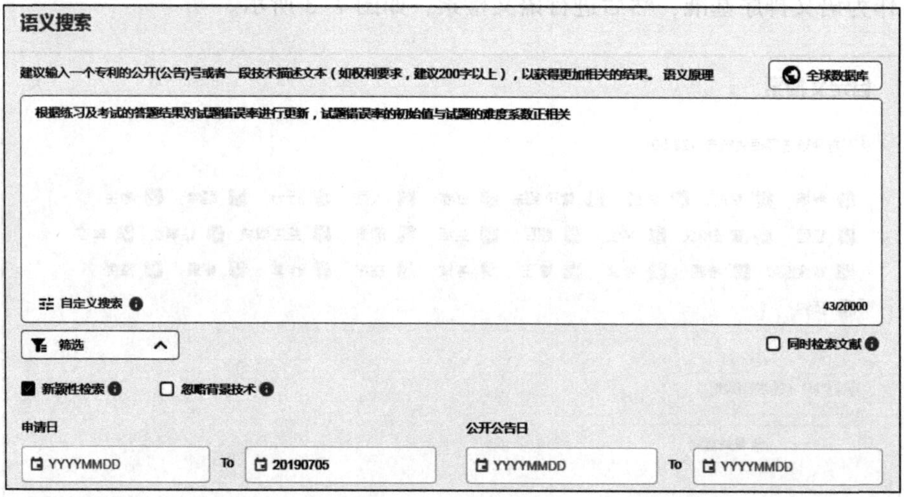

图 7-3　以从权 4 的主要特征改写语义基准

【案例小结】

语义检索功能全面且强大，包括语义分词、布尔检索、语义排序基准等。我们不仅要研究不同子功能的使用方法，还要明白各个子功能的技术原理，从而更灵活地调整检索策略，活用各项功能，选择最高效的检索路径；从权的特征往往是对整体方案的部分特征做出进一步限定。为了快速命中对比文件，针对涉及发明点的从权进行检索时，可适当改写从权特征，尝试将改写后的特征作为语义排序基准的文本，从而充分利用融合检索的语义向量匹配功能，缩小检索范围，提高命中精度和检索效率。

该案例虽然是在智慧芽中进行的检索，但是其检索过程也适用于 Incopat 和 Himmpat。Patentics 虽然暂时不支持语义分词调整，但是该案例仍然可以通过改写语义基准的方式在 Patentics 中检出对比文件。

7.3.2　语义检索与布尔检索混用

语义检索与布尔检索混用的检索方式主要分为先语义后布尔和先布尔后语义检索两种方式。其中先布尔后语义检索方式实际上是利用了智能检索中的语义排序功能对布尔检索的结果按照与语义基准文件或内容的相似度进行排序，提升浏览效率，这是最为基础的功能。先语义后布尔检索方式是先使用语义检索以检索出一定数量的专利，在这个范围内，再使用布尔检索条件进一步限定，检索结果是两者的交集，以此来更快命中对比文件，缩小浏览数量，提升检索效能。先语义后布尔检索方式是目前主流的检索模式，目前上述四个专利检索平台均支持语义检索与布尔检索混用。

下面将通过案例来展现先语义后布尔的检索方式。

案例 7-2

【案情介绍】

现有变频空调器中，室内机一般都设有百叶和导风板，百叶和导风板可对出风口的风向进行调整，使其产生左右风和上下风。随着人们的生活水平越来越高，人们对舒适性的要求也越来越高，家里开空调时，在感受凉快的同时，更加追求舒适。然而现有的空调器因安装位置，安装角度等原因，空调器的出风难免会吹到人，特别是睡觉时，用户被风吹着会觉得不够舒适，影响用户的使用。

通过控制空调器的出风风速和出风方向来实现空调器无风感的效果，大大提高了舒适度，充分满足用户的需求。

该案例涉及的权利要求如下：

1. 一种空调器的控制方法，其特征在于，

包括以下步骤：

判断所述空调器是否接收到挡风模式指令；

如果判断所述空调器接收到所述挡风模式指令，控制所述空调器进入挡风模式；

当所述空调器进入所述挡风模式后，根据预设的控制策略对所述空调器进行控制，以使所述空调器达到预设的出风风向和预设的出风风速。

【检索策略分析】

先尝试在 Patentics 中直接输入申请号进行语义检索：

R/申请号

在浏览文献中发现相关的专利文献比较靠后，且较为分散。

在考虑到该案例中发明是通过对空调控制，使空调器达到预设的出风风向和预设的出风风速。因此考虑出风风向和出风风速是重要的关键词，可以考虑在语义检索的结果中使用“出风”来进行干预。

R/申请号 and a/出风

很快就可以在前10篇文献中找到对比文件。

【案例小结】

在该案例中直接通过语义检索，检索结果噪声较大，但是由于该案例中发明点较为明确，关键词准确，可以在检索中通过先语义后布尔的方式对语义检索结果进行干预，获得较好的结果。

案例 7-3

【案情介绍】

岸电系统应用于岸电接入技术，是指船舶靠港期间，停止使用船舶上的发电机，而改用陆地电源供电。变频电源是岸电接入系统的核心，负责将岸上50Hz交流电源通过AC-DC-AC变频环节转换为船舶所需的60Hz交流电源，当船舶发电系统与岸电系统并车时，即船舶发电系统检测岸电系统的电压满足条件后合上并网开关，将船舶发电系统并入岸电系统的过程，此时会产生较大的冲击，冲击电流会导致并网失败，或导致产生逆功率现象，当发生逆功率时，发电机的功率方向是由系统侧流向电机侧，此时从系统中吸取有功功率，发生逆功率会对电机造成不利影响。

重新设计一种岸电系统，变频电源配置了快速开关、吸收电阻以及旁路开关，在并网过程中，可吸收并网过程中的冲击功率，当存在冲击功率时，会在每个电源模块的直流侧累积能量，会造成直流电压上升，此时将过剩的能量通过快速开关导入吸收电阻，将过剩能量吸收，当直流电压继续上升，可将旁路开关闭合，使电源模块被旁路掉，以防止模块发生过压损坏，作为后备保护。

通过快速开关、吸收电阻以及旁路开关逻辑的配合，最大程度上吸收并网过程中的冲击功率，且能够通过双重保护，保证变频电源安全工作。

该案例涉及的权利要求如下：

1. 一种岸电系统，包括岸电电网、变频电源、并网开关、发电机开关以及船舶发电系统，其中，

所述变频电源包括多绕组移相变压器以及至少一个电源模块，电源模块的输入侧与多绕组变压器的低压侧绕组连接，输出侧相互级联；所述电源模块包含整流单元、逆变单元，其特征在于：所述电源模块还包括快速开关、吸收电阻以及旁路开关，快速开关与吸收电阻串联连接，所述串联连接与整流单元的直流输出侧并联连接，所述旁路开关与逆变单元的输出侧并联连接。

【检索策略分析】

先尝试在 Patentics 中直接输入申请号进行语义检索：

R/申请号

在前 400 篇文献中未发现对比文件。

考虑到该案例是通过通过快速开关、吸收电阻及旁路开关逻辑的配合来解决技术问题，进一步尝试在语义检索中通过关键词来进行限定。

R/申请号 AND A/电阻

R/申请号 AND A/开关

检索的结果仍然不够理想，这时可以进一步考虑加上该案例的技术领域“岸电”和“船舶”进行检索。

R/申请号 AND A/(电阻 OR 开关) and a/(船舶 OR 岸电)

这时语义排序的第 2 篇即可获得对比文件。

【案例小结】

在该案例中直接通过语义检索，检索结果并不理想，进一步使用关键词限定，结果仍然不理想，在这种情况下，可以考虑进一步明确技术领域，通过技术领域的进一步限定，同样是检索中通过先语义后布尔的方式使用技术领域对语义检索结果进行干预，获得较好的结果。

案例 7-4

【案情介绍】

FPC 在手机产品中不可或缺，具有挠曲性、易弯折的特点，其用于主副电路板之间的连接，主板和按键、摄像头等功能件之间的连接。随着产品的演进，翻盖手机的显示屏清晰度、摄像头的拍照能力等有很大的提升。功能的增强需要增设更多的信号线再加上外观的升级，设计的复杂度加大，导致 FPC 的性能降低。

如图 7-4 所示，该案例提出了一种叠设的 FPC 板，首先，通过设置第一 FPC 板用于阻抗走线，且在第一走线层的一侧设有电磁波屏蔽膜，所述电磁波屏蔽膜相当于一层地平面，设置第二 FPC 板用于作为阻抗线参考层，充当地平面层，使第一 FPC 板的微带阻抗线转化成为带状阻抗线；其次，通过设置弯曲段，且弯曲段处不设有胶层，既能满足弯曲段的阻抗控制要求又能保持 FPC 柔软效果，提升 FPC 的性能。

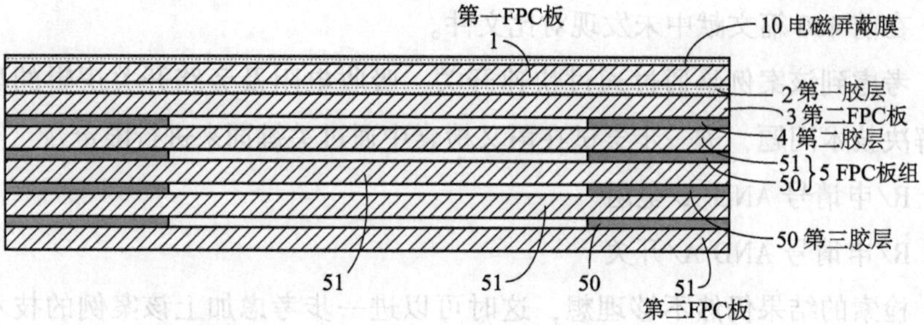

图 7-4　FPC 板主体结构

该案例涉及的权利要求如下：

1. 一种叠设的 FPC 板，其特征在于，包括：第一 FPC 板，所述第一 FPC 板包括基材层以及设于所述基材层之间的阻抗走线层，所述第一 FPC 板的一侧设有电磁波屏蔽膜；第一胶层，所述第一胶层设于所述第一 FPC 板的另一侧，与所述电磁波屏蔽层相对设置；第二 FPC 板，所述第二 FPC 板包括基材层以及设于所述基材层之间的阻抗线参考层，所述第一胶层夹设于所述第一FPC板和第二FPC板；第二胶层，所述第二胶层与所述第一胶层分别设于所述第二FPC板的相对两侧；FPC板组，所述FPC板组包括叠设的第三FPC板以及设于所述第三FPC板之间的第三胶层，所述第二胶层设于所述第二FPC板与所述FPC板组之间；

所述第一FPC板、第二FPC板以及所述第三FPC板形状相同，叠设的所述第一FPC板、第一胶层、第二FPC板、第二胶层以及FPC板组的中部对应位置分别设有弯曲段，所述弯曲段处不设有所述第二胶层以及第三胶层。

【检索策略分析】

1. 尝试在智慧芽中以申请号或公开号进行语义检索

通过浏览语义推送的前50篇文献发现主要涉及在一个FPC基板上的走线层上下两侧各设置屏蔽层（接地层或参考层）即通过层与层之间的叠合以提高电磁屏蔽效果，而不是像该案例是通过层叠又一基板使微带线转化成带状线以便于控制阻抗及改善电磁屏蔽性能并提高布线空间利用率。

2. 使用分类号和关键词进行布尔检索

分类号是H05K1/02（电路板的零部件），相关的cpc分类号也是H05K1/02下面的细分，由于权利要求1的结构体现了多个电路基板之间的层叠连接，准确的分类号IPC分类号表达还有：H05K1/14/IC和H05K1/18/IC，进而使用分类号和关键词结合继续检索：

阅读推送的前50篇文献发现其推送的文献大多还是涉及层层叠合形成FPC多层板且涉及改善屏蔽效果和便于控制阻抗的文献不多。

同时文献命中量大，如果以该案例作为语义检索基准，系统会将从权中的技术特征也作为语义分词，噪声较大，没有针对性。且权利要求1描述的是一个层叠之后得到的最终结构，并未体现该案例的发明构思。

3. 改写语义基准

为了能够找到能体现该案例发明构思的文献，考虑进行语义排序，根据说明书中的相关描述和对发明的理解对该案例的发明构思进行改写并将其作为语义排序的基准，如图7-5所示，设置第一FPC板用于阻抗控制线走线，且在第一走线层的一侧设有电磁波屏蔽膜，电磁波屏蔽膜相当于一层地平面，设置第二 FPC 板用于作为阻抗线参考层，充当平面层使第一 FPC 板的微带阻抗线转化成为带状阻抗线。

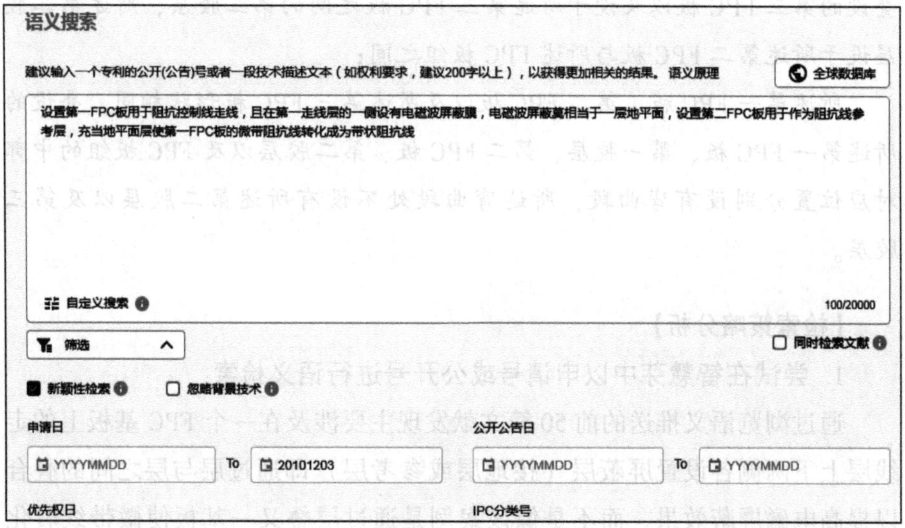

图 7-5　改写语义基准

语义推送的前 30 篇文献中有 TW201225749A，其涉及软性电路板的特性阻抗结构设计，公开了该案例的第一个改进点，但是没有公开弯曲段处不设有胶层以保持 FPC 柔软效果，只能作为影响该案例创造性的 Y 文献。

4. 检索外文库

查阅该文献的分类号，发现了其给出了一个 CPC 分类号：H05K2201/0715/CPC：由印刷电路板的外层提供屏蔽，查阅分类表发现还有另一个 CPC 分类号：H05K2201/0723/CPC：由印刷电路板的内层提供屏蔽。而该案例的发明改进点正是通过设置第二柔性板提供第一柔性板的内层线路的内层屏蔽。采用该 CPC 分类号与表达带状线的关键词在英文专利摘要库中进行检索：

CPC：（H05K2201/0723/CPC）and TACD：（strip line? or impedance）

5. 确定 FT 分类号

在该检索下发现文献 WO2013168761A1，其原文为 JP2013254952A，该文献明确提到通过层叠多个基板形成多层层叠体以获得内置带状线以提高阻抗稳定性和屏蔽性。虽然其同样未公开该案例的另一个改进点，但其给出了两个准确的 FT 分类号表达：5E338/AA12：柔性电路板；5E338/CC02：带状线。这两个 FT 分类号涉及该案例的两个改进点，采用该 FT 分类号在 JPTXT 中进行检索：

FTERM：（5E338/AA12）and FTERM：（5E338/CC02）

该检索式命中文献 JP2017-208371A，能够影响权利要求 1 的创造性。

【案例小结】

根据语义检索的特点，调整检索策略，并结合说明书的相关记载站位本领域技术人员对该案例的发明构思进行归纳总结且将其作为语义排序基准，快速命中相关文献。通过 CPC 分类号检索或扩展获得更能表达该案例发明实质的 FT 分类号，采用该 FT 分类号进行检索快速命中更好用的对比文件。

案例 7-5

【案情介绍】

因为可编程器件的接口比较丰富，可以支持各种不同电压的接口，如模拟电压输入接口，内核（core）电源输入接口，特殊模块电源输入接口，BANK 的外接电源输入接口等，也因为需要支持各种不同电压的接口，所以导致芯片电源非常复杂。

该案例提供了一种控制外接电源输出的可编程电路及其方法，提供的控制外接电源输出的可编程电路及其方法，采用单一性的电源功耗，输入装置内部动态产生所接不同器件需要的不同电压，该外接电源的可编程输入装置实现了芯片电源复杂，且对上电顺序敏感等问题。同时根据外部参考时钟动态信息调整内核电压，使得同一芯片在不同速度需求时，静、动态功耗都可以根据需求自动调整，使同一芯片具有了低功耗或者高速度两种不同功能，实现了可编程芯片在功耗与速度上的可编程。同时降低了芯片封装时候管脚的复杂性问题，一个芯片可以只有一对电源/地的管脚使产品小型化，易用化。

该案例涉及的权利要求如下：

1. 一种控制外接电源输出的可编程电路，其特征在于，所述可编程电路包括用户可编程逻辑器件和电源管理单元 PMU；所述用户可编程逻辑器件用于根据外部设备输入的时钟信息检测当前 PMU 提供给所述用户可编程逻辑器件的电压，并根据检测到的所述电压产生一个时钟信息；将产生的所述时钟信息与所述外部设备输入的时钟信息进行比较得到比较结果；根据所述比较结果动态控制所述 PMU 的输出电压。

【检索策略分析】

在智慧芽中，开始检索时，选择语义检索，输入专利公开号进行检索，发现排序前 200 的专利文献无可用的对比文件，且相关性较弱。

使用高级检索，组合关键词与申请给出的分类号进行检索，

关键词：可编程、时钟信息、比较、电压

分类号：IPC：G06F15/78、CPC：G06F15/7871

并在检索中扩展相关的关键词，均未检索到合适的对比文件。

在常规检索无果的情况下，需要重新调整思路，考虑改写语义检索的基准，即在语义检索中使用该案例说明书中的发明方案作为语义检索的基准，通过语义排序，发现排名前 100 的数据仍然无可用对比文件，

进一步考虑如何使语义检索能够更加精准，通过进一步的理解说明书的技术方案，可以在说明书的图 4 中看出，可编程逻辑器件完成的功能是基于一个负反馈电路来实现输出电压的调节。因此该案例的分类号应当是不够准确的。

使用高级检索或简单检索：TTL：（电压 and（调整 or 控制），对分类号进行统计，在排名前十的分类号进一步查询，可以发现一个较好反应发明构思的 IPC 小组：G05F1/10，

据此，可以考虑使用该分类号对语义检索的结果进行干预，仅有两篇文献，即可得到可以影响该案例权利要求创造性的对比文件 CN101452299A

【案例小结】

正确理解发明，把握发明的本质，是进行有效检索的重要基础。在发

现语义检索排序靠前的文献与该案例构思相差较大时，可以改写语义基准使其更能准确地表明发明的构思。同时选择准确的分类号对语义检索的结果进行干预，可以大大提高检索效率。

上述四个案例的检索过程均可在其他智能检索平台上复用，检索结果主要是语义引擎不同带来一些细微的差异，但是并不影响检索结果的呈现。

7.4 总　结

在知识产权领域，利用人工智能与大数据结合来协助找到最相关的文献，成为人工智能在专利检索方面应用的新方向。本章首先简要介绍了几种常用专利智能检索资源的特点，然后结合典型案例探讨了如何根据不同情况选择相应策略进行高效检索。例如，根据案件特点灵活选择先语义后布尔或者先布尔后语义的检索策略；通过合理改写语义排序基准文本等多种手段快速命中对比文件。可见，熟练掌握各种专利智能检索资源能够在很大程度上提高检索效率和审查速度。智能检索资源相对传统检索资源的优势明显，语义检索中语义基准的选择、语义基准的调整、数据库的选择均会影响到检索结果，只有充分了解语义检索中的各种检索规则和原理，才能准确地选择恰当的检索方式，进而更快更准地获得对比文件，提高检索效率。

参考文献

[1] 贺倩. 人工智能技术在移动互联网发展中的应用[J]. 电信网技术, 2017(2):1-4.

[2] 王爱民. 面向智能制造的人工智能发展与应用态势分析[J]. 人工智能, 2023(1):1-7.

[3] 李文萃,王世文,李雄等. 基于人工智能的电网企业信息安全防控体系[J]. 电力信息与通信技术, 2017,15(2):105-109.

[4] 杨涛. 对人工智能在金融领域应用的思考[J]. 国际金融, 2016(12):24-27.

[5] 颜光友,张翔. 人工智能关键技术专利分析[J]. 中国科技信息, 2023(18):25-28.

[6] 邹斌. 浅析如何加强对新业态新领域创新成果的专利保护[J]. 专利代理, 2020(1):16-21.

[7] 国家知识产权局. 专利审查指南 2023[M]. 北京:知识产权出版社, 2024.01.

[8] 尹新天著. 中国专利法详解[M]. 北京:知识产权出版社, 2011.03.

[9] 国家知识产权局专利局复审和无效审理部编著. 以案说法 专利复审无效典型案例汇编 2018-2021[M]. 北京:知识产权出版社, 2022.11.

[10] 国家知识产权局专利局专利审查协作湖北中心编. 专利审查中的检索规则与实例[M]. 北京:知识产权出版社, 2021.08.

[11] 国家知识产权局专利局专利审查协作湖北中心组织编写. 电学领域专利审查实践[M]. 北京:知识产权出版社, 2021.08.

[12] 秦声著，秦声 吴荻 李麟编. 专利检索策略及实战技巧[M]. 北京：知识产权出版社，2019. 10.

[13] 王旭涛. 基于理解发明与准确检索之辩证关系的检索策略. 审查业务通讯，2020(3)：55-62.

[14] 白茜. 浅谈快速有效地获得对比文件. 审查业务通讯，2020(8)：45-51.

[15] 王鹤晓，于君伟. 浅析算法类公式的特点、检索技巧及审查要点. 审查业务通讯，2021(7)：45-52.

[16] 任志安. 追踪检索在专利审查中的应用[J]. 专利代理，2019(3)：103-107.

[17] 赵慧，杜秋雨. 参考文献/引用文献的追踪检索策略研究[J]. 中国发明与专利，2015(2)：119-122.

[18] 万瑞琦，李奕杉，楚大顺. 浅析专利检索之引证/被引证追踪方法[J]. 中国发明与专利，2020，17(S2)：130-134.

[19] 曾定洲，李冠林. 追踪检索在专利检索中的应用[J]. 中国发明与专利，2020，17(S2)：142-146.